Londres
PAYS-BAS
Dortmund
Dusseldorf
Cologne
Calais
Nord-Pas-de-Calais
Lille
Bruxelles
BELGIQUE
Parc Astérix
Champagne
Wiesbaden
Francfort
Mayence
LUXEMBOURG
e Havre
Rouen
die
Reims
ALLEMAGNE
Tour Eiffel
Paris
la Seine
Metz
Lorraine
Sarrebruck
Stuttgart
FRANCE
Strasbourg
LES VOSGES
Alsace
le Rhin
Le Mans
Orléans
Munich
Tours
la Loire
Chambord
Dijon
Bourgogne
Bâle
Zurich
la Saône
AUTRICHE
Berne
SUISSE
LE JURA
Lausanne
LIECHTENSTEIN
Parc Vulcania
Genève
Lascaux
Clermont-Ferrand
Lyon
Mont-Blanc
Auvergne
Milan
a Dordogne
le Rhône
LES ALPES
Valence
ITALIE
LE MASSIF CENTRAL
Montélimar
l'Ardèche
Garonne
Pont du Gard
Toulouse
Nîmes
Montpellier
Provence
Nice
MONACO
le Canal du Midi
Marseille
Château d'If
Grotte Cosquer
ANDORRE
la Mer Méditerranée
Ajaccio
Corse
0
100
200
300 km
Barcelone

Découvertes
Série jaune
Lehrerausgabe
Band 3

Zusatzmaterialien für Schülerinnen und Schüler zu diesem Band

Cahier d'activités mit MP3-CD, Video-CD und Übungssoftware, *Klett-Nr. 622035*
Cahier d'activités mit MP3-CD und Video-CD, *Klett-Nr. 622036*
Die dem Cahier d'activités beiliegende MP3-CD wird alternativ für CD-Player auch als Audio-CD angeboten, *Klett-Nr. 622168*
Grammatisches Beiheft, *Klett-Nr. 622038*
Fit für Tests und Klassenarbeiten, *Klett-Nr. 622030*
Das Trainingsbuch, *Klett-Nr. 622223*
99 Wortschatzübungen zu Band 3 und 4, *Klett-Nr. 622062*
99 grammatische Übungen zu Band 3 und 4, *Klett-Nr. 622029*
Vokabellernheft, *Klett-Nr. 622068*
Verbenlernheft, *Klett-Nr. 622080*
Übungssoftware (Einzellizenz), *Klett-Nr. 622157*

Am Ende von ***Découvertes 3*** erreichen die Schülerinnen und Schüler das Niveau ***A2+*** des Gemeinsamen europäischen Referenzrahmens. Die Kenntnis der im Inhaltsverzeichnis grün unterlegten fakultativen Inhalte wird in den anschließenden Einheiten nicht vorausgesetzt. Das Lehrbuch versteht sich als Gesamtangebot. Die Schwerpunkte des schulinternen Curriculums legen fest, welche Texte und Aufgaben in ***Découvertes 3*** verpflichtend sind.

Die Lieder sind auf der Audio-CD (Klett-Nr. 622168) enthalten.

1. Auflage 1 5 4 3 2 1 | 18 17 16 15 14

Alle Drucke dieser Auflage sind unverändert und können im Unterricht nebeneinander verwendet werden.
Die letzte Zahl bezeichnet das Jahr des Druckes.

Autorinnen und Autoren: Birgit Bruckmayer, München; Marie Gauvillé, Pérols; Laurent Jouvet, Desaignes; Ulrike C. Lange, Bochum; Andreas Nieweler, Detmold; Marceline Putnai, Maulévrier Sainte-Gertrude
Beratung: Dr. Peter Bettinger, Rehlingen-Siersburg; Prof. Dr. Christoph Bürgel, Osnabrück; Michette Eyser, Leonberg; Grégoire Fischer, Bremen; Andrea Floure, Schorndorf; Prof. Dr. Andreas Grünewald, Bremen; Hanns-Christoph Lenz, Leipzig; Ute Miesterfeld, Barleben; Christopher Mischke, Waiblingen; Ulrike Molter-Bocquillon, Mazaugues; Steffen Obeling, Köln; Inge Rein-Sparenberg, Marburg; Julitte Ring, Saarbrücken; Jutta Rösner, Erlangen; Dr. Angelika Schenk, Wittenberg; Dr. Achim Schröder, Oberursel; Wolfgang Spengler, Solingen; Martina Vocks, Bonn; Hermann Voss, Münster

Redaktion: Marguerite Pélissier, Stefan Zörlein
Gestaltung: Sven Thamphald

Layout: Petra Michel, Bamberg
Illustrationen: François Davot, Troyes; Christian Dekelver, Weinstadt; Katja Rau, Fellbach
Satz: media office GmbH, Kornwestheim
Reproduktion: Meyle + Müller, Medien-Management, Pforzheim
Druck: Druckerei Uhl GmbH & Co. KG, Radolfzell

Printed in Germany
ISBN 978-3-12-622033-0

9 783126 220330

3

Découvertes

Lehrerausgabe **Série jaune**

für den schulischen
Französischunterricht

von
Birgit Bruckmayer
Marie Gauvillé
Laurent Jouvet
Ulrike C. Lange
Andreas Nieweler
Marceline Putnai

Ernst Klett Verlag
Stuttgart • Leipzig

Inhalt

■ fakultative Inhalte

fakultative Inhalte

Modules 1 und 2 sind fakultativ.

Module 1
Mon petit coin de paradis

Schwerpunkt: Sprachmittlung

Ma région et moi Wie stelle ich meine Region vor?

Zusätzliche Informationen in der Lehrerausgabe:

Lernwortschatz   neue Grammatik

Alex — Namen der abgebildeten Personen

11, 5 — Verweise auf alle passenden Übungen im Cahier d'activités

CD 2, 6 — Tracknummern der Audio-CDs für herkömmliche CD-Spieler (Klett-Nr. 622168)

Texte der Hörverstehensübungen (S. 233 – 239)

fakultative Inhalte

So lernt ihr mit Découvertes

Découvertes

Einführung

Découvertes bedeutet „Entdeckungen“. Diese Seite führt euch in das neue Thema ein.

↓

Atelier (A)–B

Neuer Lernstoff

Atelier bedeutet „Werkstatt“. Hier findet ihr Geschichten, neuen Lernstoff und Übungen.

↓

Pratique

Anwendung

Pratique: Das neu Gelernte wird in Aufgaben praktisch angewendet.

↓

Bilan

Überprüfen

Bilan: Hier könnt ihr selber prüfen, ob ihr den Lernstoff schon könnt.

↓

Grammaire

Grammatik

Grammaire: Hier seht ihr die Grammatik des Kapitels auf einen Blick.

Vertiefen, wiederholen

Plateau: Zum Lesen und Wiederholen und zur Vorbereitung auf die internationale DELF-Prüfung

Plateau 1

Gezieltes Üben

En Plus: Zusätzliche Übungen, auch zur Differenzierung

En plus – différenciation

Vokabular

Vocabulaire: Die neuen Vokabeln zum Lernen

Vocabulaire

Nachschlagen

Liste des mots: Die alphabetische Wortliste zum Nachschlagen

Liste des mots

En classe: Erklärung der wichtigsten Übungsanweisungen

En classe

Hier lernt ihr, Frankreich mit eurem Land zu vergleichen.

PORTFOLIO Das Ergebnis dieser Aufgabe kannst du in deinem Portfolio-Ordner sammeln.

CD 2, 60 32 CD[1] mit Hörtexten

Schriftliche Übung

Partnerarbeit

Gruppenarbeit

Übungen, die auf die DELF-Prüfung hinführen.

5, 1 Dazu findet ihr eine Übung im Cahier d’activités Seite 5, Übung 1.

Selbsteinschätzung

→ En plus 123, 1
Verweis auf Seite 123, Übung 1 im „En plus“-Teil dieses Buchs

△ einfachere Zusatzübung
▲ schwierigere Zusatzübung

(G 1) Die Nummern nach den Übungstiteln verweisen auf die Grammatik im Buch und auf das Grammatische Beiheft.

[1] Dieses Symbol kennzeichnet die Tracknummer auf der MP3-CD, die dem Cahier d’activités beiliegt.

In der Lehrerausgabe verweisen die roten Zahlen auf die Tracknummern der gesonderten Audio-CD.

Mehr dazu ri73su

Auf einigen Seiten im Buch findet ihr Découvertes-Codes. Diese führen euch zu weiteren Informationen, Materialien oder Übungen im Internet. Gebt den Code einfach in das Suchfeld auf www.klett.de ein.

Unité 1

Révisions

Motivés!

Mehr dazu ri73su

Ça y est, les vacances sont finies!
Les jeunes sont revenus et tout le monde est de bonne humeur. Enfin … presque!

Et vous?
Quelles ont été vos activités pendant vos vacances?
Qu'est-ce que vous avez aimé, qu'est-ce que vous n'avez pas aimé?

→ En plus 123, 1

In En plus Wiederholung des Passé composé.

Ab Band 3 sind die Vis-à-vis-Kästen auf Französisch.

Vis-à-vis

Pendant les vacances, beaucoup de jeunes Français partent en colonie de vacances («en colo»). Ils peuvent participer à toutes sortes d'activités sans leurs parents et avec d'autres jeunes.

Cet été, j'ai participé à un atelier de photo! Quand on cherche un peu, on trouve toujours des sujets originaux dans la vie de tous les jours.

Je ne suis pas parti en vacances, mais j'ai fait un stage de karaté. Ah oui! J'ai aussi lu tous les livres de mon auteur préféré, Pierre Bottero.

Bachir

Lucie

Die gesprochenen Texte sind etwas länger als die in den Sprechblasen abgedruckten Texte (vgl. S. 233).

CD 1, 1
1

Lisez les textes pages 8 et 9. Ecoutez et répondez aux questions.

1. Que fait Alex quand elle écoute sa musique préférée?
2. Pourquoi est-ce que Léo est un peu triste?
3. Quand est-ce que Lucie est contente de ses photos?
4. Que veut dire «lire» pour Bachir?
5. Quelles activités est-ce que vous trouvez intéressantes? Pourquoi?

PORTFOLIO

Am Ende dieser Unité kannst du deine Meinung schriftlich mitteilen und einem Freund Tipps geben.

Atelier A

Verneinung: *ne … personne* und *ne … pas du tout* sind hier neu. Im Atelier B kommt *ne … pas non plus* hinzu. Die Übung zur Verneinung steht im B-Teil, S. 15.

1 Non! Non! Non!

CD 1, 2
2

Depuis qu'il est rentré de vacances, Léo est un peu triste. Pour lui redonner la pêche, ses amis Bachir et Lucie répètent avec lui la chanson «Non! Non! Non!» de Camélia Jordana qu'ils vont jouer à une petite fête. Alex est là aussi pour les écouter. Léo prend sa vieille guitare et commence à chanter le refrain …

Alex: Elle est originale, cette chanson! Elle parle d'un sujet triste, mais c'est une chanson drôle! J'ai ri pendant le refrain! Vous croyez vraiment que c'est une musique pour chagrin d'amour, ça?

Lucie: Camélia dit que son chagrin est un enfer, mais c'est un enfer plutôt cool!

Léo: Attendez, je vais rechanter quelques phrases … Euh, pourquoi vous riez?

Bachir: Pardon, Léo! Si tu continues comme ça, il risque de pleuvoir! Tu ne sais vraiment pas du tout chanter!

Léo: Pas grave! Bon, on reprend ensemble?

Lucie: Dites, vous avez vu ça? Tout le monde dit à Camélia «il faut aller bien»! Les gens disent n'importe quoi!

Bachir: Mais je crois qu'elle n'écoute personne! Quand on est triste, il faut attendre que ça passe, c'est tout!

Lucie: Moi, j'aime mieux être avec mes copines! On parle, on rit beaucoup et ensuite, ça va mieux.

Alex: Alors, vous la chantez, cette chanson?

Léo: OK! C'est parti pour un tour en enfer! «Non! Non! Non!»

Les autres: Stop! Non, non et non! Ce n'est pas possible, Léo. On arrête tout!

Léo rentre chez lui, il est de mauvaise humeur. Il pense: «Bachir a raison. Je vais rester seul et attendre que ça passe.»
Mais quand il arrive dans sa chambre, il trouve sur son lit … une belle guitare! Ses parents lui ont offert une nouvelle guitare! Il l'essaie tout de suite et … elle lui plaît!
Quelques jours plus tard, Léo a retrouvé sa bonne humeur. Pour la fête, c'est Alex qui chante et le groupe a beaucoup de succès!

Lire

2 A propos du texte

A *Vrai ou faux? Si c'est faux, corrigez.*

6, 1

1. Les amis parlent du chagrin de Léo.
2. Les amis ne sont pas du même avis.
3. Alex trouve la chanson triste.
4. Bachir dit que la chanson dit n'importe quoi.
5. Quand Lucie est triste, elle reste seule.
6. A la fin du texte, Léo est motivé.

B *Racontez la discussion du texte. Utilisez* ***dire/trouver/penser que*** *et* ***demander si****.*

Wiederholung indirekte Rede

Lire
Ecrire

3 Qu'est-ce qu'il faut pour être heureux?

In En plus Übung zum Erkennen von Schlüsselwörtern.

→ En plus 123, 2 △

6, 2

A *Lisez les réponses des jeunes à la question du magazine «Okapi». Avec quels jeunes est-ce que vous êtes d'accord? Pourquoi? Notez des mots-clés.*

Nadja, 14 ans

«Pour être heureuse, il me faut de la musique. Je vais bien quand j'écoute mes chansons préférées et je vais encore mieux quand je joue de la guitare et chante moi-même!»

Max, 12 ans

«Je pense que pour être heureux, il faut juste réussir, avoir du succès et de l'argent, c'est tout.»

Cora, 13 ans

«Pour moi, il faut surtout bouger. J'imagine mal une vie sans sport. J'aime toutes sortes de sport: le rugby, le vélo, le karaté. Ça me donne de l'énergie.»

Victor, 13 ans

«Lire! Quand il y a trop de stress, je lis un roman, j'entre dans un autre monde et je vais mieux. A mon avis, il faut savoir rêver pour être heureux.»

Aurore, 16 ans

«A mon avis, il faut écouter les autres et apprendre à communiquer. Quand il y a des problèmes, ce n'est pas bon d'attendre, il faut en parler.»

Karim, 14 ans

«Je crois que l'important, c'est la famille et les amis, le sentiment d'être accepté! Se retrouver et pouvoir parler de tout.»

B *Relisez les textes. Relevez des mots et des expressions qu'on peut utiliser pour donner son avis.*

Exemples:

Je lis dans le texte:
Je crois que c'est la famille … (Karim)
J'imagine mal une vie sans sport. (Cora)
… ce n'est pas bon d'attendre … (Aurore)

Je note:
Je crois que …
J'imagine mal un / une *(+ nom)*
Ce n'est pas bon de *(+ infinitif)*

Trouvez et notez 4 autres exemples.

STRATEGIE

Lire et écrire

Wenn Ihr eigene Texte schreibt, könnt ihr Wendungen und Ausdrücke wieder verwenden, die ihr in französischen Texten gelesen habt. Es lohnt sich, Texte gezielt nach solchen Wörtern und Ausdrücken zu durchsuchen und diese in euer Heft zu schreiben. In diesem Fall ist Spicken erlaubt!

Jeu de mots **4**

Comment retrouver sa bonne humeur?

A *Dites en allemand:*

Il faut … **re**voir ses amis.
rejouer à ses jeux préférés.
recommencer à sortir.
repartir en vacances.
Il ne faut jamais **re**faire les mêmes erreurs.

B *Lisez le petit texte.*

Quand je veux voir un ami, je descends l'escalier, je prends mes affaires, je ferme la porte de la maison, je traverse la rue, je sonne chez mon copain, je demande à sa mère s'il est là, mais il n'est pas là.
Alors, je retourne chez moi. Et une heure après, je recommence.

Die letzten beiden Sätze müssen nicht transformiert werden.

Racontez. Commencez comme ça:
Je redescends l'escalier, je …

Jeu de sons **5**

Répétez, s'il vous plaît.

7, 3

Dans certains mots, la syllabe ***re*** **[rə]** *prend la forme:* ***ré*** **[re]**.

CD 1, 3 3

A *Ecoutez les phrases. Quand vous entendez* ***re*** **[rə]**, *levez la main.*

B *Lisez les mots suivants. Attention à la prononciation.*

relisez – répétez – révisions – recommencez – réécoutez – répondez – regardez – retrouvez

En forme **6**

Tu crois que c'est pour rire? (G 1, G 2)

7, 4

A *Mettez les verbes à la bonne forme.*

1. Pourquoi est-ce que tu (rire)?
2. Il (rire) jaune.
3. J'ai beaucoup (rire).
4. Ne (rire) pas, les filles.
5. C'est pour (rire)!
6. Elles (rire) pour un oui ou pour un non.
7. Qu'est-ce que tu (croire)?
8. Est-ce qu'ils (croire) au père Noël?
9. On (croire) rêver!
10. Je l'ai (croire).
11. Vous (croire)?
12. Je ne (croire) pas.

B *Relisez les expressions de* **A** *et trouvez les expressions en français pour:*

1. Es ist nur Spaß!
2. Glauben sie an den Weihnachtsmann?
3. Was glaubst du?
4. Ich glaube, ich träume.
5. Sie lachen bei jeder Gelegenheit.
6. Er lacht verlegen.

Atelier B

Die dem Schüler-CdA beiliegende MP3-CD enthält aus lizenzrechtlichen Gründen keine Lieder.

1 L'air ne fait pas la chanson!

8, 5 CD 1, 4

Voici le texte de la chanson que propose Lucie.

Avant la lecture:
Ecoutez la chanson. Comment est-ce que vous la trouvez? (→ Vocabulaire, p. 151)*

Pendant la lecture:
A votre avis, est-ce que la jeune femme de la chanson est avec des amis ou plutôt seule? Justifiez votre réponse.

La chanteuse Camélia Jordana

Non! Non! Non!

Combien de fois faut-il
Vous le dire avec style
Je ne veux pas sortir au Baron

Refrain:
Non, non, non, non
Je ne veux pas prendre l'air
Non, non, non, non
Je ne veux pas boire un verre
Non, non, non, non
Je ne veux pas l'oublier
Non, non, non, non
Je ne veux pas m'en passer
Je veux juste aller mal
Et y'a pas de mal à ça
Traîner, manger que dalle
Écouter Barbara
Peut-être il reviendra

Non, je ne veux pas faire un tour
A quoi ça sert de faire un tour

Non, je ne veux pas me défaire
De ce si bel enfer
Qui commence à me plaire
Je ne veux pas quitter mon salon
(Refrain)

Non, je ne veux pas aller mieux
A quoi ça sert d'aller mieux
Non, je ne veux pas m'habiller
Non plus me maquiller
Laissez-moi m'ennuyer
Arrêtez avec vos questions
(Refrain)

Le Baron nom d'une discothèque – **prendre l'air** an die frische Luft gehen – **m'en passer** *ici:* ihn vermissen – **aller mal** schlecht gehen – **Y'a pas de mal à ça.** Es ist nichts Böses dabei. – **traîner** rumhängen – **que dalle** *(fam.)* gar nichts – **Barbara** chanteuse française – **il reviendra** il va revenir – **A quoi ça sert?** Was nützt das? – **me défaire de** *ici:* quitter – **m'habiller, me maquiller, m'ennuyer** mich anziehen, mich schminken, mich langweilen

Lire

2 A propos du texte

→ En plus 124, 3 △

A *Trouvez les bonnes solutions.*

1. La jeune femme	**a** a perdu son ami.	**b** veut quitter son ami.	**c** cherche un ami.
2. Elle a envie	**a** de parler.	**b** de rester chez elle.	**c** de plaire à ses amis.
3. Elle	**a** n'espère plus rien.	**b** aime bien être triste.	**c** est un peu timide.

B *Allez sur Internet. Quelle autre chanson de cette chanteuse vous plaît? Pourquoi? (→ Voc., p. 151)*

* Das Chanson befindet sich auf der Audio-CD1 (622168, Track 4).

Individuelle Internt-Recherche

En forme

3 Elle oublie de l'oublier. (Vocabulaire, p. 150)

→ En plus 124, 4

8, 6

A *Après quels verbes ou quelles expressions est-ce qu'on met la préposition* **à***?*
Et après quels verbes ou quelles expressions est-ce qu'on utilise la préposition **de***?*
Faites un tableau dans votre cahier.

rêver	oublier
arrêter	commencer
réussir	continuer
aider	risquer
avoir envie	avoir peur
ça ne sert à rien	proposer

B *Pensez à la jeune femme de la chanson. Imaginez ce qu'elle fait et pense. Ecrivez une phrase avec chaque expression donnée.*

Exemples: *Elle* ***continue à*** *aimer son ami,*
elle ***risque d'****avoir des idées noires.*

Parler

4 Nos amis et nous

Hilfe in En plus: Stichworte zu den Problemen der drei Personen.

→ En plus 124, 5 △

9, 7

- Théo langweilt sich schrecklich, weil sein Computer kaputt ist.
- Chloés Freund zieht in eine andere Stadt.
- Toms Eltern erlauben nicht, dass er zu deiner Party kommt.

A *Arbeite allein. Wähle eine der drei Personen aus. Wie könntest du helfen? Was könntest du sagen oder vorschlagen? Notiere Stichworte.*

B *Bildet Dreiergruppen aus Schülern, die die gleiche Person ausgewählt haben. Diskutiert auf Französisch darüber, wie ihr helfen könnt.*

C *Arbeite allein. Schreibe eine E-Mail an die Person, über die ihr gesprochen habt.*

ON DIT

seine Meinung äußern
A mon avis, …
Je pense que …

etwas vorschlagen
Je propose de …
On peut …

etwas ablehnen
Mais on risque de …
Ça ne sert à rien de …

etwas begründen
C'est pourquoi …

sagen, was man besser findet
J'aimerais mieux …

zustimmen
Tu as raison!

Quelles autres expressions est-ce que vous connaissez? Regardez la stratégie à la page 11 et utilisez vos notes.

Wiederholung von
ne … pas, ne … que, ne … jamais, ne … rien

En forme
5 Quelques idées pour «rester zen[1]» (G 3)

→ En plus 125, 6 △

9, 8

A *Traduisez les mots à droite et complétez les phrases.*

Ne fais … n'importe quoi.	nicht
Ne fais … des bonnes choses.	nur
Ne déteste …	niemand
Ne parle …	nicht zu viel
Ne fais … sans réfléchir.	nichts
N'oublie … tes amis.	nie
N'oublie … ta famille.	auch nicht
Ce n'est … facile, mais tu peux essayer.	überhaupt nicht

B *Répondez aux questions. Ecrivez les phrases dans votre cahier.*

1. Qu'est-ce que tu n'aimes pas du tout? (3 choses)
2. Qu'est-ce que tu n'as jamais fait? (3 choses)

Exemple: Je n'ai jamais fait de skimboard.

En forme
6 On veut faire une fête pour Lukas.

10, 9

*Lukas part bientôt dans une autre ville. Avec vos amis, vous organisez une fête pour lui. Qu'est-ce que vous dites? Utilisez les verbes **savoir, pouvoir, devoir** et **vouloir**.*

Wiederholung Modalverben, Konjugation
vgl. Revisions-Teil des Grammatischen Beihefts

Exemple: 1. Qui sait jouer de la guitare?

1. On cherche quelqu'un pour jouer de la guitare.	Qui …?
2. On doit d'abord parler aux voisins.	Nous …
3. Tu demandes qui a envie de préparer des salades.	Qui …?
4. Vous avez envie d'offrir un livre à votre ami.	Nous …
5. Tu demandes à un copain de t'aider.	Est-ce que tu …?
6. Christoph vient aussi? Ce n'est pas sûr.	Nous ne … si …
7. Tu demandes à tes amis s'ils doivent rentrer tôt.	Vous …?
8. Quel travail est-ce qu'il y a à faire pour toi?	Qu'est-ce que je …
9. Deux filles sont d'accord pour écrire les cartes d'invitation.	Elles … bien …
10. Felix et Nadja ont appris à faire des quiches.	Ils …
11. Vos amis sont d'accord pour apporter les boissons?	Vous … bien …?

1 **«rester zen»** [… zɛn] gelassen bleiben

Pratique

Lire
Parler
Ecrire

Des livres et des chansons …

Travaillez à trois. Vous allez choisir une chanson ou un livre qui vous intéresse. Vous allez ensuite préparer, puis faire la présentation devant la classe du titre choisi.

Buch- **oder** Chansonpräsentation zur Auswahl.

STRATEGIE

Parler

Wenn ihr eure Meinung zu einem Buch oder einer CD mitteilen wollt, könnt ihr euch Stichworte zu folgenden Fragen notieren:

- Quel est le **titre** du livre ou du CD?
- Quel est **l'auteur** ou le chanteur / la chanteuse?
- Qu'est-ce que vous savez de lui / d'elle?
- Quel est le **sujet**?
- **Pourquoi** est-ce que vous le / la trouvez bien?

ON DIT

Pour faire une présentation:

Nous avons choisi le livre / le CD …
C'est un livre / une chanson de …
Le livre / la chanson parle de …
C'est une musique géniale / nulle / …
Ce sujet nous intéresse parce que …
Ce groupe / ce chanteur / cette chanteuse …

Internet-Recherche

A ***Voici trois chansons.*** *Sur Internet, cherchez puis écoutez ces trois titres. Quel titre vous plaît?*

1. «La terre est ronde» du chanteur Orelsan
2. «Le sens de la vie» de la chanteuse Tal
3. «J'ai demandé à la lune» du groupe Indochine

B ***Voici trois livres*** *que les jeunes, en France, ont aimés. Lisez les textes. Quel livre est-ce que vous avez envie de lire?*

A l'école, ses camarades n'aiment pas Nejma. Elle est nulle, méchante, moche et mal habillée. Mais on ne lui dit jamais rien parce que tout le monde sait qu'il ne faut pas pousser à bout une personne qui n'a rien à perdre.
Le jour où Jonathan Suyckerbuck, grand amateur de catch, est retrouvé inconscient derrière la porte de la cantine, c'est Nejma qu'on accuse. Elle essaie de se défendre, mais on ne la croit pas. Elle fait une coupable idéale.

11, 10

Babyfaces.
De Marie Desplechin, Editions L'école des loisirs

méchant,e bösartig – **moche** hässlich – **habillé** angezogen – **pousser qn à bout** jemanden zum Äußersten treiben – **un amateur** *hier:* ein Fan – **inconscient** *hier:* bewusstlos – **accuser qn** jdn beschuldigen – **une coupable** eine Schuldige

Anatole, 60 ans, vit seul et n'aime pas être dérangé. Derrière le mur de son jardin, il y a la voie ferrée et chaque jour, le train passe … Alors qu'il est occupé à biner, Anatole aperçoit quelque chose bouger dans l'herbe: un bébé. Cette rencontre bouleversante va changer la vie du vieil homme …

vit lebt – **déranger qn** jdn stören – **une voie ferrée** ein Eisenbahngleis – **être occupé à faire qc** damit beschäftigt sein etwas zu tun – **biner** harken – **l'herbe** *(f.)* das Gras – **bouleversante** überwältigend

Le bébé tombé du train.
De Jo Hoestlandt, illustré par Andrée Prigent, Editions Oskar Jeunesse

Camille est une jeune surdouée de presque 14 ans. Elle vit chez les Duciel, sa famille d'adoption pas très sympathique. Un jour, elle se retrouve téléportée dans un monde parallèle, l'Empire de Gwendalavir.
Elle apprend alors qu'elle est née dans cet autre monde, que son vrai nom, c'est Ewilan Gil'Sayan, et que l'Empire est en danger …

surdouée hochbegabt – **vit** lebt – **téléportée** gebeamt

La quête d'Ewilan, Tome 1: D'un monde à l'autre.
De Pierre Bottero, Editions Rageot

12, 11 **C** *Choisissez un livre, préparez et faites votre présentation devant la classe.*

PORTFOLIO **D** *Vous écrivez un courriel à votre ami(e) français(e) pour lui parler d'un livre ou d'un CD que vous aimez beaucoup.*

Mon dico personnel (⟶ Vocabulaire, p. 151)

un roman	fantastique policier d'aventures de science-fiction captivant (fesselnd) passionnant (spannend)	un livre	sur la vie de … sur l'amitié entre … qui raconte l'histoire de … sur les voitures de sport plein d'humour (humorvoll) plein de suspense (spannend)

Überprüfe, was du kannst!

geht so ← ● → klappt noch nicht / ● → prima

Vergleiche deine Lösungen mit den Lösungen auf Seite 217.

Bilan

1 Parler

Mehr dazu ka667x

Du kannst jetzt schon … / *Und so kannst du den Satz anfangen:*

1. … sagen: Da haben wir's. / Es ist so weit.	Ça …!
2. … sagen, dass es jemandem besser geht.	Il va …
3. … sagen, dass jemand gute Laune hat.	Il est …
4. … sagen, dass du ganz unterschiedliche Sportarten magst.	J'aime … de sports.
5. … sagen, dass man Gefahr läuft, etwas zu tun *(Zeit zu verlieren)*.	On … perdre du temps.
6. … sagen, dass jemand Unsinn redet.	Il dit …!
7. … sagen, dass es nichts nützt *(zu warten)*.	Ça ne … attendre.
8. … sagen, dass es nur Spaß ist.	C'est pour …

2 Jeu de mots

Dites le contraire. Complétez les phrases à droite.

Exemple: Nous *avons envie d'*écrire. ⟷ Nous **en avons marre d'**écrire.

1. Je suis de *bonne* humeur.	⟷	Je suis de … humeur.
2. Il veut voir *quelqu'un*.		Il ne … voir …
3. Elle *adore* cette chanson.		Elle n'aime … cette chanson.
4. Il va *bien*.		Il va …
5. *Commence* à jouer de la guitare.		… jouer de la guitare.
6. Elle est *revenue*.		Elle est …

3 Lire

Je m'appelle Lauriane et j'ai 14 ans. Je n'ai jamais été une grande lectrice mais cette année, toute ma classe s'est inscrite au «prix ados». J'ai d'abord lu les résumés de tous les livres présentés et j'ai ensuite choisi votre roman «Le temps des miracles». Ce n'est pas un livre court, mais je l'ai lu en 5 jours seulement! Une chose est sûre: ce livre m'a appris beaucoup de choses et il m'a aussi en quelque sorte «retournée». J'ai réfléchi à des choses auxquelles je n'avais jamais pensé avant. Pour moi, cette lecture a été une invitation au monde des livres. Merci!

Vrai ou faux?

1. C'est un message à la rédaction d'un journal.
2. Lauriane a aimé ce livre.
3. Elle a lu ce livre très vite.
4. Après sa lecture, tout a changé pour elle.
5. Elle ne va plus jamais ouvrir un livre.

4 Ecrire

Retrouvez l'ordre des phrases. Complétez et écrivez le texte.

a Il ? déjà ? huit romans dans la série «Artemis Fowl».
b Mon livre préféré ? «Artemis Fowl».
c Le roman ? l'histoire d'un garçon génial qui entre en contact avec le monde des fées.
d C'est un ? fantastique de Eoin Colfer.
e J'aime beaucoup ce livre ? il est très original et même un peu fou.
f Cet ? a été professeur. Puis il a commencé à écrire des livres.

Grammaire

Kurzübungen zu den Grammatikpensen finden sich ab Band 3 direkt unter den Grammatik-Darstellungen.

G 1 Das Verb rire – Le verbe **rire** (lachen)

Singular		Plural	
je	**ris**	nous	**rions**
tu	**ris**	vous	**riez**
il / elle / on	**rit**	ils / elles	**rient**

Imperativ: Ris. Rions. Riez.

Passé composé: j'ai **ri**

Complétez les phrases.

1. Paul raconte une blague, les filles n'arrêtent pas de ? .
2. Les garçons ? aussi.
3. Mais Clément ne ? pas.
4. – Hé, Clément, la dernière fois que Paul a raconté une blague, tu ? comme un fou.
5. – Oui, mais cette fois, vous ? de moi. Pour moi, ce n'est pas drôle.

G2 Das Verb croire – Le verbe **croire** (glauben)

Singular		Plural	
je	**crois**	nous	**croyons**
tu	**crois**	vous	**croyez**
il / elle / on	**croit**	ils / elles	**croient**

Imperativ: Crois. Croyons. Croyez.

Passé composé: j'ai **cru**

Complétez les phrases.

1. Que va faire Léo? Tu ? qu'il va oublier cette fille?
2. Je ne sais pas. D'abord, je l' ?, mais maintenant, je ne le ? plus.
3. Manon et Lucie ? qu'il va retrouver la fille.
4. Bachir ? qu'il ne va pas la retrouver.
5. Et vous, qu'est-ce que vous ? ?

G3 Die Verneinung mit **ne ... rien** und **ne ... personne**

La négation avec **ne ... rien** et **ne ... personne**

Je	**ne**	vois	**rien**	
Je	**n'**	ai	**rien**	vu.
Je	**ne**	veux	**rien**	voir.
Je	**ne**	vois	**personne.**	
Je	**n'**	ai vu	**personne.**	
Je	**ne**	veux voir	**personne.**	

ne ... rien umklammert nur das konjugierte Verb (genauso wie **ne ... pas**).

ne ... personne umklammert die ganze Verbgruppe.

Répondez aux questions.

1. Tu rêves de quelqu'un? – Non, je ne ...
2. Tu as dansé avec quelqu'un? – Non, ...
3. Tu veux boire quelque chose? – Non, ...
4. Tu as oublié quelque chose? – Non, je n'ai ...
5. Tu veux appeler quelqu'un? – Non, ...

Mehr dazu k7777s

Unité 2
Soupçons

Vis-à-vis

C'est à Valence, dans le <u>département</u> de la Drôme, que le <u>Midi</u> commence. Le Midi, c'est le sud de la France, loin de Paris. En France, il y a une grande <u>différence</u> entre la vie en <u>province</u> et la vie dans la <u>capitale</u>. Beaucoup <u>d'évènements</u> importants <u>se déroulent</u> à Paris.

CD 1, 8
7

- *Regardez la <u>couverture</u> de ce roman, puis écoutez le texte. Qu'est-ce qu'on apprend sur James?*
- *Imaginez: quelle histoire est-ce que ce roman raconte?*

PORTFOLIO

In dieser Unité liest du Auszüge aus einem Jugendroman. Am Ende kannst du von Ereignissen berichten und einen Vorfall schildern.

Atelier A

Die neuen Wörter dieses Textes werden im Folgenden nicht als aktiv verfügbar vorausgesetzt.

Lire

1 Comprendre un texte

18, 1

A *Voici le début du roman. Pourquoi est-ce que James et sa mère ont déménagé? Utilisez la stratégie pour comprendre ce texte.*

Ma mère a trouvé du travail en province. Valence, exactement. (...) Comme elle dit, avec le même salaire, ici on a une maison. Alors qu'à Paris, on devait se contenter d'un petit trois-pièces. (...) Ma mère m'a vanté la Drôme et son climat tropical. Le nougat de Montélimar, les pistes de ski pas loin, et la mer, Marseille à deux heures de voiture. Ma mère, elle pourrait vendre une cafetière électrique à un pingouin.

H. Mestron «Soupçons», Syros 2011 (p. 9)

STRATEGIE

Lire

Neue Wörter erschließen ...

- mithilfe des Deutschen oder anderer Sprachen, z. B. *ski* ⟶ *Ski.*
- mit Wörtern aus der gleichen „Familie", z. B. *un vendeur = ein Verkäufer* ⟶ *vendre qc = etwas verkaufen.*
- aus dem Zusammenhang (Kontext). Z. B. *maison* ⟶ Aha! Es geht um das „Wohnen": *un petit trois-pièces = un petit appartement avec trois pièces.*

Nicht alle Wörter sind leicht zu erschließen. Ihr müsst aber nicht jedes einzelne Wort kennen, um zu verstehen, worum es insgesamt geht.

B *Complétez les phrases.*

1. A Valence, James et sa mère habitent ...
2. A Paris, les appartements sont ...
3. A Valence, il fait souvent ...
4. Il faut deux heures de voiture pour ... de ... à ...

C *Cherchez Valence sur la carte au début de votre livre.*

D *Expliquez:*

Ma mère, elle pourrait vendre une cafetière électrique à un pingouin.

Du nougat de Montélimar

En forme

2 Au revoir, Paris. Bonjour, Valence.

*Qu'est-ce qui s'est passé? Racontez les évènements au passé. Utilisez les mots **un jour, alors, d'abord, puis, ensuite, enfin.***

Le passé composé
- Elle **a trouvé** du travail.
- Ils **ont quitté** Paris.
- Ils **sont partis** à Valence.

1. perdre son travail à Paris
2. voir une annonce dans le journal
3. écrire une lettre
4. aller à Valence
5. parler à ses nouveaux collègues
6. retourner à Paris
7. discuter avec son fils
8. déménager à Valence

Approche

3 Paris, c'était génial … (G 4)

18, 2

A Valence, James pense souvent à Paris. Sa mère lui demande pourquoi il est triste.

A *James répond à sa mère. Qu'est-ce qu'il peut encore dire? Répondez par des phrases complètes.*

In A zunächst rein imitative Verwendung des Imparfait.

Je suis triste parce qu'à Paris, il y **avait** mes amis! → le métro, les grands magasins, mon club de foot, la tour Eiffel, un collège super, …

Quand j'**étais** à Paris, nous **allions** souvent au cinéma. → dans des parcs, à la piscine, au musée, …

Je **faisais** de la musique avec mes copains. → du vélo, de l'escrime, de la natation, …

B *Le nouveau temps du passé que vous avez utilisé s'appelle **l'imparfait**. Lisez le texte et notez les formes des verbes dans votre cahier.*

James continue: «A Paris, je connaissais bien notre quartier. Le samedi, mes amis venaient souvent chez moi. Nous allions au parc pour faire du roller. Quand tu travaillais le soir, je pouvais aller chez la voisine. Elle m'aidait même à faire mes devoirs. Toi aussi, tu aimais Paris, non? Tes collègues et toi, vous sortiez souvent. On était bien, à Paris!»

Infinitif		Imparfait
connaître	→	je ?
travailler	→	tu ?
aider	→	il / elle / on ?
aller	→	nous ?
sortir	→	vous ?
venir	→	ils / elles ?
être	→	on ?

C *Wie lauten die Endungen beim Imparfait?*

D *Die Formen des Imparfait werden aus dem **Stamm** der 1. Person Plural des Präsens gebildet: nous **connaiss**ons → nous **connaiss**ions. Nur ein Verb macht eine Ausnahme. Welches?*

Parler

4 Quand j'étais petit … (G 4)

→ En plus 125, 1

Qu'est-ce que vous faisiez quand vous étiez petit? Travaillez à deux. Notez 8 phrases.

Exemple: Quand j'étais petit,
je faisais du roller
dans la cour.

faire du roller
avoir
aller au lit à … heures
ne pas manger de

vouloir toujours
ne pas savoir nager
aimer
…

Die authentische Vorlage wurde nur geringfügig bearbeitet.
Nicht alle neuen Lexeme werden im Folgenden als aktiv verfügbar vorausgesetzt.

5 Un voleur dans la classe?

CD 1, 9–13
8–12

Avant la lecture:

Dans ce passage du roman «Soupçons», James est au collège.

- *Qu'est-ce que c'est, une bonne note, en France? Et une mauvaise?*
- *Quelle est la situation de James au collège?*

Maintenant, lis tout le texte, puis fais l'exercice 6: «Les mots faciles à comprendre». Après, relis le texte.

Aujourd'hui, retour du contrôle de maths. Miss Avedianos rend les copies. Elle commence par la plus nulle. Entre deux élèves, elle marque une pause. C'est presque terminé.

– Gelatos, 17 sur 20. Formidable, comme d'habitude. Il reste une copie.

– James … 19 sur 20. (…)

La classe me regarde, je rougis.

Après le collège, je suis sur le point de traverser la route lorsqu'une main se pose sur mon épaule. Je me retourne.

C'est Mikaleff. (…)

– Ça va? me demande-t-il.

– Génial.

– Gelatos, il était super jaloux. Tu as vu le regard qu'il t'a lancé?

– Non, pourquoi?

– A cause des notes. D'habitude, c'est toujours lui le meilleur.

J'ai l'impression que Mikaleff ne l'aime pas beaucoup. Mais moi, personnellement, je n'ai rien contre Gelatos.

Quelques jours plus tard, en cours de musique. Le prof est arrivé avec quelques minutes de retard, des CD dans les bras. Il portait des dreadlocks et les cours avec lui avaient toujours un air de vacances.

Jeu de mots

6 Les mots faciles à comprendre

19, 3

Dans ce texte, il y a des mots «faciles». Expliquez pourquoi vous les comprenez (Stratégie, page 22).

un retour
un contrôle
un regard
une statuette
être catastrophé
à cause de
dessiner qc
encourager qn
toucher à qc

Lire

7 A propos du texte

Retrouvez les phrases.

1. En cours, tout le monde regarde James …
2. Mikaleff dit que Gelatos …
3. Mais James ne déteste pas Gelatos …
4. Le professeur de musique …
5. Tout à coup, il voit …
6. Mikaleff sait peut-être …

a sait bien motiver ses élèves.
b que ses statuettes ne sont plus là.
c parce qu'il a des très bonnes notes.
d qui est le voleur.
e n'aime pas les succès de James.
f qui ne lui a rien fait.

On sentait qu'il était content de venir en classe et qu'il avait la pêche. Aujourd'hui, menu de musiques africaines. Il nous a montré une carte de la Côte d'Ivoire, puis il a mis une chanson. On devait dessiner pendant ce temps. Il encourageait tous les élèves.

Tout à coup, son sourire s'est figé. Son regard a bloqué sur quelque chose au fond de la classe.
– Les statuettes ont disparu! C'est pas vrai! Quelqu'un a touché à mes statuettes?
Tout le monde a fait non de la tête. Le prof a eu l'air vraiment catastrophé. Je l'ai senti au bord des larmes. Il s'est mis à fouiller partout dans la salle.
– On les a volées! Il a crié. On a volé les statuettes!
A cet instant, la cloche a sonné. C'était la fin du cours. Mais personne n'a bougé.
– Je vais chez le principal! Et s'il y a un voleur dans le collège, ça va barder pour lui! Allez, dehors!

Une fois dans la cour, j'ai demandé à Mikaleff:
– C'est quoi ces statuettes, exactement?
– Il les a rapportées de ses voyages. Elles étaient super belles. Il y en avait six.
– Mais qui a bien pu les voler? C'est peut-être quelqu'un de l'extérieur?
Mikaleff m'a regardé d'un air bizarre.
– Non, le voleur est parmi nous, je le sens.

D'après H. Mestron «Soupçons», Syros 2011 (p. 14 – 15; p. 36 – 40)

rendre donner
terminé fini
formidable très bien
comme d'habitude comme toujours
rougir être tout à coup rouge
lorsque quand
l'épaule *(f.)* die Schulter
jaloux eifersüchtig, neidisch
le meilleur le premier
j'ai l'impression que je pense que
sentir spüren
la Côte d'Ivoire un pays en Afrique
s'est figé erstarrte
bloquer sur s'arrêter sur
au fond de hinten
ont disparu ne sont plus là
une larme eine Träne
il s'est mis à il a commencé à
fouiller chercher
voler stehlen
un instant un moment très court
ça va barder ça va aller mal
Dehors! Raus!
parmi nous *(ici)* dans notre classe

Lire

8 James et les autres

A *Notez ce que vous apprenez sur chaque personnage de ce texte. Travaillez en groupe.*

Gelatos | James | Mikaleff | le professeur de musique

B *Quel personnage est-ce que vous trouvez sympathique? Pourquoi?*

Parler

9 Chez le principal

→ En plus 126, 2 △

Le professeur de musique va chez le principal et raconte son histoire. Qu'est-ce qu'il dit? Imaginez un petit monologue. Ne notez que les mots-clés.

In En plus sind die „Notes" bereits vorgegeben.

	Questions	Notes
1. Il parle des statuettes.	*D'où est-ce qu'elles venaient? (→ imparfait)*	Afrique …
	Comment est-ce qu'elles étaient? (→ imparfait)	…
2. Il raconte l'évènement.	*Qu'est-ce qui s'est passé? (→ passé composé)*	…
3. Il veut savoir comment retrouver ses statuettes.	*Que faire? (→ futur composé)*	…

Verwendung der Tempora hier noch vorgegeben. Kognitivierung Aspektunterscheidung folgt S. 29, 4.

En forme

10 Il était comment? (G 4)

19, 4

Dix ans plus tard, James raconte à ses amis comment étaient son professeur de musique et ses cours de musique à Valence. Racontez.

Exemple: *Notre prof portait des dreadlocks.*

1. Notre prof porte des dreadlocks.
2. Il est toujours de bonne humeur.
3. Il a toujours des idées originales.
4. Il encourage tous ses élèves.
5. Il met souvent des CD.
6. Nous aimons bien ses chansons africaines.
7. Ça change vraiment de nos cours de maths.
8. Avec cette musique, je commence toujours à rêver.
9. J'ai l'impression de partir en voyage.
10. Certains élèves dessinent pendant qu'ils écoutent cette musique.

pendant (Präp.) ist bereits bekannt.

Jeu de sons

11 Faites la différence.

A *Recopiez ce tableau dans votre cahier et mettez les verbes donnés dans les bonnes colonnes.*

il na**ge**ait; tu avan**ç**ais; j'ai conju**gu**é; il a bou**gé**; je commen**ç**ais; je man**ge**ais; elles lan**ç**aient; elle ris**qu**ait; vous expli**qu**iez; elle cli**qu**ait; ils ont déména**gé**

[ʒ]	[g]	[k]	[s]
nous mangions …	…	…	…

CD1, 14
13

B *Ecoutez les mots et corrigez vos listes.*

Atelier B

1 Une découverte dangereuse

CD1, 15 – 17 / 14 – 16

A la maison, j'ai repensé à la phrase de Mikaleff: «Le voleur est parmi nous.» C'était étrange, il savait des choses que moi je ne devais pas savoir. On me faisait croire que j'étais bien intégré, mais en réalité, c'était tout l'inverse.

J'ai pris mon sac pour faire mes devoirs. J'ai déballé mes affaires, cahier de textes, livre de français quand, tout à coup, ma main a touché quelque chose de bizarre tout au fond. Mes doigts ont palpé l'objet … Je n'arrivais pas à le croire: que faisait cette statuette africaine dans mon sac? Je ne rêvais pas. J'ai eu peur. Je me retrouvais voleur sans savoir comment.

J'ai entendu ma mère dans l'escalier.

– James, c'est maman, tu es là?

– Oui! J'ai répondu et j'ai vite remis l'objet dans mon sac.

A ce moment-là, ma mère est entrée dans ma chambre.

– Ça va, ta journée a été bonne? Tu as l'air contrarié. Quelque chose ne va pas?

– Non … non, tout va bien … Et toi?

– Tu es tout rouge …

– Mais non, c'est … parce que je dois écrire un texte en français, je ne sais pas par où commencer.

– Un texte sur quoi?

– Euh … ben, sur l'Afrique.

Elle m'a caressé les cheveux, puis elle est sortie de ma chambre. J'ai regardé dans mon sac, la statuette africaine était toujours là. Je ne savais pas que faire. J'avais envie de la rendre à son propriétaire. Mais comment? A qui parler de ça? Tout seul, c'était impossible.

étrange bizarre

être intégré *(ici)* être accepté

l'inverse *(m.)* le contraire

palper qc toucher qc avec les doigts pour le reconnaître

je n'arrivais pas à je ne pouvais pas

contrarié un peu en colère

par où comment

caresser toucher pour montrer son amour

le **propriétaire** *(ici)* le professeur de musique. C'est *sa* statuette.

→

Le lendemain, je suis parti au collège. Avec la statuette dans mon sac, j'avais l'impression de transporter de la dynamite. Tout devenait compliqué, surtout en classe, quand il fallait ouvrir le sac. Je ne pouvais pas garder ça pour moi tout seul. Avant le cours, j'ai parlé à Mikaleff. Il m'a écouté, les yeux grands ouverts.
– C'est fou, ton histoire!
– Je sais, mais c'est la vérité. Qu'est-ce que je peux faire?
– Je ne sais pas. Tu dois te débarrasser de la statuette, sinon on va la retrouver dans tes affaires.
– C'est clair. Je vais la mettre dans le casier du prof de musique. Au cours de géo, j'ai demandé l'autorisation d'aller à l'infirmerie. La statuette dormait dans la poche de ma veste. Sur le chemin, j'ai fait un détour par les casiers des professeurs. Une opération de quelques secondes. Après l'infirmerie, je suis retourné en cours de géo pour prendre mon sac.

D'après H. Mestron «Soupçons», Syros 2011 (p. 40–49)

le **lendemain** le jour d'après (⟶ demain)
devenir werden
il fallait il faut, *à l'imparfait*
garder behalten
se débarrasser de qc etw. loswerden
sinon si tu ne fais pas cela
un casier un endroit pour les lettres et les papiers
l'autorisation *(f.)* le droit
un chemin ein Weg
faire un détour ne pas prendre le chemin direct

Lire
Ecrire

2 A propos du texte

Partie 1: Ligne 1–10
Partie 2: Ligne 11–27
Partie 3: Ligne 28– fin

⟶ En plus 126, 3 △

20, 5

A *Dans votre cahier, prenez des notes pour chaque partie du texte.*

	Qui?	Où?	Quoi?	Quand?	Pourquoi?
1.	James	maison	statuette	–	–
2.	…				
3.					

B *Lisez la stratégie et écrivez un résumé du texte (6 phrases). (Vocabulaire, p. 155)*

C *Travaillez à deux. Comparez et corrigez vos résumés.*

STRATEGIE

Lire et écrire
In einem **Resümee** werden nur die wesentlichen Aussagen eines Textes wiedergegeben.
1. **Worum geht es** in dem Text? Meistens liefert der Titel einen Hinweis darauf. Fasst es in einem Satz zusammen.
2. Geht dann Abschnitt für Abschnitt vor. Trennt zwischen Wichtigem und Unwichtigem. Wichtig ist das, was zur Hauptaussage des Textes gehört. Konzentriert euch auf die **Schlüsselwörter** *(mots-clés)*, die ihr notiert habt.
3. Schreibt in der 3. Person Präsens. Vermeidet Details und die direkte Rede.

Jeu de mots

3 Les familles de mots

20, 6

Lisez les mots. Trouvez dans le texte des mots et des expressions de la même «famille».

faire un tour
vrai
le transport

voler
demain
mettre

possible
africain
le retour

Exemple: *africain – l'Afrique*

En forme

4 Je faisais mes devoirs quand il est arrivé. (G 5)

22, 9

Ihr kennt jetzt zwei Zeiten der Vergangenheit: das **Passé composé** und das **Imparfait**. Aber wann benutzt man welche Zeit?

Das **Imparfait** benutzt man für die Beschreibung von ⟶ Zuständen, ⟶ gewohnheitsmäßigen Handlungen, ⟶ Situationen in der Vergangenheit. Leitfrage: **Was war (schon)?**	Il portait des dreadlocks. Les cours avaient toujours un air de vacances. C'était la fin du cours quand …
Beim **Passé composé** geht es um ⟶ einmalige oder aufeinanderfolgende Handlungen in der Vergangenheit. Leitfrage: **Was geschah (dann)?**	J'ai pris mon sac … J'ai déballé mes affaires …

Aujourd'hui, Gelatos n'était pas là. Il était au lit avec une jambe dans le plâtre. Il n'habitait pas loin de chez moi, je le voyais passer tous les jours. Alors je lui ai apporté les devoirs. Gelatos m'a dit merci. Il m'a montré sa chambre. Elle était géniale. Il avait même une télé pour lui tout seul. On a discuté de tout et de rien. Puis je lui ai demandé:
– Tu reviens quand au collège?
– Dans deux ou trois jours.

D'après H. Mestron «Soupçons», Syros 2011 (p. 60–61)

A *Sagt für jedes Verb im Text, zu welcher Regel in der Tabelle es passt.*

Exemple: *Gelatos n'était pas là.*
⟶ *Situationsbeschreibung*

Tipp: Das Wort *puis* bedeutet, dass etwas Neues passiert. *Tous les jours* bedeutet, dass etwas gewöhnlich stattfindet. Weitere „Signalwörter" findest du auf Seite 38.

B *Gelatos raconte.*
Commencez comme ça: J'étais au lit quand …

⟶ En plus 127, 4

1. Je suis au lit quand James arrive.
2. Je lis.
3. James m'apporte du chocolat.
4. Il regarde ma jambe.
5. J'ai un peu mal.
6. Puis nous parlons des cours.
7. Il me raconte les dernières histoires du collège.
8. Ensuite, nous faisons nos devoirs ensemble.
9. Quand il part, je suis un peu fatigué, mais je suis content.

CD1, 18
17

21, 7

5 Comme un mauvais rêve

1. Le lendemain, au cours de maths, quelqu'un a frappé à la porte. C'était le principal.

2. Il a regardé les sacs de la classe et enfin, il est arrivé à ma table.

3. Tout à coup, son regard s'est figé. Je courais à la catastrophe.

4. Je ne comprenais rien. Encore une statuette dans mon sac? Des mouches noires dansaient devant mes yeux.

5. Nous sommes allés dans son bureau.

6. D'abord j'ai hésité, mais enfin j'ai commencé à parler vite, très vite.

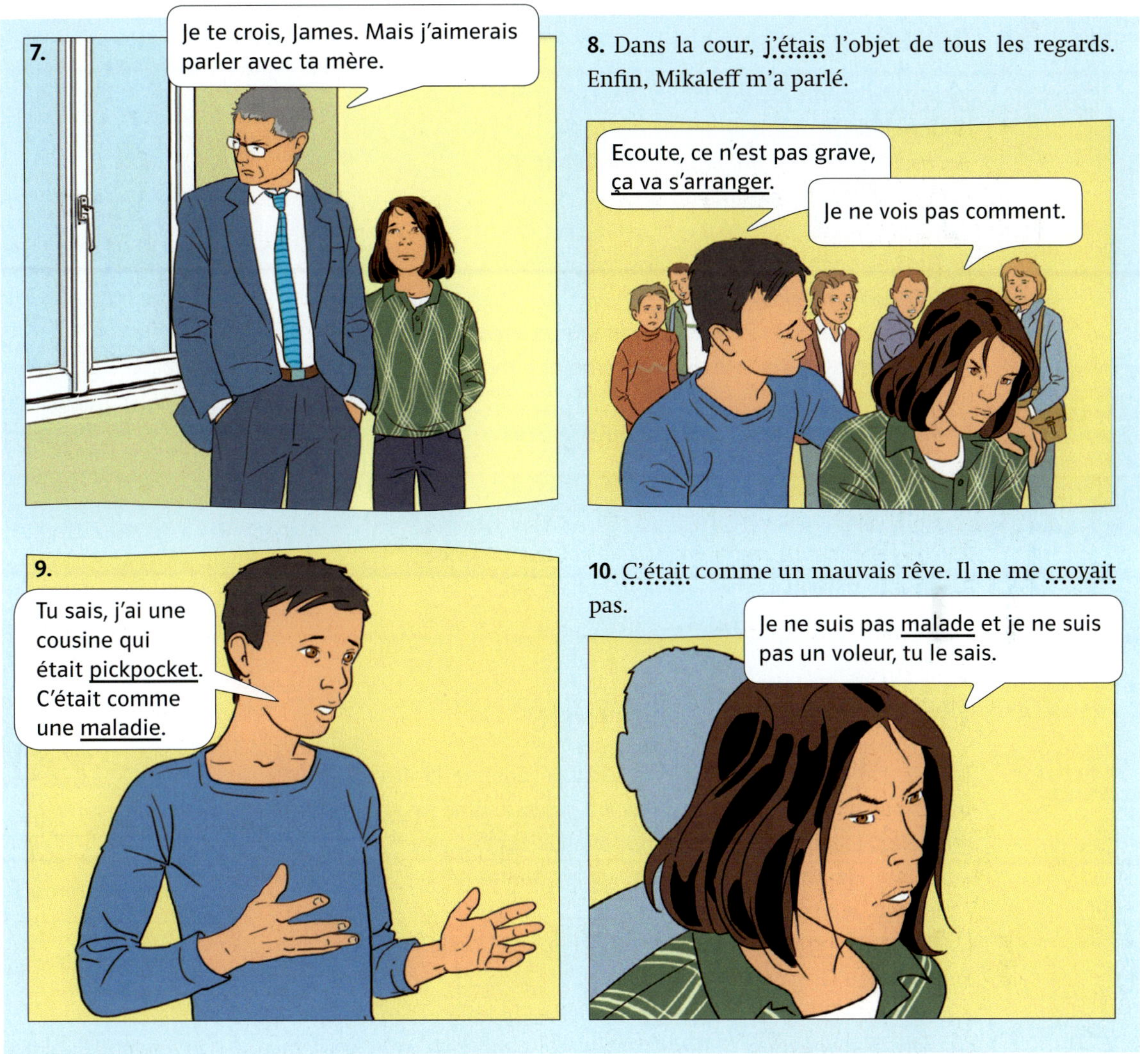

D'après H. Mestron «Soupçons», Syros 2011 (p. 62–65)

Parler

6 Comment raconter un fait?

21, 8

Mikaleff rencontre une copine d'une autre classe. Il raconte cette histoire. Notez des mots-clés et racontez.

Quand est-ce que c'était?

Où est-ce que c'était?

Qui était là?

Qu'est-ce qui s'est passé?

Qu'est-ce qu'on a dit?

ON DIT

Parler de la situation (à l'imparfait)
C'était il y a …
J'étais à …
Il y avait …

Parler de l'action (au passé composé)
D'abord, il a fait …, puis il est allé … ensuite, … enfin, …

Rendre les dialogues
Il a dit: «…» / Elle a demandé: «…»

Atelier C

Stratégie **1**

Utiliser un dictionnaire

23, 10

Viele unbekannte Wörter könnt ihr erschließen. Andere Wörter müsst ihr im Wörterbuch nachschlagen. Aber aufgepasst: Ihr müsst die richtige Übersetzung finden!

A *Gelatos sagt:* «Miss Avedianos me manque.»
- *Was bedeutet das?*
- *Was bedeuten die Zahlen in dem Wörterbuch?*
- *Übersetze:* On a éclaté de rire, un objet à moitié caché

B *Réfléchissez bien et traduisez à l'aide d'un dictionnaire.*

1. Les pingouins savent voler.
2. Elle est tombée, maintenant, elle est aux urgences.
3. Dans le gâteau, je mets un soupçon de sel.

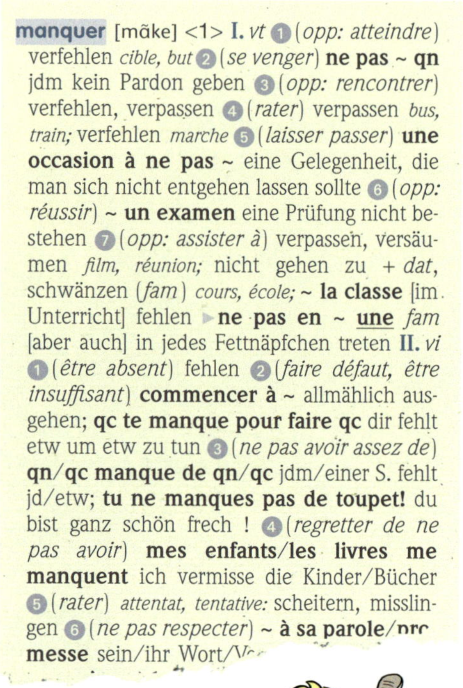
manquer [mɑ̃ke] <1> **I.** *vt* ❶ (*opp: atteindre*) verfehlen *cible, but* ❷ (*se venger*) **ne pas ~ qn** jdm kein Pardon geben ❸ (*opp: rencontrer*) verfehlen, verpassen ❹ (*rater*) verpassen *bus, train;* verfehlen *marche* ❺ (*laisser passer*) **une occasion à ne pas ~** eine Gelegenheit, die man sich nicht entgehen lassen sollte ❻ (*opp: réussir*) **~ un examen** eine Prüfung nicht bestehen ❼ (*opp: assister à*) verpassen, versäumen *film, réunion;* nicht gehen zu + *dat,* schwänzen (*fam*) *cours, école;* **~ la classe** [im Unterricht] fehlen ▸ **ne pas en ~ une** *fam* [aber auch] in jedes Fettnäpfchen treten **II.** *vi* ❶ (*être absent*) fehlen ❷ (*faire défaut, être insuffisant*) **commencer à ~** allmählich ausgehen; **qc te manque pour faire qc** dir fehlt etw um etw zu tun ❸ (*ne pas avoir assez de*) **qn/qc manque de qn/qc** jdm/einer S. fehlt jd/etw; **tu ne manques pas de toupet!** du bist ganz schön frech ! ❹ (*regretter de ne pas avoir*) **mes enfants/les livres me manquent** ich vermisse die Kinder/Bücher ❺ (*rater*) *attentat, tentative:* scheitern, misslingen ❻ (*ne pas respecter*) **~ à sa parole/pro-messe** sein/ihr Wort/Ve...

Ihr könnt es auch mit einem Online-Wörterbuch versuchen.

2

Une situation difficile

CD 1, 19 – 20
18 – 19

Le soir, j'ai apporté les devoirs à Gelatos. Comme la dernière fois, il a ouvert la porte avec un sourire. Il ne savait donc rien. J'ai déballé mes affaires, anglais, maths, géo.
– Demain, je vais retourner en cours. Même Miss Avedianos me manque, je te dis.
On a éclaté de rire. Tout à coup, le téléphone a sonné. C'était sa mère. Pendant qu'il parlait, je suis parti chercher un verre d'eau à la cuisine. Quand je suis passé devant sa chambre, j'ai vu que son armoire était ouverte. T-shirts, chemises, pantalons, tout était bien rangé. Pas comme chez moi, il faut le dire. Tout à coup, mon regard est tombé sur un objet qui était à moitié caché par un pull. J'ai fait un pas pour regarder de près. Quatre statuettes étaient cachées sous les vêtements. J'ai eu le réflexe de prendre une photo avec mon portable. Puis, sans hésiter, j'ai pris les statuettes et je les ai mises sous mon blouson.
A ce moment-là, j'ai entendu la voix de Gelatos.
– James, tu es où? Je suis vite retourné dans le salon.
– Qu'est-ce que tu faisais? Il m'a demandé.
– Euh … j'étais aux toilettes … Ça ne va pas bien.
– Qu'est-ce qui se passe?
– Je crois que j'ai une crise d'asthme.
– Ça t'arrive souvent?
– Oui. Je dois tout de suite rentrer et prendre un médicament.
– Ah?
Je suis vite sorti et j'ai couru chez moi. Tout tournait dans ma tête.
Alors c'était lui, le voleur!

une armoire un meuble où on range ses vêtements
à moitié à demi
caché qu'on ne voit pas

Le lendemain, je suis allé chez le principal avec les quatre statuettes. Il m'a regardé sans comprendre.

– Je les ai retrouvées, j'ai dit.

– Elles étaient où?

– Je ne peux pas vous le dire. Je ne veux pas dénoncer la personne qui les a prises. Je sais, vous ne me croyez pas. Mais je suis content pour le prof de musique. Bonne journée, monsieur.

Je suis sorti du bureau comme une bombe. Dans le couloir, j'ai vu Gelatos avec sa jambe dans le plâtre. Il y avait du monde autour de lui. Il devait savoir qu'on me soupçonnait du vol des statuettes.

En cours de musique, il y avait de la tension dans l'air. Chaque fois que je le regardais, il devenait pâle. Il avait très mauvaise mine.

A la récré, je l'ai vu hésiter. Enfin, il est venu vers moi.

– Excuse-moi, il a dit. Il ne me regardait pas dans les yeux.

Je l'ai pris par l'épaule: Je te pardonne, Gelatos.

Il a commencé à parler très vite:

– J'étais trop jaloux de toi. Tu … me pardonnes vraiment?

– Bien sûr. Mais il faut aller voir le principal pour lui raconter la vérité.

– Quoi?

– Tu as bien compris. Je ne vais pas me laisser accuser à ta place.

Et je lui ai montré les photos sur mon portable. On voyait très bien les statuettes cachées sous les pulls de son armoire.

Après un court silence, Gelatos a hoché la tête:

– D'accord.

dénoncer dire qui c'était

une jambe dans le plâtre ein Gipsbein

pâle tout blanc

hocher la tête dire oui de la tête

D'après H. Mestron «Soupçons», Syros 2011 (p. 75–81)

Lire
Parler

3 A propos du texte

→ En plus 127, 5

A *Trouvez les bonnes solutions.*

1. James pense: «Gelatos ne savait donc rien.» Il veut dire: Gelatos ne sait pas …
- **a** qu'on a retrouvé les statuettes dans mon sac.
- **b** que j'ai eu un 19 en maths.
- **c** que quelqu'un a volé des statuettes.

2. Quand James dit: «Je crois que j'ai une crise d'asthme», …
- **a** il ment parce qu'il déteste Gelatos.
- **b** il ment pour pouvoir très vite sortir.
- **c** il dit la vérité.

3. Le vrai voleur, c'est …
- **a** James.
- **b** Gelatos.
- **c** Mikaleff.

4. Gelatos va raconter au principal …
- **a** qu'il ne sait pas qui est le voleur.
- **b** que James a volé quelque chose chez lui.
- **c** qu'il est le voleur.

B *Des journalistes ont interviewé plusieurs personnes (le professeur de musique, le principal, James, Mikaleff, une fille de la classe). Choisissez votre rôle et faites ces interviews.* → En plus 128, 6 △

Pratique

Das Rätselspiel „Black stories" dürfte einigen Schülern bekannt sein.

Lire
Parler

1 Jeu: Histoires noires

Voici 4 cartes avec des petites histoires mystérieuses. Qu'est-ce qui s'est passé? Choisissez une carte et essayez de trouver la réponse.

Travaillez en groupes. Dans chaque groupe, il y a un élève qui sait tout parce que le professeur lui a donné la solution.

Les autres lui posent des questions. L'élève ne répond que par «oui», *par* «non» *ou par* «je ne sais pas».

Exemple *(situation 1):*
- Est-ce que c'était la maison de la jeune femme?
- Non.
- Est-ce que c'était la maison de l'homme?
- Oui.
- … ?

Quand un élève du groupe croit qu'il a tout compris, il raconte «son histoire». C'est la bonne solution?

Situation 1: **Le coup de téléphone**

Une jeune femme dans une très belle maison range des affaires. Peu de temps après, un homme entre par le garage et appelle la police.

Situation 2: **Le facteur**

Mme Martin reçoit une lettre. Elle regarde la lettre et quitte la maison avec ses valises. Elle part avec le facteur. Ils ne sont jamais revenus.

Situation 3: **Le diabolo menthe**

Nadine a invité Flore au café pour boire un diabolo menthe. Pendant que Flore est aux toilettes, Nadine lit un SMS. Flore rentre à la maison. Deux heures plus tard, elle est morte.

Situation 4: **Le crâne**

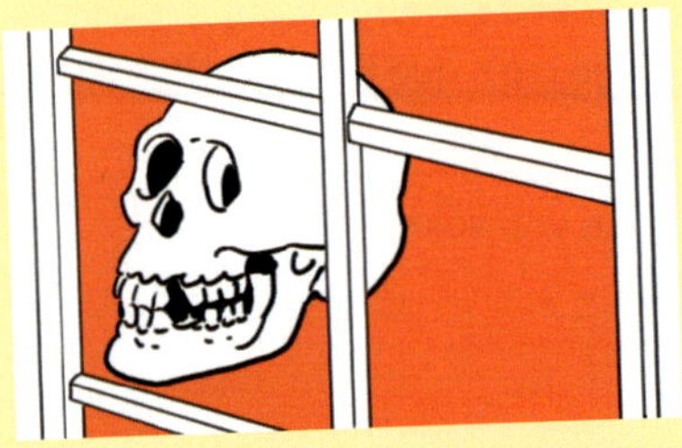

En cours, les élèves font leurs exercices. Tout à coup, un garçon crie: «Oh, un mort à la fenêtre!».

Médiation
Parler

2 Qu'est-ce qui s'est passé?

Ton correspondant français a trouvé cet article sur Internet. Il ne le comprend pas bien et il te pose des questions. Tu lui expliques ce qui s'est passé.

Travaillez à deux et jouez le dialogue. Regardez encore l'exercice 6 à la page 31. Notez d'abord des questions et puis des mots-clés pour les réponses.

STRATEGIE

Médiation
Versucht **nicht** den Text zu **übersetzen**. Findet die wichtigsten Informationen des Textes (Wer? Wo? Wann? Was?). Versucht sie möglichst einfach auszudrücken.
Beispiel:
„... fehlte von der jungen Frau jede Spur."
⟶ Elle n'était plus là.
Einzelheiten könnt ihr weglassen, z. B. „Danach war es wieder still."

Geheimnisvolles Verschwinden in Waltersheim

Vor drei Tagen verschwand in Waltersheim eine junge Frau (22) unter bisher ungeklärten Umständen aus ihrer Wohnung. Die Nachbarn sagten gegenüber der Polizei aus. Demnach gab es vergangenen Mittwoch in der Wohnung der Frau gegen 20 Uhr mehrere merkwürdige Geräusche. Aus der Wohnung drangen Schreie. Danach war es wieder still. Die Nachbarn riefen sofort die Polizei. Als die Beamten eine Viertelstunde später eintrafen, fehlte von der jungen Frau jede Spur. Vor dem Wohnhaus sammelten sich Schaulustige. Die Polizei befragte die Anwesenden, konnte aber nichts in Erfahrung bringen, was das plötzliche Verschwinden erklären könnte. Die Suche geht weiter. Die Katze der jungen Frau hat bis auf Weiteres bei den Nachbarn Unterschlupf gefunden. Hinweise zu diesem Vorfall nimmt Ihre Polizeidienststelle entgegen.

Wer hat diese Frau gesehen?

PORTFOLIO

3 Un évènement bizarre

Imagine une nouvelle carte pour le jeu «Histoires noires». Invente une situation et écris la solution.

Mon dico personnel (Vocabulaire, p. 156)

un vol	ein Diebstahl	un espion	ein Spion
une trace de sang	eine Blutspur	un assassin	ein Mörder
un indice	ein Indiz	un meurtre	ein Mord
la police	die Polizei	il est mort	er ist tot
un policier	ein Polizist	elle est morte	sie ist tot

Bilan

1 Parler

Du kannst schon …

Überprüfe, was du kannst! Vergleiche deine Lösungen mit den Lösungen auf Seite 217.

Mehr dazu a2e58s

1. … sagen, wie etwas normalerweise ist *(er hat gute Laune).*	… humeur.
2. … sagen, was dein Eindruck ist *(er hat ein Problem).*	… qu'il a un problème.
3. … einen Grund angeben *(es ist wegen seines Handys).*	C'est … son portable.
4. … sagen, dass etwas verschwunden ist *(sein Handy).*	Il a …
5. … sagen, wann es war *(vor drei Tagen).*	C'était …
6. … sagen, dass er es vermisst.	Il lui …
7. … sagen, wie es aussah *(rot).*	… rouge.
8. … fragen, ob es gestohlen wurde.	On …?
9. … jemanden trösten *(Das wird schon wieder!).*	Ça va …

2 Jeu de mots

A *Trouve les mots qui manquent.*

1. La copine de Jan a un nouveau copain, Sven. Jan est en colère. Il est très **?** de Sven.
2. Ils ont changé d'appartement. Ils ont **?**.
3. Valence n'est pas la capitale. C'est en **?**.
4. Il a rangé ses vêtements dans son **?**.
5. Quand on est **?**, il faut rester au lit et prendre un médicament.
6. Ma clé a disparu. J'ai cherché **?**, mais je ne la retrouve plus.
7. Il ne dit pas la vérité. Il **?**.

B *Trouve et note des mots de la même famille.*

Exemple: répondre ⟶ une réponse

répondre	discuter	soupçonner qn	dessiner qc	inviter qn
encourager qn	voler qc	être malade	danser	porter qc
retourner	rêver	regarder qn	entrer	travailler

3 Lire

Dis pourquoi tu comprends les mots en gras.

Exemple: **un sourire**: ein Lächeln ⟶ **il m'a souri**: er lächelte mich an

Un jour, j'ai rencontré un **écrivain**. Il m'a **souri**. Il m'a parlé de son **déménagement**. Puis il m'a montré ses poèmes et il m'a donné des **explications**. Il avait une très belle **écriture**. Il m'a beaucoup **impressionné**. Mais c'était un **menteur**. Il m'a volé mon **porte-monnaie**. Ce n'était donc qu'un simple **criminel**.

4 Ecrire / Parler

Raconte l'histoire au passé. Les mots suivants peuvent t'aider.

magasin - 4 heures - beaucoup de monde - tout à coup - voler - crier - courir - arrêter - rendre

Grammaire

G 4 Die Bildung des Imparfait – La formation de l'imparfait

Singular		Plural	
je	**ven**ais	nous	**ven**ions
tu	**ven**ais	vous	**ven**iez
il / elle / on	**ven**ait	ils / elles	**ven**aient

Ableitung der Imparfait-Formen

Präsens: nous **ven**ons

↓

Imparfait-Stamm: je **ven**ais

Mettez les formes correctes de l'imparfait.

1. Mes amis m' (appeler) tous les soirs.
2. Nous (faire) des petites fêtes.
3. On (manger) ensemble.
4. Parfois, mes copains (dormir) chez moi.
5. Et toi, tu (connaître) beaucoup de monde.
6. Tu (avoir) souvent des invités.
7. Vous (prendre) le café ensemble.
8. J' (aimer) beaucoup habiter à Paris.

G 5 Imparfait und Passé composé – L'imparfait et le passé composé

Imparfait: Beschreibung von

→ Zuständen,
→ gewohnheitsmäßigen Handlungen,
→ Situationen

in der Vergangenheit.

Leitfrage: **Was war (schon)?**

Signalwörter z. B.:

(comme) toujours
(comme) d'habitude
tous les matins
chaque jour
chaque fois que

Passé composé:

→ einmalige,
→ aufeinanderfolgende

Handlungen in der Vergangenheit.

Leitfrage: **Was geschah (dann)?**

Signalwörter z. B.:

d'abord
puis
alors
ensuite
tout à coup
à ce moment-là
enfin

Imparfait ou passé composé?

1. Ses statuettes n'(être) plus là.
2. Notre prof (être) toujours très sympa.
3. Mais à ce moment-là, il (perdre) la tête.
4. D'abord, il (chercher) partout dans la salle.
5. Ensuite, il (aller) chez le principal.
6. Il (avoir) l'air malheureux.

G 6 Das Verb courir – Le verbe **courir** (laufen)

Singular		Plural	
je	**cours**	nous	**courons**
tu	**cours**	vous	**courez**
il / elle / on	**court**	ils / elles	**courent**

Imperativ:	Cours. Courons. Courez.
Passé composé:	j'**ai couru**
Imparfait:	je **courais**

21, 7

Complétez les phrases par les formes du verbe courir.

1. Vous ? déjà depuis une heure!
2. Oui, nous ? pour préparer la course contre la faim.
3. Les participants ? pour aider les pays pauvres.
4. Le bus part dans 5 minutes. On ? ?
5. Ah non, moi, je ne ? pas.
6. J'ai déjà beaucoup ? au cours de sport. Maintenant, je suis fatiguée.

Objets trouvés

Une page du blog de Marie

1. Voici quelques impressions du petit voyage que j'ai fait avec ma famille en juillet dernier. Nous avons pris la «route bleue» et nous sommes allés de Paris à Menton. Quand il n'y avait pas encore l'autoroute, cette mythique «Nationale 7» de 1000 km était LA route des vacances.

Trouvé au marché aux puces …

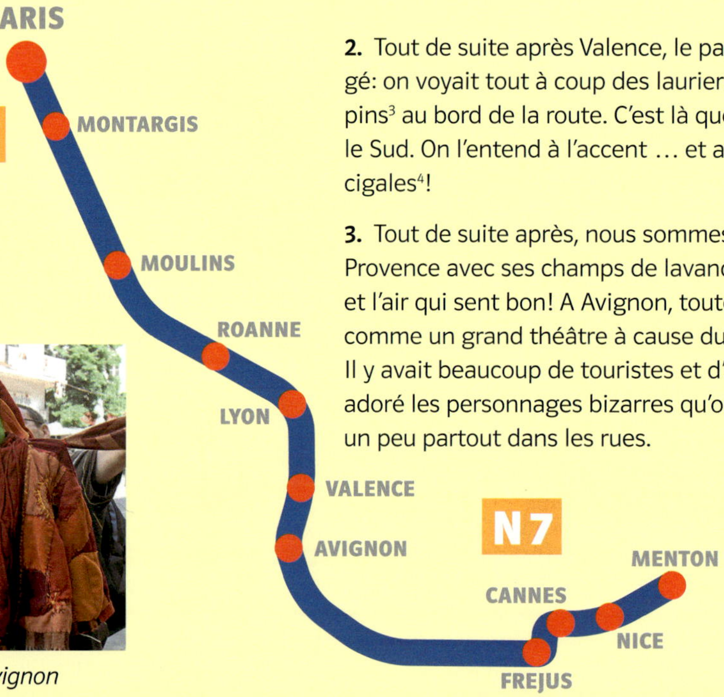

2. Tout de suite après Valence, le paysage[1] a changé: on voyait tout à coup des lauriers-roses[2] et des pins[3] au bord de la route. C'est là que commence le Sud. On l'entend à l'accent … et aux premières cigales[4]!

3. Tout de suite après, nous sommes arrivés en Provence avec ses champs de lavande, ses oliviers et l'air qui sent bon! A Avignon, toute la ville était comme un grand théâtre à cause du festival. Il y avait beaucoup de touristes et d'artistes. J'ai adoré les personnages bizarres qu'on rencontrait un peu partout dans les rues.

Au festival d'Avignon

4. A Fréjus: la mer, enfin! Sur la Côte d'Azur, nous avons traversé Cannes, puis Nice … Il faisait vraiment très chaud. Heureusement, nous sommes allés nager de temps en temps. A la fin du voyage, à Menton, on était à quatre kilomètres seulement de l'Italie! Mais l'Italie, c'est pour un autre voyage!

A *Résumez ce que vous savez maintenant sur le sud de la France. Pensez aussi aux pages 21 et 22 de l'unité 2. Prenez des notes.*

B *Dites si vous avez envie d'aller là-bas. Justifiez votre réponse.*

---

1 un paysage eine Landschaft – **2 un laurier-rose** ein Oleander – **3 un pin** eine Kiefer – **4 une cigale** eine Zikade

Révisions (Lösungen Seite 218)

Parler

1 Un vrai ami, qu'est-ce que c'est?

Un vrai ami, qu'est-ce que c'est pour vous? Répondez en 6 phrases.

Pour moi, un vrai ami, c'est quelqu'un **qui** …
c'est quelqu'un à / avec **qui** …
c'est quelqu'un **que** …

pouvoir tout dire
écouter / problèmes
pouvoir appeler / problèmes
passer des bons moments
avoir envie de voir souvent
beaucoup rire

Exemple: Pour moi, un vrai ami, c'est quelqu'un à qui je peux tout dire.

Jeu de mots

2 Mille choses à faire!

A *Complétez. Trouvez 4 – 6 verbes ou groupes de mots pour chaque phrase.*

1. On peut … ses amis.
2. On peut … un livre.
3. Pendant les vacances, on peut …

Exemples: On peut **attendre** ses amis.
On peut **dire la vérité à** ses amis.
Continuez.

B *Qu'est-ce qu'on peut faire avec une feuille de papier[1]? Ecrivez 4 – 6 phrases. Soyez créatifs!*

Exemples:
On peut faire un petit avion et le lancer en l'air. On peut écrire un … et …

Ecrire
Parler

3 Une annonce pour un casting

Pour tourner un film policier[2], nous cherchons des personnes pour les rôles suivants:

- une jeune fille timide
- un pickpocket
- une femme étrange
- une mère de famille jalouse
- un homme sérieux
- un clown

Omar Sy — Kad Merad — Maïwenn — Christa Theret — Catherine Frot — Daniel Auteuil

A *Choisissez 4 rôles, puis cherchez sur la photo 4 acteurs qui peuvent les jouer. Décrivez les acteurs, imaginez leur caractère.*

B *Discutez. Justifiez votre choix pour les rôles que vous leur donnez.*

---

1 **une feuille de papier** ein Blatt Papier
2 **un film policier** ein Kriminalfilm

Jeu de mots

4 Encore des mots, toujours des mots!

A *Pour chaque mot, trouvez un ou plusieurs mots de la même famille.*
Faites une phrase avec chaque mot trouvé.

différent, regarder, malade, voler, soupçon

B *Inventez des définitions pour 3 mots du texte «Une page du blog de Marie». Utilisez les pronoms relatifs* ***qui***, ***que***, ***où*** *au moins une fois. Puis marchez dans la classe et proposez ces devinettes à vos camarades qui doivent trouver les mots.*

Exemple: C'est un journal qu'on écrit sur Internet. (⟶ C'est un blog)

En forme

5 Le grand-père de Lucie raconte … (G 4, p. 37)

Complétez le texte avec les verbes qui manquent. Attention, il faut utiliser ***l'imparfait***.

avancer | être | avoir | passer | nager | prendre | faire | aimer | savoir | jouer | retrouver | partir | arriver

1. Quand j'? enfant, nous ? chaque été les vacances sur la Côte d'Azur.
2. Il n'y ? pas encore l'autoroute, c'est pourquoi nos parents ? la Nationale 7.
3. On ? de Lyon à 5 heures du matin, et on ? à Nice le soir.
4. Il ? chaud et on n'? pas vite, mais j'? bien ces voyages!
5. Et puis à Nice, je ? toujours ma copine.
6. Nous ? dans la mer et nous ? au ballon sur la plage. Et puis … maintenant, cette copine de vacances, c'est ta grand-mère! Tu ne le ? pas, hein?

© www.ideeplus.fr-F.Margerin2013

En forme

6 La grand-mère de Lucie raconte … (G 5, p.38)

Trouvez les parties de phrases qui vont ensemble, puis mettez les verbes au ***passé composé*** *ou à l'****imparfait***. *Faites attention aux apostrophes (je ⟶ j', le ⟶ l').*

1. Il (faire) beau
2. Tout à coup, je le (voir):
3. Mais le lendemain, ils n'(être) pas là
4. Après, il (venir) tous les jours avec ses parents
5. Ils (arriver) toujours tôt, vers 10 heures,
6. Et un jour, je lui (dire)

a il (être) à la plage avec ses parents.
b «Je t'aime.»
c et je (penser): dommage …
d alors je (demander) à mes parents d'aller tôt à la plage.
e et on (jouer) tous les jours ensemble.
f quand je le (rencontrer) pour la première fois.

On prépare le DELF

1 Compréhension de l'oral

CD 1, 24
23

Lisez d'abord les questions, écoutez le texte une ou deux fois, puis répondez.

1. Le sujet de ce texte, c'est Marc et
a sa vie au collège. **b** sa vie en famille. **c** ses vacances.

2. Quand c'est possible, Marc préfère passer son temps
a en famille. **b** avec ses amis. **c** avec son frère Jacob.

3. Marc raconte qu'il est allé
a à la mer. **b** à la campagne. **c** dans une grande ville.

4. Jacob
a pose beaucoup de questions. **b** n'aime pas le sport. **c** pense souvent comme Marc.

2 Compréhension des écrits

Léonie réfléchit: Lili aime les films d'amour, Julien préfère les comédies, Adrien adore Paris et Nadia la musique. Quel DVD est-ce que Léonie peut regarder avec ses amis?

1 Bienvenue chez les Ch'tis
Une comédie qui plaît à tout le monde: Philippe doit changer de travail et déménager du sud de la France dans le Nord, chez les Ch'tis. Au début, il est sous le choc, mais petit à petit, il tombe amoureux de cette région.

2 LOL
Ce film raconte l'histoire d'un groupe de jeunes pendant une année scolaire à Paris: les mauvaises notes, les fêtes, les concerts, les copains, les problèmes avec les parents … Lol aime Maël, mais c'est son meilleur ami … Des scènes très vraies et souvent drôles au rythme de la musique que ces jeunes Parisiens écoutent.

3 Intouchables
Deux hommes très différents deviennent de bons amis: Driss, qui vient d'une banlieue pauvre, doit s'occuper de Philippe qui est en chaise roulante et habite dans un hôtel particulier très chic à Paris. Un film très drôle sur l'amitié, qui nous montre les différentes perspectives de la vie.

3 Production écrite

Dans un courriel à un ami, tu racontes une journée intéressante que tu as passée avec ta famille. Ecris un texte d'environ 80 mots. Utilise l'imparfait et le passé composé.

4 Production orale

Travaillez à deux. Choisissez votre rôle. Vous avez 7 minutes pour le préparer. Jouez ensuite la scène (2–3 minutes). Utilisez les mots et expressions de la page 14.

1. Tu veux faire quelque chose avec un ami, mais il veut venir avec une autre personne que tu n'aimes pas. Tu discutes avec ton ami.

2. Ton ami veut faire quelque chose avec toi et tu es d'accord. Tu veux inviter une autre personne à sortir avec vous. Tu essaies de l'expliquer à ton ami.

Unité 3

Métro-boulot-dodo?

Vis-à-vis

L'expression métro-boulot-dodo décrit la vie de tous les jours dans une grande ville: Le matin, les gens prennent souvent le métro ou le bus pour aller au travail («le boulot», *fam.*), et le soir, ils rentrent à la maison pour dormir («faire dodo», *fam.*).

Après une longue journée, la famille de Mehdi se retrouve à la maison.

Comment se déroulent vos journées? Qu'est-ce que vous faites le matin, l'après-midi, le soir?

PORTFOLIO

Am Ende dieser Unité kannst du über deine Zukunfts- und Berufsvorstellungen sprechen und eine Umfrage in deiner Klasse machen.

Une famille très occupée

Quand on n'est pas en vacances, la vie se déroule surtout au collège et au travail. Voici les Azemour, la famille de Mehdi.

1. Abdel, 12 ans, élève en 5e.

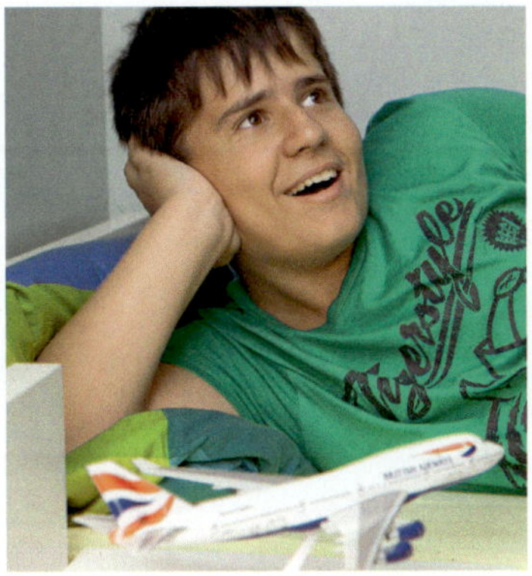

2. Mehdi, 13 ans, élève en 4e.

3. Karima, 16 ans, élève au lycée.

4. Idris, 49 ans, père de famille, ingénieur chez *Renault*.

5. Sana, 45 ans, mère de famille, infirmière. Formation à l'*Institut Pasteur*.

Mehr dazu je98rj

Vis-à-vis

Chez **Renault**, on fabrique des voitures depuis 1899, l'année où l'ingénieur Louis Renault (1877–1944) a fondé cette entreprise avec ses frères.

Vis-à-vis

A l'**Institut Pasteur**, on fait de la recherche médicale, des analyses et des vaccinations[1]. Louis Pasteur (1822–1895) était un scientifique français qui a inventé un vaccin contre la rage[2].

CD 1, 25
24

1. *Ecoutez les scènes une par une et dites qui parle. Justifiez votre réponse.*
2. *Ecoutez les scènes encore une fois. Qu'est-ce qu'on apprend sur les personnes?*

1 une vaccination [ynvaksinasjɔ̃] eine Impfung **2 la rage** [laʀaʒ] die Tollwut

Atelier A

Approche

1 Il est 5 heures, Sana se réveille.

Le réveil sonne. Sana se lève, se lave et s'habille.

Son mari et ses enfants se lèvent à 7 heures. Sana leur écrit un petit message.

A *Posez deux questions à votre voisin. Puis changez de rôle. Commencez comme ça:*

- A quelle heure est-ce que **tu te lèves**, le matin?
- Et ta mère / ton père?

- **Je me lève** à …
- Elle / Il …

34, 1

B *Cherchez dans le texte les pronoms réfléchis (par exemple:* **se** *lève). Copiez et complétez le tableau des verbes pronominaux dans votre cahier.*

je	?	dépêche	nous	?	retrouvons
tu	?	occupes	vous	**vous**	retrouvez
il / elle / on	?	habille	ils / elles	?	lèvent

2 J'en ai marre!

CD 1, 26–28
25–27

Avant la lecture:
Regardez l'image et imaginez: qu'est-ce qui s'est passé?

34, 2

1. Sana soupire. Son fils Mehdi est en colère. Aujourd'hui, elle n'était pas au collège avec lui. Pourtant, il y avait une journée d'orientation. D'habitude, les enfants s'informent avec leurs parents sur les métiers et les formations possibles pour les jeunes. Mais Sana n'avait pas le temps de venir. Elle travaillait. C'est comme ça: elle est infirmière à l'hôpital Cochin et son emploi du temps n'est pas toujours simple.

1 STP s'il te plaît

2. Il est déjà 19h30. Sana doit s'occuper du repas du soir parce que son mari n'est toujours pas rentré.

Abdel: Maman, pourquoi est-ce que vous vous disputez, Mehdi et toi?

Sana: Mais nous ne nous disputons pas, Abdel! Nous discutons! Tu as terminé tes devoirs?

Abdel: Oui M'man. Mais alors, pourquoi est-ce qu'il boude, Mehdi?

Sana: Parce que les enfants ne sont pas toujours d'accord avec leurs parents!

Abdel: Non! C'est parce que tu travailles trop! C'est pour ça!

Sana: Je travaille beaucoup, c'est vrai, et votre père aussi. Mais vous n'êtes pas malheureux, non? Vous mangez des bonnes choses, vous avez des fringues sympas et de l'argent de poche …

3. Dans le salon, la grande sœur Karima est en train de faire ses devoirs.

Sana: Tu n'as pas encore fini, Karima?

Karima: Non! Je ne peux pas me concentrer. C'est super dur! On pourrait peut-être regarder ça ensemble, non?

Sana: Je finis de laver la salade et j'arrive!

Sana se sent un peu stressée. Le repas n'est pas prêt, elle doit encore ranger des affaires, son mari n'est toujours pas là et Karima doit finir ses devoirs. Elle est fatiguée et a envie de se reposer.

Sana: Abdel! Lave-toi les mains! Mehdi! Viens mettre la table, s'il te plaît!

Mais Mehdi ne répond pas. Sana entend une porte qui se ferme. Mehdi vient de partir.

Lire
Ecrire

3 A propos du texte

A *Qui est-ce? Justifiez votre réponse.*

Exemple: **1.** C'est Karima, la sœur de Mehdi. Elle dit que ses devoirs sont difficiles.

1. Elle demande à sa mère de l'aider.
2. Il trouve que sa mère n'a pas assez de temps pour lui.
3. Il n'est pas encore là.
4. Elle a trop de choses à faire à la maison.
5. Ils ont tout et ne manquent de rien.
6. Il a disparu.
7. Il essaie de comprendre la situation.

B *Choisissez un personnage du texte. Imaginez et écrivez le courriel qu'il envoie à un ami le même soir.*

Cher … / Chère …,
Ça va? Chez nous, en ce moment, ce n'est pas facile! …

En forme

4 Chez les Azemour (G 7)

35, 3

Pensez à la vie des Azemour et écrivez 8 phrases ou plus.
Utilisez tous les pronoms réfléchis ***(me, te, se, nous, vous, se)****.*

Die Übungen 4–7 führen auf das Rollenspiel in Übung 8 hin.

Exemple: Mme Azemour se lève très tôt le matin.

Mme Azemour	Tu	s'occuper (de)	se reposer	se sentir
Les enfants	Nous	se lever	se laver	se cacher
Vous	Mehdi	se retrouver	se disputer	…
Je	Karima	s'habiller	se dépêcher	

Jeu de mots
Parler

5 Le travail à la maison, c'est galère! (Vocabulaire, p. 159)

→ En plus 128, 1 △

35, 4

chez moi
- …
- ranger ma chambre
- mettre la table
- faire mon lit
- vider la poubelle
- faire mes devoirs
- vider le lave-vaisselle
- m'occuper de mon petit frère / chat / chien …
- faire les courses
- aider mon/ma/mes … à …

A *Parlez de vos journées avec votre voisin.*
Posez des questions et répondez à tour de rôle.

Exemple:
- Tu t'occupes beaucoup de ton petit frère, chez toi?
- Je joue souvent avec lui.
  Et toi, tu aides ta sœur?
- Parfois. Mais le soir, je dois …

B *Réfléchissez, puis donnez les réponses à votre voisin.*

1. Qu'est-ce que vous faites toujours, souvent, parfois, jamais, chez vous?
2. Qu'est-ce que vous aimez, qu'est-ce que vous détestez faire?

En forme

6 Une journée en semaine (G 8)

→ En plus 129, 2 △

36, 5

A *Qu'est-ce qu'ils sont* ***en train de*** *faire?*
Commencez comme ça: A sept heures et quart, M. Azemour et ses enfants …

7 h 15

11 h 45

18 h 30

20 h 15

B *Imaginez: Qu'est-ce qu'ils* ***viennent de*** *faire?*

Exemple: A sept heures et quart, M. Azemour et ses enfants viennent de se lever.

Jeu de sons

7 Le ton[1] fait la chanson.

In En plus die Methode „Rückwärtsgang".

→ En plus 129, 3 △

CD 1, 29
28

Lisez les phrases à droite plusieurs fois.
A chaque fois, changez de ton:
- *vous êtes en colère,*
- *vous êtes très contents,*
- *vous posez une question.*

Les exemples sur le CD peuvent vous aider.

Tous les autres étaient là.
Elle est encore en train de travailler.
Tu t'occupes de tout.
Il vient de partir.
On se dépêche.
Ils se disputent encore.

Parler

8 Jeu de rôle

36, 6

Comment discuter et donner son avis? Regardez pages 11 et 14.

Mehdi est sorti. Sana et ses enfants discutent.
Travaillez à trois et préparez cette discussion.
- *Qui prend quel rôle?*
- *Chaque élève prépare son rôle. Notez des mots-clés (questions, propositions, arguments).*
- *Jouez la discussion.*

Im Cahier d'activités Hilfen für die Argumentation.

Sana explique la situation à Karima et Abdel. Elle pense que Mehdi est en train de réfléchir et elle espère qu'il va bientôt revenir. Elle parle aussi de sa vie et de ses rêves.

Abdel comprend bien son frère et explique pourquoi. A son avis, les parents doivent toujours être là pour leurs enfants et il donne des exemples.

Karima comprend Mehdi. Pourtant, elle trouve qu'il n'a pas raison de bouder. Elle comprend aussi sa mère. Elle a des idées pour changer la situation de la famille.

1 **le ton** [lətɔ̃] der Ton(fall)

Atelier B

1 La porte s'ouvre.

CD 1, 30–32
29–31

37, 7

1. Sana travaille souvent le week-end. Alors le vendredi, c'est le seul jour où toute la famille Azemour peut se retrouver. D'habitude, ils font une soirée jeux. Mais ce soir, l'ambiance à la maison n'est pas très bonne. Sana pense: «Je ne me suis pas assez occupée de mon fils.» Elle est inquiète. Idris est en colère …

- Vous vous êtes disputés?
- On a discuté, et puis, il est parti. Je … Oh zut!
- Il faut partir à sa recherche, dit Idris.
- Moi, je téléphone à ses amis. Il est peut-être chez Léo ou chez Corentin!

«Et voilà, pas de soirée jeux aujourd'hui! C'est nul!», pense Abdel.

2. Pendant ce temps, chez les Brunet, Mehdi et son ami Pierre parlent de la journée d'orientation. Pierre s'intéresse à tout et veut devenir présentateur à la télé ou à la radio. Mehdi, lui, rêve de voyages et d'aventure. Il a parfois envie de devenir pilote. Mais il ne sait pas encore ce qui l'intéresse vraiment.

Mme Brunet et ses deux filles se sont dépêchées d'aller chercher M. Brunet qui revient en avion d'un long voyage. Car le père de Pierre, qui est médecin, a travaillé 3 mois pour «Médecins du Monde» dans un hôpital d'Haïti.
De retour à la maison, M. Brunet raconte toutes sortes d'histoires incroyables à sa famille qui lui pose mille questions. Il parle des malades, des pauvres, des paysages de rêve, du sourire des gens. Mehdi écoute un long moment. Tout ce que M. Brunet raconte le fascine.

3. Sana est encore en train de téléphoner quand tout à coup, la porte s'ouvre.

Sana: Mehdi? Mais … Tu étais où? Tu nous as fait très peur, tu sais!
Mehdi: J'étais chez Pierre Brunet. On a parlé de la journée d'orientation. Et j'ai pris une décision.
Idris: Je me demande ce qui s'est passé! On t'a cherché partout! J'étais inqu…!
Mehdi: Maman, papa, je sais ce que je veux faire plus tard. Je veux travailler comme médecin humanitaire.
Idris: Ah bon? On a parlé de ce métier à la journée d'orientation? Tu ne veux donc plus devenir pilote, tu es sûr?
Mehdi: A cent pour cent. Médecin, c'est le travail du père de Pierre. M. Brunet est revenu ce soir d'Haïti! Tout ce qu'il a raconté était passionnant!
Sana: Tu peux déjà faire un petit stage par exemple à l'Institut Pasteur pendant les vacances! Si tu veux, je vais m'occuper de ça. Mais tu ne pars plus jamais sans dire où tu vas, c'est bien compris, Mehdi?
Mehdi: Oui, maman. Je suis désolé!
Idris: J'espère bien! Alors maintenant, tout le monde à table! Et après le repas, on fait un jeu! Vous êtes d'accord?
Abdel: Génial! Finalement, elles ont servi à quelque chose, ces discussions, pas vrai, Karima?

Lire

2 A propos du texte

Voici des titres pour les 3 paragraphes du texte.

1. Pas de soirée jeux!
2. Mehdi et les histoires de M. Brunet.
3. Une décision

Travaillez à trois. Chacun choisit un titre, prend des notes, puis explique ce titre à ses partenaires.

En forme

3 Elle s'est dépêchée, mais … (G 7)

→ En plus 130, 4 △

37, 8

Mettez les verbes à la forme correcte du passé composé.

il s'est dépêché	ils se sont dépêchés
elle s'est dépêchée	elles se sont dépêchées

Idris: Alors qu'est-ce qui (se passer)?
Sana: Je (ne pas s'occuper) de lui.
Idris: Ne dis pas ça! Tu (s'occuper) de lui. Est-ce que vous (se disputer)?
Sana: Nous (ne pas se disputer). On parlait, puis la porte (se fermer) et je ne sais pas où Mehdi (se cacher).
Idris: Peut-être que Mehdi et ses amis (se retrouver) au cinéma!?
Sana: On pourrait aller voir. Tu sais, je (se dépêcher) pour aller à la journée d'orientation, mais je suis arrivée trop tard.
Idris: Moi non plus, je (ne pas assez s'occuper) de lui. Bon, je pars à sa recherche.

Jeu de mots

4 Le monde du travail

A *Complétez les filets à mots dans votre cahier. Notez tous les mots que vous connaissez.*

Eingeführt z. B.: professeur, vendeur, acteur, biologiste, facteur, pilote, chanteur, …

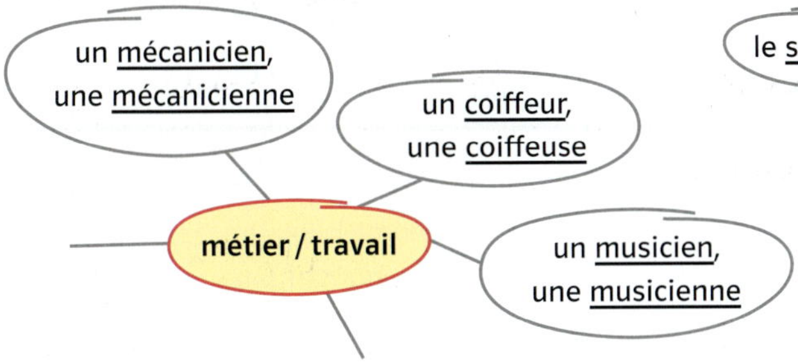

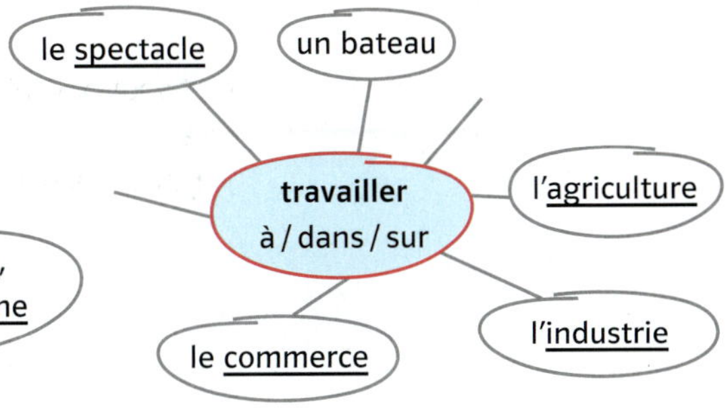

B *Donnez votre avis sur 6 métiers différents. Utilisez toutes les fins de phrases données. Justifiez votre réponse.*

(nom d'un métier),	c'est un métier	qui que	je voudrais apprendre j'aimerais faire ne me dit rien est passionnant je trouve intéressant ne m'intéresse pas trop	parce que c'est une activité	sérieuse écologique simple très dure importante …

En forme

5 Sana et Idris parlent de leur travail. (G 9)

→ En plus 130, 5 △

38, 9 *Complétez le texte par* ***ce qui, ce que*** *ou* ***ce qu'****.*

Sana: « ? est important pour les gens, c'est qu'on les écoute. Et moi, j'aime écouter ? les gens me racontent. Je sais ? ils ont comme problèmes. Comme ça, je vois mieux ? peut les aider. Mon travail est dur, pourtant j'aime ? je fais!»

Idris: «Inventer des solutions nouvelles, voilà ? je trouve génial! C'est ? me plaît dans mon métier. J'aime ? est nouveau, ? on n'a jamais vu. J'essaie de savoir ? peut fasciner les clients. Mon travail est toujours différent: voilà ? est passionnant.

Lire
Médiation

6 Mehdi s'informe sur le métier de médecin.

Vis-à-vis

Quand on va chez un médecin, on présente sa carte vitale. Le médecin la met sur son ordinateur et note des informations sur la maladie et les médicaments. Chez le médecin et à la pharmacie, on doit payer. Plus tard, on reçoit un remboursement. Comment c'est chez vous?

A *Cherchez dans le texte à droite les mots pour:*

ein Arzt für Allgemeinmedizin
er behandelt
eine Diagnose
er verschreibt Medikamente
ein Patient
die Arbeitsbedingungen

B *Lisez les phrases de 1 à 3. Pour mieux comprendre le texte à droite, essayez de retrouver les phrases du texte qui correspondent à ces phrases.*

1. Quand le généraliste connaît la vie de ses malades, cela l'aide dans son travail.
2. Il doit être ouvert aux autres cultures.
3. Parfois, les médecins font naître des enfants dans des situations difficiles.

C *Dites en allemand ce que vous avez compris du texte.*

Le médecin généraliste traite toutes sortes de maladies. Il fait un diagnostic, puis il prescrit des médicaments ou d'autres examens. Il doit bien connaître ses patients, leur vie et leurs habitudes, ce qui l'aide à comprendre leurs maladies. L'information des patients est aussi une partie importante de son travail.

Un généraliste peut travailler comme **médecin humanitaire**. Dans un contexte de crise, il connaît alors des conditions de travail difficiles. Il doit, par exemple, aider une femme à mettre un enfant au monde sans eau ni électricité. Il doit comprendre la culture de l'endroit où il se trouve et la respecter.

MÉDECINS DU MONDE

Ecouter

7 Présentatrice, un métier passionnant!

CD 1, 33 / 32

A *Lisez les phrases suivantes, puis écoutez la scène. Vrai ou faux? Si c'est faux, corrigez.*

1. Alma est chez elle.
2. La nuit, elle ne dort que 5 heures.
3. Pour son travail, elle lit les journaux.
4. Elle écrit tout ce qu'elle va dire.
5. Elle travaille seule.
6. Elle aime son métier.

CD 1, 34 / 33

B *Vous allez réécouter quelques phrases du texte. Après chaque phrase, notez si vous avez entendu les mots donnés ou non.*

→ En plus 131, 6 △

Phrase n°**1**: des lits
Phrase n°**2**: les œufs
Phrase n°**3**: je choisis
Phrase n°**4**: les gens
Phrase n°**5**: treize heures

Diskriminierung mit Hilfe des Kontextes.

C *Comparez vos résultats et écoutez les phrases encore une fois.*

Lire
Parler

8 Quel est leur métier?

38, 10

A *Lisez le texte. Quel est le travail de Manon?*

Dans son métier, Manon voit beaucoup de monde. Elle ne travaille pas dans un bureau, mais elle ne travaille pas dehors non plus. Elle s'occupe des gens qui veulent acheter quelque chose. Elle doit bien connaître les choses et les prix.

B *Décrivez un travail ou un métier. Votre voisin doit trouver ce que c'est.*

Vous pouvez regarder les noms des métiers à la page 51 de votre livre.

ON DIT

travailler dans l'industrie / le commerce / l'agriculture / la recherche / une entreprise / un hôpital …
travailler comme mécanicien / mécanicienne
s'occuper d'enfants / d'animaux / de malades …

Pour ce métier, il faut
- être fort en langues / en maths / en technique.
- aimer bouger / inventer des choses / fabriquer des choses / communiquer.
- aimer la nature / l'aventure / les contacts.

Ce métier permet de voir beaucoup de monde / de voyager.

Pratique

Lire
Vis-à-vis
Parler

Ma vie comme je l'imagine …

Dans un sondage[1], le magazine *Phosphore* a demandé à ses lecteurs: «Qu'est-ce que ça veut dire pour vous, réussir sa vie»? Voici ce qu'ils ont dit:
Ce qui est important pour moi, c'est de/d' …

- avoir des copains
- avoir un travail passionnant
- fonder une famille
- être en harmonie avec soi-même
- réaliser ses rêves
- être connu
- avoir une belle maison
- être utile à la société
- être riche
- voyager beaucoup

d'après Phosphore n° 366, 12/2011

A *Réfléchissez. Que veulent dire les mots suivants en allemand?*

fonder une famille – être en harmonie avec soi-même – utile – la société – riche

B *Essayez de deviner les résultats de ce sondage: pour les lecteurs de Phosphore, qu'est-ce qu'il y a en première, deuxième, troisième et dernière position?*

C *Faites un sondage dans votre classe: chaque élève choisit une réponse et la note sur un papier. Comparez votre sondage avec les résultats du sondage français (⟶ page 226).*

Interkultureller Vergleich der eigenen mit den französischen Ergebnissen

PORTFOLIO **D** *Préparez une affiche qui montre comment vous imaginez votre vie plus tard. Puis présentez votre affiche. La stratégie peut vous aider.*

Vous pouvez aussi utiliser les expressions de «on dit» à la page 53.

STRATEGIE

Parler

1. Du sagst zuerst, worüber du sprechen wirst.	Je vais vous raconter comment j'imagine ma vie plus tard.
2. Du sagst, welchen Beruf du gerne ausüben willst.	Plus tard, j'aimerais bien …
3. Du sagst, was dich daran interessiert.	Ce que j'aime dans ce métier, c'est …
4. Du sagst, was besonders wichtig für dich ist.	Ce qui est important pour moi, c'est de …
5. Du bedankst dich für die Aufmerksamkeit.	Je vous remercie pour votre attention.

Mon dico personnel (⟶ Vocabulaire p. 161–162)

un avocat, une avocate
un coureur automobile
un/une vétérinaire
un pompier, une femme pompier
un/une artiste
un policier, une femme policier

1 **un sondage** eine Umfrage

Durchführung der *sondage* in C:
1. Antwort aus Phosphore auswählen und notieren.
2. Zettel einsammeln, auszählen, Rangfolge in Prozent.
3. Mit Phosphore-Ergebnissen S. 226 vergleichen.

Bilan

1 Parler

Überprüfe, was du kannst! Vergleiche deine Lösungen mit den Lösungen auf Seite 219.

Du kannst schon …

Mehr dazu p2d93y

1. … sagen, dass du dabei bist, etwas zu tun *(dich waschen).*	Je suis … !
2. … eine Aktivität vorschlagen *(sich um den Hund kümmern).*	On …
3. … sagen, wie du dich fühlst *(gestresst).*	Je me …
4. … sagen: „Wasche dir bitte die Hände."	… les mains, s'il te plaît.
5. … sagen, dass du etwas gerade getan hast *(die Spülmaschine geleert).*	Je …
6. … sagen: „Das ist ätzend!".	C'est … !
7. … sagen, dass du dir Sorgen machst.	Je suis …
8. … deine Verwunderung ausdrücken.	C'est … !

2 Ecouter

CD 1, 35 / 34

A *Ecoutez le texte. Pour chaque phrase donnée, trouvez la fin correcte.*

1. Ce week-end, Idris et les enfants Azemour ont très envie de …
a rester à la maison. **b** faire des courses. **c** aller au zoo.

2. Mais Sana
a veut se reposer. **b** doit travailler dimanche. **c** doit faire des courses.

3. Ce week-end, il faut aussi …
a acheter des chaussures pour Abdel. **b** acheter des médicaments. **c** ranger le salon.

4. Finalement, samedi soir, les Azemour …
a vont au restaurant. **b** mangent à la maison. **c** vont faire les courses.

5. Dimanche, …
a ils restent à la maison. **b** ils vont au restaurant. **c** ils vont au zoo.

CD 1, 36 / 35

B *Vous allez réécouter quelques phrases de ce texte. Avant l'écoute de chaque phrase, lisez les mots donnés. Après l'écoute, notez quels mots vous avez entendus.*

Phrase n°1:	**a** dimanche prochain	**b** dimanche matin
Phrase n°2:	**a** pour faire	**b** pouvoir faire
Phrase n°3:	**a** mais il faut aussi aller	**b** mais s'il faut aller
Phrase n°4:	**a** il va aller très mal	**b** il a très mal
Phrase n°5:	**a** tu sais où c'est	**b** c'est où, tu le sais

3 Jeu de mots

A *Trouvez le contraire. Les mots donnés peuvent vous aider.*

1. Je vais au lit. ≠ Je …
2. le mari ≠ …
3. J'ai réussi à avoir mon métro. ≠ *(fam.)* J'ai …
4. Je travaille. ≠ Je …
5. Je me sens reposée. ≠ Je me sens …
6. C'est facile. ≠ *(fam.)* C'est …
7. Ce n'est pas intéressant ≠ C'est …

dur
se lever
stressé
rater
se reposer
passionnant
femme

B *Complétez chaque phrase avec un mot de la même famille que le mot en italique.*

1. Je me *réveille* quand **?** sonne.
2. Je n'arrive pas à le *croire*: c'est vraiment **?**!
3. Ce *médecin* travaille dans un centre **?**.
4. Elle *cherche* un vaccin contre une nouvelle maladie. Elle travaille dans la **?**.
5. Il *présente* les informations. C'est un **?**.
6. Je cherche des *informations*. Je **?** sur des formations.
7. J'ai lu ce livre jusqu'à la *fin* et **?**, je l'ai trouvé intéressant.
8. Ce *soir*, je sors. Je vais passer ma **?** avec mes amis.
9. Aujourd'hui, elle est très *occupée*: elle doit **?** de trois jeunes enfants!

4 Parler

A *Dites en 2 ou 3 phrases quel est le travail d'une infirmière ou d'un présentateur de radio.*

B *Quand vous pensez à votre vie plus tard, qu'est-ce qui est important pour vous? (3 ou 4 phrases)*

5 Vis-à-vis

Corrigez les phrases suivantes.

1. «Métro-boulot-dodo» décrit la vie en ville: on prend le métro, on joue aux boules, puis on regarde la télévision.
2. Pasteur était un scientifique français qui a inventé les spaghettis.
3. Quand on travaille à «Médecins du Monde», on s'occupe de l'agriculture dans des pays pauvres.
4. Chez le médecin en France, on ne paie pas. On présente seulement sa carte de visite.

Grammaire

G 7 Die reflexiven Verben – Les verbes pronominaux

se laver	**s'habiller**
je **me** lave	je **m'**habille
tu **te** laves	tu **t'**habilles
il / elle / on **se** lave	il / elle / on **s'**habille
nous **nous** lavons	nous **nous** habillons
vous **vous** lavez	vous **vous** habillez
ils / elles **se** lavent	ils / elles **s'**habillent

Complétez les phrases.

1. Lundi, je ? lève à 7 heures.
2. Mes parents ? lèvent à 6 heures.
3. Le dimanche, ? ? levons tard.
4. Le dimanche, on ne ? dépêche pas.
5. ? ? levez à quelle heure, le dimanche?
6. Tu ? lèves et tu ?'habilles. Et après, qu'est-ce que tu fais, le dimanche?
7. Eh bien, je ? motive pour la semaine!

Imperativ bejaht: Lave-**toi**.
verneint: Ne **te** lave pas.

Futur composé: Je vais **me** laver.
Passé composé: Je **me** **suis** lavé(e).

Stellung: Je ne **m'**habille pas.
Je ne vais pas **m'**habiller.
Je ne **me** suis pas habillé(e).

das reflexive Verb: **le verbe pronominal**
das Reflexivpronomen: **le pronom réfléchi**

G 8 venir de faire qc und être en train de faire qc

– Que fait Karima?
– Elle **est en train de mettre** la table.
– Et Abdel?
– Il **est en train de l'aider**.

– Mehdi est là?
– Non, il **vient de partir**.
– Tu as parlé à Léo?
– Oui, je **viens de lui parler**.

Traduisez les phrases.

1. Ich räume gerade die Küche auf.
2. Der Bus ist gerade weggefahren.
3. Sie isst gerade.
4. Wir beeilen uns, weil der Bus gerade wegfährt.
5. Sie hat gerade gegessen.

G 9 ce qui und ce que

Pierre sait bien **ce qui** l'intéresse.
«**Ce qui** me fascine, c'est de travailler à la télé.»
Mehdi trouve passionnant tout **ce que** M. Brunet dit.
Il raconte à ses parents **ce qu'** **il** a appris.
«**Ce que** je veux faire plus tard? Je le sais maintenant.»

Ce qui → sujet
Ce que → objet

Sujet ou objet?

qc se passe
qc m'intéresse
qc me plaît
qc me fascine
↓
sujet → ce qui se passe
ce qui m'intéresse
ce qui me plaît
…

je trouve qc passionnant
je dis qc
je fais qc
j'aime qc
↓
objet → ce que je trouve passionnant
ce que je dis
ce que je fais
…

Vgl. auch alternativen Erklärungsansatz auf Seite 130.

Complétez les phrases.

1. Sana raconte à une amie **?** Mehdi a fait.
2. Tu sais **?** s'est passé? Mehdi est parti!
3. Mais c'est incroyable! Il fait **?** il veut.
4. Il n'a pas dit où il va. C'est **?** je ne comprends pas.
5. Le professeur veut savoir **?** Abdel aime.
6. *Abdel:* Ben, **?** me plaît, c'est le sport.
7. Tu sais déjà **?** tu veux faire plus tard?
8. Non, mais **?** m'intéresse aussi, c'est la technique. Je veux peut-être devenir mécanicien.

Unité 4

Bon séjour à Tours!

Mehr dazu v475fg

Vis-à-vis

Pour découvrir le pays de nos voisins, pour connaître les gens, leur langue et leurs habitudes, on peut participer à un échange scolaire. Si votre collège ne propose pas d'échange scolaire et si vous voulez trouver des correspondants, vous pouvez vous informer sur le site Internet de l'OFAJ (*Office franco-allemand pour la Jeunesse*).

Le 22 avril, à Tours, les élèves de 4e du collège Francis Poulenc attendent l'arrivée de leurs correspondants allemands de Cologne. Ils vont arriver vers 18 heures en car.

1. Où est Tours? Regardez la carte au début de votre livre.
2. Ecoutez la scène: De quoi parlent les élèves français? (CD 2, 1 44)

PORTFOLIO

Am Ende dieser Unité kannst du dich auf einen Austausch vorbereiten. Außerdem kannst du ein Quiz über deine Heimatstadt entwerfen.

Atelier A

Regarder
Ecouter

1 Tours et sa région

Les élèves français ont préparé un jeu interactif et ils l'ont envoyé à leurs correspondants. Trouvez aussi les réponses.

Un tour à Tours – Jeu interactif

Bienvenue à Tours!
Voici la Loire, le fleuve qui traverse Tours, avec le pont Wilson et au loin, une grande église: c'est la cathédrale Saint-Gatien. Et maintenant, le jeu commence.

Un tour à Tours

Ecoutez le texte et regardez. Qui est-ce?
a Honoré de Balzac
b Charlemagne
c Saint Martin
CD 2, 2
45

Regardez et devinez.
Qu'est-ce qu'il y a toujours sur un Hôtel de Ville français?

L'Hôtel de Ville

Des spécialités de Tours

Ecoutez le texte. Qu'est-ce qui n'est pas une spécialité de Tours?
a Les mouillettes[1].
b Le nougat.
c Le fromage de chèvre[2].
CD 2, 3
46

1 des mouillettes *(f.)* längliche Brotstreifen, die man in weichgekochte Eier taucht – **2 une chèvre** eine Ziege

Der „nougat de Tours" ist ein sehr süßer Mandelkuchen.

Au bord de la Loire

Ici, on peut faire environ 800 km de promenades à pied ou à vélo! Réfléchissez. Pour trouver des informations sur toutes les sorties, on va d'abord
a à l'office de tourisme.
b à l'Hôtel de Ville.
c à la maison de la presse.

le Cadre Noir

Ecoutez le texte.
Aujourd'hui, le Cadre Noir est
a une école militaire.
b une très bonne école pour faire du cheval.
c une école de cirque.

CD 2, 4 47

Le Monstre de Tours

1 Cherchez sur Internet 3 monuments de Tours qui ne sont pas sur ces deux pages.
2 Trouvez le nom de 3 autres châteaux de la Loire. Ils sont près de quelles villes?

Le château de Villandry

Ecoutez le texte. Combien est-ce qu'il y a de châteaux de la Loire?
a 400
b 40
c 20

CD 2, 5 48

Approche

2 Avant le départ

Les correspondants allemands arriveront à Tours jeudi 22 avril, vers 18 heures.

Mercredi après-midi, Julie écrit un courriel à sa correspondante allemande Hannah …

Coucou Hannah,
Je suis contente de te voir demain! A l'arrivée, pas de problème pour porter ta valise, on rentrera à la maison en voiture.
Puis on mangera en famille. Papa s'occupera du repas, j'espère que tu vas aimer!
Vendredi, vous visiterez la ville en groupe ☺ mais nous, les Français, nous resterons au collège ☹. Ce week-end, je te montrerai un peu la région et tu retrouveras des endroits de notre petit jeu interactif.
Et la semaine prochaine, tu découvriras enfin la vie dans notre cher vieux collège!
Alors bon voyage et à demain!
Julie

A *Quels sont les mots qui montrent que Julie parle d'évènements dans le futur?*

mercredi | jeudi | … | …

B *Dans ces textes, il y a des formes du verbe que vous ne connaissez pas encore. C'est le* ***futur simple****.*
Relevez les formes et trouvez l'infinitif de ces verbes.
Réfléchissez: Comment est-ce qu'on forme le futur simple?

C *Quel est le programme de Hannah?*
Notez des mots-clés, puis racontez.

Exemple: Jeudi, elle arrivera à Tours.
Puis elle …

jeudi:	arriver
	…
vendredi:	…
…	…

En forme

3 On attend les correspondants. (G 10)

46, 1

Mme Hugot, la professeure française, informe ses élèves.

Trouvez les phrases qui vont ensemble.
Ecrivez-les dans votre cahier.

1. Pendant le week-end, les élèves allemands
2. Lundi, de 8 heures à 9 heures, vous
3. Mardi, toi, Mathieu, tu
4. Mercredi, j'
5. Jeudi soir, nous
6. Vendredi prochain, le car

?

a montrerez le collège à vos corres.
b organiserons une petite fête.
c partira à 8 h 15.
d resteront dans les familles.
e aiderai les profs allemands.
f apporteras le film pour vos corres.

4
CD 2, 6 – 10
49 – 53

Tout ira bien, Hannah!

1. Ça y est, Hannah est arrivée! Elle porte sa grosse valise dans la petite chambre de Julie.

Hannah: Désolée. J'ai trop d'affaires, non?

Julie: Ne t'en fais pas, on trouvera de la place. Moi aussi, quand je pars, je prends presque toute mon armoire de fringues avec moi! Mon père, ça le rend dingue!

Hannah: «Randingue», qu'est-ce que c'est?

Julie: Ce sont deux mots! Il devient dingue, quoi. «Dingue», c'est comme «fou».

Hannah: Oh, je connais ça! Avec mon père, c'est la même chose!

Les deux filles éclatent de rire.

2. Plus tard, dans le salon, toute la famille est en train de discuter. Il est presque 20 heures. Quand est-ce qu'ils mangeront enfin?, se demande Hannah. Son ventre fait des bruits bizarres. Elle a très faim, mais elle n'ose pas le dire.

Julie: Ah, tu as la dalle, peut-être? Tiens, prends encore des olives.

Mme Mollet: Julie, comment est-ce que tu parles à notre invitée? On ne dit pas «avoir la dalle», on dit «avoir faim»!

M. Mollet: Hannah, j'ai fait du poisson. J'espère que tu aimeras ça.

Pour être polie, Hannah répond «Mais oui».

3. Enfin, on mange et Hannah trouve le repas délicieux! Oscar, le petit frère de Julie qui regardait Hannah depuis un moment, commence à poser des questions. Et quelles questions!

Oscar: Est-ce que tu as un ami, je veux dire un petit copain?

Hannah est un peu gênée.

Julie: Oscar, s'il te plaît, est-ce que tu peux éviter les questions débiles?

Mme Mollet: Julie, voyons, il est petit! Je suis désolée, Hannah!

Hannah: Ce n'est pas grave.

M. Mollet: Bon, parlons un peu de notre programme du week-end. Samedi, nous partirons vers 10 heures. Nous prendrons les vélos et ferons un grand tour au bord de la Loire et du Cher, jusqu'à Villandry.

Mme Mollet: Je pense qu'on n'aura pas de pluie, sinon, on pourra faire autre chose, bien sûr.

4. *M. Mollet:* Dis donc, Hannah, tu as aimé mon plat? Tu en reprends?

Hannah: Merci, votre poison est super, Monsieur, mais je n'ai plus faim.

Julie: Enfin quelqu'un qui ose dire la vérité sur ta cuisine, papa! Ha ha ha!

Hannah: Pourquoi est-ce que tu ris?

Mme Mollet: Tu vois, Hannah, le poisson, c'est cet animal … et le poison, c'est euh … très mauvais …

Julie: C'est «poison» en anglais.

Hannah: Je fais beaucoup de fautes!

M. Mollet: C'est normal! Mais je trouve que tu te débrouilles très bien.

Hannah: Merci!

→

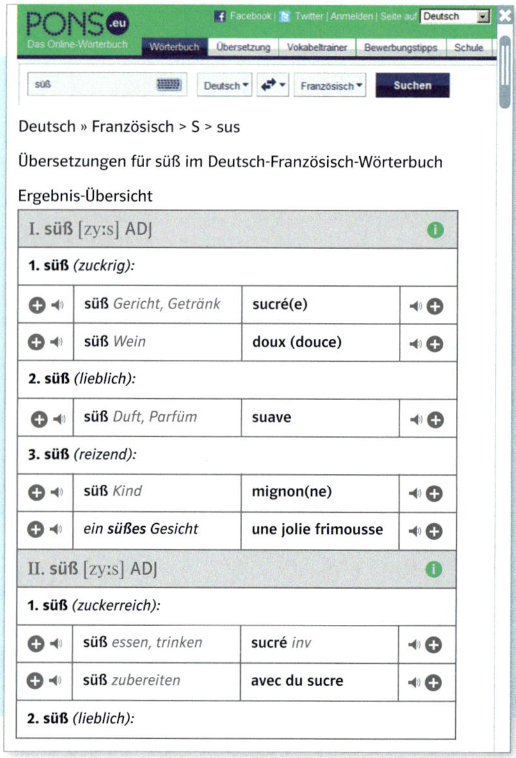
PONS.eu Das Online-Wörterbuch
Facebook | Twitter | Anmelden | Seite auf Deutsch
Wörterbuch | Übersetzung | Vokabeltrainer | Bewerbungstipps | Schule
süß | Deutsch | Französisch | Suchen

Deutsch » Französisch > S > sus

Übersetzungen für süß im Deutsch-Französisch-Wörterbuch

Ergebnis-Übersicht

I. süß [zy:s] ADJ	
1. süß *(zuckrig):*	
süß *Gericht, Getränk*	sucré(e)
süß *Wein*	doux (douce)
2. süß *(lieblich):*	
süß *Duft, Parfüm*	suave
3. süß *(reizend):*	
süß *Kind*	mignon(ne)
ein süßes Gesicht	une jolie frimousse
II. süß [zy:s] ADJ	
1. süß *(zuckerreich):*	
süß *essen, trinken*	sucré *inv*
süß *zubereiten*	avec du sucre
2. süß *(lieblich):*	

5. Hannah est très contente. Elle avait un peu peur avant le voyage, mais les Mollet sont très gentils. Samedi, la journée sera sûrement intéressante. Et dimanche, s'il fait beau, ils iront voir les chevaux à Saumur. Toute la famille de Julie viendra. Pendant que Hannah réfléchit, Julie, elle, prépare sa question.

Julie: Euh, les garçons de ta classe, ils sont comment?

Hannah: Je m'entends bien avec eux. Tu verras, ils sont sympas.

Julie: Et le corres de Mathieu, il est sympa, lui aussi?

Hannah: Ah, Niels! Tu es amoureuse? Tu le trouves … comment est-ce qu'on dit *süß* … avec du sucre … Attends, je cherche le mot dans le dictionnaire. Voilà: sucré?

Julie: Sucré?

Hannah: Oui, regarde ici! Toutes les filles le trouvent plein sucré!

Julie: Ah, tu veux dire qu'il est trop mignon. Eh oui, c'est vrai, ça …

Lire
Ecrire

5 A propos du texte

A *Trouvez un titre pour chaque partie du texte.*

46, 2 **B** *Dans son carnet de voyage, Hannah écrit un texte en français sur sa première soirée chez les Mollet. Ecrivez ce texte (environ 75 mots). Prenez d'abord des notes.*

Alternative zu B: ein Resümee anhand der in A gefundenen Überschriften.

Dans son article, Hannah raconte	notes
– ce qu'elle a fait,	arriver, manger, faute …
– ce qu'elle a aimé,	Julie, famille, repas, …
– ce qui lui a posé des problèmes.	parler …

Stratégie

6 Utiliser le dictionnaire (allemand-français)

→ En plus 131, 1

A *Hannah a cherché le mot pour «süß» dans le dictionnaire. Quelle a été son erreur?*

B *Utilisez le dictionnaire et dites en français:*

1. Sie ist **sauer**, weil …
2. Wie **weit** ist es bis Villandry?
3. Nach Villandry **braucht** man ungefähr zwei Stunden.

STRATEGIE

Parler et écrire
Viele Wörter haben mehrere Bedeutungen. Bei der Suche im Wörterbuch musst du darauf achten, in welchem **Zusammenhang** du das Wort verwendest. Überfliege zuerst den ganzen Wörterbucheintrag, denn oft ist nicht die erste Übersetzung die richtige.

Vis-à-vis
Jeu de mots
Parler

47, 3

7 Les niveaux de langue
(→ Vocabulaire, p. 165)

Im CdA Info zu *verlan*

Vis-à-vis

Il y a souvent plusieurs mots pour parler de la même chose. Comment choisir le mot juste au bon moment? Utilisez le français standard et vous êtes sûrs d'être polis!

ON DIT

français standard	français familier	langue des jeunes
un homme / un garçon	un mec	un keum
une femme / une fille	une nana	une meuf
comprendre	piger	capter
Je suis amoureux / amoureuse d'elle / de lui.	Je suis dingue de lui / d'elle.	Je le / la kiffe!
C'est vraiment gênant.	C'est la honte!	C'est trop la honte!

Votre correspondant dit parfois:	*Vous dites plutôt:*
Salut!	→ ?
J'ai pas la pêche.	→ ?
J'ai trop la dalle.	→ ?
Cette blague est vraiment débile.	→ ?
A plus!	→ ?

En forme

47, 4

8 Le programme pour samedi (G 10)

→ En plus 131, 2 △

A *Racontez ce qui se passera samedi. Utilisez le* ***futur simple****.*

Samedi, Hannah et la famille de Julie **(faire)** un tour à vélo à Villandry. Le matin, Julie **(préparer)** des sandwichs pour tout le monde. Son frère Oscar **(aller)** chez ses grands-parents. Ils **(venir)** en voiture l'après-midi à Villandry et toute la famille **(visiter)** le château. Vendredi soir, dans leur chambre, les filles discutent:

Julie: J'espère qu'il **(faire)** beau, demain. Tu **(prendre)** mon vélo. Moi, j'**(avoir)** le vélo de Charlotte, ma copine.

Hannah: Est-ce qu'on **(pouvoir)** faire du bateau sur la Loire?

Julie: Ça non. Mais tu **(voir)**, le tour **(être)** génial. Je voudrais bien savoir ce que **(faire)** Mathieu et son corres …

La mère de Julie ouvre la porte.

Mme Mollet: Les filles, vous **(avoir)** le temps de discuter demain. Dormez maintenant, sinon, vous ne **(être)** pas en forme et vous ne **(pouvoir)** pas faire beaucoup de kilomètres!

Julie: Bon, nous **(voir)** demain! Bonne nuit, maman!

B *Imagine: ton correspondant français viendra bientôt chez toi. Dans un courriel, tu lui proposes un programme de visite.*
Utilise le ***futur simple*** *et le français standard.*
Les mots donnés peuvent t'aider.

je	te montrer ma ville
nous	visiter … / manger …
tu	voir mes amis / ma famille …
on	aller à …
…	…

Jeu de mots

9 Les mots de la météo

Vorbereitung für HV-Übung 10

Le ciel est couvert.
Il y a des nuages.

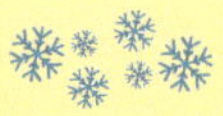

La neige tombe.

Il fait 15 degrés.

Le soleil brille.

A *Complétez dans votre cahier les filets à mots avec tous les mots et expressions que vous connaissez.*

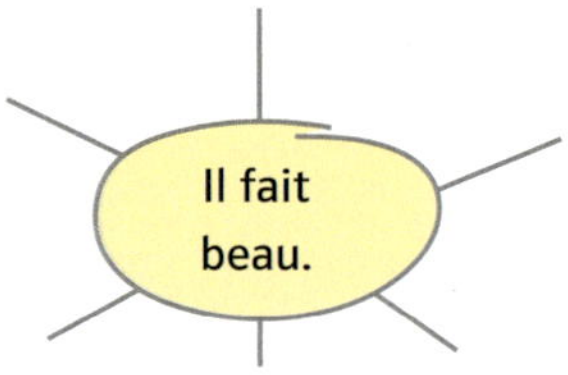

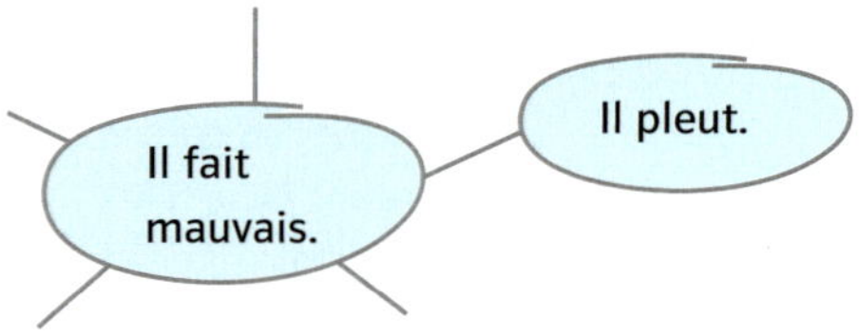

B *Quel temps fait-il aujourd'hui? Comment était le temps hier? Et demain, quel temps est-ce qu'il fera, à votre avis?*

Ecouter
Médiation

10 France Bleu Touraine: Les sorties du week-end

→ En plus 132, 3–4 △

CD 2, 11
54

A *Tu es en France et tu écoutes la météo à la radio. Au téléphone, tes parents te demandent quel temps il fera ce week-end. Qu'est-ce que tu peux leur dire?*

48, 5

CD 2, 12
55

B *A la radio, on parle aussi des activités dans la région ce week-end. Choisissez d'abord un sujet qui vous intéresse:*

- L'histoire
- Les animaux
- La fête

Ecoutez le texte une ou deux fois et prenez des notes. Puis expliquez à vos parents ce que vous pouvez faire ce week-end.

STRATEGIE

Ecouter et prendre des notes

Ihr hört eine Radiosendung oder eine Durchsage, um ganz bestimmte Informationen zu bekommen.
So könnt ihr vorgehen:

- Schreibt das Thema, zu dem ihr Informationen braucht, als Überschrift auf einen Zettel. Hier könnt ihr z. B. „histoire" notieren.
- Hört genau zu und filtert beim Hören Informationen heraus, die zu eurem Thema passen. Notiert auf Französisch Stichworte.
- Beim zweiten Hören könnt ihr eure Notizen ergänzen.

En forme

11 C'est Till? – Oui, c'est bien lui! (G 12)

→ En plus 133, 5 △

Jouez à deux. L'un dessine, l'autre essaie de deviner. Puis changez de rôle.

48, 6

Exemples:

a – Regarde, c'est Julia?
– Non, ce n'est pas elle.
– Oui, c'est elle!

b – Ce sont Nick et Laura?
– Non, ce ne sont pas eux.
– Oui, ce sont eux.

Atelier B

Approche **1**

Plus pratique ou moins pratique? Comparez.

Parlez en classe: est-ce que pour vous, le vélo est plus pratique, aussi pratique ou moins pratique que la voiture pour découvrir une région? Justifiez votre réponse.

plus (+) pratique **que**
aussi (=) pratique **que**
moins (–) pratique **que**

?

Exemple: A mon avis, le vélo est plus pratique que la voiture.
A vélo, on voit mieux le paysage.

Approche **2**

Julie parle des châteaux de la Loire.

→ En plus 133, 6

Un des châteaux les plus célèbres, c'est Chambord. Pour moi, le plus intéressant dans ce château, c'est la chambre du roi Louis XIV. Mais j'aime aussi le château de Villandry. Ce n'est pas le château le plus connu, mais il a les plus beaux jardins.

Le château de Chambord

La chambre de Louis XIV

Et dans votre région, quels sont les choses, les endroits ou les évènements les plus intéressants, les plus connus?

Exemples:
A mon avis, l'évènement **le plus intéressant** ici, c'est le «Karneval».

L'endroit **le plus connu** de notre région, c'est la cathédrale.

Le château de Villandry

3 Coup de foudre ou coup de soleil?

CD 2, 13–17
56–60

49, 7

Pendant la lecture:
Quel titre va avec quel paragraphe?

Enfin seuls **Tiens, qui est-ce?** **Mathieu comprend tout.** **Un souvenir** **A la découverte de la région**

1. Après un bon petit-déjeuner, Hannah, Julie et ses parents sont sur leurs vélos. Il est encore tôt, c'est le meilleur moment pour rouler. De l'autre côté du pont qu'ils viennent de traverser, les toits de la vieille ville brillent sous le soleil.

M. Mollet: Hannah, est-ce que tu sais que la Loire est le plus long fleuve de France?

Hannah: Ah bon, ce n'est pas la Seine?

M. Mollet: Non, la Seine est moins longue que la Loire!

Julie: Papa, tu ne vas pas nous faire un cours de géographie! C'est ennuyeux!

M. Mollet: Hannah, c'est intéressant, non?

Hannah: Oui, c'est euh … super!

2. A 11 heures, les Mollet ont retrouvé Oscar et ses grands-parents devant le château. Maintenant, tout le monde fait la queue à l'entrée. Il fait aussi chaud qu'en été. Tout à coup, on entend deux voix tout près.

Niels: Hannah! Hallo!

Mathieu: Julie, on est là!

Les garçons sont juste à quelques mètres, avec la famille de Mathieu. Hannah dit bonjour et Julie devient rouge comme une tomate.

Mme Mollet: Oh, tu as un coup de soleil, Julie! Tu veux un peu de crème?

Julie: Mais non, maman, ce n'est rien!

La mère de Mathieu: Bonjour! Ah, vous êtes venus à vélo aussi! Oh là là! Il fait chaud!

Le père de Mathieu: On n'a presque plus d'eau. Les garçons, vous voulez bien aller acheter une autre bouteille pendant qu'on attend le guide?

Mathieu: Dis donc Niels, je suis fatigué. Tu peux aller à la buvette sans moi?

Niels: Euh, oui, je veux bien.

M. Mollet: C'est une bonne idée! Julie, tu y vas aussi, s'il te plaît?

Julie: D'accord.

3. Il y a du monde à la buvette et quand Niels et Julie ont enfin leurs bouteilles d'eau, ils se mettent à chercher leurs corres.

Julie: Ils sont vaches quand même!

Niels: Vaches? Kühe? Muuuh!

Julie rit: Non! Ça veut dire qu'ils ne sont pas sympas. Ils ne nous ont pas attendus. On est seuls, quoi!

Et le visage de Julie devient encore plus rouge. Ils décident d'attendre sur un banc. Derrière eux, à l'ombre des arbres, il y a une petite statue qu'ils ne remarquent pas. Niels ne sait pas quoi dire. Julie, elle, est en secret très heureuse d'être seule avec lui.

4. Tout à coup, Hannah et Mathieu arrivent.

Mathieu: Désolé, on vous attendait devant la buvette, mais il y avait tellement de mon …

Soudain, Mathieu regarde les deux jeunes avec un sourire bizarre.

Mathieu: Ne bougez pas!

Niels: Quoi, qu'est-ce qu'il y a?

Mathieu: Je peux faire une photo? … Voilà, merci. Et maintenant, vite! On arrivera juste à temps pour la visite.

5. Le soir, après une bonne douche et un grand plat de spaghettis, les filles vont sur Internet. Tiens, il y a un courriel de Mathieu avec une photo …
Quand elles l'ouvrent, Hannah éclate de rire et Julie, toute rouge, s'écrie:
«Mathieu, tu me le paieras!!!»

Lire

4 A propos du texte

A *Dites à quelle partie du texte correspond cette image.*

B *Prenez des notes, puis racontez ce qui s'est passé avant et après la scène sur la photo.*

C *Imaginez la suite de l'histoire (environ 80 mots).*

→ En plus 134, 7

Jeu de mots

5 C'est tout le contraire!

A *Trouvez le contraire de ces mots.*

B *Imaginez et écrivez un courriel que Niels envoie à Julie. Utilisez au moins 5 mots de* **A**.

mauvais,e	en retard	long,ue
difficile	se mettre à	froid,e
fermé,e	près de	nul,le
vieux, vieil, vieille	partir	petit,e
passionnant		

En forme

6 Les plus beaux souvenirs (G 13)

→ En plus 134, 8 △

50, 8

A *Hannah et Julie comparent des idées de cadeaux. Qu'est-ce qu'elles disent? Faites attention aux formes de l'adjectif bon!*

Exemple: A mon avis, une BD est plus originale que des chocolats.

fromage, assiette, guide de la région, t-shirt, BD, bonbons, chocolats …

original, pratique, classique, intéressant, bon, cher, drôle, joli, …

B *Julie dit à Hannah où elle peut trouver les meilleurs cadeaux. Qu'est-ce qu'elle dit?*

Exemple: Va dans un supermarché: tu trouveras là-bas les BD **les moins chères**.

supermarché	**marché aux puces**	**marché**	**musée**
les BD	les assiettes	le fromage	les guides
– – cher	++ original	++ bon	++ intéressant

Jeu de sons

7 Toujours plus!

CD 2, 18
61

A *Ecoutez les phrases et répétez.*

1. Un **plus** un, ça fait deux.
2. La **plus** belle, c'est elle.
3. Il l'aime toujours **plus**!
4. Elle ne sera **plus** jamais seule!

B *Lisez à haute voix. Attention à la prononciation!*

1. Tu en veux plus? Tu n'en veux plus?
2. Non, merci, je n'ai plus faim. Plus tard peut-être.
3. Tu dors plus que moi.
4. Il est beau et sympa en plus!

Osez parler! A la page 167, vous trouverez d'autres expressions utiles!

Vis-à-vis
Parler

8 Se débrouiller pendant l'échange

→ En plus 134, 9 △

49, 9

Quand …

… tu n'as pas compris

… tu ne trouves pas un mot

… tu veux faire quelque chose

… tu n'aimes pas quelque chose, mais tu veux être poli(e)

ON DIT

… tu peux dire:
Je suis désolé(e), mais vous parlez trop vite!
Est-ce que vous pouvez répéter, s'il vous plaît?
Qu'est-ce que ça veut dire, «rend dingue»?

C'est le contraire de …
C'est quelque chose comme …
Ça ressemble à …, mais c'est plus/moins …
C'est quelque chose qui sert à …

Je voudrais bien …
Est-ce que je peux …?
C'est possible de …?

Je suis désolé(e), mais je n'ai pas l'habitude de …
Merci, c'est gentil, mais je ne veux pas.
Merci, mais je préfère …

Qu'est-ce que tu peux dire dans les situations données? Choisissez une situation et jouez un dialogue.

1. Tu dors mal parce que la couverture n'est pas assez chaude. →
2. Tu veux utiliser l'ordinateur pour …
3. Tu n'aimes pas trop un plat.
4. Tu veux parler de ton plat préféré.
5. Tu proposes une activité avec un ami de ta classe et son correspondant.

Exemple:

Ta correspondante: Bonjour, tu as bien dormi?
Toi: Pas trop. Je suis désolé(e), mais j'ai l'habitude de dormir avec une couverture plus chaude.
Ta correspondante: Ne t'en fais pas, ce n'est pas un problème. Si tu veux, tu peux avoir une autre couverture.
Toi: Merci, c'est très gentil!

Pratique

Ecouter
Médiation
CD 2, 19
62

Bienvenue chez nous!

A *Un ami français vient chez toi. Vous parlez de votre vie de tous les jours et de vos habitudes.*

Ton frère / ta sœur qui ne comprend pas le français veut savoir ce que dit ton ami

- *sur son école,*
- *sur ses journées,*
- *sur ses activités.*

Travaille seul. Ecoute ce que dit ton ami. Puis raconte à ton frère / à ta sœur les points les plus importants.

Vis-à-vis
Portfolio

B *Vous préparez un jeu ou un quiz qui permettra à vos correspondants de découvrir votre ville et votre région. Ce sera un jeu en français, bien sûr!*

- *Faites une liste: quelles activités et quels endroits peuvent être intéressants pour vos correspondants? Pourquoi?*
- *Trouvez ou prenez des photos.*
- *Ecrivez des petits textes pour chaque photo. Vous pouvez aussi enregistrer[1] ces textes.*
- *Inventez des questions qui vont avec ces photos.*
- *Réalisez le jeu sur papier ou sur ordinateur.*

Endroits, activités …	intéressant
	à cause de …
	parce que …
	le plus grand …

Mon dico personnel: Ma ville et ma région (⟶ Vocabulaire, p. 167)

le centre-ville	das Stadtzentrum	un centre commercial	ein Einkaufszentrum
un chantier	eine Baustelle	un village	ein Dorf
une zone piétonne	eine Fußgängerzone	une rivière	ein Fluss
faire les magasins	einen Einkaufsbummel machen, „shoppen"	une forêt	ein Wald
		une montagne	ein Berg, ein Gebirge
		un château fort	eine Burg

1 enregistrer aufnehmen

Bilan

1 Parler

Überprüfe, was du kannst!
Vergleiche deine Lösungen mit den Lösungen auf Seite 220.

Du kannst schon …

Mehr dazu 494e2q

1. … ungefähre Angaben machen *(Es sind ungefähr 20 km).*	Ça fait … km.
2. … sagen, wie lange man braucht, um nach Villandry zu fahren.	… 2 heures pour …
3. … zu jemandem sagen, dass er sehr gut zurechtkommt.	Tu te … très bien!
4. … zu jemandem sagen, dass es sehr freundlich *(von ihm)* ist.	Vous … !
5. … sagen, dass etwas lecker schmeckt.	C'est …!
6. … sagen, dass du dich gut mit jemandem verstehst *(mit ihm).*	… avec lui.
7. … sagen, dass du jemanden *(sie)* süß findest.	Elle est …
8. … sagen, dass du etwas wirklich peinlich findest.	C'est vraiment …
9. … sagen, wie das Wetter ist *(15 Grad, Wolken).*	Il fait …
10. … auf Französisch erklären, was ein Fisch ist.	C'est un … qui …

2 Jeu de mots

A *Trouvez les noms qui vont avec les adjectifs.*
Notez les expressions dans votre cahier.
Attention à l'accord de l'adjectif!

un ciel — un correspondant — un plat — une visite

1. ? passionnant, ennuyeux, original

2. ? couvert, gris, clair

3. ? gentil, normal, poli

4. ? délicieux, français, sucré

B *Complétez les filets à mots suivants dans votre cahier.*

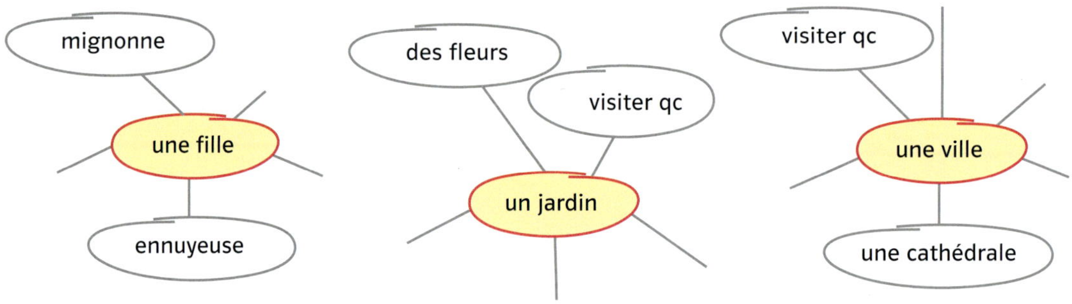

C *Trouvez le contraire des mots et expressions suivantes:*

loin de	un ciel couvert	un roman passionnant	en retard
se mettre à	une grosse valise	moins bon	

3 Ecouter/Parler

CD 2, 20
63

A *Ecoutez la météo à la radio. C'est la météo pour quel jour?*

1.
Mardi
Saumur

15° C
vent

2.
Mercredi
Saumur

5° C
vent

3.
Jeudi
Saumur

10° C

B *Regardez les dessins et décrivez le temps qu'il fera les deux autres jours.*

4 Parler / Vis-à-vis / Stratégie

Tu es dans une famille française et tu essaies d'être poli. Qu'est-ce que tu peux dire dans les situations suivantes?

1. Tu as envie d'aller voir un film au cinéma avec un copain et son corres.
2. Tu n'aimes pas trop le poisson qui est dans ton assiette.
3. Tu veux dire: «Ich bin total kaputt!» Tu regardes dans le dictionnaire. Attention au niveau de langue!

Grammaire

G10 Die Bildung des Futur simple – La formation du futur simple

Singular		Plural	
je	mange**rai**	nous	mange**rons**
tu	mange**ras**	vous	mange**rez**
il / elle / on	mange**ra**	ils / elles	mange**ront**

Ableitung der Futur-Formen:

Infinitiv: **manger** (essen)

Futur: je **manger**ai

Ebenso:

attendre (warten) → j'attend**rai**
prendre (nehmen) → je prend**rai**
lire (lesen) → je li**rai**
dormir (schlafen) → je dormi**rai**

→

acheter (kaufen)	j'achète	→	j'ach**è**t**erai**, tu ach**è**t**eras**, …
appeler (anrufen)	j'appelle	→	j'appe**ll**e**rai**, tu appe**ll**e**ras**, …
payer (bezahlen)	je paie	→	je pa**i**e**rai**, tu pa**i**e**ras**, …

aller	j'ir**ai**, …	**faire**	je fer**ai**, …	**venir**	je viendr**ai**, …
avoir	j'aur**ai**, …	**pouvoir**	je pourr**ai**, …	**voir**	je verr**ai**, …
être	je ser**ai**, …	**savoir**	je saur**ai**, …	**vouloir**	je voudr**ai**, …

Le professeur explique le rallye aux élèves.
Mettez les formes correctes du futur simple.

1. Vous (essayer) de trouver tous les endroits qui sont sur la liste.
2. A chaque endroit, vous (avoir) des informations.
3. Vous (répondre) à des questions et vous (prendre) des photos.
4. Le rallye (finir) ici, devant le collège.
5. Tous les élèves (se retrouver) à 16 heures.
6. *Nicolas:* Monsieur, je ne (pouvoir) pas faire tout le parcours, je suis un peu malade.
7. Bon, alors tu (venir) avec moi, et après, tu (aller) au CDI.

G 11 Der Gebrauch des Futur simple – L'emploi du futur simple

Deutsch: Häufig Präsens, um Zukunft auszudrücken.

Französisch: Futur (composé oder simple), um Zukunft auszudrücken.

Wann Futur composé, wann Futur simple? Es gibt keine festen Regeln!

Gesprochenes Französisch:
Futur simple, Futur composé.

Förmliches geschriebenes Französisch:
Häufiger Futur simple.

Visite du château
30 m à droite. Vous trouverez les audio-guides à l'entrée.

G 12 Die unverbundenen Personalpronomen – Les pronoms personnels disjoints

	Singular	Plural
1. Person	**moi**	**nous**
2. Person	**toi**	**vous**
3. Person	lui / elle	eux / elles

Mathieu et Niels regardent des photos. *Complétez les phrases.*

1. Ce sont les Mollet, là? – Oui, ce sont ?.
2. Et là, c'est Oscar? – Oui, c'est ?.
3. C'est vous? – Oui, c'est ?, sous la pluie.
4. Tiens, Julie et Hannah. – Non, ce ne sont pas ?, ce sont des élèves de 3e.
5. Et là, c'est ta mère? – Oui, c'est ?.

G 13 Die Steigerung des Adjektivs und der Vergleich
Les degrés de l'adjectif et la comparaison

+		**plus**	timide(s) **que**
–		**moins**	timide(s) **que**
=		**aussi**	timide(s) **que**
++	le / la / les	**plus**	timide(s) **de**
– –	le / la / les	**moins**	timide(s) **de**

der Komparativ – **le comparatif** + –
die Gleichheit – **l'égalité** *(f.)* =
der Superlativ – **le superlatif** ++ – –

Traduisez les phrases.

1. Julie ist genauso hübsch wie Hannah.
2. Hannah ist höflicher als Julie.
3. Julie findet, dass Deutsch schwieriger ist als Französisch.
4. Anton ist der stärkste Junge der Klasse.
5. Niels ist weniger stark als Anton, aber er ist cooler.

Objets trouvés

Ne tombez pas dans le panneau[1]!

Jan, un élève de la classe de Hannah, a pris ces photos pendant son séjour à Tours. Il s'intéressait surtout aux panneaux[1] qu'il a trouvés drôles ou curieux.

A *Que veulent dire ces panneaux? Trouvez la bonne solution.*

B *Quels mots est-ce qu'il faut chercher dans le dictionnaire pour bien comprendre ces panneaux?*

1.

A Arrêt du «bus-buvette» scolaire.
B Cette rue est réservée au bus scolaire.
C Les boissons alcoolisées ne sont pas autorisées dans le bus scolaire.

2.

A C'est très dangereux de toucher les garçons.
B Danger: électricité!
C Attention, coup de foudre. On risque de tomber amoureux!

3.

A Si on roule à plus de 30 kilomètres à l'heure, l'agent de police va piquer une crise.
B Si on roule à plus de 30 kilomètres à l'heure, il y aura un accident.
C Vitesse limitée à 30 kilomètres à l'heure.

4.

A Vous n'êtes pas important.
B Il faut attendre et laisser passer les autres voitures.
C Les voitures sont plus importantes que les personnes.

5.

A On peut se baigner, mais on n'a pas le droit de manger des pêches en même temps.
B On n'a pas le droit de se baigner et d'être de bonne humeur.
C On n'a pas le droit de se baigner et de prendre des poissons.

---

1 un panneau ein Schild – **Ne tombez pas dans le panneau!** Fallt nicht darauf herein!

Révisions (Lösungen Seite 221)

Lire

1 Clément raconte.

Bezüge von Pronomen erkennen. U5 thematisiert *y* und *en*.

Dites ce que remplacent les pronoms en gras.

Exemple: **1. nous** ⟶ Clément et sa famille

1. «… Avec ma famille, **nous** avons montré le Futuroscope à mon corres Jan. C'est un parc d'attractions[1] pas loin de Tours.
2. Ma sœur était là aussi. Jan s'est bien entendu avec **elle**.
3. On a d'abord participé à «l'aventure en 4D», un jeu **où** on traverse d'autres «mondes» à la recherche d'«Arthur».
4. Puis on a fait le «8e continent[2]» **que** Jan a trouvé super cool.
5. Mais ce qui **lui** a plu le plus, c'était le parcours dans le noir, les yeux fermés, **où** on ne peut que toucher, sentir ou écouter.
6. Ma sœur n'avait pas envie de **le** faire.
7. Alors mes parents **lui** ont proposé d'aller à la buvette avec **eux**, et **nous** avons fait ce parcours sans **elle**.
8. Ensuite, je **leur** ai proposé de faire un truc **qui** plaît à tout le monde:
9. **On** est montés sur la «Gyrotour» d'**où** on voit l'ensemble du Futuroscope.
10. **Ça**, c'était vraiment cool!»

Ecrire
En forme

2 Après l'échange scolaire (G 5, p. 38; G 7, p. 57)

De retour à Cologne, les élèves écrivent des petits textes sur leur séjour à Tours. Pour les aider, la professeure pose des questions. Ecrivez le texte de Hannah. Utilisez le passé composé ou l'imparfait.

La professeure veut savoir …	Hannah répond
1. si les élèves se sont sentis bien dans cette famille.	Je me …
2. si la famille s'est bien occupée d'eux.	Les Mollet …
3. comment ils ont trouvé leur séjour.	Le séjour …
4. si les correspondants se sont bien entendus.	Julie et moi, nous …
5. s'ils se sont bien débrouillés pour communiquer.	Nous …
6. si les élèves ont déjà envoyé une lettre à leurs corres.	12 SMS, 8 courriels

Jeu de mots

3 Apprendre le vocabulaire

A *Complétez les expressions. Puis notez-les avec leur traduction dans votre cahier.*

1. avoir un ? / une ?	einen festen Freund / eine feste Freundin haben
2. ? une douche	duschen
3. ? une ?	eine Entscheidung treffen
4. faire la ?	Schlange stehen
5. être ? en …	gut sein in …
6. ? à rien de …	Es nützt nichts, zu …

B *Cherchez dans les dernières unités 4 autres expressions à noter.*

Z. B.: fonder une entreprise, se sentir stressé(e), s'occuper des courses, rendre qn dingue, arriver à temps

1 **un parc d'attractions** ein Freizeitpark – 2 **un continent** ein Kontinent

Jeu de mots

4 Devinettes

Inventez des définitions pour les mots donnés.
Votre partenaire doit deviner de quels mots il s'agit.

A Exemple:
C'est ce qu'on fait quand on a peu de temps et que tout doit aller très vite.

On se dépêche.
On se repose.
On se réveille.
On se dispute.
On se débrouille.

B Exemple:
C'est quelqu'un qui travaille dans un cirque et qui fait des choses drôles.

un clown
une infirmière
une coiffeuse
une mécanicienne
un médecin
un musicien
un présentateur de radio

En forme

5 L'histoire de Charlotte (G 5, p. 38; G 10, p. 73)

Lisez le texte et mettez les verbes aux temps qui conviennent:
imparfait, passé composé, futur simple.

1. Quand j' (être) petite fille, je (vouloir) devenir dessinatrice.
2. Au collège, je (se débrouiller) pas mal.
3. Un jour, j' (voir) une pièce de théâtre très réussie.
4. Alors, je (s'intéresser) au théâtre.
5. J' (prendre) une décision.
6. J'ai pensé: «Plus tard, je (être) actrice.»
7. Mais mes parents m' (dire): «C'est un travail très dur.
8. Et puis, quand tu (être) grande, tu ne (trouver) pas toujours du travail.»
9. Nous (discuter) longtemps.
10. Ensuite, ils m' (proposer) de travailler dans le commerce.
11. Finalement, ça m' (plaire) et aujourd'hui, je suis à la tête d'une entreprise! Et je vais souvent au théâtre!

Lire

6 Histoire

Lisez le texte puis complétez-le par les mots à droite.
Commencez comme ça: D'habitude, je trouvais …

1. ?, je trouvais mon voisin ennuyeux: un vieux monsieur qui habite ? chez nous et qui ne sort pas beaucoup ? son âge.
2. Mais ?, j'ai dû lui apporter une lettre. ? il me parlait, j'ai vu ? sur sa table la photo d'un jeune homme avec un ballon.
3. Je lui ai demandé: «C'est votre fils?» Il a répondu: «Non, c'est moi ?, quand j'avais 18 ans!
4. J'étais sportif et ? les meilleurs. J'ai beaucoup voyagé et j'ai vu des choses incroyables.»
5. Alors, maintenant, ? je le vois, il me raconte sa vie et ses aventures.
6. ?, ce monsieur est ? passionnant!

d'habitude
chaque fois que
parmi
vraiment
à côté de
tout à coup
à cause de
finalement
il y a quinze jours
pendant que
il y a longtemps

On prépare le DELF

1 Compréhension de l'oral

CD 2, 28
70

Vous écoutez en podcast cette interview de la jeune journaliste Emma.
Lisez les questions. Ecoutez le document, puis répondez.

1. Jacques parle de France Bleu et …
   a de son histoire. **b** de son programme de la journée. **c** de ce qu'est cette radio.
2. En province, France Bleu a …
   a 34 radios. **b** 43 radios. **c** 13 radios.
3. Les informations à France Bleu parlent de ce qui se passe
   a dans une région. **b** dans une ville seulement. **c** dans tout le pays.
4. Quel est le programme préféré des gens? Pourquoi?

2 Compréhension des écrits

Répondez aux questions.

1. Tours, 22 heures. Vos amis qui ont mangé des huîtres, sont très malades. Qui essayez-vous d'appeler?
2. S'il faut des médicaments, comment faites-vous pour en trouver, après 22 heures?
3. On a pris le vélo que votre ami vous avait passé, qu'est-ce que vous faites?
4. Ce vélo avait un numéro de code. Où est-ce que vous pouvez mettre ce numéro?

SAMU répond à la demande d'aide médicale urgente: 15
Police Secours: 17
Pompiers: 18 ou 112
Le 112, numéro européen des services d'urgence, est accessible de tout poste téléphonique.
Pharmacie de garde:
Le commissariat de police a la liste des pharmaciens de garde la nuit.
Centre anti-poison:
Angers: 02 41 48 21 21

Vous vous êtes fait voler votre vélo? Il se trouve peut-être au bureau des objets trouvés. Renseignez-vous ici en vous munissant d'une pièce d'identité.
Si votre vélo était gravé, inscrivez le code de votre vélo sur la liste noire des vélos volés, sur le serveur web de la FUBicy.

3 Production écrite

Ecris une carte postale à ton correspondant français/ta correspondante française.
Parle-lui de ton prochain week-end.
Utilise le futur simple.

le 30 avril 2016
Cher Sylvain,
…
Amicalement
Max

Sylvain Mouret
6 impasse Renan
37000 Tours
France

N'oubliez pas:
- l'adresse
- la date
- le début
- la formule de politesse

4 Production orale

Répondez aux questions.

1. Est-ce que vous savez déjà dans quelle branche vous aimeriez travailler, plus tard? Expliquez.
2. Est-ce que vous aimeriez vivre quelque temps en France, plus tard? Pourquoi (pas)?
3. Qu'est-ce qui est important pour vous, dans la vie?

Die Unité 5 ist als zusammenhängende Lernaufgabe konzipiert und weicht von der gewohnten Lektionsstruktur ab.

Unité 5

CD 3, 1 75

Bienvenue en francophonie!

Bonjour! Sa ka maché[1]? Voici la Martinique, une île à plus de 6800 km de Paris! Mes grands-parents viennent de là. A la Martinique, on est aussi en France et on parle le français. On le parle dans beaucoup d'autres pays encore: ce sont les pays de la francophonie.

Marie

Vis-à-vis

La Martinique fait partie des Antilles francophones. Là-bas, loin de la métropole, on parle le français, mais le créole est la langue maternelle d'un très grand nombre d'habitants. Les langues créoles sont nées du contact de plusieurs langues différentes.

Regardez la carte à la fin de votre livre.

1. Où se trouve la Martinique?
2. Dans quels pays est-ce qu'on parle le français? Donnez quelques exemples.

PORTFOLIO

Am Ende dieser Unité kannst du ein Land beschreiben und einen Beitrag für eine Broschüre über französischsprachige Länder verfassen.

1 **Sa ka maché** *(kreolisch)* Ça va?

Mehr dazu j3tm76

Im „Découvertes"-Teil werden im Plenum sprachliche und landeskundliche Grundlagen gemeinsam erarbeitet.

Vis-à-vis

1 Voyages en francophonie

A *Regardez les photos: Imaginez que vous pouvez faire un voyage. Quel pays ou quelle région vous intéresse le plus? Pourquoi?*

1 Le Québec

2 Le Maroc

3 Le Burkina Faso

4 La Nouvelle-Calédonie

B *Lisez et complétez.*

Le français est, avec l'anglais, la seule langue qu'on parle sur les ? continents. La Francophonie, c'est plus de ? de francophones dans ? Etats du monde. En Afrique, le français est présent dans ? pays.

32 | 77 | 5 | 220 millions

Approche

2 Tâche: «Notre petit guide de la francophonie»

Die Stationen können in beliebiger Reihenfolge bearbeitet werden. Ein „Laufzettel" befindet sich im Cahier d'activités, S. 77.

A *Après la partie «Découvertes», vous travaillerez sur des stations. Travaillez à deux. Les stations 1 et 2 sont obligatoires.*

A chaque station, vous
- *lirez des textes sur un pays,*
- *travaillerez sur les mots et la grammaire,*
- *relèverez des informations.*

A la fin de l'unité, chaque élève choisira un pays et écrira un texte pour le présenter. Vous pourrez ensuite mettre vos textes ensemble pour faire un petit guide.

B *De quoi est-ce qu'on peut parler pour décrire un pays?*

des habitants | de la géographie | …

→ En plus 135, 1 △

Lire

3 Savoir relever des informations

Lisez le texte «Le français dans le monde» et utilisez la stratégie.

Basis-Strategie, die in den einzelnen Stationen angewandt wird.

1. Worum geht es insgesamt?

2. Worum geht es im Einzelnen?

3. Was ist das Wichtigste?

STRATEGIE

Lire

Ich überfliege den Text:

- Welche Information enthalten Überschriften und Bilder?
- Was weiß ich schon über das Thema?
- Welche Namen, Zahlen, Daten enthält der Text?

Ich lese den Text genau:

- Welche neuen Wörter kann ich erschließen (vgl. S. 22)?
- Worum geht es in den Abschnitten? Ich überlege mir Überschriften oder Schlüsselwörter und notiere sie.
- Welche Informationen finde ich auf die Fragen *Où? Quand? Qui? Quoi?* Ich notiere **Stichworte**.

Ich sehe meine Notizen durch und unterscheide Wichtiges von weniger Wichtigem.

CD 3, 2–4
76–78

68, 1

Le français dans le monde

1. En Europe, on parle le français en France, en Belgique et en Suisse, par exemple. Mais on le parle aussi au Québec. Dans cette province canadienne, le français est la langue maternelle de plus de 6 millions d'habitants. En Algérie, en Tunisie et au Maroc, il est la deuxième langue après l'arabe. Dans beaucoup de pays d'Afrique noire, le français est la langue administrative et il est très présent dans les médias.

2. Mais pourquoi est-ce que la langue française joue ce rôle important dans le monde? Pour le comprendre, il faut savoir qu'au cours de son histoire, la France a voulu – comme l'Angleterre, le Portugal et d'autres pays européens –, avoir des nouveaux territoires dans toutes les parties du monde. Beaucoup de régions du monde sont devenues des colonies françaises. Les Français ont pris les richesses de leurs colonies. Et ils ont apporté leur langue.

3. Aujourd'hui, il n'y a plus de colonies. Au cours du XXe siècle, beaucoup de colonies françaises sont devenues des Etats indépendants. D'autres, comme la Martinique sont devenus des départements et régions d'outre-mer. C'est pourquoi à la Martinique, à 6800 km de Paris, on est administrativement en France et on paie en euros.

Jeu de mots

4 Les noms des pays

A *Trouvez dans le texte de la page 82 les mots qui manquent.*

B *Quels autres noms de pays est-ce que vous connaissez en français?*

Bekannt sind z. B. *la France, l'Afrique, la Belgique, le Haïti, la Côte d'Ivoire …*

nom	adjectif
le Canada	?
?	québécois, québécoise
l'Europe (f.)	?
?	marocain, marocaine
?	anglais, anglaise

En forme

5 On part au Québec ou en Tunisie? (G 14)

→ En plus 135, 2 △

69, 3

A *Quand est-ce qu'on dit* ***au*** *et quand est-ce qu'on dit* ***en****? Regardez la partie B et trouvez la règle.*

B *Faites des dialogues.*

Exemple:
- Tu préfères partir **au Québec** ou **en Tunisie**?
- Je préfère partir **en Tunisie**.
- Pourquoi?
- Parce qu'**en Tunisie**, …

les pays

le Québec
la Tunisie
le Maroc
la Belgique
le Portugal …

pourquoi?

faire chaud
parler français
il y a des belles plages
on peut …
les gens …

En forme

6 Heureusement, il n'y a plus de colonies. (G 15)

→ En plus 135, 3 △

69, 4

A *Que veulent dire ces phrases en allemand?*

1. **Heureusement**, il n'y a plus de colonies.
2. Quelques colonies sont devenues **pleinement** indépendantes.
3. Dans d'autres, on est **administrativement** en France.

Vous connaissez les adjectifs ***heureux, plein*** *et* ***administratif****.*
Réfléchissez: Comment est-ce qu'on forme l'adverbe?

B *Trouvez les adverbes qui correspondent aux adjectifs suivants.*

pratique – long – sérieux – normal – simple – difficile – malheureux

C *Adjectif ou adverbe? Complétez.*

1. *gratuit* — Hier, j'ai téléphoné ? en Tunisie. Mais les SMS n'étaient pas ?!
2. *facile* — Vous trouverez ? des informations sur Internet. C'est ? de trouver des informations sur Internet.
3. *pauvre* — Même en Europe, il y a des gens très ?. Trop de personnes vivent ?.
4. *long* — J'ai ? voyagé dans les pays francophones. J'ai fait des ? séjours au Québec.

Das kennst du aus dem Englischen!
Adjektiv → Wie ist etwas?
Adverb → Auf welche Weise geschieht etwas?

Station 1

In den Stationen jeweils Informationsentnahme und Materialsammlung.

Lire

1 Au Québec avec Cœur de pirate

Mehr dazu ge935i
CD 3, 5–9 79–83

Avant la lecture
Qu'est-ce que vous savez déjà sur le Québec?

Pendant la lecture
Utilisez la stratégie page 82 et prenez des notes.

70, 1

Après la lecture
1. *Faites l'exercice 1 à la page 136.*
2. *Vous pouvez écouter une chanson de Béatrice. Est-ce que cette chanson vous plaît? Pourquoi?*

Chanson: individuelle Internet-Recherche

Béatrice Martin est québécoise: elle est née en 1989 à Montréal, au Québec, la plus grande province du Canada. Sous le nom de Cœur de pirate, elle sort un premier album qui connaît un grand succès, d'abord au Québec, puis en Europe. Ses chansons parlent de l'amour, des amis, et les jeunes s'y retrouvent tout de suite. En 2010, elle fait une première tournée en France et en rapporte le prix *Victoires de la musique*[1] pour sa chanson «Comme un enfant». Pour son deuxième album «Blonde», elle gagne le *Félix*[2] du meilleur album pop au Québec. Béatrice aime beaucoup chanter en français, sa langue maternelle qui est pour elle «la langue la plus romantique».

Lire

2 Lire et écrire

A *Relisez la stratégie à la page 11, puis cherchez les expressions dans le texte et notez-les.*

Exemple:

1. Im Winter ist es dort sehr kalt.
→ L'hiver, il y fait très froid.

1. Im Winter ist es dort sehr kalt.
2. Französisch ist die offizielle Sprache.
3. Die Stadt liegt auf einer Insel.
4. Es gibt dort große Wälder.
5. Es ist 4 Mal so groß wie Deutschland.
6. Es hat 8 Millionen Einwohner.

70, 2

B *Pour bien savoir utiliser les pronoms* ***y*** *et* ***en****, faites l'exercice 2 à la page 136.*

Jeu de mots

3 Mots et expressions du Québec

A *Essayez de traduire ce qu'elle dit en français standard.*

71, 3

B *Relisez ces phrases. Qu'est-ce qu'on peut dire sur le français du Québec?*

1 **Victoires de la musique** französischer Musikpreis
2 **Félix** Musikpreis in Quebec

Le Québec est 2 fois et demie plus grand que la France et 4 fois plus grand que l'Allemagne. Il n'a pourtant que 8 millions d'habitants, alors que la France en compte 65 millions. Le français est la langue officielle de cette province.
La capitale du Québec porte le même nom: «Québec». Mais la plus grande ville du Québec, c'est Montréal. C'est même la deuxième ville francophone du monde après Paris!
Montréal se trouve sur une île du Saint-Laurent, un fleuve de 1140 km qui va des Grands-Lacs jusqu'à l'Atlantique.
L'hiver, il y fait très froid. Parfois, on ne retrouve plus sa voiture dans la rue parce qu'elle a disparu sous la neige!
Il y a aussi sous la ville le Montréal souterrain: ce sont plus de 30 km de tunnels qui permettent d'aller d'une station de métro à une autre ou de son bureau à son appartement sans sortir. On y trouve aussi des commerces et des restaurants.
Montréal est une ville dynamique. Un grand nombre de festivals s'y déroulent comme par exemple les *Franco-Folies*, *Juste pour rire*, les *Nuits d'Afrique*, le *Festival de jazz* … En été, il y a aussi des concerts gratuits un peu partout et tout le monde fait la fête dehors.
A Montréal, il y a une grande Ecole nationale de cirque. Le célèbre *Cirque du Soleil*, où il n'y a pas d'animaux et seulement des artistes, vient lui aussi de Montréal.

Loin des villes, la nature au Québec est très impressionnante: on y trouve des grandes forêts et plus d'un million de lacs où on peut faire du canoë[3] et de la randonnée. Dans l'estuaire[4] du Saint-Laurent, on peut même voir des baleines.

Lire
Ecrire

Mehr dazu
n85b54

4 On fait le point sur le Québec.

Notez ce que vous avez appris sur le Québec. Pour plus d'informations sur le Québec, allez sur Internet.

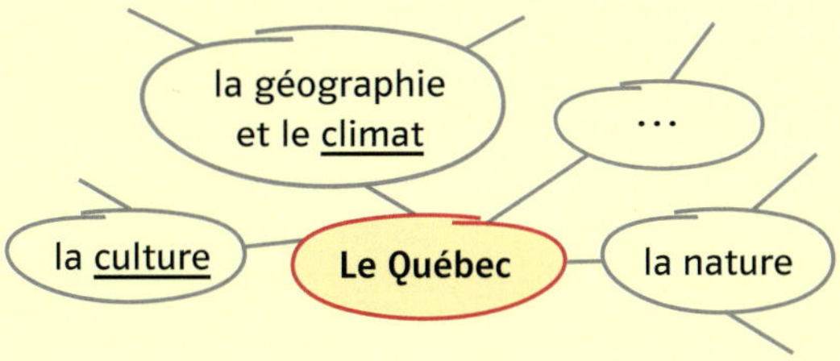

3 Im Frankokanadischen heißt es «canot»
4 un estuaire eine Flussmündung

Da die Reihenfolge frei ist, wird der Wortschatz der Stationen jeweils nicht vorausgesetzt.

Station 2

Lire

1 Au Maroc avec Nawal

CD 3, 10–12
84–86

Avant la lecture

Qu'est-ce que vous savez déjà sur le Maroc?

Pendant la lecture

Utilisez la stratégie page 82 et prenez des notes.

71, 1

Après la lecture

1. *Faites l'exercice 1 à la page 137.*
2. *Dans son blog, Nawal parle de plusieurs endroits. Quels sont les endroits qui vous intéressent? Pourquoi?*

Moi, j'habite à Marrakech. Ce qui me plaît le plus, dans ma ville, c'est le jardin Majorelle. On y trouve des plantes et des arbres du monde entier.
J'aime aussi beaucoup aller dans les souks, ces grands marchés colorés et pleins de monde où on trouve de tout.
J'habite dans la médina, la vieille ville, mais à Marrakech, il y a aussi des quartiers très modernes, comme Le Guéliz, où on trouve des boutiques et des restaurants à la mode.
Je parle le français, mais aussi l'arabe et le tamazight[1], qui sont les deux langues officielles des 32 millions d'habitants de mon pays.
La capitale, c'est Rabat, mais la ville la plus dynamique du pays, c'est Casablanca. Plus tard, je voudrais y faire mes études. Je meurs d'envie de découvrir aussi la France et de vivre un an ou deux dans d'autres pays.

Lire
Ecrire

2 Décrire une photo

72, 2

A *Lisez. De quelle photo est-ce que Nawal parle?*

«La photo de mon blog que je préfère montre une scène dans la ville d'Agdz, dans le sud du Maroc, tout près du désert. Au premier plan, il y a des filles qui vont à l'école. A gauche, un monsieur à vélo va au marché. Plus loin, on voit une des deux tours de la belle kasbah[2]. A l'arrière-plan, les montagnes bleues du Haut Atlas se perdent dans les nuages.»

B *Choisissez une autre photo et décrivez-la.*

ON DIT

C'est une photo de …
Cette photo montre …
Au premier plan, on voit …
A l'arrière-plan, il y a …
A droite / à gauche …
Près de / à côté de/plus loin, …

1 le tamazight [lətamazigt] eine Berbersprache
2 une kasbah [ynkasba] eine Festung

Le week-end dernier, nous sommes allés à la campagne, chez ma cousine. Souvent, à la campagne, les gens sont plus pauvres et les jeunes ne peuvent pas toujours aller à l'école. On y vit moins bien qu'en ville. Mais ma cousine va à l'école gratuite de Bni Zoli où les jeunes filles peuvent apprendre à lire et aller jusqu'au bac. Plus tard, elle pourra gagner sa vie et être plus facilement indépendante.

Nous sommes allés ensuite à Tamegroute, tout près de Bni Zoli. Nous y avons visité la bibliothèque où il y a des très vieux livres. Au Moyen-Age, on trouvait dans les bibliothèques arabes des livres sur tout ce qu'on savait à l'époque: sur la médecine, la philosophie, les mathématiques etc. On en a fait des traductions et plus tard, les savants les ont apportés en Espagne, puis dans toute l'Europe. Grâce à eux, les sciences en Europe ont fait des grands progrès.

Lire
Ecrire

Mehr dazu i7m342

3 On fait le point sur le Maroc.

A *Notez ce que vous avez appris sur le Maroc. Pour plus d'informations, allez sur Internet.*

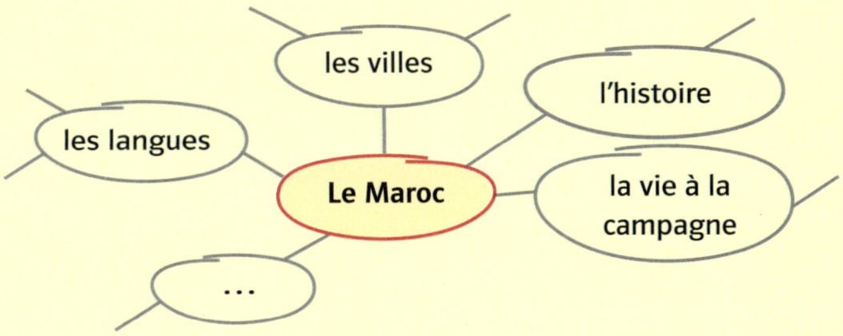

72, 3

73, 4

B *Pour bien savoir utiliser les verbes* ***vivre*** *et* ***mourir****, et les* ***adverbes****, faites les exercices 2 et 3 à la page 137.*

Die Stationen 3 und 4 sind fakultativ.

Station 3

Lire **1**

Au Burkina Faso avec Amin

CD 3, 13–15
87–89

Avant la lecture

Regardez la carte. Où se trouve le Burkina Faso?

Pendant la lecture

Utilisez la stratégie page 82 et prenez des notes.

74, 1

Après la lecture

1. *Faites l'exercice 1 à la page 138 (Unité 5).*
2. *Qu'est-ce que vous aimeriez dire ou demander à Amin? Ecrivez-lui une lettre très courte.*

Lire Ecrire **2**

Décrire la géographie d'un pays

74, 2

A *Regardez la carte et notez ce que vous apprenez sur la géographie du Burkina Faso.*

steppe *(f.)* montagne *(f.)* forêt *(f.)*

Himmelsrichtungen bereits in Band 2, S. 160.

Moi, c'est Amin.
Je vis près de Houndé, au Burkina Faso.

1. Mon pays, le Burkina Faso, a presque 17 millions d'habitants; la capitale, c'est Ouagadougou.
Moi, je vis à la campagne, à environ 20 km de Houndé. Ma famille habite dans une case, comme les autres gens de mon village. Nous n'avons pas d'eau à la maison: pour boire et pour nous laver, nous allons chercher l'eau à un point d'eau à la sortie du village. Mais nous avons de la chance, car dans le village de mon copain Moussa, il n'y a pas encore de point d'eau. Le manque d'eau est un grave problème dans mon pays, mais on fait des progrès.

ON DIT

Ce pays est au sud / au nord / à l'est / à l'ouest de …
Ce pays a une frontière avec …
La capitale s'appelle …
Là-bas, il y a des / il n'y a pas de montagnes.
fleuves.
rivières.
lacs.
forêts.
Il y a aussi le désert.
C'est un pays où il fait …

Da die Reihenfolge frei ist, wird der Wortschatz der Stationen jeweils nicht vorausgesetzt.

2. Mes parents cultivent du coton. Vous savez que le Burkina Faso est le premier producteur de coton en Afrique de l'Ouest?
Le travail de mes parents m'a permis de continuer à aller à l'école: depuis deux ans, je suis au collège à Houndé. A l'école primaire, on était parfois jusqu'à 100 élèves par classe! Mais peu d'élèves continuent l'école parce que cela coûte cher et qu'on manque de collèges et de lycées. Moi, je suis content car j'aime beaucoup l'école.

3. Pour découvrir la capitale, vous pouvez par exemple aller voir le film «Ouaga Saga». Cette comédie a eu un prix au FESPACO, un des plus grands festivals africains. «Ouaga Saga» est un conte moderne qui raconte les aventures d'une bande de jeunes qui vivent dans un quartier pauvre de Ouagadougou. Leur vie quotidienne est faite de petits vols et de petits boulots, mais aussi de rêves: être un footballeur ou un musicien célèbre, par exemple. Pleins d'optimisme, ils utilisent le système «D»[1], et leurs idées remplacent l'argent qui manque souvent. Un jour, une aventure se présente …

Mehr dazu 5mq7wx

B *Maintenant, faites le point sur ce que vous avez appris sur le Burkina Faso. Pour plus d'informations sur ce pays, allez sur Internet.*

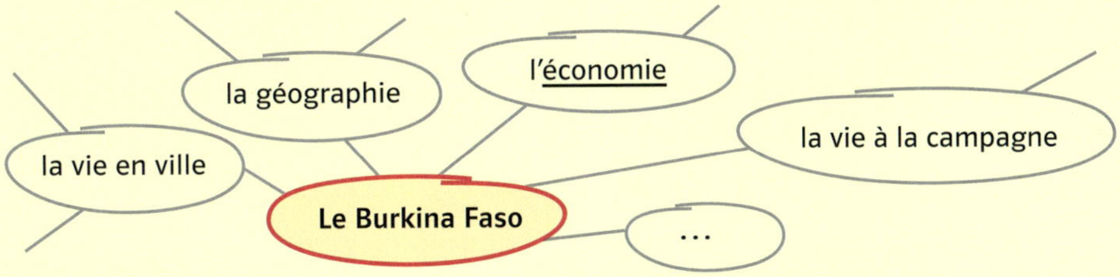

C *Pour bien savoir utiliser les mots de ce texte, faites l'exercice 2 à la page 138.*

---

1 système «D» «D» comme «se **dé**brouiller»

Station 4

Lire

1 En Nouvelle-Calédonie avec Arii

CD 3, 16–18
90–92

Avant la lecture

Regardez la carte au début de votre livre. Où se trouve la Nouvelle-Calédonie?

Pendant la lecture

Utilisez la stratégie page 82 et prenez des notes.

75, 1

Après la lecture

1. *Faites l'exercice 1 à la page 138.*
2. *Pensez à la vie d'Arii et comparez: qu'est-ce qui ressemble à votre vie, qu'est-ce qui est différent? Prenez des notes et parlez avec votre voisin.*

J'habite à Nouméa, c'est la plus grande ville de l'archipel. Ici, nous sommes à 17 000 kilomètres de la métropole et il faut 24 heures en avion pour venir de Paris jusqu'ici. Mais la Nouvelle-Calédonie fait partie de la France. Entre 2014 et 2018, nous déciderons si l'archipel devient indépendant.

Parler

2 Décrire la géographie d'un pays

Regardez les images et la carte et notez ce que vous apprenez sur la Nouvelle-Calédonie.

ON DIT

Ce sont des îles qui forment un archipel.
C'est au sud / au nord / à l'est / à l'ouest de …
Là-bas, il y a des / il n'y a pas de
montagnes.
fleuves / rivières.
lacs.
forêts.
plages.
C'est un pays où il fait chaud / froid.

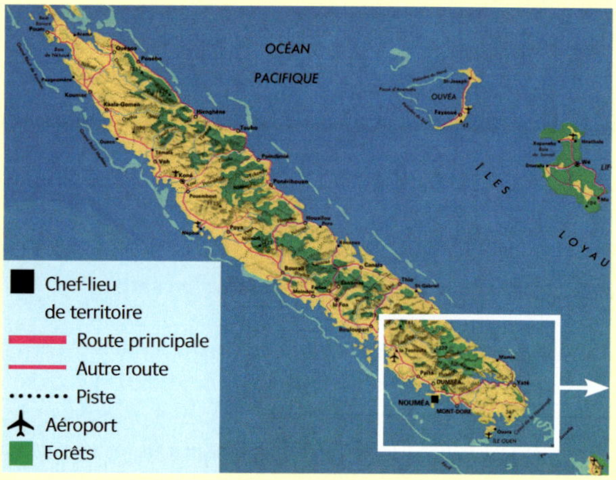

© Avec l'aimable autorisation de la Cartothèque de l'IGN France

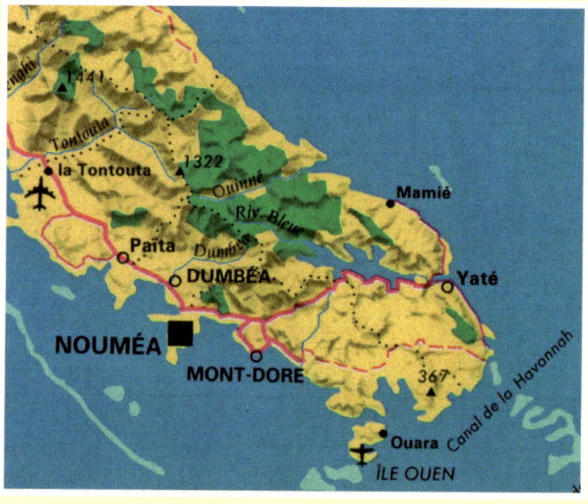

En Nouvelle-Calédonie, on se lève tôt. Pour beaucoup de gens, la journée de travail commence à 7h30. Il fait beau et chaud toute l'année. Pendant notre hiver, de mai à septembre, il fait rarement moins de 20° C! C'est cool, mais j'aimerais bien un jour voir la neige!
Ici, côté loisirs, il y a en premier la nature et le sport. Moi par exemple, je fais souvent du surf ou bien de la rando à vélo avec mes copains. J'aime aussi aller écouter des concerts à Nouméa. Avec le collège, nous allons parfois au théâtre où on joue des pièces pour les élèves. Et avec mes parents, je vais aussi au centre culturel Tjibaou qui présente la culture des Kanaks. Kanak, ça veut dire homme libre.

Pour nous, les jeunes, c'est important de connaître notre culture, la culture de notre archipel. Car ici, ce sont souvent les Français de la métropole qui prennent les décisions importantes. Et ils ne voient pas toujours les choses comme nous. Pour les Kanaks, c'est le groupe, les échanges et la nature qui comptent, alors que dans la culture occidentale, c'est souvent l'individu qui est le plus important. Malheureusement, pour certains, l'important, c'est aussi l'exploitation du nickel: elle permet de gagner beaucoup d'argent, mais elle pollue dangereusement notre archipel.
J'espère qu'avec le temps, on trouvera un équilibre.

Lire
Ecrire

3 On fait le point sur la Nouvelle-Calédonie.

Mehr dazu ez3je6

75, 2

A *Notez ce que vous avez appris sur la Nouvelle-Calédonie.*
Pour plus d'informations sur la Nouvelle-Calédonie, allez sur Internet.

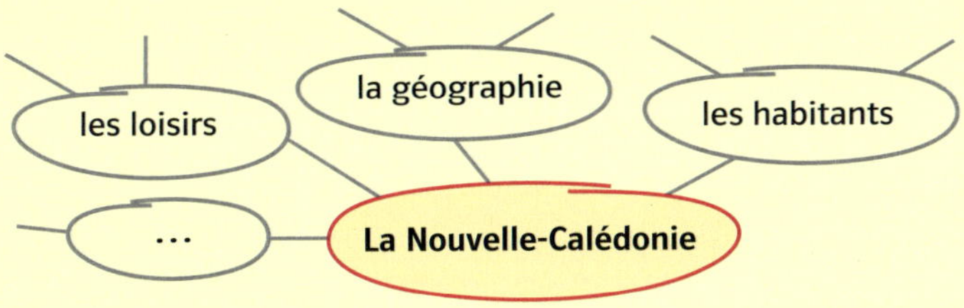

B *Pour bien savoir utiliser les mots de ce texte, faites l'exercice 2 à la page 138.*

Schreiben in Einzelarbeit, Zusammenstellen der Artikel in Gruppenarbeit (c).

Ecrire

Portfolio: «Notre petit guide de la francophonie»

Tu peux choisir un des pays présentés dans les stations 1–4. Si tu veux présenter un autre pays francophone, fais des recherches pour trouver des informations.

A *Travaille seul. Choisis un pays francophone et écris un texte pour le présenter.*

- *Ton texte doit donner des informations à un lecteur qui ne sait presque rien sur ce pays. Utilise les informations, les mots et les expressions que tu as notés au cours de cette unité. Tu peux aussi chercher d'autres informations sur Internet.*
- *A la fin de ton texte, dis pourquoi tu as choisi ce pays.*
- *Le texte doit avoir environ 100–150 mots.*
- *Utilise la stratégie «Savoir donner des informations».*

Savoir donner des informations

STRATEGIE

	Ecrire
1. Ich **plane** den Text und mache Notizen.	• Welche Informationen sind für die Leser wichtig? • Welche Informationen habe ich, welche brauche ich noch? • In welcher Reihenfolge sollen sie stehen? • Welche Vokabeln, Ausdrücke und Wendungen kann ich für meinen Text gebrauchen? (⟶ *Lire et écrire*, Seite 11)
2. Ich **schreibe** den Text.	Ich schreibe im ersten Satz, worum es geht. Ich gehe beim Schreiben von meinen Notizen aus. Ich achte auf den Zusammenhang zwischen den Sätzen und benutze Verbindungswörter *(mais, parce que, c'est pourquoi, donc, alors que …)*.
3. Ich lese alles durch und **verbessere** den Text.	Bekommt der Leser die wichtigen Informationen? Sind die Sätze und ihre Abfolge logisch? Welche Fehler kann ich verbessern? (⟶ Seite 144)

B *Quand tu as fini, réfléchis et prends des notes dans ton cahier. Compare-les avec les notes de ton voisin / ta voisine.*

Ce que j'ai ***appris*** *(à faire)*	*Ce que j'ai trouvé* ***facile***	*Ce que j'ai trouvé* ***difficile***	*Ce qui* ***m'a aidé(e)***

C *Travaillez en groupes. Choisissez parmi les textes de votre classe et faites votre «Petit guide de la francophonie».*

Grammaire (Lösungen Seite 221)

G14 Präposition und Ländername – Préposition + nom des pays

la France	**le** Canada
l'Algérie	**le** Maroc
les Antilles	**les** Etats-Unis (USA)

J'habite …

en France.	**au** Canada.
en Algérie.	**au** Maroc.
aux Antilles. *(Plural)*	**aux** Etats-Unis. *(Plural)*

Je viens …

de France.	**du** Canada.
d'Algérie.	**du** Maroc.
des Antilles. *(Plural)*	**des** Etats-Unis. *(Plural)*

Complétez les phrases.

1. ? Maroc et ? Algérie sont ? Afrique.
2. La famille de Marie vient ? Antilles.
3. ? Québec est une province ? Canada.
4. Le Portugal est un beau pays. Mon copain Filipe vient ? Portugal.
5. Il passe toutes ses vacances ? Portugal.

G15 Das Adverb und seine Bildung – L'adverbe et sa formation

Adjektiv		Adverb
gratuit	gratuite	gratuit**ement**
heureux	heureuse	heureus**ement**
long	longue	longu**ement**
simple	simple	simpl**ement**
vrai	vraie	vrai**ment**
poli	polie	poli**ment**

Sonderformen

gentil, gentille	**gentiment**
bon, bonne	**bien**
mauvais, mauvaise	**mal**
meilleur, meilleure	**mieux**

Complétez les phrases. Transformez les adjectifs en adverbes.

1. Tu t'intéresses *(sérieux)* au Maroc?
2. On trouve *(facile)* des informations sur Internet.
3. Il y a *(pratique)* tout.
4. *(Normal)*, les informations du «Portail national du Maroc» sont en français.
5. Ce site t'aidera *(sûr)*.

G16 Die Pronomen en und y – **Les pronoms en** et **y**

venir **de**:	→	J'**en** viens.	(von dort)
rêver **de** qc:	→	J'**en** ai rêvé.	(davon)
parler **de** qc:	→	On va **en** parler.	(darüber)
Ergänzungen mit de	→	**en**	

dans la cour	→	Elle **y** est.	(dort)
aller **à**:	→	J'**y** suis allé(e).	(dorthin)
penser **à** qc:	→	Je vais **y** penser.	(daran)
Ort/Ergänzungen mit à	→	**y**	

Traduisez les phrases.

1. Ich gehe nach Quebec. Ich gehe nächste Woche dorthin.
2. Ich träume seit Monaten davon.
3. Ich habe mit meinem Bruder darüber gesprochen.
4. Er wohnt dort.

G17 Die Steigerung des Adverbs – **Les degrés de l'adverbe**

+		**plus**	facilement	que
=		**aussi**	facilement	que
–		**moins**	facilement	que
++	**le**	**plus**	facilement	
– –	**le**	**moins**	facilement	

Steigerung von **bien** (Sonderform):

+		**mieux**		que
=		**aussi**	bien	que
–		**moins**	bien	que
++	**le**	**mieux**		
– –	**le**	**moins**	bien	

Complétez les phrases. Utilisez les degrés de l'adverbe.

1. (= *longtemps*) Pour avoir un travail en France, je vais peut-être chercher **?** qu'ici.
2. (+ *bien*) Je voudrais être guide. Je connais **?** ma ville que les autres guides.
3. (++ *souvent*) Je me présente à l'office de tourisme **?** possible.

G18 Das Verb vivre – Le verbe vivre (leben)

	Singular		Plural
je	**vis**	nous	**vivons**
tu	**vis**	vous	**vivez**
il / elle / on	**vit**	ils / elles	**vivent**

Imperativ:	Vis. Vivons. Vivez.
Passé composé:	j'ai **vécu**
Imparfait:	je **vivais**
Futur simple:	je vi**vrai**

Complétez les phrases. Attention aux temps.

1. J'aime bien Marrakech et je ? bien ici.
2. Ma famille et tous mes amis ? ici.
3. Je suis né à Marrakech, je n'ai jamais ? dans une autre ville.
4. Un jour, peut-être, mes enfants quitteront le pays pour ? en Europe.
5. Mais j'espère qu'ils resteront ici et que nous ? ensemble encore dans dix ans.

G19 Das Verb mourir – Le verbe mourir (sterben)

	Singular		Plural
je	**meurs**	nous	**mourons**
tu	**meurs**	vous	**mourez**
il / elle / on	**meurt**	ils / elles	**meurent**

Imperativ:	Meurs. Mourons. Mourez.
Passé composé:	il est **mort** elle est **morte**
Imparfait:	je **mourais**
Futur simple:	je mou**rrai**

Die Module 1 und 2 sind fakultativ und können in beliebiger Reihenfolge bearbeitet oder auch weggelassen werden. Sie basieren sprachlich auf Unité 5, Station 2.

Module 1

Mon petit coin de paradis!

Mehr dazu wm73yq

Le Mont-Saint-Michel

Handlungsrahmen: Journalisten-Wettbewerb. In Pratique „Pressekonferenz" mit der Jury.

Nous le savions déjà, mais cette fois, nous en sommes sûrs! Nos lecteurs ont du talent! Pour notre concours «Mon petit coin de paradis», nous avons reçu plus de 5000 photos et de textes de tous les coins de l'Hexagone et d'outre-mer.

Difficile pour le jury de faire un choix! Mais il le fallait, alors voici les trois meilleures photos. Les gagnants recevront bientôt un appareil photo numérique.

La rédaction de votre revue préférée Géo Ado.

L'Auvergne

Vis-à-vis

Dans la France administrative, il y a des communes, des départements et des régions. Il y a 101 départements et 27 régions: 22 en métropole et 5 outre-mer.

Le MuCEM[1] à Marseille

78, 1 **A** *Quelles régions de France est-ce que vous connaissez déjà?*

B *Décrivez la photo de ces deux pages que vous préférez et expliquez votre choix.*

CD 3, 21 95 **C** *On a interviewé les gagnants. Ecoutez. Qui a envoyé quelle photo?*

PORTFOLIO

Am Ende dieser Unité kannst du deine Lieblingsgegend vorstellen und deine Vorliebe begründen.

1 **le MuCEM** le Musée des Civilisations de l'Europe et de la Méditerranée

Die Lernwörter und die Grammatik der Module werden in Band 4 nicht als bekannt vorausgesetzt.

Atelier A

1 20 millions d'années déjà …

CD 3, 22
96

***Avant la lecture:** Regardez la carte de l'Auvergne et dites ce qui est typique de cette région. Puis, cherchez l'Auvergne sur la carte au début de votre livre.*

J'habite en Auvergne, dans le centre de la France. Cette région a quatre départements. Chez nous, un grand nombre de personnes gagnent leur vie dans des usines, comme par exemple l'usine Michelin où on fabrique des pneus. Mais la région vit aussi du tourisme et de la production de viande, de lait et de fromage. L'Auvergne est belle et j'aime bien vivre ici. C'est le Massif central, une très vieille montagne, qui dessine le paysage. On peut donc faire de l'escalade, des randonnées, des tours à cheval et même du ski en hiver. Ce qui est typique chez nous, c'est le grand nombre de volcans comme par exemple le puy de Dôme. Ils se sont formés il y a 20 millions d'années, mais ils dorment depuis 8000 ans environ. Ce qui en reste, ce sont des cratères et l'eau chaude qui sort souvent de la terre à plus de 80° C. C'est grâce à cette eau que nous avons des stations thermales connues dans le monde entier. Mais pour moi, le plus intéressant, c'est «Vulcania», près de ma ville Clermont-Ferrand. *Fouad*

Lire 2 A propos du texte

→ En plus 139, 1 △

Quelles informations se trouvent dans le texte?

1. Les habitants de l'Auvergne travaillent surtout …
   a dans les transports et le spectacle.
   b dans l'agriculture et dans l'industrie.
   c dans le commerce et les médias.

2. Les montagnes d'Auvergne font partie …
   a du Massif central.
   b du puy de Dôme.
   c de Clermont-Ferrand.

3. Les volcans …
   a sont encore dangereux.
   b ne sont plus en activité.
   c ont 8000 ans.

4. La région est très connue pour …
   a ses lacs de cratère.
   b ses stations thermales.
   c son fromage.

Lire
Médiation

3 «Vulcania», un voyage au centre de la terre

Wie kannst du neue Wörter erschließen?
→ Stratégie, S. 22

Tu es chez ton ami français à Clermont-Ferrand. A l'office de tourisme, tu trouves des informations sur «Vulcania». Le soir, tu téléphones à ton copain allemand. Tu lui racontes

- *ce que c'est, «Vulcania»,*
- *où cela se trouve,*
- *ce qu'on peut y faire et apprendre. Prends d'abord des notes.*

Die unbekannten Wörter in dieser Leseübung zählen nicht zum Lernwortschatz.

VULCANIA

Au cœur de la chaîne des Puys, à proximité de Clermont-Ferrand, entrez dans l'univers des parcs de loisirs avec Vulcania.

Explorez les volcans et percez les mystères de la terre. Vulcania vous raconte l'histoire des volcans de la chaîne des Puys, des éruptions volcaniques et des paysages environnants.

Découvrez le fonctionnement de ces montagnes de feu, descendez dans un cratère et ressentez toute la force et le mystère des volcans. D'où vient la terre? Quelle est son histoire? Découvrez grâce à des technologies innovantes, les origines et secrets de la «planète bleue».

COMMENT VENIR A VULCANIA?

Vulcania, à 15 km de Clermont-Ferrand sur la route de Limoges (RD 941 B)

route de Mazayes
62 230
St.-Ours Les Roches

Parler

4 Tu veux faire un tour? (G 20)

→ En plus 139, 2 △

Ton ami français te propose des sorties. Qu'est-ce que tu réponds?

78, 2

Exemple: – Tu veux faire un tour au puy de Dôme ou en ville?
– **C'est** la ville **que** je voudrais voir.

Questions

1. Tu veux faire un tour au puy de Dôme ou en ville?
2. Qu'est-ce que tu aimes le mieux, la montagne ou la ville?
3. Tu t'intéresses plutôt aux volcans ou aux voitures?
4. Alors, on visite le musée Michelin ou Vulcania?
5. Ah, bon? Pourquoi?

Pour répondre

	qui m'intéresse(nt) le plus
c'est le / la …	**qui** est le plus typique
ce sont les …	**que** je voudrais voir
c'est aux …	**que** je préfère
	que je m'intéresse

Atelier B

1 Les mystères du Mont-Saint-Michel

CD 3, 23–26
97–100

80, 4

La pêche à pied, à marée basse

L'archange Michel sur la tour de l'église

1. Trois millions de visiteurs par an, jusqu'à 20 000 par jour en été … A votre avis, de quel lieu est-ce que je parle? Non, pas de la tour Eiffel, mais de ce que je vois tous les matins quand j'ouvre ma fenêtre: le Mont-Saint-Michel, en Normandie!
Vous n'y êtes jamais allés? Alors je vais vous dire ce qui est intéressant à voir. Mais avant, petite devinette: vous savez d'où vient le nom du mont? D'après une légende, l'archange[1] Michel a demandé, il y a plus de 1000 ans, la construction d'une église sur un rocher de la baie. Depuis, on parle du Mont-Saint-Michel.

2. Qu'est-ce qu'on peut faire au Mont-Saint-Michel? Les touristes y viennent souvent juste pour la journée: ils visitent l'abbaye, regardent la mer monter dans la baie et repartent. Mais moi, ce qui me plaît, c'est de me promener dans les petites rues le soir, quand les touristes sont partis, ou bien en hiver. J'ai alors l'impression d'avoir le mont pour moi toute seule! Les touristes oublient parfois que ce n'est pas seulement un lieu touristique, mais aussi un village. Environ 40 personnes y habitent toute l'année.

3. Qu'est-ce qu'on peut en rapporter? On trouve presque tout dans les magasins du mont, même plein de trucs kitsch comme des boules de neige[2]. Avec ma sœur, on se demande souvent: qui est-ce qui achète ça? Si vous voulez vraiment acheter quelque chose, alors prenez des galettes au beurre. Moi, c'est ce que je préfère!

4. Qu'est-ce qui est dangereux au Mont-Saint-Michel? Aller se promener tout seul dans la baie à marée basse. Il y a des panneaux partout et pourtant: qui est-ce qu'on retrouve dans la baie quand la mer monte? Des touristes imprudents! C'est dans la baie qu'il y a les plus grandes marées d'Europe. C'est donc mieux d'y aller avec un guide, car l'eau monte très vite. Moi, mon guide, c'est mon papi Pierre! Il connaît la baie comme sa poche. Quand il fait beau, nous allons y ramasser des coquillages.

Solenn

1 un archange [ɛ̃naʀkɑ̃ʒ] ein Erzengel **2 une boule de neige** eine Schneekugel

En forme

2 Le quiz du Mont-Saint-Michel (G 21)

→ En plus 139, 3

A *Qu'est-ce* ***que*** *ou qu'est-ce* ***qui****? Regardez l'exemple et trouvez la règle.*

81, 6

On peut faire **un tour** dans les petites rues. → Qu'est-ce **qu'**on peut faire là-bas?
Les galettes au beurre sont très bonnes. → Qu'est-ce **qui** est très bon?

B *Complétez par la bonne question, puis trouvez des réponses dans le texte.*

1. ? est intéressant à voir, au Mont-Saint-Michel?
2. ? il faut goûter?
3. ? est dangereux?
4. ? on peut ramasser dans la baie?

qu'est-ce **qui** ?
qu'est-ce **que** ?

C
1. ? vit au Mont-Saint-Michel toute l'année?
2. ? on peut voir sur la tour de l'église?
3. ? l'auteur ne comprend pas?
4. ? connaît bien la baie?

qui est-ce **qui** ?
qui est-ce **que** ?

Parler

3 Un lieu impressionnant

81, 7

Faites une fiche de présentation du Mont-Saint-Michel. Notez les informations dans chaque rubrique. Puis faites un petit exposé.

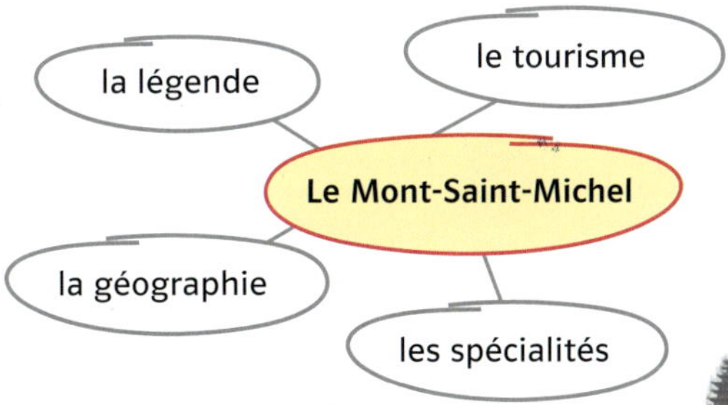

Médiation

4 Attention à la marée!

Imaginez. Au Mont-Saint-Michel, un ami français vous propose d'aller dans la baie. Mais vous avez lu dans votre guide les explications suivantes et vous avez vu le panneau à droite. Vous lui expliquez en français pourquoi c'est dangereux.

Der Mont-Saint-Michel ist bekannt für die größten Springfluten auf dem ganzen europäischen Kontinent. Bei starken Gezeiten zieht sich die See 15 Kilometer zurück und kommt sehr schnell zurück. Bei Flut ist es extrem gefährlich, sich allein in die Bucht zu wagen, selbst wenn man sich in der Nähe des Mont-Saint-Michel aufhält. Empfohlen wird, nur in Begleitung eines Führers in der Bucht zu spazieren.

Atelier C

1 Au carrefour de l'Europe et de la Méditerranée

CD 3, 27–28 101–102

82, 8

Avant la lecture: *Décrivez les photos. Vous donnent-elles envie d'y aller? Pourquoi?*

Connaissez-vous «Plus belle la vie», la série culte de plusieurs millions de Français? Savez-vous que les histoires de cette série se déroulent à Marseille? Alors parlons un peu de cette ville.

Avec ses 850 000 habitants, Marseille est la 2e ville de France par son nombre d'habitants et c'est aussi la plus vieille ville de l'Hexagone. Elle existe depuis l'an 600 av. J.-C.[1]!

Son port est le premier port français et le 4e port européen. Au carrefour de l'Europe et de la Méditerranée, Marseille est une ville très multiculturelle. Et en 2013, c'était la capitale européenne de la culture.

Alors, que faut-il faire ou voir absolument à Marseille? D'abord, il faut se promener sur la Canebière, cette célèbre avenue longue de 1 kilomètre qui va jusqu'au Vieux-Port. On y voit plein de choses et de gens intéressants! Ensuite, vous pouvez faire un tour au MuCEM[2] pour découvrir les pays de la Méditerranée. Enfin, prenez le bateau pour aller sur l'île du château d'If ou bien allez écouter un concert de Massilia Sound System. Avez-vous déjà entendu parler de ce groupe? *Lucie*

Lire
Parler

2 A propos du texte

Complétez les chiffres avec l'information correcte et racontez.

2013 quatrième deuxième 1 km 600 850 000 1er

1 av. J.-C. = avant Jésus-Christ [ʒezykʀi] **2 le MuCEM** le Musée des Civilisations de l'Europe et de la Méditerranée

Ecouter
Lire
Vis-à-vis

3 Chanson: «Rendez-vous à Marseille»[1]

Mehr dazu j9zg56

CD 3, 29

A *Ecoutez la chanson de Massilia Sound System et lisez le texte à la page 228. Que pensez-vous de cette chanson? Pourquoi?*

B *Relisez le texte jusqu'à la ligne 18. Que dit la chanson sur Marseille? Prenez des notes, puis parlez en français avec votre voisin sur ce sujet.*

C *Une partie de cette chanson est en occitan, la langue du sud de la France qui existe en plus du français. Quelles langues est-ce qu'on parle dans votre pays, en plus de l'allemand?*

En forme

4 Interview de Massilia Sound System (G 22)

82, 9

Complétez l'interview. Dans les questions, utilisez l'interrogation par inversion.

Questions	***Réponses***
1. Depuis quand **faites-vous** de la musique?	– **Nous faisons** de la musique ensemble depuis 1984.
2. Combien d'albums **avez-vous sorti**?	– **Nous ?** 10 albums.
3. Combien d'artistes **?** **-vous**?	– **Nous sommes** 7 artistes.
4. **?** seulement en français?	– Non, **nous chantons** aussi en occitan.
5. **?** un message à faire passer?	– Oui, **nous avons** un message: si on ne fait rien pour avoir un monde meilleur, tout ira mal.
6. **?** que votre musique peut changer quelque chose?	– Oui. **Nous croyons** que Marseille peut devenir la ville de la tolérance.
7. Vous êtes très connus en France. **?** aussi **vendu** des CD en Allemagne?	– Oui, **nous avons** aussi **vendu** quelques CD en Allemagne.

Parler

5 Faites une interview. (G 22)

Imaginez: vous préparez l'interview d'un touriste à Marseille. Posez 5 questions avec l'interrogation par inversion. Puis faites l'interview avec votre partenaire. Ensuite, changez de rôle.

Pourquoi … ?	avoir envie de visiter
Que … ?	savoir
Comment … ?	être venu
Où … ?	être déjà allé …
… ?	…

1 Das Chanson befindet sich auf der Audio-CD 2 (622168), Track 29.

Médiation **6**

La grotte Cosquer[1] et ses peintures

A *Votre professeur vous a montré un livre sur la grotte Cosquer. Ensuite, vous vous êtes informés sur Internet. Lisez les documents.*

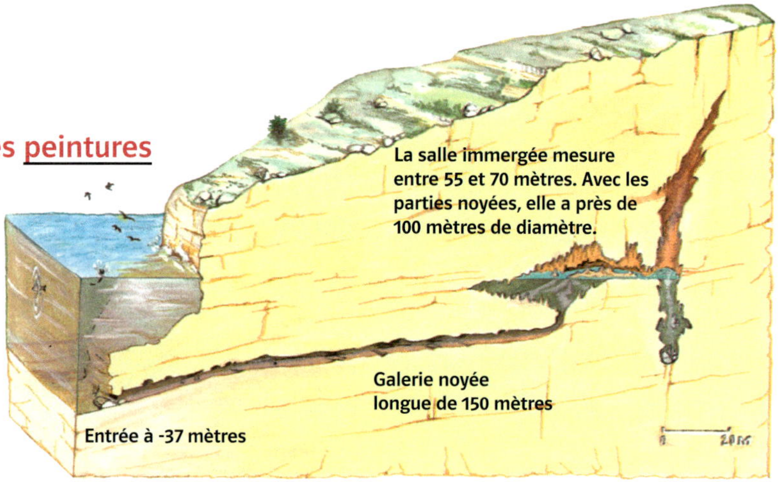

Der Eingang der Cosquer-Höhle bei Marseille liegt im Meer, 37 Meter unter dem Wasserspiegel. Ein 150 Meter langer Tunnel führt in die Höhle hinein. Zahlreiche, ungefähr 27 000 und 19 000 Jahre alte Felszeichnungen zeigen Tiere wie Pinguine und Seehunde, Hände, geometrische Zeichen sowie eine außergewöhnliche Darstellung eines toten Menschen. In vorgeschichtlichen Zeiten konnte man trockenen Fußes in die Höhle gelangen. Als die Höhlenzeichnungen in Cosquer entstanden, war es dort um einiges kühler als heute in Frankreich. Später wurde das Klima wärmer, und das Wasser stieg an, als die gewaltigen Eismassen der Gletscher Europas zu schmelzen begannen. Die Höhle ist für die Öffentlichkeit nicht zugänglich.

B *Complétez les phrases suivantes.*

1. Pour entrer dans la grotte, il y a …
2. Dans la grotte se trouve un grand nombre de …
3. Les hommes de cette époque pouvaient aller …
4. Quand le climat est devenu plus chaud, il y a eu moins de glace et le niveau de la mer …

C *Imaginez. La grotte vous a beaucoup intéressés et vous en parlez dans un courriel à un ami français. Ecrivez ce courriel en français et dites ce que vous avez lu sur cette grotte.*

STRATEGIE

Médiation

Wenn du über einen Artikel berichten willst, musst du nicht jedes Wort wiedergeben.

1. Überlege, was für dich in dem Text wichtig ist und was deinen Ansprechpartner interessieren könnte.
2. Versuche, die Sätze so umzuformulieren, dass du sie mit den Wörtern ausdrücken kannst, die du auf Französisch kennst. Aus einem Satz kannst du auch mehrere kurze Sätze bilden.

1 **la grotte Cosquer** [lagʀɔtkɔskɛʀ] grotte au Cap Morgiou, entre Marseille et Cassis

Pratique

Lire
Parler

1 Conférence de presse: Le choix du jury

Parmi plus de 5000 articles, la rédaction de la revue «Géo Ado» a choisi les trois meilleurs:

20 millions d'années déjà … *(p. 98)*
Les mystères du Mont-Saint-Michel *(p. 100)*
Au carrefour de l'Europe … *(p. 102)*

Tâche: *Maintenant, le jury, c'est vous! A votre avis, quel est le meilleur article? Justifiez votre choix et répondez aux questions des journalistes.*

Ihr könnt eure «Conférence de presse» auch anhand eurer Portfolio-Texte gestalten!

A ***Réfléchir:*** *Travaillez d'abord seul. Quel article est-ce que vous choisissez? Pourquoi? Trouvez des arguments et notez des mots-clés. Les questions à droite peuvent vous aider.*

B ***Echanger:*** *Faites des groupes de 2 ou 3 élèves qui ont choisi le même article. Dans chaque petit groupe, comparez les notes que vous avez prises dans la partie A et échangez vos arguments.*

C ***Partager / Présenter:*** *Préparez ensemble une petite présentation.*

D *Faites une conférence de presse. Présentez le meilleur article. Les autres élèves jouent les journalistes et posent des questions:*

- Pourquoi avez-vous choisi …?
- Que pensez-vous de …?
- Qu'est-ce qui …?

Questions pour réfléchir:

- Qu'est-ce qui est spécialement intéressant dans cet article?
- Est-ce que l'article donne envie de visiter cet endroit? Pourquoi?
- Que montrent les images? Quelles informations donnent-elles?

Trouvez d'autres questions.

Portfolio

2 Mon petit coin de paradis

(⟶ Vocabulaire, p. 181)

Choisissez un lieu. Cela peut être votre ville / région ou une autre. Ecrivez un petit article.

Expliquez

- *pourquoi vous avez fait ce choix,*
- *la situation géographique,*
- *ce qui est connu (personnes, spécialités …),*
- *ce qu'on peut y faire (activités, visites …).*

connaissez-vous … ?
c'est une ville en … /
c'est près de …
c'est ici que …
on peut y faire du … / de la … / de l'…
sur la photo, on voit …
…

Bilan

1 Parler

Überprüfe, was du kannst! Vergleiche deine Lösungen mit den Lösungen auf Seite 223.

Du kannst schon …

Mehr dazu w66y83

1. … sagen, was dir in dieser Region gefällt *(die Natur)*.	Ce qui … la nature.
2. … fragen, was man unbedingt sehen muss.	Que faut-il … ?
3. … sagen, dass die Auswahl schwierig ist.	… difficile.
4. … sagen, was typisch ist *(die Vulkane)*.	Ce qui …
5. … fragen, ob jemand davon gehört hat.	Vous en … parler?
6. … sagen, dass die Gegend für etwas bekannt ist *(für ihre Strände)*.	… ses plages.
7. … sagen, dass es jede Menge Dinge zu sehen gibt.	Il y a …
8. … sagen, dass man besser mit einem Führer dorthin geht.	C'est mieux … guide.

2 Lire / Médiation

Imagine: en France, tu as regardé avec ta correspondante la série «Plus belle la vie» qui t'a beaucoup plu. Dans une revue, tu lis cet article. Tu en parles à tes parents. Quel résumé est-ce que tu leur fais?

plus belle la vie

«Je regarde *Plus belle la vie* depuis que j'ai 10 ans. J'adore, car ce sont toujours des histoires différentes, il y a plein de personnages, et ça se passe à Marseille. Comme j'habite à Aix, je reconnais des endroits. Ça détend après les devoirs, ça rythme la soirée, ça fait un bon moment de détente en famille, quoi!
Et puis, le lendemain, j'en parle avec mes copines: on échange sur ce qui est arrivé à tel personnage, ce qui va lui arriver […]! Avec ma sœur, on aime tellement la série qu'on a fait changer l'organisation à la maison. Avant, on dînait vers 20 h 10. Ma sœur et moi, on mangeait à toute vitesse pour aller voir la série … et ma mère se retrouvait toute seule devant son assiette. Du coup, on a décalé l'heure du repas. On mange plus tôt et, ensuite, on se colle devant la télé! Ça m'arrive de temps en temps de louper un épisode car j'ai des activités mais, dans ce cas, je vais regarder sur Internet […].
Je sais que cette série n'est pas un chef-d'œuvre, mais on peut dire qu'elle fait partie de la vie de la famille!»

Paoline, 15 ans

Phosphore, n° 361

Trouve le bon résumé.

1.
Die ganze Familie liebt diese Serie. Aber weil die Eltern nichts verpassen wollen, müssen die Kinder sich abends immer mit dem Essen beeilen. Darunter leidet das Familienleben.

2.
Sie lieben die Serie. Fast jeden Abend sitzen sie kurz nach acht vor dem Fernseher. Deshalb haben sie sogar das Essen vorverlegt. Die Serie gehört inzwischen zum Familienleben.

3.
Sie lieben die Serie und sprechen viel darüber. Aber ihre Eltern sind dagegen, weil sie um diese Zeit essen. Deshalb sehen die Kinder die Serie später im Internet an.

3 Jeu de mots

*Complétez les phrases avec un mot de la même famille que le mot en **gras**.*

Exemple: **1.** Beaucoup de **lecteurs** ont participé au concours.

1. Un grand nombre de jeunes **lisent** Géo Ado. Beaucoup de **?** ont participé au concours.
2. On pouvait **gagner** un appareil photo. Il y a 3 **?**.
3. Le jury a dû **choisir** les meilleures photos. Mais le **?** n'a pas été facile!
4. Grâce à ces photos, les gens voudront **visiter** Marseille. Et il y aura de nouveaux **?** au MuCEM.
5. Ils auront envie de **se promener** sur la Canebière, ou bien de faire des **?** en Auvergne.
6. Ils voudront découvrir les **mystères** du Mont-Saint-Michel. C'est un endroit très **?**.
7. Le Massif **central** est une montagne au **?** de la France.

Grammaire

G 20 Die Hervorhebung mit c'est … qui / que – La mise en relief avec c'est … qui / que

C'est le fromage **qui** sent bon?
C'est ce fromage **que** tu veux goûter?
C'est en Auvergne **qu'**on fait ce fromage.

!

C'est **moi** qui **suis** arrivé le premier.

C'est **vous** qui **avez** tout mangé?

Non, ce sont **eux** qui **ont** tout mangé.

Das Verb richtet sich nach dem Subjekt!

A *C'est … **qui** ou C'est … **que**? Complétez les phrases.*

1. Vous cherchez un bon fromage d'Auvergne? C'est le Bleu d'Auvergne **?** est typique.
2. C'est le Bleu d'Auvergne **?** il faut goûter.
3. C'est au marché **?** tu trouves ce fromage.
4. Ce ne sont pas les supermarchés **?** le vendent.

B *Traduisez. Utilisez la mise en relief.*

1. Hast **du** den Käse gegessen?
2. Nein, **Léa und Jan** haben den Käse gegessen.
3. Hast du den Käse **in der Auvergne** gekauft?

→

G 21 Fragen mit qu'est-ce qui usw. – Les questions avec **qu'est-ce qui**, etc.

Qui / **Qu'** – est-ce – **qui** / **que**

vorn:	hinten:
Qui: **Personen**	qui: **Subjekt**
Que: **Sachen**	que: **direktes Objekt**

Wie kannst du wissen, ob etwas Subjekt oder Objekt ist?
→ Siehe Seite 58.

Complétez les phrases.

1. Crac! Tu as entendu ce bruit? **?** se passe?
2. Alex, Jérôme, vous êtes là? **?** peut m'aider?
3. Je cherche ma clé. **?** a vu ma clé?
4. Pardon, **?** tu as dit?
5. **?** t'intéresse le plus, la culture ou la technique?
6. Rihanna ou Zaz: **?** tu aimes le mieux?

G 22 Die Inversionsfrage – L'interrogation par inversion

Aussagesatz: Vous avez faim.
Inversionsfrage: **Avez-vous** faim?

Connais-tu ce restaurant?
Ont-ils faim? [ɔ̃til]
A-t-il faim? [atil]
De quoi parle-**t**-elle? [paʀltɛl]

!
L'avez-vous vu?
Ne l'avez-vous pas vu?
Ne voulez-vous pas **lui** parler?

die Inversion: die Umstellung der Reihenfolge

Vous faites une interview. Transformez les questions. Utilisez l'inversion.

1. Est-ce que vous parlez français?
2. Est-ce que vous connaissez la revue Géo Ado?
3. Est-ce que tu as lu cet article?
4. De quoi est-ce qu'il parle?
5. Est-ce que tu l'as compris?
6. Est-ce que vous avez envie d'en savoir plus?

1 **une bouillabaisse** plat de poissons avec une soupe *(spécialité de Marseille)*

Die Module 1 und 2 sind fakultativ und können in beliebiger Reihenfolge bearbeitet oder auch weggelassen werden. Sie basieren sprachlich auf Unité 5, Station 2.

Module 2

Engagez-vous!

Mehr dazu mv6z9k

Vis-à-vis

Les Enfoirés, ce sont environ 50 artistes qui, chaque année, participent à une série de concerts au profit des Restos du Cœur, une association qui s'occupe des gens défavorisés. Chaque année, un concert passe à la télé. Pour beaucoup de Français, c'est un évènement médiatique à ne pas rater.

F lefigaro.fr/medi médias & publicité

en bref

Audience record pour les Enfoirés

Avec sa retransmission du concert des Enfoirés, organisé par l'association des Restos du cœur, TF1 a réalisé vendredi soir l'une de ses meilleures audiences annuelles. Le concert a rassemblé 12,7 millions de téléspectateurs, soit 53 % de part d'audience, près du double de l'audience moyenne de la chaîne.

Das Video befindet sich auf der DVD, die der Lehrerausgabe des Cahier d'activités beiliegt, sowie auf der DVD „Ça tourne 3".

Regardez la vidéo.

1. *A votre avis, où se passe la scène?*
2. *Que font ces personnes?*
3. *Dites ce que vous avez compris.*

PORTFOLIO

Am Ende dieser Unité kannst du für einen guten Zweck werben, z. B. mit einem Plakat.

Atelier A

Approche Vis-à-vis

1 Les médias en France

C'est aussi grâce aux médias que Les Enfoirés mobilisent les gens: on entend par exemple leur chanson de l'année à la radio et on peut revoir leur concert à la télévision. Voici quelques exemples du paysage médiatique français.

La télévision
Parmi les chaînes nationales, on trouve les chaînes publiques comme par exemple **France 2**, mais aussi la chaîne privée **TF1**. Sur **Canal+**, on voit surtout des films. La chaîne franco-allemande **ARTE**, elle, propose beaucoup d'émissions culturelles.

Les radios
Si on s'intéresse à l'actualité, on peut par exemple écouter **France Inter**, une radio nationale. Pour la musique, c'est **NRJ** qui occupe la première place. Il existe aussi beaucoup de radios libres: à **Radio Méga**, à Valence, les présentateurs sont souvent des jeunes.

La presse écrite
Les journaux **Le Monde** et **Le Figaro** sont les quotidiens les plus vendus en France. Les fous de sport, eux, achètent **L'Equipe**. Parmi les magazines, **Le Nouvel Observateur** traite des grandes questions de société. **Science et Vie Junior**, un magazine de sciences, s'adresse spécialement aux jeunes.

Jeu de mots
Parler

2 Les médias et moi

87, 1

A *Faites un filet à mots sur les médias. Notez aussi des mots que vous avez appris dans d'autres unités.*

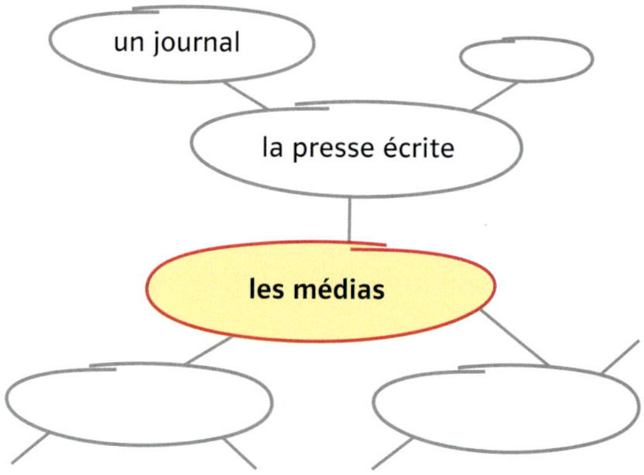

B *Quelles chaînes, quels journaux et magazines allemands connaissez-vous? Comparez avec les médias français.*

C *Dites quels médias vous utilisez et pourquoi vous les aimez.*

3 L'histoire des Enfoirés

CD 3, 31–34 104–107

88, 2

Coluche (1944–1986), humoriste célèbre et inoubliable

1. Coluche venait d'un milieu défavorisé qu'il décrivait avec humour: *«Chez nous, ce qui était dur, c'était les fins de mois, surtout les trente derniers jours».*[1] Ce sont entre autres ces souvenirs qui le motivent à fonder en 1985 les Restos du Cœur où on distribue des repas aux personnes qui en ont besoin. Mais quel est le rôle des Enfoirés dans cette histoire?

2. A la recherche d'argent pour Les Restos, Coluche demande à des amis artistes de participer gratuitement à une série de concerts. C'est la naissance des Enfoirés. Et comme pour Coluche, rien n'est impossible, il s'adresse aussi au chanteur Jean-Jacques Goldman pour une chanson:

– *Salut, on a besoin d'une chanson pour les Restos du Cœur, un truc qui cartonne*[2], *toi tu sais faire.*
– *Quand?*
– *La semaine prochaine.*

Une semaine plus tard, la «chanson des Restos» était prête! Et c'est un succès inattendu: depuis, les Enfoirés chantent tous les ans cette chanson pendant leurs concerts. C'est le plus souvent la dernière chanson de la soirée, et le public la connaît par cœur!

3. Alors qui sont les Enfoirés aujourd'hui? *«Nous sommes simplement une cinquantaine d'artistes, tous bénévoles»* dit le chanteur Alain Souchon. Ce sont des chanteurs, des humoristes, des acteurs, mais aussi des sportifs comme Karim Benzéma ou Franck Ribéry. Chaque année, ils répètent pendant un jour et demi pour 4 heures de spectacle et ont déjà chanté plus de mille chansons différentes! Quand les Enfoirés montent sur scène, les Français sont au rendez-vous. Les concerts sont toujours pleins et des millions de spectateurs regardent la diffusion du concert à la télé.

4. Coluche est mort dans un accident en juin 1986. Mais l'engagement des Enfoirés et de tous les bénévoles des Restos du Cœur continue. En 2012, les Restos ont distribué 130 millions de repas. L'argent des concerts, des CD et DVD des Enfoirés permet d'en offrir 25 millions. Grâce à l'aide des Enfoirés et des Restos du Cœur, les fins de mois des personnes défavorisées sont un peu moins difficiles.

---

1 Normalement, il faut attendre le dernier jour du mois pour avoir l'argent qu'on a gagné.
2 **un truc qui cartonne** ein Ding, das einschlägt, ein Knüller, ein Hit

Lire

4 A propos du texte

A *Vrai ou faux? Si c'est vrai, justifiez votre réponse. Si c'est faux, corrigez.*

1. Coluche venait d'une famille riche.
2. Les Enfoirés préparent les repas dans les Restos du Cœur.
3. Certains Enfoirés ne sont pas chanteurs de métier.
4. Les artistes ne gagnent pas d'argent pour leurs concerts.
5. L'argent des concerts et des CD des Enfoirés permet de payer tous les repas des Restos du Cœur.

B *Faites un quiz sur le texte. Travaillez en groupes de 4 élèves. Chaque groupe choisit un sujet et note 3 questions sur une carte. Puis faites un «jeu télévisé» avec 5 candidats[1]. Lorsqu'un candidat ne sait pas répondre, il est éliminé[2] et on pose la question au candidat suivant.*

Sujets: **1.** Coluche **2.** Les Enfoirés **3.** Les Restos du Cœur

Exemple:
En quelle année est-ce que Coluche a fondé les Restos du Cœur?

Ecouter

5 Chanson: Attention au départ!

In En plus Übung zu alternativem Chanson (Audio-CD).

→ En plus 140, 1

A ***Avant l'écoute:*** *Dans quelle situation est-ce qu'on entend «Attention au départ!»?*

Chanson: Individuelle Internet-Recherche

B *Cherchez et écoutez la chanson «Attention au départ!» sur Internet. Ecoutez bien le refrain. Quels sont les groupes de mots qui riment avec* ***croire*** [kʀwaʀ]*? Complétez.*

Refrain:
1. Direction …
2. Pour un …
3. Pour y …
…

C *Ecoutez la chanson encore une fois. A votre avis, de quel départ est-ce que la chanson parle? Quel est son message?*

Parler

6 De quoi est-ce qu'ils ont besoin?

A *Regardez la photo, puis expliquez.*

ON DIT

Il lui faut …
Il a besoin de …
Il en a vraiment besoin parce que …
Sans …, il risque de …
S'il n'a pas de …, il ne pourra pas …

89, 3

B *Chaque élève imagine une situation et écrit une petite annonce pour demander quelque chose. Puis échangez les annonces et notez quelques phrases pour expliquer la situation. Utilisez les expressions données.*

---

1 un candidat [ɛ̃kɑ̃dida] ein Kandidat **2 il est éliminé** er scheidet aus

En forme

7 L'engagement d'Armelle (G 23)

90, 4

Armelle, une bénévole, a écrit un poème pour les gens qui aident dans les Restos du Cœur.

Des gens pauvres, il y en a partout.
Il y a nos Restos, parlez-**en** autour de vous.
Les gens arrivent, recevez-**les**.
Ils ont faim, donnez-**leur** à manger.
Vous avez du temps ou beaucoup d'argent?
Donnez-**en** à ces pauvres gens.
Ecoute-**moi**, ce que tu as en trop,
donne-**le**, fais un cadeau.
Cette femme qui vient chez nous,
aide-**la**, elle ne demande pas beaucoup.
Souris-**lui**, parle-**lui**, invite-**la**,
n'hésite pas, elle a besoin de toi.

parler de qc	écouter qn
parler à qn	sourire à qn
recevoir qn	inviter qn
aider qn	donner qc à qn

A *Dans le texte de ce poème, il y a des verbes à l'impératif avec des pronoms. Dites ce que remplacent ces pronoms.*

Exemple: parlez-**en** ⟶ parlez **des Restos**

B *Armelle parle aux nouveaux bénévoles. Remplacez les mots en italique par des pronoms.*

⟶ En plus 140, 2 △

1. Les gens arrivent vers 11 h 30. Demandez *aux gens* s'ils vont bien.
2. Puis montrez *aux gens* les tables.
3. Allez voir chaque personne et invitez *cette personne*.
4. Si vous voyez une personne qui n'ose pas entrer, dites *à cette personne* de venir.
5. Si cette personne a besoin d'aide, aidez *cette personne*.
6. Après le repas, il y a du café. Offrez *du café* à nos invités.

Jeu de mots

8 Pas possible? Impossible!

90, 5

A *Lisez l'exemple. Que veut dire le préfixe in-/im-?*

Exemple: C'est possible? – Non, c'est **im**possible.
C'est juste? – Non, c'est **in**juste.

B *Trouvez les adjectifs.*

1. Ce présentateur n'est pas poli. Il est ?.
2. Cette émission n'est pas intéressante. Elle est ?.
3. Cette salle n'est pas occupée. Elle est ?.
4. Ce n'est pas croyable. C'est ?.
5. Ce sportif n'est pas connu. Il est ?.
6. On n'oubliera jamais Coluche. Il est ?.

Atelier B

Lire
Parler

1 On est tous égaux en droits.

Pendant la lecture:

A

- *Qui peut faire le concours?*
- *Qu'est-ce qu'il faut faire?*
- *Qu'est-ce qu'on peut gagner?*

B *Regardez la stratégie à la page 64 et cherchez dans le dictionnaire les mots français pour dire*

- *ein Behinderter*
- *die Hautfarbe*

C *Expliquez les pictogrammes de l'affiche. Les mots de «On dit» peuvent t'aider.*

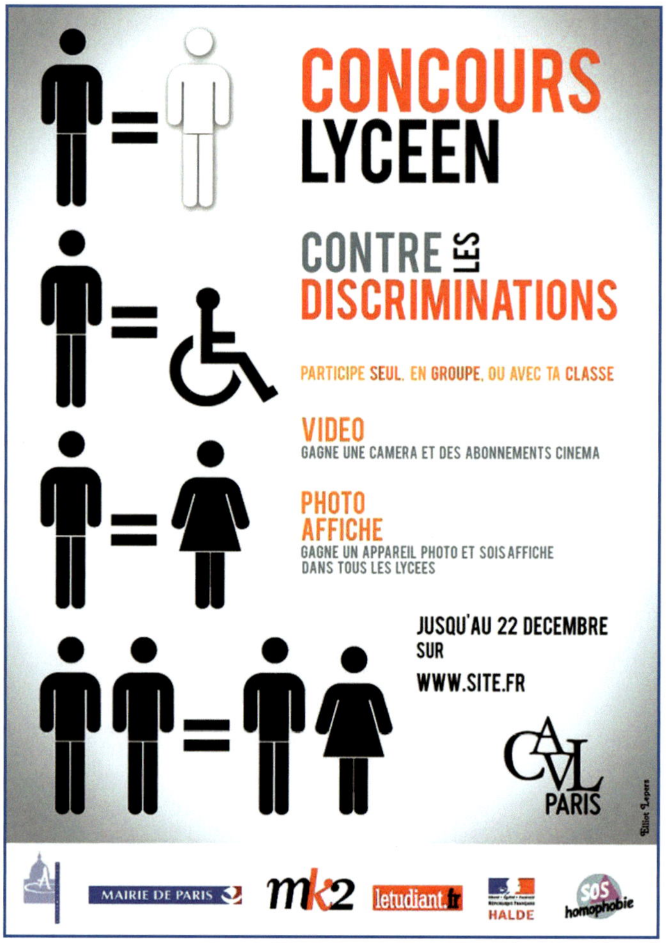

© Elliot Lepers

Exemple:
L'affiche nous dit qu'il faut respecter les handicapés comme on respecte les autres personnes.

Après la lecture:
Connaissez-vous d'autres situations où il y a des discriminations? Racontez. (⟶ Vocabulaire, p. 185)

ON DIT

respecter qn
avoir le droit de faire qc
avoir les mêmes droits que …
faire partie de la société
être libre
être égal en droits
être juste/injuste
permettre à qn de faire qc (de participer, de vivre …)
Il ne faut pas faire qc (accuser, soupçonner qn …)
C'est important de/d' … (avoir du courage, aider, accepter qn comme il est, …)

Ecrire

2 Indignez-vous!

91, 6

Les gens sont parfois malheureux parce qu'il leur manque quelqu'un ou quelque chose. Pensez à une personne qui n'a pas tout ce qu'il lui faut. Ecrivez 6–10 phrases pour décrire sa situation et dites ce qu'on peut faire pour rendre cette personne heureuse.

Vis-à-vis

Dans son célèbre livre «Indignez-vous!», le diplomate et écrivain Stéphane Hessel demande aux jeunes de ne pas fermer les yeux et de s'engager: «… regardez autour de vous, vous y trouverez les thèmes qui justifient votre indignation – le traitement fait aux immigrés, aux sans-papiers (…) Cherchez et vous trouverez!»

Ecouter

3 Quand je ne connais pas le mot …

→ En plus 140, 3 △

CD 3, 35
108

A *Lisez les mots suivants, puis écoutez deux fois les 4 petits textes. Quel mot est dans quel texte?*

91, 7

1. [kɔ̃plɛ]
2. [egalite]
3. [inevitabl]
4. [pɛjɑ̃t]

B *Utilisez la stratégie. Que veulent dire ces mots? Justifiez vos réponses.*

STRATEGIE

Ecouter

Ihr könnt beim Zuhören ein Wort nicht verstehen? So könnt ihr herausfinden, was es bedeutet:

- Worum geht es insgesamt? Was verstehe ich?
- Welche Stelle verstehe ich nicht?
- Wie klingt es, wie könnte man das wohl schreiben?
- An welche Wörter erinnert es mich?
- Was könnte es in diesem Kontext bedeuten?

Ecouter

4 Interview: Les jeunes SPA[1]

CD 3, 36
109

Ecoutez l'interview deux fois et choisissez la bonne réponse.

Alternativ oder zusätzlich kann das Video-Interview mit der deutsch-französischen Band „Irie révoltés" behandelt werden. Es befindet sich auf der DVD, die der Lehrerausgabe des Cahier d'activités beiliegt, sowie auf der DVD „Ça tourne 3".

1. Aujourd'hui, Isabelle s'occupe surtout …
   a d'un chat. **b** des autres jeunes. **c** d'un chien.
2. Elle va au parc parce que les animaux ont besoin …
   a de prendre l'air. **b** d'être en contact avec des gens. **c** de courir dehors.
3. Au club jeunesse SPA, les jeunes apprennent à …
   a jouer avec les animaux. **b** les caresser. **c** s'occuper d'eux quand ils sont malades.
4. Le club est pour les jeunes …
   a de 15 à 17 ans. **b** de plus de 17 ans. **c** de 11 à 17 ans.
5. Isabelle vient à la SPA …
   a une fois par mois. **b** une fois par semaine. **c** deux fois par semaine.

1 **la SPA** (= la **S**ociété **p**rotectrice des **a**nimaux) frz. Tierschutzverein

Pratique

Ecouter
Regarder

1 Une seule lettre vous manque …

Der Zeichentrickfilm befindet sich auf der DVD, die der Lehrerausgabe des Cahier d'activités beiliegt, sowie auf der DVD „Ça tourne 3".

A *Regardez le film. Décrivez la situation au début et résumez ce qui se passe au milieu du film.*

B *Faites des groupes de 4 élèves. Chaque groupe choisit une scène. Regardez le film encore une fois. Qu'est-ce qui se passe? Prenez des notes sur la scène que vous avez choisie.*

C *Dans chaque groupe, parlez de la scène choisie, puis racontez-la au reste de la classe.*

D *Discutez en classe. Quel est le message de ce film? Dites ce que vous pensez de ce film.*

Portfolio

2 Faire une affiche pour une bonne cause[1]

(⟶ Vocabulaire, p. 185)

A *Pour quelle cause est-ce que vous voulez vous engager? Regardez les exemples 1–4. Vous pouvez aussi choisir une autre cause.*

1. Vous rêvez de vous occuper des animaux de la rue?
2. Vous voulez ouvrir un café de quartier pour les jeunes?
3. Vous trouvez qu'il faut plus de terrains de sport dans votre ville?
4. …

B *Trouvez des arguments et prenez des notes:*
Quel est le problème?
Quel est votre avis?
Qu'est-ce qu'on peut faire? Pourquoi?

C *Travaillez avec des élèves qui ont choisi le même sujet que vous. Echangez vos arguments et faites une affiche. La stratégie peut vous aider.*

D *Faites une exposition[2]. Chaque élève cherche l'affiche qui lui plaît le mieux et prend des notes pour expliquer son choix aux autres.*

STRATEGIE

Ecrire

1. An wen wendet sich euer Plakat? Wie könnt ihr dieses Publikum ansprechen?
2. Beschreibt die Situation in wenigen Worten.
3. Nennt die Lösung, die ihr vorschlagt, in 1–2 kurzen Sätzen. Verwendet Fotos und Zeichnungen, um eure Lösung zu erläutern.
4. Erfindet einen Slogan. Formuliert einen Aufruf. Verwendet Verben im Imperativ.

---

1 **une bonne cause** ein guter Zweck
2 **une exposition** eine Ausstellung

Bilan

1 Parler

Überprüfe, was du kannst! Vergleiche deine Lösungen mit den Lösungen auf Seite 224.

Du kannst schon …

Mehr dazu nz2s7q

1. … sagen, dass du dich für das Tagesgeschehen interessierst.	Je …
2. … sagen, wie dein Lieblingssender heißt.	… préférée, c'est …
3. … sagen, wie deine Lieblingssendung heißt.	Mon émission …
4. … sagen, dass diese Sendung sich an Jugendliche richtet.	Cette …
5. … sagen, dass es viele benachteiligte Menschen gibt.	Il y a trop de gens …
6. … sagen, dass diese Menschen etwas brauchen *(Hilfe)*.	Ces gens … d'aide.
7. … sagen, dass etwas ungerecht ist.	C'est …
8. … jemanden auffordern, sich zu engagieren.	… -vous.

2 Jeu de mots / Vis-à-vis

A *Complétez les phrases.*

1. En France, il y a beaucoup de ? de télévision comme par exemple TF1 ou ? .
2. Il y a aussi une ? de télévision franco-allemande qui s'appelle ? et qui propose beaucoup d' ? culturelles.
3. Si on s'intéresse à l' ? , et si on veut avoir les informations à la radio, on peut écouter France Inter.
4. Les journaux les plus vendus en France s'appellent ? et ? .
5. Il y a aussi un journal de sport très connu. Il s'appelle ? .
6. Science et Vie Junior est un ? de sciences qui ? spécialement aux jeunes.

B *Cherchez trois médias allemands qui correspondent à des médias français de la partie A.*

3 Jeu de mots

Trouvez les adjectifs avec le préfixe ***in-/im-***.

1. Quelque chose qu'on n'arrive pas à croire, c'est quelque chose d' ? .
2. Un évènement qu'on n'attendait pas, c'est un évènement ? .
3. Un concert qu'on n'oubliera jamais, c'est un concert ? .
4. Je n'arrive pas à m'intéresser à ce livre. Pour moi, ce livre est ? .
5. Une chose qui n'est vraiment pas possible est une chose ? .
6. Cette invitation n'est pas officielle, elle est ? .

→

4 Ecouter

CD 3, 37–39
110–112

A *Ecoutez les interviews. Les personnes interviewées parlent de leur engagement. Quelle image correspond à quel engagement?*

Die Fotos zeigen nicht die interviewten Personen, sondern die Art ihres Engagements.

1

2

3

B *Ecoutez les interviews encore une fois. Après chaque texte, essayez de trouver ce que les mots suivants veulent dire en allemand.*

Texte A: [sɑ̃nɥi]
Texte B: [ɑ̃difikylte]
Texte C: [luʀ]

Grammaire

G 23 Der Imperativ mit einem Pronomen – L'impératif avec un pronom

bejaht	verneint
Appelle-moi.	Ne m'appelle pas.
Donnez-leur à manger.	Ne leur donnez pas à manger.
Parlons-en. [paʀlɔ̃zɑ̃]	N'en parlons pas.
Allez-y. [alezy]	N'y allez pas.
Touche-le.	Ne le touche pas.

Traduisez les phrases.

1. Hört mir bitte zu!
2. Wartet auf mich!
3. Beeil dich!
4. Da ist Anna. Laden wir sie ein!
5. Vergiss mich nicht!
6. Sprechen wir nicht darüber.

Objets trouvés

La Martinique dans ma cuisine!

Sa wou fé[1]!
Bienvenue sur l'île de mes grands-parents, toujours au soleil et bercée par le vent. Si vous venez au grand marché de Fort-de-France, vous verrez que la Martinique est le pays des fruits et des épices[2]. Alors pour inviter les Caraïbes dans votre cuisine, voici la recette d'un dessert délicieux et facile.
Bon appétit et vakans la bèl[3]!
Votre Marie

Le blanc-manger coco-mangue

Pour 4 personnes
Faites chauffer 20 cl de lait de coco, 30 cl de lait, 80 grammes de sucre en poudre et 2 cuillères à soupe de noix de coco râpée.
Hors du feu, ajoutez un peu de zeste râpé de citron vert.
Mettez cinq feuilles de gélatine dans de l'eau froide, essorez-les, puis mettez-les dans la casserole.
Mélangez le tout.
Versez dans des petits bols et laissez refroidir plusieurs heures.
Démoulez et décorez avec de la mangue.

Vous voulez expliquer cette recette à quelqu'un de votre famille qui ne comprend pas le français. Qu'est-ce que vous lui dites?

Mon dico personnel

chauffer

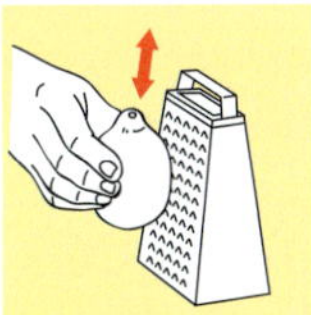
râper

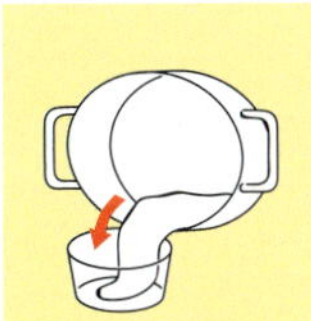
verser

mélanger

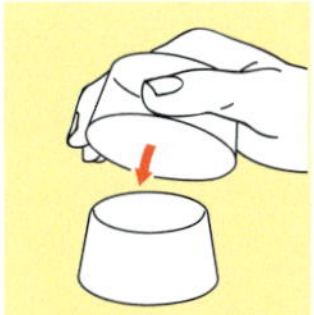
démouler

essorer

1 Sa wou fé! *(kreolisch)* Bonjour! (en créole martiniquais) **2 une épice** ein Gewürz
3 Vakans la bèl! *(kreolisch)* Vive les vacances!

Révisions (Lösungen Seite 224)

En forme

1 La Suisse: un petit pays vraiment bien! (G 15, p. 93)

Adjectif ou adverbe? Pour compléter le texte, mettez les mots donnés à la forme correcte.

1. La Suisse est assez (petit): avec ses 41 285 km², elle entre (facile) huit fois dans l'Allemagne et treize fois dans la France! **2.** Vous savez (sûr) qu'on y paie en francs suisses et non pas en euros. **3.** Ce qui est (vrai) intéressant, c'est qu'en Suisse, il y a quatre langues (officiel): l'allemand, le français, l'italien et le romanche[1]. **4.** La capitale est Berne, ce que les habitants des deux très (grand) et très (important) villes Zurich et Genève ne comprennent pas toujours (bon). **5.** Quand on parle de la Suisse, beaucoup de gens pensent (normal) aux (beau) montagnes, puis au (bon) chocolat. **6.** Parfois, on pense aussi tout (simple) aux activités sportives de (tout) sortes.

Jeu de mots

2 Géographie et autres sciences

A *Lisez les explications et cherchez les mots. (Unité 5, Stations 1 et 2)*

C'est …

1. quelqu'un qui sait beaucoup de choses.
2. un très gros animal qui vit dans la mer.
3. ce que forment beaucoup d'arbres.
4. une région avec peu d'eau et de plantes.
5. le contraire de la pauvreté.
6. le contraire d'être dépendant.
7. le continent où se trouve la Côte d'Ivoire.

B *Sur les cartes de géographie, on peut voir beaucoup de choses, par exemple les fleuves. Qu'est-ce qu'elles nous montrent encore? Notez 10 choses. (Unité 5, Stations 3 et 4)*

Médiation

3 La Réunion

Vgl. Stratégie S. 35 (etw. vereinfacht wiedergeben).

Vous parlez à un ami français de ce que vous avez appris sur la Réunion dans cette brochure. Qu'est-ce que vous lui dites?

9350 km von Paris entfernt und doch Frankreich:

La Réunion besticht durch seine beeindruckenden, z.T. noch aktiven Vulkane im Landesinneren und im Westen laden die weißen Strände zum Sonnenbaden und zum Wassersport ein. Neben Delfinen kann man hier von Juni bis Oktober sogar Wale beobachten! Auch für Sportfreaks ist die ca. 2500 km² große Insel ein Eldorado.

Kulturell hat La Réunion auch einiges zu bieten: Traditionelle Dörfer und moderne Städte wie die „Hauptstadt" Saint-Denis laden zum Verweilen ein und die kreolische Küche ist ein kulinarisches Erlebnis. All dies hat die UNESCO im August 2010 wohl dazu veranlasst, dieses Fleckchen Erde zum Weltnaturerbe zu erklären.

REGION REUNION

1 **le romanche** rätoromanisch

Parler

4 C'était super, les vacances!

Imaginez: vous êtes allés à la Réunion et vous avez pris des photos. Choisissez une photo et décrivez-la à un ami. Prenez d'abord des notes. Vous pouvez utiliser un dictionnaire.

En forme

5 C'est le Midi que je préfère! (G 12, p. 75; G 20, p. 107)

A *Répondez aux questions. Utilisez **c'est … qui / c'est … que**.*

1. Qu'est-ce que tu aimerais voir: la Provence, la Normandie ou l'Auvergne?
2. Qu'est-ce qui t'intéresse le plus: visiter des villes ou découvrir la nature?
3. Qu'est-ce qui te plaît le plus: la mer ou les volcans?
4. Qu'est-ce que tu préfères, la Méditerranée ou l'Atlantique avec les marées?

B *Dites le contraire. Utilisez **c'est … qui / c'est … que** et les pronoms disjoints.*

Exemple: **1.** Si, **ce sont eux qui** ont pris ces photos.

1. **Les lecteurs de Géo Ado** n'ont pas pris ces photos.
2. **Fouad** n'est pas l'auteur du texte sur l'Auvergne.
3. **Un tour dans la baie** n'est pas le plus dangereux au Mont-Saint-Michel.
4. **Les chanteurs de Massilia Sound System** ne sont pas ces musiciens qui chantent en occitan.
5. **«Plus belle la vie»** n'est pas la série qui se passe à Marseille.

En forme

6 Mon avis: oui, faites-le. (G 23, p. 118)

Des copains vous demandent votre avis. Répondez-leur.

Exemple: **1.** Oui, écoutez-les. / Non, ne les écoutez pas!

Est-ce que nous devons …

1. écouter **les problèmes de tout le monde**?
2. proposer **à notre voisine** de l'aider?
3. distribuer **des journaux** pour mobiliser les gens?
4. aller **chez des gens défavorisés**?
5. sourire **aux gens** dans le métro?
6. parler **de la discrimination** aux gens?
7. aider **les sans-papiers**?

On prépare le DELF

1 Compréhension de l'oral

CD 3, 114
114

Au Québec, vous entendez cette annonce dans un bus touristique.
Lisez les questions. Ecoutez le document, puis répondez.

1. Mathéo …
- **a** fait de la publicité pour les bus «Découvertes du Québec».
- **b** annonce le programme de la journée.
- **c** fait une présentation du Québec.

2. Pour aller à la *Chute de la Chaudière*, le bus mettra …
- **a** une demi-heure.
- **b** une heure.
- **c** une heure et demie.

3. Aux *Trois Rivières*, vous pourrez …
- **a** manger dans un restaurant typique.
- **b** aller dans un vieux musée.
- **c** acheter des souvenirs.

4. Qu'est-ce que Mathéo a vu la semaine dernière dans le fleuve Saint-Laurent?

2 Compréhension des écrits

Vrai ou faux? Justifiez votre réponse.

1. C'est un permis pour un séjour de 15 jours.
2. Tous les repas sont gratuits.
3. On peut visiter dix musées gratuitement à deux.
4. Avec ce permis, on peut faire un tour en bateau.

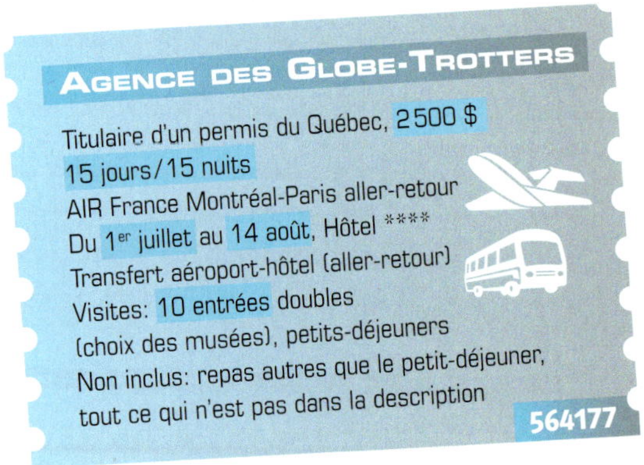

3 Production écrite

Tu es en France avec tes parents et tu écris un courriel à ton correspondant français. Tu lui racontes ce que vous avez déjà fait et découvert et ce que vous ferez encore. Tu lui parles aussi de tes impressions sur la région (de ton choix). Ecris un texte de 60 à 80 mots.

4 Production orale

Présentez le sujet 1 (1 à 2 minutes) devant la classe et jouez le sujet 2 avec votre professeur (dans le rôle de la voisine).

1 En France / dans un pays étranger
Es-tu déjà parti(e) en France ou dans un autre pays étranger? Dans quel pays et pourquoi? Parle de tes expériences (langue, gens, etc.).

2 Oubliées!
Tu as oublié tes clés chez toi et tes parents ne sont pas là. Tu vas voir ta voisine qui est française pour lui demander son aide.

△ Einfachere Zusatzübung
▲ Schwierigere Zusatzübung
ohne Pyramide: Ergänzende Zusatzübung

Die Lösungen zu den Übungen des En-plus-Teils befinden sich auf der CD, die dem Lehrerbuch (622034) beiliegt, sowie in gedruckter Form im Lehrerordner zu Band 3 (622065).

Unité 1

Parler
Ecrire

1 Pendant les vacances

zu 1 Déc, Et vous?

A *Qui a fait quoi pendant ses vacances? Faites des phrases.*

Lucie	avoir	rencontré une fille en colo au bord de la mer.
Bachir	être	participé à un atelier de photo.
Alex		resté à la maison.
Léo		allée à un concours de hip-hop.

B *Racontez vos vacances. Ecrivez des phrases au passé composé. Vous pouvez utiliser les mots suivants.*

Je	aller à	passer des vacances à
Ma famille et moi, nous	faire un voyage	retrouver qn
Un copain et moi, nous	sortir	jouer à
Mon père / Ma mère / On	dormir	partir
Mes parents	devoir faire qc	inviter qn

Lire

2 Qu'est-ce qu'il faut pour être heureux?

zu 1 A 3

△ *Les mots-clés d'un texte sont les mots importants de ce texte.*

A *Lisez l'exemple. Les mots-clés sont **en gras**.*

«Pour être **heureuse**, il me faut de la **musique**. Je vais bien quand j'écoute mes **chansons** préférées et je vais encore mieux quand je **joue de la guitare** et que je chante moi-même!»
Nadja, 14 ans

Quand on ne lit que ces mots-clés, on comprend que pour être heureuse, il faut de la musique à Nadja. On comprend aussi qu'elle aime écouter des chansons, jouer de la guitare et chanter.

B *Relisez les réponses des jeunes à la page 11, puis regardez les listes de mots. Quels mots ne sont pas des mots-clés de ces textes? Justifiez votre réponse.*

Victor
lire
stress
autre monde
rêver
heureux

Aurore
écouter les autres
communiquer
problèmes
parler

Cora
bouger
imaginer
toutes sortes de sport
énergie

Karim
important
famille
amis
être accepté
parler de tout

C *Quels sont les mots-clés de la réponse de Max (page 11)?*

Ecrire

3 Un autre refrain

zu 1 B 2

Réécrivez les parties en italique du refrain de la chanson «Non! Non! Non!». Ensuite, chantez votre nouveau refrain. Pour faire des rimes, vous pouvez utiliser les mots donnés.

Non, non, non

Je ne veux pas prendre l'air
Non, non, non, non
Je ne veux pas *boire un verre*
Non, non, non, non
Je ne veux *pas l'oublier*
Non, non, non, non
Je ne veux pas *m'en passer*

être en colère	cet	(lui) parler
continuer	enfer	être la première
l'inviter	l'appeler	rappeler
rien raconter	le chercher	travailler
voir ma mère	rien demander	
m'en aller	un dessert	

En forme

4 Ça ne sert à rien, Léo! (Vocabulaire, p. 150)

zu 1 B 3

*Les amis essaient d'aider Léo. Mettez les verbes à la forme correcte et complétez le texte par **à** ou **de**.*

1. Si tu (continuer ?) penser à ta copine, tu ne vas pas avoir la pêche. **2.** Si tu (avoir envie ?) aller au cinéma avec nous, pas de problème! **3.** Nous te (proposer aussi ?) faire un tour avec nous. **4.** Tu (avoir peur ?) être seul? Alors, viens répéter avec nous! **5.** (Arrêter ?) avoir des idées noires, tu (risquer ?) tomber malade. **6.** Tu vas (réussir ?) oublier tout ça si tu sors. **7.** Si ça ne va pas, (ne pas oublier ?) nous en parler. **8.** (Ne pas commencer ?) avoir des chagrins d'amour, tu es trop jeune pour ça!

Parler

5 Nos amis et nous

zu 1 B 4 B

Théo langweilt sich schrecklich, weil sein Computer kaputt ist.

Chloés Freundin zieht in eine andere Stadt.

Toms Eltern erlauben nicht, dass er zu deiner Party kommt.

Wählt eine Person. Bildet anschließend Dreiergruppen aus Schülern, die die gleiche Person ausgewählt haben. Diskutiert auf Französisch darüber, wie ihr helfen könnt. Die Tabelle auf S. 125 kann euch helfen.

Théo	inviter quelqu'un, jouer avec des amis, sortir, faire du sport, écouter de la musique, lire un bon livre, aller au cinéma, apprendre ses leçons
Chloé	Ne t'en fais pas, rester en contact, écrire des lettres / des SMS / des courriels, passer les week-ends / les vacances ensemble
Tom	téléphoner aux parents de Tom, inviter les parents aussi, proposer une autre activité à Tom, un autre jour

ON DIT

A mon avis, …
Je pense que …
Je propose de…
On peut …
Mais on risque de …
Ça ne sert à rien de …
C'est pourquoi …
J'aimerais mieux …
Tu as raison!

En forme

6 Ma copine Flo (G 3)

zu 1 B 5

Complétez le texte. Utilisez la négation.

ne … personne | ne … que | ne … pas non plus | ne … rien | ne … pas | ne … pas du tout

Exemple: → **1.** Flo est originale, elle **ne** ressemble à **personne.**

1. Flo est originale, elle ? ressemble à ?.
2. Elle est courageuse et ? a peur de ?.
3. Elle ? fait ? sans réfléchir.
4. Elle ? aime ? écouter des histoires bêtes.
5. Elle ? aime ? perdre son temps.
6. Elle ? discute ? de choses importantes.
7. Elle ? déteste ?.
8. Hier, je n'ai pas été sympa, mais elle ? a ? dit.
9. Et aujourd'hui, elle ? a ? l'air d'être en colère contre moi.
10. Je ? voudrais ? des copines comme Flo.
11. Dommage, ma copine Lilou ? est ? comme elle!

Unité 2

En forme

1 C'était comment? (G 4)

zu 2 A 4

A *Pour chaque verbe, notez dans votre cahier les formes demandées.*

	présent		**imparfait**
	nous…	→	**je …**
Exemple:	**nous** parlons	→	**je** parlais

parler | faire | attendre | finir | croire | manger | prendre | dormir | lancer | rire

→

B *La mère de James parle du temps où elle était petite.*
Complétez le texte par les verbes à l'imparfait.

1. Mes parents ne (partir) pas souvent en vacances.
2. En été, on (aller) parfois à la mer.
3. D'autres fois, mes parents m'(envoyer) à la campagne chez mes cousins.
4. J'(adorer) leur famille.
5. On (jouer), on (bouger) et on (rire) beaucoup.
6. On (sortir) même quand il (pleuvoir).
7. Ma tante (préparer) de bons repas, on (manger) des plats très originaux.
8. Et après les vacances, il (falloir) retourner au collège.
9. Cette vie (être) très simple, mais elle me (plaire).
10. Nous n'(avoir) pas d'ordinateur ou de portable.
11. Nous n'(envoyer) pas de SMS, mais cela ne (faire) rien.

Attention:
pleuvoir ⟶ il pleuvait

Parler

2 Chez le principal

zu 2A8

Le professeur de musique va chez le principal et raconte son histoire.
Qu'est-ce qu'il dit? Imaginez un petit monologue. Les mots-clés peuvent vous aider.

Questions	*Mots-clés*
D'où venaient les statuettes? (⟶ imparfait)	Afrique – souvenir de voyage
Comment est-ce qu'elles étaient? (⟶ imparfait)	très belles
Qu'est-ce qui s'est passé? (⟶ passé composé)	disparaître – chercher partout – voler
Que faire pour les retrouver? (⟶ futur composé)	appeler la police – demander aux élèves

Lire
Ecrire

3 A propos du texte

zu 2B2

Voici quelques mots-clés pour vous aider à résumer le texte «Une découverte dangereuse», pages 27 et 28.

§	Qui?	Où?	Quoi?	Quand?	Pourquoi?
1.	James	maison	statuette dans son sac peur	après le collège	–
2.	James mère	chambre de James	parler penser à la statuette	plus tard	–
3.	James Mikaleff	collège	raconter à Mikaleff mettre statuette dans le casier du prof	le lendemain avant et pendant le cours	se débarrasser de la statuette

Ecrivez maintenant le résumé.
Vous pouvez utiliser les débuts de phrases suivantes:

1. A la maison, James fait une … Il trouve … Il ne sait pas comment elle … Il …
2. Plus tard, il …, mais il … Il ne sait pas …
3. Le lendemain au collège, il … à Mikaleff, puis il …

En forme

4 Tous les matins (G 5)

zu 2 B 4 B

A *Lisez les mots suivants. Quels mots appellent plutôt l'**imparfait**, quels mots plutôt le **passé composé**?*

d'abord
puis
alors
(comme) d'habitude
enfin
tous les matins
ensuite
tout à coup
chaque jour
chaque fois que
(comme) toujours

B *Lisez le texte, puis racontez la même chose au passé. Commencez comme ça:*

Tous les matins, …

Tous les matins, c'est la même histoire: James n'a pas envie d'aller au collège. Chaque fois qu'il pense aux profs et aux autres élèves, il est de mauvaise humeur. Cette fois encore, c'est la même chose. Tout à coup, il regarde l'heure: comme d'habitude, il est en retard. Alors il quitte la maison. Mais quand il arrive devant le collège, tous les élèves sont déjà en cours. D'abord, il veut rentrer à la maison. Mais alors, quelqu'un l'appelle: c'est Mikaleff, il est aussi en retard. Alors James entre dans le collège. Avec Mikaleff, il n'a plus l'impression d'être seul.

Lire
Jeu de mots

5 Gelatos est malheureux.

zu 2 C 3 A

Après la visite de James, Gelatos est tout à coup très malheureux. Complétez le texte par les mots à droite.

1. James a vu les statuettes quand il est passé devant mon **?**. Qu'est-ce qu'il va faire? Maintenant, j'ai peur. **2.** Est-ce qu'il va me **?**? **3.** Pour le moment, on le **?** d'avoir pris ces statuettes. A cause de moi, il ne va pas bien. **4.** Il est tout **?**. **5.** On va l'**?** du vol, c'est très grave, il n'a rien **?**! **6.** Le **?**, c'est moi! Mais moi, je ne peux rien dire. **7.** Est-ce que je dois faire un pas **?** lui et tout lui raconter? **8.** Et s'il comprend que je suis **?** de ses bonnes notes, il va peut-être trouver ça drôle et **?**. **9.** Ou est-ce qu'il va être en colère? Ou bien il va peut-être me **?**? **10.** Avant, j'étais heureux. Ma vie d'avant me **?**. **11.** Je ne veux pas continuer à **?**. Je dois dire la vérité.

jaloux
pâle
vers
accuser
dénoncer
voleur
soupçonne
armoire
volé
pardonner
mentir
manque
éclater de rire

Ein weiteres Rollenspiel mit Rollenkarten folgt in Unité 3, S. 49.

Parler

6 Une interview

zu 2C 3B

Travaillez à deux. Un/une élève prend le rôle du journaliste. L'autre élève choisit un rôle. Préparez l'interview. La stratégie peut vous aider.

STRATEGIE

Parler

1. Lest die Rollenkarte genau durch.
2. Der Journalist überlegt sich Fragen, die zu den Informationen der Rollenkarte passen und notiert sie in Stichworten.
3. Der Interviewpartner überlegt sich Antworten und notiert sie in Stichworten.
4. Führt das Interview anhand eurer Notizen durch. Imparfait oder Passé composé? Der On-dit-Kasten auf Seite 31 kann euch helfen.

le professeur de musique
- parle de ses statuettes
- parle de ses voyages en Afrique
- est triste et en colère
- est allé voir le principal

le principal
- doit connaître les problèmes au collège
- va parler aux élèves
- veut avoir toutes les informations sur le vol
- sait que James n'est pas le voleur

Mikaleff
- raconte que Gelatos est jaloux de James
- sait que James a trouvé les statuettes dans son sac
- ne sait pas si James est le voleur

James
- est en colère parce que les autres ne le croient pas
- raconte la découverte des statuettes chez Gelatos
- a demandé à Gelatos de dire la vérité

une fille de la classe
- raconte le cours de musique
- est triste pour le prof
- trouve James bizarre et pense que c'est lui le voleur

Unité 3

Médiation
Ecrire

1 Le travail à la maison, c'est galère!

zu 3A5

Votre correspondant français / Votre correspondante française veut savoir si les jeunes Allemands participent aux travaux de la maison. Vous avez fait un sondage dans votre classe. Ecrivez un courriel en français pour donner ces résultats.

Ergebnisse für die 28 Schüler und Schülerinnen

24 decken oft den Tisch.
7 leeren den Mülleimer ihres Zimmers.
15 räumen die Spülmaschine aus.
20 haben Geschwister und kümmern sich um sie.
21 haben ein oder mehrere Haustiere und kümmern sich um sie.
17 helfen ihren Eltern beim Einkaufen.
15 bereiten manchmal eine Mahlzeit zu.

Ecouter
En forme

2 Chez les Azemour, un vendredi soir (G 8)

zu 3 A 6

A *Ecoutez la première scène, puis répondez aux questions. Utilisez les mots donnés.*

CD 1, 37 / 36

être en train de faire qc
venir de faire qc
aller faire qc

1. Que fait Mehdi?
2. Que font Sana, Idris et Abdel?
3. Que fait Karima?

CD 1, 38 / 37

B *Ecoutez la deuxième scène, puis répondez aux questions. Utilisez les mots donnés et les pronoms objets.*

Exemple: **1.** ⟶ Oui, il **vient de** le terminer.

1. Est-ce que Mehdi a terminé **son jeu vidéo**? …, il … terminer.
2. Est-ce qu'Abdel et ses parents continuent **leur jeu de cartes**? …, ils … terminer.
3. Est-ce qu'Idris a lu **l'article** que Mehdi lui a passé? …, il … lire.
4. Est-ce qu'Abdel doit vider **le lave-vaisselle**? …, Karima … vider.

Jeu de sons

3 Le ton[1] fait la chanson.

zu 3 A 7

… une bonne idée.
… n'est pas une bonne idée.
Partir comme ça n'est pas une bonne idée.

Choisissez 3 phrases. Répétez-les, puis «jouez»-les.

Partir comme ça n'est pas une bonne idée.
J'espère qu'il va réfléchir et bientôt rentrer à la maison.
Je ne sais pas quoi faire, j'aimerais avoir plus de temps.
On trouve que papa et toi, vous travaillez trop.
Les parents doivent toujours être là pour leurs enfants.
Il faut discuter des problèmes et chercher ensemble une solution.
On pourrait faire quelque chose ensemble tous les dimanches!

STRATEGIE

Parler

Beim Einüben schwieriger Sätze kann euch der „Rückwärtsgang" helfen. Baut die Sätze von hinten auf. Wiederholt die Teile laut, bis sie sitzen.

1 **le ton** [lətɔ̃] der Ton(fall)

En forme

4 Qu'est-ce qui s'est passé? (G 7)

zu 3 B 3

Ecrivez les phrases dans votre cahier. Attention au ***participe passé****.*

1. Mehdi s'est senti ? malheureux et il est parti.
2. Sana s'est dépêché ? de téléphoner aux amis de Mehdi.
3. Idris s'est préparé ? pour partir à la recherche de son fils.
4. Mme Brunet et ses filles se sont informé ? sur l'heure d'arrivée de M. Brunet.
5. Mehdi et Pierre se sont retrouvé ? pour parler de la journée d'orientation.
6. Pendant ce temps, Karima s'est occupé ? de ses devoirs.
7. Abdel s'est reposé ? .
8. Plus tard, Mehdi et sa famille se sont retrouvé ? à la maison.

En forme

5 Ce qui est important dans la vie (G 9)

Vgl. auch Erklärungsansatz auf S. 58.

zu 3 B 5

Mehdi pose des questions à ses parents.
Complétez le texte par ***ce qui*** *ou* ***ce que / ce qu'****.*

Sana: **1.** ? je trouve important, c'est d'avoir une famille sympa et un travail intéressant.
Mehdi: Et toi, papa?
Idris: **2.** ? est sûr, c'est qu'il est important d'avoir des idées et de faire ? on aime.
Mehdi: **3.** Alors moi, ? je voudrais faire, c'est travailler comme médecin. **4.** ? me plaît, c'est de rencontrer des gens. **5.** Et ? je voudrais aussi, c'est voyager et voir d'autres pays.
Sana: **6.** ? il faut pour faire tout ça, c'est gagner de l'argent.
Mehdi: **7.** Ça, c'est ? m'énerve: tout le monde pense toujours à l'argent!

STRATEGIE

Ce qui oder **ce que**?
Suche zuerst nach dem Verb, dann nach dem Subjekt *(wer oder was)* im Satz.
- Falls du **kein Subjekt** findest, muss es **ce qui** (Subjekt) heißen.
- Falls es **schon ein Subjekt** gibt, muss es **ce que** (Objekt) heißen.

Exemple: ? je trouve important …
Das Verb ist «trouve»
Das Subjekt ist «je»
→ **Ce que** je trouve important …

Ecouter

6 Présentatrice, un métier passionnant!

zu 3 B 7 B

CD 1, 34 / 33

Vous allez réécouter quelques phrases du texte. Après chaque phrase, notez quels mots vous avez entendus.

Phrase n°1:
a des lits **b** des litres **c** des livres

Phrase n°2:
a sous les yeux **b** sous les œufs **c** sous les deux

Phrase n°3:
a je réussis avec lui **b** aussi avec lui **c** je choisis avec lui

Phrase n°4:
a les assistants **b** les grands **c** les gens

Phrase n°5:
a très heureuse **b** treize heures **c** très étrange

Unité 4

Médiation

1 Un mot peut en cacher un autre.

zu 4 A 6

Ton correspondant français fait lui aussi des fautes. Tu veux l'aider. Utilise un dictionnaire et note les phrases correctes en allemand.

Exemple:

1. Du hörst die Musik zu ***stark***!
2. Im Wald habe ich viele ***Dumme*** gesehen.
3. Diese Würstchen sind sehr ***stark***.
4. Sie hat viele ***Knöpfe*** auf den Beinen.

STRATEGIE

Médiation

„Morgen wird die ***Zeit*** schön."
Was meint dein Freund damit?

1. Frage dich zuerst, was „Zeit" auf Französisch heißt: ⟶ le temps
2. Dein Freund wollte von „le temps" sprechen. Im Wörterbuch hat er aber nach der falschen Übersetzung gegriffen.
3. Was kann „le temps" noch alles heißen? Ach ja, z. B. das Wetter.
4. „Morgen wird das Wetter schön". Der Satz ergibt Sinn! Das wollte er sagen.

Médiation
En forme

2 Une visite du Reichstag à Berlin (G 10)

zu 4 A 8

A *Vous voulez visiter le Reichstag de Berlin avec vos amis français. Lisez la brochure à la page 132. Qu'est-ce qui peut intéresser quel ami? Prenez des notes.*

Vos amis français:
Nicolas aime prendre des photos
Emma adore l'histoire et les gâteaux allemands
Oscar est un sportif

→

… Die Kuppel und die Besucherterrasse auf dem Dach des Reichstagsgebäudes bieten einen fantastischen Blick über die ganze Stadt. Die Spree windet sich zu Ihren Füßen, das zum Greifen nahe Brandenburger Tor und die Hochhaus-Türme am Potsdamer Platz sind gut zu sehende Orientierungspunkte. Und in der Abenddämmerung beginnen die tausend Lichter der City von Berlin zu funkeln. Besuchen Sie auch das Dachgarten-Restaurant und Café auf dem Dach des Reichstags. Dort warten internationale Kaffee-Spezialitäten und eine ausgezeichnete Speisekarte darauf, Sie zu verführen. Der Rasen vor dem Reichstag zeigt die lockere und unkomplizierte Seite Berlins. Hier ruhen sich bei sonnigem Wetter Berlins Besucher aus, hier machen die Berliner ihr Picknick, spielen Ball und Frisbee oder singen zur Gitarre …

B *Vous voulez motiver vos amis pour cette visite. Relisez vos notes et préparez un petit monologue pour leur dire ce que vous verrez et ce qu'ils pourront faire (environ 90 mots). Utilisez le futur simple.*

Tipp:

die Kuppel:	la coupole
das Dach:	le toit
der Rasen:	la pelouse

Commencez comme ça:
Demain, nous irons visiter le Reichstag. Toi, Nicolas, tu pourras …

Vgl. auch Stratégie S. 35 (etw. vereinfacht ausdrücken).

Ecouter
Médiation

3 France Bleu Touraine: Les sorties du week-end

zu 4 A 10

CD 2, 21–22
64, 65

Cet enregistrement du texte peut vous aider à faire l'exercice 10 à la page 66.

Aufnahme mit langsamer Sprachgeschwindigkeit.

Ecouter
Médiation

4 Un coup de téléphone à Saumur

zu 4 A 10

CD 2, 23
66

Imaginez. Vos parents, qui ne comprennent pas bien le français, veulent visiter le Cadre Noir en février. Vous téléphonez à l'office de tourisme.

A *Lisez la stratégie à la page 66. Notez le sujet qui les intéresse. Ecoutez la réponse et prenez des notes sur le sujet noté. Qu'est-ce que vous dites à vos parents?*

B *Votre copain Lukas voudrait lui aussi visiter le Cadre Noir le week-end du 27 et 28 avril. Notez ce qu'il veut savoir. Ecoutez le texte encore une fois et prenez des notes pour Lukas. Quelles informations est-ce que vous lui donnez?*

Visite du Cadre Noir en février
–
–

Visite du Cadre Noir
le week-end du 27 et 28 février
–
–
…

En forme

5 Avant la fête! (G 12)

zu 4 A 11

Hannah et Julie parlent de la fête du lendemain soir au collège. Julie pose des questions. Imaginez les réponses de Hannah. Utilisez les pronoms personnels disjoints et faites le dialogue.

moi	nous
toi	vous
lui / elle	eux / elles

Exemple: **1.** Julie: – Est-ce que tu vas aller à la fête avec **moi**?
Hannah: – Oui, je vais aller au collège avec **toi**.

1. aller à la fête avec Julie
2. s'occuper de Mathieu
3. acheter un cadeau pour Mme Hugot
4. rentrer sans Mme et M. Mollet
5. prendre une photo de Niels et Mathieu
6. préparer une quiche avec Julie et Mme Mollet
7. rester près de Julie
8. discuter avec Mme Mollet et Mme Hugot

En forme

6 Tours – Paris, quelle différence! (G 13)

zu 4 B 2

A *Comparez Tours et Paris. Faites attention à l'accord des adjectifs.*

Exemple: **1.** A Tours, les magasins sont moins originaux qu'à Paris.

	Tours	Paris
1. original – les magasins	–	+
2. sympa – les gens	+	–
3. cool – les jeunes	=	=
4. cher – la vie	–	+
5. intéressant – la vie	=	=
6. bon – l'ambiance	+	–
7. connu – la cathédrale	–	+
8. beau – la nature	+	–

B *Travaillez à deux. Posez des questions et répondez. Utilisez le superlatif.*

Exemple: – Quelle est pour toi [la ville la plus belle]?
– Pour moi, [la ville la plus belle], c'est … parce que …

ville	prof	livre	++ connu	++ sympa	-- intéressant
endroits	activités	cours	-- drôle	++ beau	++ important
spécialité	film		++ cool	-- timide	++ bon
copain / copine	château				

Ecouter
Parler

7 Chanson: Amour de jeunesse (texte p. 227)

zu 4 B 4 C

CD 2, 24

Ecoutez la chanson[1]. Est-ce qu'elle va bien avec l'histoire? Justifiez votre réponse.

En forme

8 Comparez les correspondants. (G 13)

zu 4 B 6

△ *Comparez Hannah, Julie, Niels et Mathieu. Utilisez le comparatif et le superlatif.*

Exemples: Hannah est plus vieille que Julie.
Niels est le moins bon / le plus mauvais en anglais.

	Hannah	**Julie**	**Niels**	**Mathieu**
âge	13 ans et demi	13 ans	14 ans	14 ans et demi
taille	1,72 m	1,65 m	1,78 m	1,69 m
notes en langues	2 (français) 2 (anglais)	15/20 (allemand) 14/20 (anglais)	2 (français) 4 (anglais)	17/20 (allemand) 19/20 (anglais)
☺ **drôle**	☺ ☺ ☺	☺ ☺	☺ ☺	☺
🐭 **courageux**	🐭	🐭	🐭 🐭 🐭	🐭 🐭

Vis-à-vis
Parler

9 Se débrouiller pendant l'échange

zu 4 B 8

△ *Regardez les situations et imaginez les réponses.*

1 Das Chanson befindet sich auf der Audio-CD 2 (622168), Track 24.

Unité 5

Jeu de mots

1 Pour décrire un pays …

zu 5 Déc, 2 B

A *De quoi est-ce qu'on peut parler pour décrire un pays? Faites un filet à mots. Notez aussi des expressions.*

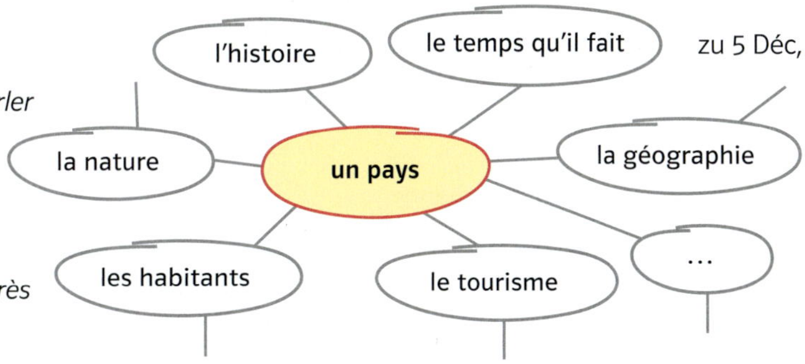

B *Complétez ce filet à mots après chaque station de l'unité 5.*

En forme

2 Aux quatre coins du monde (G 14, Vocabulaire, p. 176)

zu 5 Déc, 5

Voici quelques-uns des 200 pays et territoires du monde où on reçoit la chaîne de télévision[1] francophone **TV5 Monde**:

le Canada	l'Allemagne *(f.)*
la Tunisie	les Etats-Unis *(m.)*
le Maroc	la Russie
la Belgique	les Pays-Bas *(m.)*
le Portugal	la Suisse

Frage: wo / wohin?
Ländernamen *(m.)* → **au / aux**
Ländernamen *(f.)* → **en**
Ländernamen *(Plural)* → **aux**

A *Dans quels pays est-ce qu'on peut regarder cette chaîne? Commencez comme ça:*

On peut la regarder **en** Allemagne, …

B *Vous aimez voyager? Dites 5 noms de pays où vous avez envie d'aller. Commencez comme ça:*

J'aimerais bien aller en / au / aux …

En forme

3 Pratiquement partout dans le monde … (G 15)

zu 5 Déc, 6

Adjectif ou adverbe? Complétez. Attention à l'accord de l'adjectif.

1. Sur tous les continents, il y a des gens **?** qui travaillent **?**.	sérieux
2. **?**, il y a aussi partout des gens **?**.	malheureux
3. Pour **?** se débrouiller, il est très important d'avoir un **?** travail.	bon
4. Mais la vie peut être **?** et parfois, on trouve **?** du travail.	difficile
5. Il y a aussi des pays où les gens sont très pauvres et vont **?**.	mauvais
6. Alors les gens quittent leur pays. Est-ce que c'est une **?** idée?	bon

1 **une chaîne de télévision** ein Fernsehsender

Bearbeitet die Übungen zu den Stationen und kontrolliert euch dann selbst. Die Lösungen findet ihr auf Seite 222.

Unité 5 Station 1

Lire **1**

A propos du texte

zu 5 Stat 1, 1

Vrai ou faux? Si c'est faux, corrigez la phrase.

1. Cœur de pirate est une chanteuse canadienne.
2. La langue officielle du Québec est le français.
3. Le Québec est plus grand que l'Allemagne mais plus petit que la France.
4. La capitale du Québec est Montréal.
5. Montréal compte plus d'habitants francophones que Paris.
6. A Montréal, il fait très froid en hiver, mais en été, on passe beaucoup de temps dehors.
7. Au Québec, il y a des grandes forêts et plus de deux millions de lacs.

Parler **2**

On y va? (G 16)

zu 5 Stat 1, 2B

A *Vous connaissez déjà quelques expressions avec les pronoms **y** et **en**. Vous parlez à un ami. Qu'est-ce que vous dites pour …*

1. lui demander son avis?
2. lui dire que vous en avez assez?
3. lui dire que c'est le moment de partir ensemble?
4. l'encourager à faire quelque chose?
5. lui dire que vous avez terminé qc?
6. lui dire de ne pas s'inquiéter?

a On y va!
b Vas-y!
c Ne t'en fais pas!
d J'en ai marre!
e Qu'est-ce que tu en penses?
f Ça y est!

B *Répondez aux questions. Utilisez **y**.*

1. Est-ce que tu vas **au bord de la mer**, cet été?
2. Est-ce que tu vas **à Arcachon**?
3. Est-ce que tu veux aller **à Toulouse**?
4. Est-ce que tu as participé **à l'échange scolaire**?
5. Est-ce que tu es déjà allé(e) **en Angleterre**?

Exemple:

– Oui, j'**y** vais en juillet.
– Oui / Non, je …
– …
–

C *Répondez aux questions. Utilisez **en**.*

1. Est-ce que tu rêves **d'aller au Canada**?
2. Est-ce que tu as déjà vu **des baleines**?
3. Est-ce que tu as envie **de voir le Québec**?
4. Quand est-ce que nous parlons **de notre voyage**?

Exemple:

– Oui, j'**en** rêve.
– …

Unité 5 Station 2

Lire

1 A propos du texte

zu 5 Stat 2, 1

Quelles informations sont dans le texte?
Complétez les phrases.

1. Nawal écrit un blog pour …
2. Nawal n'habite pas dans un quartier moderne, mais …
3. Elle rêve de …
4. La cousine de Nawal habite …
5. Sa cousine veut aller à l'école parce que plus tard, elle veut …
6. Tamegroute est un endroit intéressant parce que …

En forme

2 Qui vivra, verra! (G 18, 19)

zu 5 Stat 2, 3B

Complétez cet article du blog de Nawal.
Mettez les verbes aux temps qui conviennent.

Les grands auteurs ne sont pas tous (mourir)! Beaucoup (vivre) maintenant, à notre époque, par exemple Tahar Ben Jelloun, que j'adore. Il (naître) en 1944 à Fès, au Maroc. Plus tard, il (faire) des études à Rabat et il (devenir) professeur de philosophie. Il a longtemps (vivre) ici, dans son pays. Mais en 1971, il (partir) en France où il (vivre) encore aujourd'hui. Dans sa vie, Ben Jelloun (écrire) un grand nombre de poèmes, d'articles et de romans qui (vivre) encore longtemps après lui. C'est pourquoi on peut dire que les grands auteurs (ne jamais mourir)! Comme lui, moi aussi je (vivre) un jour en France, mais je pense que je (mourir) dans le pays où je (naître). Qui vivra, verra!

Tahar Ben Jelloun, écrivain

En forme

3 Faire des études pour vivre mieux (G 17)

zu 5 Stat 2, 3B

Des Françaises racontent leur visite à l'école de Bni Zoli.
Complétez le texte et utilisez le comparatif de l'adverbe.

1. Au Maroc, les gens vivent (+ pauvrement) à la campagne qu'en ville. C'est une chance de pouvoir aller dans une école gratuite.
2. Les jeunes filles nous ont reçues (– timidement) que les femmes du village.
3. Deux des jeunes filles parlaient le français (+ bien) que les autres, et même (= bien) que nous.
4. (++ bien) pour ces jeunes filles, c'est de continuer leurs études ici.
5. Car grâce à cette école, ces jeunes filles trouveront (+ facilement) du travail.
6. Et comme ça, elles vivront (+ bien).
7. Certains jeunes chez nous sont parfois moins motivés et travaillent (– sérieusement) qu'elles.

Unité 5 Station 3

Lire **1**

A propos du texte

zu 5 Stat 3, 1

Quelles informations sont dans le texte? Complétez les phrases.

1. Quand Amin veut de l'eau, il doit …
2. Pour vivre, les parents d'Amin …
3. Souvent au Burkina Faso, l'école …
4. Le sujet de «Ouaga Saga», c'est …
5. Pour vivre, les jeunes de ce film …
6. Utiliser le système D, ça veut dire …

Jeu de mots **2**

Au Burkina Faso, par exemple

zu 5 Stat 3, 2C

A *Cherchez dans le texte les mots pour dire:*

1. une toute petite ville
2. l'école avant le collège
3. la vie de tous les jours
4. avancer dans son travail
5. un film drôle
6. mettre qc à la place de qc

B *Expliquez les mots suivants.*

1. un point d'eau
2. le coton
3. le manque d'eau
4. une frontière
5. un conte

Unité 5 Station 4

Lire **1**

A propos du texte

zu 5 Stat 4, 1

Vrai ou faux? Si c'est faux, corrigez.

1. La Nouvelle-Calédonie est une île.
2. Elle n'est pas indépendante.
3. En hiver, il n'y a pas de neige.
4. Les Kanaks viennent de la métropole.
5. Pour les Kanaks, l'argent est plus important que la nature.
6. L'exploitation du nickel est dangereuse pour la nature.

Jeu de mots **2**

En Nouvelle-Calédonie

zu 5 Stat 4, 3 B

Complétez les phrases avec les mots qui conviennent. Attention à la forme!

1. Etre **?**, c'est être indépendant.
2. Les pays d'Europe et les Etats-Unis sont des pays **?**.
3. L'exploitation du nickel **?** la nature.
4. Les choses qu'on ne trouve pas souvent sont des choses **?**.
5. Chez nous, il fait froid en hiver **?** à Nouméa, il fait souvent 20° C.
6. Côté **?**, on peut par exemple aller au centre culturel Tjibaou.
7. Qu'est-ce qui compte le plus: le groupe ou l'**?**?

loisirs
rare
polluer
libre
individu
occidental
alors que

Module 1

Lire **1**

A propos du texte

zu M1, A2

Qu'est-ce que c'est? Expliquez les noms suivants.

l'Auvergne | le Massif central | Michelin | le puy de Dôme | Clermont-Ferrand

En forme **2**

C'est l'Auvergne que je préfère. (G 20)

zu M1, A4

Le puy Mary (2 700 km²)

Complétez les phrases.

1. Quelle est la plus haute[1] montagne d'Auvergne?
→ ? le puy de Sancy ? est la plus haute montagne d'Auvergne.
2. D'où viennent les eaux minérales *Vichy* et *Volvic*?
→ ? d'Auvergne ? viennent les eaux minérales *Vichy* et *Volvic*.
3. Où est-ce qu'il y a toutes sortes de fromages délicieux?
→ ? en Auvergne ? il y a toutes sortes de fromages délicieux.

- Welcher Vulkan ist der größte Europas?
- Der **puy Mary** ist der größte.

→ **C'est** le puy Mary **qui** est le plus gros.

En forme **3**

Solenn parle avec Rémy. (G 21)

zu M1, B2

Complétez les questions de Rémy à son amie Solenn. Utilisez les mots à droite.

qui est-ce **qui**	qu'est-ce **qui**
qui est-ce **que**	qu'est-ce **que**

Rémy:
1. ? tu as trouvé aujourd'hui?
2. ? fascine les touristes?
3. ? a demandé la construction de ce lieu?
4. ? le guide allemand cherche?
5. ? on voit dans la baie?
6. ? te plaît dans ce magasin de souvenirs?

Solenn:
… plein de coquillages …
… l'ambiance mystérieuse de ce lieu…
… l'archange Michel …
… des touristes imprudents …
… sûrement des touristes allemands …
… les galettes au beurre …

1 **haut, haute** hoch

Module 2

Ecouter **1**

Lili Fatale: Le réel de la pauvreté[1] (chanson)

zu M2, A5

A *Avant la lecture:*

1. *Que veut dire le titre de la chanson? Pour comprendre les mots, pensez à des mots de la même famille.*

2. *Qu'est-ce qu'on peut faire, qu'est-ce qu'on ne peut pas faire quand on n'a pas d'argent?*

CD 3, 40

B *Ecoutez la chanson une première fois et lisez le texte à la page 230. Comment est-ce que la chanteuse a l'air d'être?*

triste? contente? heureuse? stressée? courageuse? timide?

C *Lisez les phrases, puis écoutez la chanson encore une fois. Choisissez la bonne réponse.*

1. La chanteuse est	**a** jeune et riche.	**b** vieille et pauvre.	**c** jeune et pauvre.
2. Elle n'a plus de	**a** café, lait, pain.	**b** thé, chocolat, pain.	**c** œufs, lait, pain.
3. Elle	**a** travaille au café.	**b** travaille dans un bureau.	**c** chante dans le métro.

D *Que dit la chanson? Est-ce que la musique va avec les paroles? Justifiez votre réponse.*

En forme **2**

On s'engage! (G 23)

zu M2, A7

△ *Deux filles parlent dans la rue. Complétez leur dialogue par les pronoms à droite.*

1. – Tu as vu l'annonce des Restos du Cœur? Non? Alors, lis-**?**.
2. Ils ont besoin de bénévoles. Aidons-**?**.
3. – Ben, parlons-**?** d'abord à nos parents.
4. – D'accord, demandons-**?** s'ils sont d'accord.
5. – Ton frère pourrait aussi venir avec nous! Montre-**?** l'annonce.
6. Invite-**?** à participer.
7. – Je ne sais pas, il prépare son bac, ne **?** oublie pas.
8. – Tu as peut-être raison. Oh, voilà le bus. Dépêchons-**?**.

la – nous – les – l' – lui – le – en – leur

Ecouter **3**

Comprendre des mots nouveaux

zu M2, B3

△ **A** *Lisez les mots suivants, puis écoutez deux fois les textes de **a** à **c**. Quel mot est dans quel texte?*

CD 3, 41 113

1. [ʀəvɑ̃] – **2.** [pʀɔfit] – **3.** [depɑ̃dɑ̃t] – **4.** [nuvote] – **5.** [ʀepaʀ]

B *Utilisez la stratégie à la page 115. A votre avis, que veulent dire ces mots? Justifiez vos réponses.*

C *Lola parle d'une sorte de magasin spécial: une ressourcerie. Expliquez ce que c'est.*

---

1 Das Chanson befindet sich auf der Audio-CD 2 (622168), Track 40.

Überblick über die Stratégies in Band 3

Mehr dazu hg8nx3

Hier siehst du, wo du die Lern- und Arbeitsmethoden in deinem Französischbuch und in deinem *Cahier d'activités* (CdA) nachschlagen kannst.
Die *Stratégies* aus den Bänden 1 und 2 findest du im Internet.

Vokabeln lernen und wiederholen

Mit dem Buch

Im *Vocabulaire* ab Seite 148 stehen die Lernwörter in der Reihenfolge, in der sie in den Texten vorkommen. So kannst du damit lernen:

Schreiben: Decke die deutsche Spalte mit einem Blatt zu. Lies die französischen Wörter und schreibe die deutsche Bedeutung auf dein Blatt. Vergleiche deinen Aufschrieb mit der deutschen Übersetzung im Buch.

Aussprechen: Sprich die Wörter beim Lernen aus. Sprich sie mal laut, mal leise, mal langsam, mal schnell. Das hilft dir dabei, sie zu behalten.

Beispielsätze beachten: Die Beispielsätze in der blauen Spalte zeigen dir, wie die Wörter verwendet werden. Damit kannst du dich gut auf Vokabeltests vorbereiten.

Verb + Ergänzung lernen: Lerne die Ergänzungen immer mit!
Also z. B. *offrir* ***qc à qn*** (jemandem etw. anbieten / schenken).

Wortverbindungen einprägen: Präge dir wichtige Wortverbindungen ein, z. B. *un concours* (ein Wettbewerb) → *participer à un concours* (an einem Wettbewerb teilnehmen). Das hilft dir dabei, die Wörter richtig anzuwenden.

Kurz, aber regelmäßig: Lerne die neuen Wörter in kleinen Portionen. Regelmäßig 10 Minuten Vokabeln lernen ist besser als nur selten und dann eine halbe Stunde.

Mit einem Karteikasten oder einem Übungsprogramm

Schreibe das französische Wort oder die Wortverbindung auf die Vorderseite einer Karteikarte. Auf die Rückseite schreibst du die deutsche Übersetzung. Du kannst auch Bilder zeichnen, die zu den Wörtern passen. Mit diesen Karten kannst du die Wörter jederzeit wiederholen. Zu Découvertes gibt es auch Lernprogramme, mit denen du die Vokabeln systematisch lernen und wiederholen kannst.

Mit Klebezetteln

Schreibe Wörter, die du dir überhaupt nicht einprägen kannst, auf Klebezettel. Klebe die Zettel an Stellen, an denen du sie oft siehst, z. B. neben die Tür.

Vokabeln anhören im Internet

Mehr dazu yi54ww

Die Lernwörter kannst du im Internet anhören und nachsprechen. Gib einfach auf *www.klett.de* den Découvertes-Code ein. Du kannst die Tondateien auch auf deinen MP3-Player laden, so hast du sie jederzeit dabei.

■ Vokabeln ordnen und sammeln

Lerne Wörter mit ihren **Gegenteilen** (*une question ≠ une réponse*), schreibe Wörter aus der gleichen **Wortfamilie** (*le sourire* ⟶ *rire*) oder mit **ähnlichen Bedeutungen** auf (*le contraire* ⟶ *l'inverse*).

Sammle Wörter, die zu einem bestimmten **Sachgebiet** gehören, in Vokabelnetzen. Du kannst dafür ein Ringbuch benutzen. Nimm pro Sachgebiet eine ganze Seite und lasse ausreichend Platz, sodass du das Vokabelnetz später ergänzen kannst. Trage in deine Vokabelnetze Wörter ein, die für dich persönlich wichtig sind. Eine Auswahl von Wörtern zu verschiedenen Themen findest du in der Rubrik **„Mon dico personnel“** (z. B. S. 17 und 151).

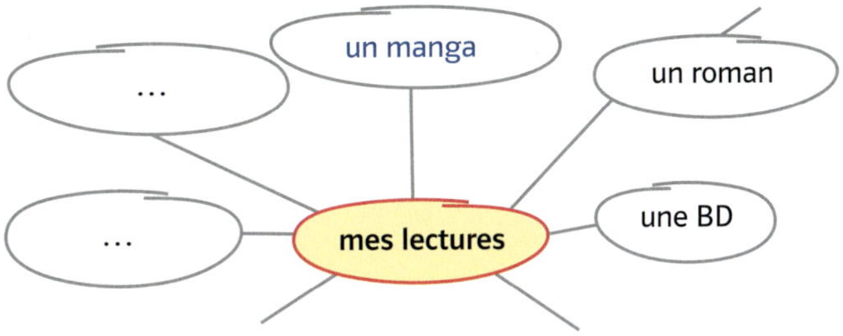

Grammatik lernen und wiederholen

Suche in den Texten und Übungen des Buchs Beispiele für die Grammatikthemen und schreibe sie auf. Du kannst ein **eigenes Grammatikheft** führen, in dem du mit Farben und Markierungen arbeitest. Schreibe z. B. maskuline Formen blau und feminine Formen rot wie auf S. 75. Markiere das direkte Objekt gelb und das Subjekt rot wie auf Seite 58.

Lerne Beispiele für wichtige Grammatikthemen **auswendig**, z. B. für die Objektpronomen: *Je ne veux pas te voir*.
Baue deine eigenen **Eselsbrücken**, um dir wichtige Regeln zu merken. Dabei ist alles erlaubt, Hauptsache es hilft dir, z. B. „Immer dieser Lui! Dem werd' ich's zeigen! ⟶ *Je vais lui montrer …*“

Im Grammatischen Anhang am Ende der Unités wird die Grammatik kurz gefasst dargestellt. Im Grammatischen Beiheft zu deinem Buch findest du darüber hinaus ausführliche Erklärungen, Beispiele, Regeln und weitere Übungen. Im Kapitel *Révisions* im Grammatischen Beiheft kannst du die **Grammatik aus Band 1 und 2** nachschlagen und **wiederholen**. Dort findest du alles, was du für die Wiederholungsübungen in deinem Buch und im *Cahier d'activités* brauchst.

Texte überprüfen

Mache nach dem Schreiben eine kurze Pause.
Lies deinen Text dann genau durch.

- Ist alles enthalten, was für diese **Textsorte** wichtig ist?
- Erfährt man im ersten Satz, **worum es geht**?
- Sind die Sätze **gut zu verstehen**?
- Gibt es Stellen, die nicht zum **Thema** gehören und besser weggelassen werden?
- Gibt es unnötige **Wiederholungen**?

Gibt es **Fehler**? Achte auf folgende Fehlerquellen:

• Stimmen Subjekte und Verben überein?	falsch: richtig:	***Les élèves*** *regarde James.* ***Les élèves*** *regar**dent** James.*
	falsch: richtig:	*Ils **nous** regardons.* ***Ils** nous regar**dent**.*
• Stimmen Nomen und Adjektive überein?	falsch: richtig:	***L'eau*** *est froid_.* ***L'eau*** *est froi**de**.*
• Stimmen Begleiter und Nomen überein?	falsch: richtig:	*J'aime bien cette CD.* *J'aime bien **ce** CD.*
	falsch: richtig:	*Ils ont invité leur amis.* *Ils ont invité leur**s** amis.*
• Hast du an die Pluralendungen gedacht?	falsch: richtig:	*Il pose de**s** question_.* *Il pose de**s** question**s**.*
• Stimmt das Hilfsverb beim Passé composé?	falsch: richtig:	*Ils sont déménagés.* *Ils **ont** déménagé.*
• Stimmt die Angleichung des Partizips beim Passé composé mit *être*?	falsch: richtig:	*Ils sont arrivé_ à Valence.* *Ils sont arrivés à Valence.*
• Stimmen die Pronomen?	falsch: richtig:	*Je veux rester en contact avec les.* *Je veux rester en contact avec **eux/elles**.*
	falsch: richtig:	*Elle veut savoir qu'est-ce que tu fais.* *Elle veut savoir **ce que** tu fais.*
• Stehen die Objektpronomen an der richtigen Stelle?	falsch: richtig:	*Je le ne connais pas.* *Je ne **le** connais pas.*
	falsch: richtig:	*Il ne te veut pas voir.* *Il ne veut pas **te** voir.*

– Stimmen die Mengenangaben?	falsch: richtig:	*Il pose beaucoup _ questions.* *Il pose beaucoup **de** questions.*
– … und der Teilungsartikel?	falsch: richtig:	*Les élèves ont _ chance.* *Les élèves ont **de la** chance.*
– Stimmen Apostrophe und Akzente?	falsch: richtig:	*Le endroit ou on a trouve …* ***L'**endroit o**ù** on a trouvé …*

Aus Fehlern lernen

Sieh deine Tests und Klassenarbeiten genau durch. Schreibe deine Fehler in die entsprechende Spalte deines **Fehlerprotokolls**, markiere die Fehlerstelle und schreibe die richtige Form daneben.

Lege die Tabelle auf einer DIN-A4-Seite im Querformat an.

Datum	Rechtschreibung		Wort/Ausdruck		männlich/weiblich		Verbform	
	falsch	richtig	falsch	richtig	falsch	richtig	falsch	richtig
16.10.	*a cote de*	*à côté de*			*une groupe*	*un groupe*	*j'entend*	*j'entends*
19.12.	*le endroit*	*l'endroit*	*avant 3 jours*	*il y a 3 jours*			*il prendait*	*il prenait*
26.02.							*ils nous regardons*	*ils nous regardent*
…	…	…	…	…	…	…	…	…

Sieh dein Fehlerprotokoll vor Klassenarbeiten genau durch.
Nimm dir vor, diese Fehler nie wieder zu machen!

Aufgaben gemeinsam bearbeiten

On fait un REP.

1. ***R**éfléchir* (nachdenken): Was steht in der Arbeitsanweisung? Worum geht es? Jeder denkt zuerst allein über die Aufgabe nach und verschafft sich einen Überblick über das Thema.

2. ***E**changer* (austauschen): Sprecht miteinander. Beantwortet die Fragen im Kasten rechts. Plant die Schritte, die zu erledigen sind.

3. ***P**artager / **P**résenter* (teilen und präsentieren): Einigt euch auf ein Gruppenergebnis und präsentiert es in der Klasse.

Führt eure Arbeiten zusammen und verbessert euch gegenseitig.
(⟶ Fehler-Checkliste S. 145)

- Was müssen wir tun?
- Haben wir so etwas Ähnliches schon einmal gemacht?
- Was hat uns dabei geholfen?
- Haben wir in unseren Heften etwas aufgeschrieben, auf das wir zurückgreifen können?
- Welche Strategien und On-dit-Kästen aus dem Buch können wir nutzen?
- Welchen Wortschatz und welche Grammatik brauchen wir?

Lautzeichen

Vokale (Selbstlaute)

[a]	m**a**d**a**me	wie in *B**a**n**a**ne*
[e]	t**é**l**é**phon**er**	wie in *t**e**l**e**fonieren*
[ə]	**je** m'appelle	wie in *Tass**e***
[ɛ]	je m'app**e**lle	wie in *b**e**llen*
[i]	**i**l, b**i**zarre	wie in *L**ie**be*
[o]	**au**ssi	wie in *R**o**se*
[ɔ]	c**o**mment	wie in *L**o**ch*
[ø]	monsi**eur**	wie in *b**ö**se*
[œ]	t-sh**i**rt	wie in *St**ö**cke*
[u]	bonj**ou**r	wie in *T**u**be*
[y]	Sal**ut**!	wie in *T**ü**r*

Konsonanten (Mitlaute)

[ʒ]	bon**j**our	wie in ***J**ournalist*
[f]	**f**amille, **ph**oto	wie in ***F**amilie, **F**oto*
[ʀ]	bonjou**r**	wie in ***R**ad, hö**r**en*
[s]	Mou**s**tique	wie in *Ma**ß***
[z]	bi**z**arre	wie in ***S**aal, Ro**s**e*
[v]	**V**iens!	wie in ***W**asser*
[ɲ]	Allema**gn**e	wie in *Lasa**gn**e*
[ŋ]	campi**ng**	wie in *Campi**ng***
[ʃ]	**ch**at	wie in ***sch**ön*

Nasalvokale

[ɔ̃]	b**on**jour	werden durch die Nase gesprochen und deshalb **Nasalvokale** genannt.
[ɑ̃]	croiss**ant**	
[ɛ̃]	bi**en**	

Halbkonsonanten

[j]	b**i**en	wie in ***j**a*
[w]	t**oi**	wie in englisch: ***w**ater*
[ɥ]	je s**ui**s	kurz gesprochenes [y], gehört zum folgenden Vokal.

Symbole und Abkürzungen

fam.	*familier* (= umgangssprachlich)
ugs.	umgangssprachlich
f.	*féminin* (= feminin, weiblich)
m.	*masculin* (= maskulin, männlich)
sg.	*singulier* (= Singular, Einzahl)
pl.	*pluriel* (= Plural, Mehrzahl)
Adv.	Adverb, frz. *adverbe*
inv.	*invariable* (= unveränderlich)

	Aussprache beachten!
‿	Zwei Wörter werden wie ein Wort ausgesprochen, z. B. *les‿amis* [lezami]
	Schreibung beachten!
qc	*quelque chose* (= etwas)
qn	*quelqu'un* (= jemand)

Mehr dazu yi54ww

Unité 1 Motivés!

TIPP

Halte Vokabeln in thematischen Vokabelnetzen fest. Lass in deinem Heft genügend Platz, damit du die Vokabelnetze später ergänzen kannst. In Unité 1 kannst du z. B. Vokabelnetze anlegen zu den Themen *Je vais bien* und *Je vais mal*.

TU TE RAPPELLES?

In den *Tu te rappelles?*-Kästen kannst du Wörter wiederholen, die du schon gelernt hast und die in dieser Unité wieder vorkommen.

la vie	das Leben	**continuer**	weitermachen
l'amour *(m.)*	die Liebe	**proposer qc**	etw. vorschlagen
elle va bien	es geht ihr gut	**il me faut qc**	ich brauche etw.
il va mal	es geht ihm schlecht	**devoir faire qc**	etw. tun müssen
un sujet	ein Thema	**important**	wichtig
à mon avis	meiner Meinung nach	**drôle**	lustig
penser que	denken, dass	**presque**	beinahe

motiver qn [mɔtive]	jemanden motivieren	
être **motivé/motivée** (pour faire qc) [mɔtive]	motiviert sein (etw. zu tun)	**Les joueurs sont très motivés.** Die Spieler sind sehr motiviert.
Ça y est! [sajɛ]	Geschafft! *(hier)* Es ist so weit!	**Ça y est, j'ai fini!** Geschafft! Ich bin fertig! 
être de bonne humeur [ɛtʀədəbɔnymœʀ]	guter Laune sein, gute Laune haben	**Le professeur est de bonne humeur.** Der Lehrer hat gute Laune. ≠ **être de mauvaise humeur**
un **concours** [ɛ̃kɔ̃kuʀ]	ein Wettbewerb	**J'ai participé à un concours de danse.** Ich habe an einem Tanzwettbewerb teilgenommen.
le **hip-hop** [ləipɔp]	der Hip-Hop	
Montpellier [mɔ̃pəlje]	*Stadt im Languedoc-Roussillon (Südfrankreich)*	
certains/certaines [sɛʀtɛ̃/sɛʀtɛn]	gewisse, bestimmte	**Alex adore certains groupes de hip-hop.** Alex mag bestimmte Hip-Hop-Gruppen.
les **fringues** *(f., pl.) (fam.)* [lefʀɛ̃g]	die Klamotten *(ugs.)*	**Elle aime aussi certaines fringues.** Sie mag auch bestimmte Klamotten. = **des vêtements** 
un **stage** [ɛ̃staʒ]	ein Praktikum, ein Kurs	**Bachir a fait un stage de karaté.** Bachir hat einen Karatekurs gemacht. Nicht verwechseln mit englisch: **the stage** = die Bühne
le **karaté** [ləkaʀate]	das Karate	
un **auteur**/une **auteure** [ɛ̃notœʀ/ynotœʀ]	ein Autor/eine Autorin	englisch: **an author**
une **colonie de vacances** [ynkɔlɔnid(ə)vakɑ̃s]	ein Ferienlager	**Léo est allé en colonie de vacances.** Léo war im Ferienlager. 

Vis-à-vis

Die französischen Sommerferien sind fast zwei Monate lang. Viele französische Kinder verbringen mehrere Wochen in einem Ferienlager (une colonie de vacances, un centre de vacances)

une **sorte** [ynsɔʀt]	eine Sorte, eine Art	
toutes sortes de [tutsɔʀtdə]	jeder Art, alle möglichen	**En colonie de vacances, il y a toutes sortes d'activités.** Im Ferienlager gibt es alle möglichen Aktivitäten.

Atelier A1

original/originale/originales [ɔʀiʒinal] **originaux** [ɔʀiʒino]	originell *(anders als üblich)*	**Pour ses photos, Lucie cherche des sujets originaux.** Lucie sucht originelle Themen für ihre Fotos.
une **adresse** [ynadʀɛs]	eine Adresse	
depuis que *(Konjunktion)* [dəpɥikə]	seit	**Depuis qu'il est rentré, Léo est triste.** Seit er zurück ist, ist Léo traurig. 
une **pêche** [ynpɛʃ]	ein Pfirsich	
avoir la pêche *(fam.)* [avwaʀlapɛʃ]	gut drauf sein *(ugs.)*	**= être de bonne humeur, être en forme, être motivé**
redonner la pêche à qn *(fam.)* [ʀədɔnelapɛʃ]	jemanden wieder aufmuntern	**donner → redonner** geben → **zurück**geben
répéter qc [ʀepete]	etw. wiederholen; *(hier)* proben	**Ils répètent une chanson.** Sie proben ein Chanson.
! **répéter**: je répète, tu répètes, il/elle/on répète, nous répétons, vous répétez, ils/elles répètent; Passé composé: j'ai répété		
un **refrain** [ɛ̃ʀəfʀɛ̃]	ein Refrain	
rire [ʀiʀ]	lachen	**Je ris parce que je trouve ça drôle.** Ich lache, weil ich das lustig finde. → Wortfamilie: **sourire** (lächeln)
! **rire**: je ris, tu ris, il/elle/on rit, nous rions, vous riez, ils/elles rient; Passé composé: j'ai **ri**		
croire qc [kʀwaʀ]	etw. glauben	**Je crois que tu as raison.** Ich glaube, du hast recht.
! **croire**: je crois, tu crois, il/elle/on croit, nous cro**y**ons, vous cro**y**ez, ils/elles cro**ie**nt; Passé composé: j'ai **cru**		
le **chagrin** [ləʃagʀɛ̃]	der Kummer	
le **chagrin d'amour** [ləʃagʀɛ̃damuʀ]	der Liebeskummer	**Léo a un chagrin d'amour.** Léo hat Liebeskummer.
l'**enfer** *(m.)* [lɑ̃fɛʀ]	die Hölle	**C'est l'enfer!** Es ist die Hölle!
rechanter qc [ʀəʃɑ̃te]	etwas noch einmal singen	**chanter → rechanter**
risquer de faire qc [ʀiske]	Gefahr laufen, etw. zu tun	**Si tu continues comme ça, il risque de pleuvoir.** Wenn du so weitermachst, wird es gleich regnen. **risquer qc** = etwas riskieren, etwas wagen
ne ... pas du tout [nə ... padytu]	überhaupt nicht	**Léo ne sait pas du tout chanter. Mais ça ne fait rien du tout.** Léo kann überhaupt nicht singen. Aber das macht überhaupt nichts. 
! „**Pas du tout**" kannst du auch ohne „ne" verwenden, genauso wie „**rien**", „**pas encore**" oder „**jamais**": Tu as faim? – Non, pas du tout. Qu'est-ce que tu fais? – Rien. Tu as déjà fait tes devoirs? – Non, pas encore. Tu es déjà allé(e) à Paris? – Non, jamais.		
reprendre qc [ʀəpʀɑ̃dʀ]	etwas wieder nehmen, zurücknehmen; *(hier)* von vorn beginnen	**prendre → reprendre**
n'importe quoi [nɛ̃pɔʀtəkwa]	irgendetwas; *(hier)* Unsinn, Quatsch *(fam.)*	→ Wortfamilie: **important** (wichtig) n'importe **qui** = irgendwer, n'importe **comment** = irgendwie, n'importe **où** = irgendwo

ne … personne [nə … pɛʀsɔn]	niemand	**Je ne veux voir personne.** Ich möchte niemanden sehen.
passer [pase]	vorbeigehen, vorübergehen	→ Wortfamilie: **le passé** (die Vergangenheit; das, was vorbei ist)
On attend que ça passe. [ɔ̃natɑ̃kəsapas]	Man wartet, bis es vorbeigeht.	
ensuite [ɑ̃sɥit]	danach/anschließend	→ **puis**
mieux *(adv.)* [mjø]	besser	**On parle, on rit et ensuite, ça va mieux.** Man spricht, man lacht, und danach geht es besser.
C'est parti! [sɛpaʀti]	Los geht's!	**C'est parti pour un tour en enfer!** wörtlich: Los geht's mit der Höllenfahrt!
offrir qc à qn [ɔfʀiʀ]	jdm. etw. anbieten/schenken	**Ses parents lui ont offert une guitare.** Seine Eltern haben ihm eine Gitarre geschenkt.

! **offrir** wird konjugiert wie **ouvrir**: j'offr**e**, tu offr**es**, il/elle/on offr**e**, nous offrons, vous offrez, ils/elles offrent; Passé composé: j'ai **offert**

Atelier **B1**

un air [ɛ̃nɛʀ]	*(hier)* eine Melodie	**L'air ne fait pas chanson!** Der Schein trügt. (sprichwörtliche Redewendung)

! **air** *(m.)* hat im Französischen mehrere Bedeutungen: die Luft, das Aussehen (avoir l'air content), die Melodie.

prendre l'air [pʀɑ̃dʀəlɛʀ]	an die frische Luft gehen	
juste *(adv.)* [ʒyst]	nur, bloß *(Adv.)*	**Je veux juste prendre l'air.** Ich will nur frische Luft schnappen
mal *(adv.)* [mal]	schlecht *(Adv.)*	**Ça va mal? – Non, ça va déjà mieux.** Geht es dir schlecht? – Nein, es geht schon besser.
servir à qc [sɛʀviʀ]	zu etw. nützen/nützlich sein/dienen	**Ça ne sert à rien de crier!** Es nützt nichts, zu schreien.

! **servir** wird konjugiert wie **dormir**: je ser**s**, tu ser**s**, il/elle/on ser**t**, nous ser**vons**, vous ser**vez**, ils/elles ser**vent**; Passé composé: j'ai serv**i**

ne … pas non plus [nə … panɔ̃ply]	auch nicht	**Je ne veux pas danser. Je ne veux pas non plus parler.** Ich will nicht tanzen. Ich will auch nicht reden.

AUF EINEN BLICK

Verb + Infinitiv

mit der Präposition **de**

arrêter de faire qc	aufhören, etw. zu tun
avoir envie de faire qc	Lust haben, etw. zu tun
avoir peur de faire qc	Angst haben, etw. zu tun
ça ne sert à rien de faire qc	es nützt nichts, etw. zu tun
essayer de faire qc	versuchen, etw. zu tun
finir de faire qc	etw. zu Ende machen
oublier de faire qc	vergessen, etw. zu tun
proposer de faire qc	vorschlagen, etw. zu tun
rêver de faire qc	davon träumen, etw. zu tun
risquer de faire qc	Gefahr laufen, etw. zu tun

mit der Präposition **à**

aider qn à faire qc	jdm. helfen, etw. zu tun
apprendre à faire qc	lernen, etw. zu tun
commencer à faire qc	anfangen, etw. zu tun
continuer à faire qc	etw. weiter tun
réussir à faire qc	es schaffen, etw. zu tun
servir à faire qc	dazu dienen, etw. zu tun

ohne Präposition

adorer faire qc	etw. sehr gerne tun	**devoir** faire qc	etw. tun müssen
aimer faire qc	etw. gerne tun/es lieben, etw. zu tun	**pouvoir** faire qc	etw. tun können (in der Lage sein)
aller faire qc	etw. tun werden	**savoir** faire qc	etw. tun können (wissen, wie es geht)
détester faire qc	etw. ungern tun/es hassen, etw. zu tun	**vouloir** faire qc	etw. tun wollen

MON DICO PERSONNEL

Parler d'une chanson   Worte über Lieder

Quel style de musique est-ce que tu aimes?	Welcher Musikstil gefällt dir?
J'aime la musique pop/le reggae ...	Ich mag Pop/Reggae ...
Tu connais ...? C'est mon groupe préféré.	Kennst du ...? Das ist meine Lieblingsgruppe.
Ils font du rock/de l'électro *(m.)* **...**	Sie spielen Rock/Electro ...
J'aime les textes/les mélodies/le rythme.	Ich mag die Texte/die Melodien/den Rhythmus.
Il est très dansant.	Er eignet sich gut zum Tanzen.
J'adore la voix du chanteur/de la chanteuse.	Ich stehe auf die Stimme des Sängers/der Sängerin.
Le chanteur/la chanteuse joue de la guitare/ du piano ...	Der Sänger/die Sängerin spielt Gitarre/ Klavier ...
Ma chanson préférée, c'est ...	Mein Lieblingslied ist ...
C'est une (belle, nouvelle) chanson (triste, drôle, difficile, originale ...)	Das ist ein schönes/neues/trauriges/lustiges/ schwieriges/ originelles ... Lied
Elle (la chanson) **parle de ...**	Es (das Lied) dreht sich um ...

MON DICO PERSONNEL

Parler d'un livre   Lesetipps für Freunde

Quel genre **de livres est-ce que tu aimes?**	Welche Art von Büchern gefällt dir?
J'aime les livres spécialisés **par exemple sur l'histoire.**	Ich mag Sachbücher, zum Beispiel über Geschichte.
J'aime aussi lire des romans (d'aventure/ **fantastiques/**policiers).	Ich lese auch gerne Romane (Abenteuer-, Fantasy-, Kriminal-romane).
Tu connais Marie Desplechin?	Kennst du Marie Desplechin?
C'est mon auteure préférée.	Das ist meine Lieblingsautorin.
J'aime son style, sa façon de **raconter.**	Ich mag ihren Stil, ihre Art zu erzählen.
Elle écrit des romans **pour les jeunes.**	Sie schreibt Romane für Jugendliche.
Ses romans parlent de la vie de tous les jours mais ils ne sont pas du tout ennuyeux.	Ihre Romane drehen sich um das Alltagsleben, aber sie sind überhaupt nicht langweilig.
«Babyfaces» par exemple parle d'une jeune fille qui n'est pas très jolie et qui n'a qu'un seul ami.	In „Babyfaces" geht es um ein Mädchen, das nicht besonders hübsch ist, und das nur einen einzigen Freund hat.
Je trouve que c'est un livre très captivant **qu'il faut** absolument **lire.**	Ich finde, das ist ein sehr fesselndes Buch, das man unbedingt lesen muss.

TIPP

Sprich die Wörter beim Lernen vor dich hin, mal laut, mal leise, mal langsam, mal schnell. Du wirst feststellen, dass sie auf diese Weise besser behalten kannst!

Unité 2 Soupçons

TU TE RAPPELLES?

enfin	schließlich	**apporter qc**	etwas mitbringen
ensuite	danach	**avoir l'air**	aussehen
loin de	weit von	**un cours**	eine Unterrichtsstunde
pendant	während	**croire qc**	etwas glauben
tout à coup	plötzlich	**rester**	bleiben
tout de suite	sofort	**sonner**	klingeln

un **soupçon** [ɛ̃supsɔ̃]	ein Verdacht	**«Soupçons» est le titre d'un livre de Hervé Mestron.** „Soupçons" ist der Titel eines Buches von Hervé Mestron.
Valence [valɑ̃s]	*Stadt in Südfrankreich*	
un **département** [ɛ̃depaʀtəmɑ̃]	ein Departement *(französischer Verwaltungsbezirk)*	**Valence est dans le département de la Drôme. (26)** Valence liegt im Département Drôme. (26)

Vis-à-vis

Ein **Departement** ist eine französische Verwaltungseinheit. Frankreich gliedert sich in 27 Regionen (régions), diese in 101 Departements. Alle Departements sind durchnummeriert. Die Nummern bilden die ersten Stellen der Postleitzahlen und befinden sich auch auf den Autokennzeichen.

la **Drôme** [ladʀom]	*Departement in Südfrankreich*	
le **Midi** [ləmidi]	Südfrankreich	**Dans le Midi, il y a beaucoup de touristes.** In Südfrankreich gibt es viele Touristen.
une **différence** [yndifeʀɑ̃s]	ein Unterschied	→ **différent** (anders, verschieden)
une **province** [ynpʀɔvɛ̃s]	eine Provinz	**D'abord, ils ont habité à Paris, maintenant ils habitent en province.** Zuerst haben sie in Paris gewohnt, jetzt wohnen sie in der Provinz.
une **capitale** [ynkapital]	eine Hauptstadt	**Paris est la capitale de la France.**
un **évènement** [ɛ̃nevɛnmɑ̃]	ein Ereignis	englisch: **an event**
se dérouler [sədeʀule]	sich abspielen	**Beaucoup d'évènements importants se déroulent à Paris.** Viele wichtige Ereignisse spielen sich in Paris ab. Das Verb kommt fast nur in der 3. Person vor.
déménager [demenaʒe]	umziehen	**Ils ont déménagé de Paris à Valence.** Sie sind von Paris nach Valence umgezogen.

! **déménager** wird konjugiert wie **manger**: je déménage, nous déménag**e**ons; Passé composé: j'ai déménagé

un **objet** [ɛ̃nɔbʒɛ]	ein Gegenstand	englisch: **an object**
un **regard** [ɛ̃ʀ(ə)gaʀ]	ein Blick	→ **regarder qn/qc**
couper qc [kupe]	etw. schneiden, abschneiden	**Il me faut un couteau pour couper le pain.** Ich brauche ein Messer, um das Brot zu schneiden.
accepter qn/qc [aksɛpte]	jdn./etw. akzeptieren, annehmen	
une **couverture** [ynkuvɛʀtyʀ]	eine Decke *(hier)* ein Einband, Umschlag	**Sur la couverture, il y a la photo d'un garçon.** Auf dem Umschlag ist das Foto eines Jungen.

A 5 **un voleur/une voleuse** [ɛ̃vɔlœʀ/ynvɔløz]	ein Dieb/eine Diebin	
rendre qc à qn [ʀɑ̃dʀ]	jdm. etw. zurückgeben	**La professeure rend les copies.** Die Lehrerin gibt die Arbeiten zurück. → **redonner qc à qn**
! **rendre** wird konjugiert wie **vendre**: je rends, nous rendons; Passé composé: j'ai **rendu**		
terminer qc [tɛʀmine]	etw. beenden, etw. fertigstellen	= **finir qc**
une habitude [ynabityd]	eine Gewohnheit	
d'habitude [dabityd]	gewöhnlich, normalerweise	**Gelatos a une bonne note, comme d'habitude.** Gelatos hat eine gute Note, wie gewöhnlich.
une route [ynʀut]	eine (Land)Straße	→ **une autoroute**; englisch: **a road** 
Vis-à-vis: Das Wort „la **route**" bezieht sich im Französischen auf Landstraßen. In geschlossenen Ortschaften wird von „la **rue**" gesprochen.		
lorsque [lɔʀskə]	wenn, als	= **quand**
une épaule [ynepol]	eine Schulter	
jaloux/jalouse de qn [ʒalu/ʒaluz]	eifersüchtig auf jdn.	**Il est jaloux de James.** Er ist eifersüchtig auf James. englisch: **jealous**
à cause de qn/qc [akozdə]	(einer Person/einer Sache) wegen	englisch: **because of**
le meilleur/la meilleure [ləmɛjœʀ/lamɛjœʀ]	der Beste/die Beste/das Beste	**D'habitude, Gelatos est toujours le meilleur.** Normalerweise ist Gelatos immer der Beste.
une impression [ynɛ̃pʀesjɔ̃]	ein Eindruck	
avoir l'impression que [avwaʀlɛ̃pʀesjɔ̃]	den Eindruck haben, dass	**James a l'impression que Mikaleff n'aime pas beaucoup Gelatos.** James hat den Eindruck, dass Mikaleff Gelatos nicht sehr mag.
sentir qc [sɑ̃tiʀ]	etw. fühlen, spüren; etw. riechen	**Les élèves sentaient que le prof était content de venir en classe.** Die Schüler spürten, dass der Lehrer gerne in die Klasse kam.
! **sentir** wird konjugiert wie **dormir**: je sen**s**, tu sen**s**, il/elle/on sen**t**, nous sentons, vous sentez, ils/elles sentent; Passé composé: **j'ai senti**		
africain/africaine [afʀikɛ̃/afʀikɛn]	afrikanisch	**un pays africain, la musique africaine** ein afrikanisches Land, afrikanische Musik
la Côte d'Ivoire [lakotdivwaʀ]	die Elfenbeinküste *(Staat in Westafrika)*	
dessiner qc [desine]	etw. zeichnen	→ **un dessin, un dessinateur/une dessinatrice**
encourager qn [ɑ̃kuʀaʒe]	jdn. ermutigen	**Le professeur encourageait tous ses élèves.** Der Lehrer ermutigte alle seine Schüler. → **le courage**
! **encourager** wird konjugiert wie **manger**: j'encourage, nous encourag**e**ons; Passé composé: j'ai encouragé		
le sourire [ləsuʀiʀ]	das Lächeln	→ **rire** (lachen), **sourire** (lächeln)
au fond de qc [ofɔ̃də]	hinten in, unten in	**au fond de la classe** hinten in der Klasse (im Klassenraum)

	une statuette [ynstatyɛt]	eine Figur, eine Statuette	
	disparaître [disparɛtʀ]	verschwinden	 **Les statuettes ont disparu!** Die Figuren sind verschwunden/ sind weg! **= ne plus être là**
!	**disparaître** wird konjugiert wie **connaître**: je dispar**ais**, il dispar**aît**, nous dispar**aissons**; Passé composé: **j'ai disparu**		
	toucher qn/qc [tuʃe]	jdn./etw. berühren, jdn./etw. anfassen	englisch: **to touch** **toucher à qc** bedeutet: sich an etwas zu schaffen machen, an etwas herummachen
	une larme [ynlaʀm]	eine Träne	**Il avait les larmes aux yeux.** Er hatte Tränen in den Augen.
	partout [paʀtu]	überall	**Il a cherché partout dans la salle.** Er hat im ganzen Raum gesucht. 
	voler qc [vɔle]	etw. stehlen	**On les a volées!** Man hat sie gestohlen! → **un voleur**
	un principal/une principale [ɛ̃pʀɛ̃sipal/ynpʀɛ̃sipal]	ein Schulleiter/eine Schulleiterin *(im „Collège")*	
	dehors [dəɔʀ]	draußen, im Freien; *(hier)* Raus mit euch!	
	parmi [paʀmi]	unter	**Il y a un voleur parmi les élèves?** Gibt es einen Dieb unter den Schülern?
A 9	**pendant que** [pɑ̃dɑ̃kə]	während	**Les élèves dessinent pendant qu'ils écoutent de la musique.** Die Schüler zeichnen, während sie Musik hören.
Atelier B 1	**une découverte** [yndekuvɛʀt]	eine Entdeckung	**James a fait une découverte dangereuse.** James hat eine gefährliche Entdeckung gemacht. 
	étrange/étrange [etʀɑ̃ʒ]	seltsam, merkwürdig	englisch: **strange**
	l'inverse *(m.)* [lɛ̃vɛʀs]	das Gegenteil, das Umgekehrte	**= le contraire**
	arriver à faire qc [aʀive]	gelingen etwas zu tun	**Il n'arrivait pas à le croire.** Er konnte es nicht glauben.
	l'Afrique *(f.)* [lafʀik]	Afrika	
	caresser qn/qc [kaʀese]	jdn./etw. streicheln	**Elle m'a caressé les cheveux.** Sie strich mir über die Haare.
	un propriétaire/une propriétaire [ɛ̃pʀɔpʀijetɛʀ/ynpʀɔpʀijetɛʀ]	ein Eigentümer/eine Eigentümerin	**Il faut rendre les statuettes à son propriétaire.** Man muss die Figuren ihrem Eigentümer zurückgeben.
	le lendemain [ləlɑ̃dmɛ̃]	am folgenden Tag	**Le lendemain, je suis parti au collège.** Am folgenden Tag ging ich ins Collège.
	devenir qn/qc [dəvəniʀ]	jd./etw. werden	**Tout devenait compliqué.** Alles wurde kompliziert. → **venir**
!	**devenir** wird konjugiert wie **venir**: je dev**iens**, nous dev**enons**; Passé composé: je suis **devenu(e)**		
	il fallait [ilfalɛ]	*(Imparfait von „il faut")* man musste	
	garder qc [gaʀde]	etw. behalten	**Je ne pouvais pas garder ça pour moi tout seul.** Ich konnte das nicht für mich ganz allein behalten.
	la vérité [laveʀite]	die Wahrheit	**C'est la vérité. = C'est vrai.**
	sinon [sinɔ̃]	sonst, andernfalls	**Il faut partir maintenant, sinon on va arriver en retard.** Wir müssen jetzt los, sonst kommen wir zu spät.

clair/claire [klɛʀ]	hell, klar	
une **autorisation** [ynɔtɔʀizasjɔ̃]	eine Erlaubnis, eine Genehmigung	**J'ai demandé l'autorisation d'aller à l'infirmerie.** Ich bat um die Erlaubnis, zur Krankenstation gehen zu dürfen.
un **chemin** [ɛ̃ʃəmɛ̃]	ein Weg	**demander le chemin à qn** jemanden nach dem Weg fragen
une **seconde** [ynsəgɔ̃d]	eine Sekunde	Aussprache: das **-c-** spricht man weich aus wie ein -g-.

AUF EINEN BLICK

Pour résumer un texte
Zusammenfassen, gewusst wie!

Le texte raconte l'histoire de ...	Der Text erzählt die Geschichte von ...
Le texte parle de ...	Der Text handelt von ...
Dans la première partie, ...	Im ersten Teil ...
Dans la deuxième partie, ...	Im zweiten Teil ...
A la fin, ...	Am Ende ...

B5

frapper [fʀape]	klopfen; schlagen	**Quelqu'un a frappé à la porte.** Jemand klopfte an die Tür.
courir [kuʀiʀ]	laufen, rennen	**Je courais à la catastrophe.** Ich stand kurz vor der Katastrophe. → **une course:** ein Lauf, ein Rennen
! **courir:** je cours, tu cours, il/elle/on court, nous courons, vous courez, ils/elles courent; Passé composé: j'ai **couru**		
une **mouche** [ynmuʃ]	eine Fliege	
hésiter à faire qc [ezite]	zögern, etw. zu tun	englisch: **to hesitate**
mentir [mɑ̃tiʀ]	lügen	**Je ne mens pas, c'est la vérité!** Ich lüge nicht, das ist die Wahrheit.
! **mentir** wird konjugiert wie **sentir** und **dormir**: je mens, nous mentons; Passé composé: j'ai menti		
Ça va s'arranger. [savasaʀɑ̃ʒe]	Das wird schon wieder.	
un **pickpocket** [ɛ̃pikpɔkɛt]	ein Taschendieb	
une **maladie** [ynmaladi]	eine Krankheit	
malade/malade [malad]	krank	**Je ne vais pas bien, je suis malade.** Mir geht es nicht gut, ich bin krank.

B6

un **fait** [ɛ̃fɛ]	eine Tatsache	**C'est un fait. = C'est vrai.**
il y a deux semaines [ilja]	(jetzt) vor zwei Wochen	**Il y a trois jours j'ai rencontré Lucie.** Vor drei Tagen habe ich Lucie getroffen.
! **il y a** deux heures: (jetzt) vor zwei Stunden **avant** deux heures: vor 2 Uhr.		

C2

donc [dɔ̃k]	also	**Pierre est malade, il ne peut donc pas venir.** Pierre ist krank, er kann also nicht kommen.
manquer [mɑ̃ke]	fehlen	**Il me manque.** Er fehlt mir.
éclater de rire [eklatedəʀiʀ]	in Gelächter ausbrechen	
une **armoire** [ynaʀmwaʀ]	Schrank	**Son armoire était ouverte.** Sein Schrank stand offen.
à moitié [amwatje]	zur Hälfte	**La statuette était à moitié cachée par un pull.** Die Figur war zur Hälfte von einem Pulli verdeckt. **la moitié du gâteau** = die Hälfte des Kuchens

cacher qc [kaʃe]	etw. verstecken	**Qui a caché la statuette?** Wer hat die Figur versteckt?
un **pas** [ɛ̃pa]	ein Schritt	
de près [dəpʀɛ]	aus der Nähe, von Nahem	**J'ai fait un pas pour regarder de près.** Ich machte einen Schritt, um es aus der Nähe zu betrachten.
un **médicament** [ɛ̃medikamɑ̃]	ein Medikament	**Quand on est très malade, il faut prendre un médicament.** Wenn man sehr krank ist, muss man ein Medikament nehmen.
dénoncer qn [denɔ̃se]	jdn. verraten	deutsch: **jdn. denunzieren**
autour de qn/qc [otuʀ]	um jdn./etw. herum	**Il y avait du monde autour de lui.** Er war umringt von Leuten.
soupçonner qn de qc [supsɔne]	jdn. einer Sache verdächtigen	**On me soupçonnait.** Man verdächtigte mich. → **un soupçon**
un **vol** [ɛ̃vɔl]	*(hier)* ein Diebstahl, ein Raub	→ **un voleur; voler qc**
chaque fois que [ʃakfwakə]	jedesmal wenn	
pâle/pâle [pal]	bleich	**Il devenait pâle.** Er wurde bleich. englisch: **pale**
vers [vɛʀ]	gegen, in Richtung	**Enfin, il est venu vers moi.** Schließlich kam er auf mich zu.
pardonner qc à qn [paʀdɔne]	jdm. etw. verzeihen	**Je lui ai pardonné.** Ich habe ihm verziehen. = **accepter que qn s'excuse**
accuser qn [akyze]	jdn. anklagen	englisch: **to accuse**

AUF EINEN BLICK

Des évènements mystérieux
Wortschatz für Krimis

sentir qc	etw. spüren, etw. riechen	**dire la vérité** à qn	jdm. die Wahrheit sagen
avoir l'impression que	den Eindruck haben, dass	**mentir** à qn	jdn. belügen
accuser qn	jdn. anklagen	**hésiter** à faire qc	zögern, etw. zu tun
pardonner qc à qn	jdm. etw. verzeihen	**risquer qc**	etw. riskieren
lancer un regard à qn	jdm. einen Blick zuwerfen	**frapper** qn	jdn. schlagen
soupçonner qn	jdn. verdächtigen	**voler** qc à qn	jdm. etw. stehlen
être jaloux/jalouse de qn	eifersüchtig auf jdn. sein	**garder** qc	etw. behalten
accepter qn	jdn. akzeptieren	**cacher** qc à qn	etw. vor jdm. verstecken
croire qn	jdm. glauben	**rendre** qc à qn	jdm. etw. zurückgeben
dénoncer qn	jdn. verraten	**disparaître**	verschwinden

MON DICO PERSONNEL

Des mots pour les «Histoires noires»
Noch mehr «Krimi-Wörter»

un vol	ein Diebstahl
une trace de sang	eine Blutspur
un indice	ein Indiz
la police	die Polizei
un policier	ein Polizist

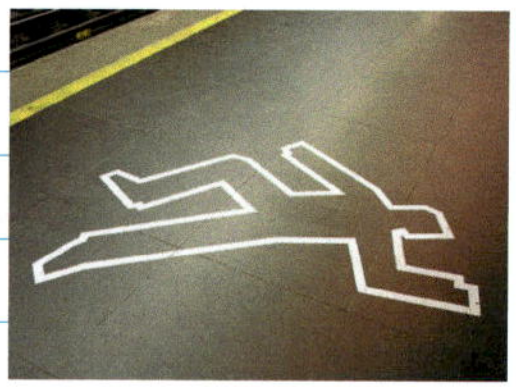

un espion	ein Spion
un assassin	ein Mörder
un meurtre	ein Mord
il est mort	er ist tot
elle est morte	sie ist tot

TIPP

Sieh dir die Beispielsätze genau an. Sprich sie vor dich hin und präge sie dir ein. Das hilft nicht nur beim Behalten, sondern ist zugleich eine prima Vorbereitung für den nächsten Vokabeltest!

Unité 3 Métro-boulot-dodo?

TU TE RAPPELLES?

parfois	manchmal	**mettre la table**	den Tisch decken
tard	spät	**finir qc**	etw. beenden
tôt	früh	**venir**	kommen
espérer	hoffen	**devenir**	werden
ranger	aufräumen	**un métier**	ein Beruf
faire les courses	einkaufen	**gagner de l'argent**	Geld verdienen

un **travail**/des **travaux** [ɛ̃tʀavaj/detʀavo]	eine Arbeit/Arbeiten	→ **travailler**
un **boulot** *(fam.)* [ɛ̃bulo]	ein Job *(ugs.)*	
occuper [ɔkype]	beschäftigen; besetzen	
un **lycée** [ɛ̃lise]	ein Gymnasium/Lycée	**La grande sœur de Mehdi va au lycée.** Mehdis große Schwester geht ins Lycée.
un **ingénieur**/une **femme ingénieur** [ɛ̃nɛ̃ʒenjœʀ/ ynfamɛ̃ʒenjœʀ]	ein Ingenieur/eine Ingenieurin	**Le père de Mehdi est ingénieur.** Mehdis Vater ist Ingenieur.
fabriquer qc [fabʀike]	etw. herstellen	**Chez Renault, on fabrique des voitures.** Bei Renault werden Autos hergestellt.
fonder qc [fɔ̃de]	etw. gründen	
une **entreprise** [ynɑ̃tʀəpʀiz]	ein Betrieb, eine Firma, ein Unternehmen	**fonder une entreprise** = ein Unternehmen gründen
un **infirmier**/une **infirmière** [ɛ̃nɛ̃fiʀmje/ynɛ̃fiʀmjɛʀ]	ein Krankenpfleger/eine Krankenpflegerin	**La mère de Mehdi est infirmière.** Mehdis Muter ist Krankenpflegerin. → **l'infirmerie** 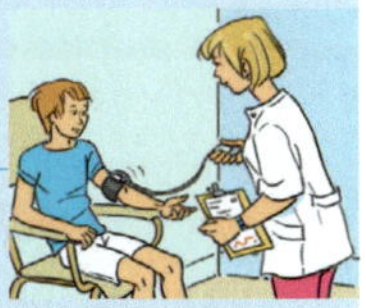
une **formation** [ynfɔʀmasjɔ̃]	eine Ausbildung	**Elle a fait une formation d'infirmière.** Sie hat eine Ausbildung als Krankenpflegerin gemacht.
l'**Institut Pasteur** *(m.)* [ɛ̃stitypastœʀ]	*biologisch-medizinisches Forschungszentrum, das auch Impfstoffe entwickelt*	
une **recherche** [ynʀəʃɛʀʃ]	eine (Nach)Forschung; eine Suche	
médical/médicale [medikal]	medizinisch	la **recherche médicale** = die medizinische Forschung
une **analyse** [ynanaliz]	eine Analyse, eine genaue Untersuchung	
un **scientifique**/ une **scientifique** [ɛ̃sjɑ̃tifik/ ynsjɑ̃tifik]	ein Wissenschaftler/ eine Wissenschaftlerin	
un **vaccin** [ɛ̃vaksɛ̃]	ein Impfstoff	**Louis Pasteur a inventé un vaccin contre la rage.** Louis Pasteur hat einen Impfstoff gegen Tollwut gefunden.

Atelier A1

se réveiller [səʀeveje]	aufwachen	**Sana se réveille à 5 heures.** Sana wacht um 5 Uhr auf.
un **réveil** [ɛ̃ʀevɛj]	ein Wecker	**Le réveil sonne.** Der Wecker klingelt. 

lever qc [ləve]	etw. heben	**Levez la main!** Hebt die Hand! (Meldet euch!)
se lever [sələve]	aufstehen; sich erheben	**Sana se lève très tôt le matin.** Sana steht morgens sehr früh auf.
! **se lever:** je me l**è**ve, tu te l**è**ves, il/elle/on se l**è**ve, nous nous levons, vous vous levez, ils/elles se l**è**vent; Passé composé: je me **suis** levé(e)		
laver qn/qc [lave]	jdn./etw. waschen	
se laver [səlave]	sich waschen	**Elle va dans la salle de bains pour se laver.** Sie geht ins Bad, um sich zu waschen.
s'habiller [sabije]	sich anziehen, sich kleiden	**Tu t'es habillé(e)?** Hast du dich angezogen?
le **mari** [ləmaʀi]	der Ehemann	! **un homme:** ein Mann, ein Mensch; **un mari:** ein Ehemann 
se dépêcher [sədepeʃe]	sich beeilen	**Vite! Dépêche-toi!** Schnell! Beeil dich!
rater qc *(fam.)* [ʀate]	etw. verpassen; verpfuschen, nicht schaffen	**rater le bus, rater une interrogation**
une **soirée** [ynswaʀe]	ein Abend	un **soir** → une **soirée;** un **jour** → une **journée;** un **an** → une **année**
s'occuper de qn/qc [sɔkype]	sich mit jdm./etw. beschäftigen; sich um jdn./etw. kümmern	**Qui s'occupe du repas?** Wer kümmert sich um das Essen?
A2 **soupirer** [supiʀe]	seufzen	
pourtant [puʀtɑ̃]	dennoch, trotzdem	**Elle n'était pas au collège. Pourtant, il y avait une journée d'orientation.** Sie war nicht im Collège. Dabei gab es doch einen Berufsberatungstag.
l'**orientation** *(f.)* [lɔʀjɑ̃tasjɔ̃]	die Orientierung	
une **journée d'orientation** [ynʒuʀnedɔʀjɑ̃tasjɔ̃]	ein Berufsberatungstag	
s'informer sur qc [sɛ̃fɔʀme]	sich über etw. informieren	**Les élèves peuvent s'informer sur les métiers.** Die Schüler können sich über Berufe informieren.
un **hôpital** [ɛ̃nɔpital]	ein Krankenhaus	**Sana est infirmière à l'hôpital Cochin.** Sana ist Krankenpflegerin am Cochin-Krankenhaus.
l'**hôpital Cochin** [kɔʃɛ̃]	*Krankenhaus in Paris*	
se disputer avec qn [sədispyte]	sich mit jdm. streiten	**Ne vous disputez pas. Ça m'énerve.** Streitet euch nicht. Das geht mir auf die Nerven. 
bouder [bude]	schmollen	
être en train de faire qc [ɛtʀɑ̃tʀɛ̃dəfɛʀ]	gerade etw. tun	**Karima est en train de faire ses devoirs.** Karima macht gerade ihre Hausaufgaben.
se concentrer sur qc [səkɔ̃sɑ̃tʀe]	sich auf etw. konzentrieren	
dur/dure [dyʀ]	hart; schwierig	**La vie est dure.** Das Leben ist hart.
on pourrait [ɔ̃puʀɛ]	man könnte	**On pourrait faire ça ensemble, non?** Wir könnten das zusammen machen, oder?
se sentir [səsɑ̃tiʀ]	sich fühlen	**Sana se sent stressée.** Sana fühlt sich gestresst.
! **se sentir:** je me sen**s**, tu te sen**s**, il/elle/on se sen**t**, nous nous sentons, vous vous sentez, ils/elles se sentent; Passé composé: **je me suis senti(e)**		
stressé/stressée [stʀese]	gestresst	

	prêt/prête [pʀɛ/pʀɛt]	fertig, bereit	**La quiche est prête?** Ist die Quiche fertig?
	se reposer [səʀəpoze]	sich ausruhen	
	se fermer [səfɛʀme]	sich schließen	
!	So wie **fermer** können auch einige andere „normale" Verben reflexiv werden, z. B. **s'ouvrir** = sich öffnen, **se préparer** = sich vorbereiten, **se présenter** = sich vorstellen, **se cacher** = sich verstecken		
	venir de faire qc [vəniʀdəfɛʀ]	gerade etw. getan haben	**Mehdi vient de partir.** Mehdi ist gerade gegangen.
A5	**C'est galère!** *(fam.)* [segalɛʀ]	Echt ätzend! *(ugs.)*	**= C'est difficile (et je n'aime pas le faire).**
	vider qc [vide]	etw. leeren	**Tous les jours, je vide la poubelle.** Jeden Tag leere ich den Mülleimer.
	un **lave-vaisselle** [ɛ̃lavvɛsɛl]	ein Geschirrspüler	**Tu peux vider le lave-vaisselle, s'il te plaît?** Kannst du bitte den Geschirrspüler ausräumen?

AUF EINEN BLICK

Le travail à la maison

Jeder tut, was er kann …

le travail à la maison

faire son lit

ranger sa chambre/son armoire

vider la poubelle

nettoyer [netwaje] *la salle de bains*

faire les courses

nettoyer [netwaje] *la cage de son hamster*

faire la cuisine

passer l'aspirateur

mettre la table

débarrasser la table

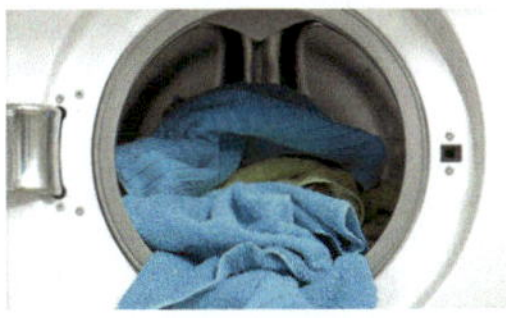

laver *le linge* [ləlɛ̃ʒ]

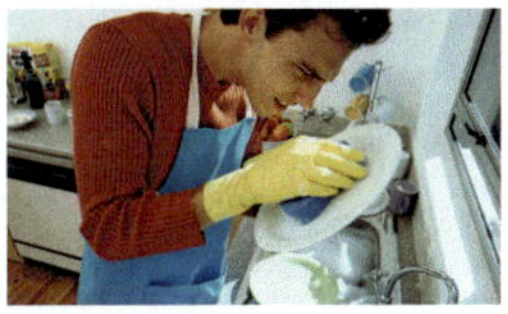

laver *la vaisselle*

Atelier B1

un **week-end** [ɛ̃wikɛnd]	ein Wochenende	Aussprache: Im Französischen wird die 2. Silbe betont.
seul/seule [sœl]	einzig	le **seul jour où** = der einzige Tag, an dem
une **ambiance** [ynɑ̃bjɑ̃s]	eine Stimmung, eine Atmosphäre	**Ce soir, l'ambiance à la maison n'est pas très bonne.** Heute Abend ist die Stimmung zuhause nicht sehr gut.
inquiet/inquiète [ɛ̃kjɛ/ɛ̃kjɛt]	unruhig, beunruhigt	**Sana est inquiète, Idris est en colère.** Sana ist beunruhigt, Idris ist wütend. englisch: **quiet** (still, ruhig)
s'intéresser à qc [sɛ̃teʀese]	sich für etw. interessieren	**Pierre s'intéresse à tout.** Pierre interessiert sich für alles.
un **présentateur**/une **présentatrice** [ɛ̃pʀezɑ̃tatœʀ/ynpʀezɑ̃tatʀis]	ein Nachrichtensprecher/eine Nachrichtensprecherin; ein Moderator/eine Moderatorin	→ **présenter qc** 
une **aventure** [ynavɑ̃tyʀ]	ein Abenteuer	englisch: **an adventure**
un **pilote**/une **pilote** [ɛ̃pilɔt/ynpilɔt]	ein Pilot/eine Pilotin	**Mehdi veut peut-être devenir pilote.** Mehdi möchte vielleicht Pilot werden.
ce qui [səki]	was *(Relativpronomen, Subjekt)*	**Il ne sait pas encore ce qui l'intéresse vraiment.** Er weiß noch nicht, was ihn wirklich interessiert.
un **médecin**/une **femme médecin** [ɛ̃medsɛ̃/ynfammedsɛ̃]	ein Arzt/eine Ärztin	Aussprache: **Le père de Corent<u>in</u> est médec<u>in</u>.**
Médecins du Monde [medsɛ̃dymɔ̃d]	*In Frankreich gegründete Ärzteorganisation, die ehrenamtlich medizinische Hilfe in Krisengebieten leistet*	
Haïti [aiti]	*Inselstaat im Karibischen Meer*	**En Haïti, on parle français.** In Haiti spricht man Französisch.
incroyable [ɛ̃kʀwajabl]	unglaublich	→ **croire** (glauben)
un **paysage** [ɛ̃peizaʒ]	eine Landschaft	→ **un pays** (ein Land)
ce que [səkə]	was *(Relativpronomen, Objekt)*	**Tout ce que M. Brunet raconte fascine Mehdi.** Alles, was Herr Brunet erzählt, fasziniert Mehdi.
fasciner [fasine]	faszinieren, fesseln	Aussprache: die Buchstaben **-sc-** spricht man hier als **-s-**.
une **décision** [yndesizjɔ̃]	eine Entscheidung	englisch: **a decision**
prendre une décision [pʀɑ̃dʀyndesizjɔ̃]	eine Entscheidung treffen	**J'ai pris une décision.** Ich habe eine Entscheidung getroffen.
humanitaire [ymanitɛʀ]	humanitär, menschenfreundlich	un **médecin humanitaire** = ein Arzt bei einer Hilfsorganisation, z. B. bei „Ärzte der Welt" (Médecins du Monde)
un **pour cent** *(inv.)* [ɛ̃puʀsɑ̃]	ein Prozent	Das Nomen **pour cent** besteht aus zwei Wörtern (wörtlich: „für Hundert"). Man schreibt es getrennt.
passionnant/passionnante [pasjɔnɑ̃/pasjɔnɑ̃t]	spannend, fesselnd	
finalement [finalmɑ̃]	schließlich, zum Schluss	→ **la fin, finir, enfin**
B4		
un **mécanicien**/une **mécanicienne** [ɛ̃mekanisjɛ̃/ynmekanisjɛn]	ein Mechaniker/eine Mechanikerin	**Julie est mécanicienne.** Julie ist Mechanikerin.
un **coiffeur**/une **coiffeuse** [ɛ̃kwafœʀ/ynkwaføz]	ein Friseur/eine Friseurin	**Je vais chez le coiffeur.** Ich gehe zum Friseur.
un **musicien**/une **musicienne** [ɛ̃myzisjɛ̃/ynmyzisjɛn]	ein Musiker/eine Musikerin	**Un musicien fait de la musique.** Ein Musiker macht Musik.

un **spectacle** [ɛ̃spɛktakl]	eine Darbietung, eine Vorstellung; das Showgeschäft	**Zoé veut être actrice et travailler dans le spectacle.** Zoé möchte Schauspielerin werden und im Showgeschäft arbeiten.
le **commerce** [ləkɔmɛʀs]	der Handel	deutsch: → **der Kommerz**
l'**agriculture** *(f.)* [lagʀikyltyʀ]	die Landwirtschaft, der Ackerbau	**Mon oncle travaille à la campagne, dans l'agriculture.** Mein Onkel arbeitet auf dem Land, in der Landwirtschaft.
l'**industrie** *(f.)* [lɛ̃dystʀi]	die Industrie	
B 6 **normalement** [nɔʀmalmɑ̃]	normalerweise	
une **carte vitale** [ynkaʀtvital]	eine Krankenversicherungskarte	**Chez le médecin, on présente sa carte vitale.** Beim Arzt legt man seine Krankenversicherungskarte vor.
un **médicament** [ɛ̃medikamɑ̃]	ein Arzneimittel, ein Medikament	
une **pharmacie** [ynfaʀmasi]	eine Apotheke	**A la pharmacie, on peut acheter des médicaments.** In der Apotheke kann man Medikamente kaufen.
un **remboursement** [ɛ̃ʀɑ̃buʀsəmɑ̃]	eine Rückzahlung; Rückerstattung	**D'abord, on paie et plus tard, on reçoit un remboursement.** Zuerst bezahlt man und später erhält man eine Rückerstattung.
B 8 **fort/forte** [fɔʀ/fɔʀt]	stark	
être fort(e) en [ɛtʀəfɔʀɑ̃]	gut sein in etw.	**Karima est forte en langues.** Karima ist gut in Sprachen.
une **langue** [ynlɑ̃g]	eine Sprache	englisch: **a language**
la **technique** [latɛknik]	die Technik	**Pour ce métier, il faut être fort en technique.** Für diesen Beruf muss man gut in Technik sein.
communiquer avec qn [kɔmynike]	mit jdm. kommunizieren, Nachrichten austauschen	englisch: **to communicate with sb**
la **nature** [lanatyʀ]	die Natur	**J'adore les arbres et les animaux. J'aime bien la nature.** Ich mag Bäume und Tiere sehr gerne. Ich liebe die Natur.
permettre à qn **de** faire qc [pɛʀmɛtʀ]	jdm. erlauben, etw. zu tun; jdm. etw. ermöglichen	**Je suis pilote. Mon métier me permet de voir beaucoup de pays.** Ich bin Pilot. Mein Beruf ermöglicht es mir, viele Länder zu sehen.
! **permettre** wird konjugiert wie **mettre**: je per**mets**, nous per**mettons**; Passé composé: j'ai per**mis**		
voyager [vwajaʒe]	reisen	→ **faire un voyage**
! **voyager** wird konjugiert wie **manger** und **bouger**: je voyage, nous voyag**e**ons; Passé composé: j'ai voyagé		

MON DICO PERSONNEL

Quel est ton métier de rêve?

un agriculteur/une agricultrice	ein Landwirt/eine Landwirtin
un architecte/une architecte	ein Architekt/eine Architektin
un avocat/une avocate	ein Rechtsanwalt/eine Rechtsanwältin
un boulanger/une boulangère	ein Bäcker/eine Bäckerin
un coureur automobile/une coureuse automobile	ein Rennfahrer/eine Rennfahrerin
un dessinateur/une dessinatrice	ein Zeichner/eine Zeichnerin
un diplomate/une diplomate	ein Diplomat/eine Diplomatin
un infirmier/une infirmière	ein Krankenpfleger/eine Krankenpflegerin
un ingénieur/une femme ingénieur	ein Ingenieur/eine Ingenieurin

→

un joueur de foot/une joueuse de foot	ein Fußballspieler/eine Fußballspielerin
un mécanicien/une mécanicienne	ein Mechaniker/eine Mechanikerin
un médecin/une femme médecin	ein Arzt/eine Ärztin
un pilote/une pilote	ein Pilot/eine Pilotin
un policier/une policière	ein Polizist/eine Polizistin
un pompier/une femme pompier	ein Feuerwehrmann/eine Feuerwehrfrau
un scientifique/une scientifique	ein Wissenschaftler/eine Wissenschaftlerin
un vétérinaire/une vétérinaire	ein Tierarzt/eine Tierärztin
un vendeur/une vendeuse	ein Verkäufer/eine Verkäuferin

TIPP

Lerne bei Adjektiven die **weibliche** Form immer mit! Finde selber Beispiele:
Il est inquiet. **Elle** est inquiète.
Un long voyage, **une** longue phrase.

Unité 4 Bon séjour à Tours!

TU TE RAPPELLES?

un endroit	ein Ort	**un bruit**	ein Geräusch
une valise	ein Koffer	**je suis désolé/désolée**	es tut mir leid
connaître qn/qc	jdn./etw. kennen	**je suis content/contente**	ich bin zufrieden/froh
entendre qn/qc	jdn./etw. hören	**il y a du soleil**	es ist sonnig
une habitude	eine Gewohnheit	**il pleut**	es regnet
une erreur	ein Irrtum, ein Fehler	**il y a beaucoup de monde**	es gibt viele Leute, es ist voll

un **séjour** [ɛ̃seʒuʀ]	ein Aufenthalt	**Bon séjour à Tours!** Schönen Aufenthalt in Tours!
Tours [tuʀ]	*(Stadt in Zentralfrankreich)*	
découvrir qc [dekuvʀiʀ]	etw. entdecken	= **faire des découvertes** *(f.)* 
! **découvrir** wird konjugiert wie **ouvrir**: je découvre, nous découvrons; j'ai **découvert**		
un **échange scolaire** [ɛ̃neʃɑ̃ʒskɔlɛʀ]	ein Schüleraustausch	**Pendant un échange scolaire, on peut découvrir beaucoup de choses.** Während eines Schüleraustauschs kann man viel entdecken. → **changer** (wechseln)
un **correspondant**/une **correspondante** [ɛ̃kɔʀɛspɔ̃dɑ̃/ynkɔʀɛspɔ̃dɑ̃t]	ein Brieffreund/eine Brieffreundin; ein Austauschpartner/eine Austauschpartnerin	Abkürzung: **un corres/une corres** *(fam.)*
l'**Office franco-allemand pour la jeunesse** *(m.)* [lɔfisfʀɑ̃koalmɑ̃puʀlaʒœnɛs]	Deutsch-Französisches Jugendwerk (DFJW)	Abkürzung: **l'OFAJ** [lɔfaʒ] *(m.)*
un **car** [ɛ̃kaʀ]	ein Bus *(Reisebus)*	Im Französischen unterscheidet man zwischen **un bus** (ein Linienbus) und **un car** (ein Reisebus).
Atelier A1 la **Loire** [lalwaʀ]	die Loire *(französischer Fluss)*	
un **fleuve** [ɛ̃flœv]	ein Fluss, ein Strom	**Quel est le fleuve qui traverse Paris? – C'est la Seine.** Welcher Fluss fließt durch Paris? – Die Seine.

Vis-à-vis

Un **fleuve** mündet immer ins Meer. Une **rivière** hingegen mündet immer in einen anderen Fluss.

un **pont** [ɛ̃pɔ̃]	eine Brücke	
une **église** [ynegliz]	eine Kirche	
Saint-Gatien [sɛ̃gasjɛ̃]	Saint-Gatien *(Heiliger Gatianus, erster Bischof von Tours, 249–301)*	
Saint Martin de Tours [sɛ̃maʀtɛ̃dətuʀ]	*(Martin von Tours, „Sankt Martin", ca. 316–397; dritter Bischof von Tours)*	
Charlemagne [ʃaʀləmaɲ]	Karl der Große *(1742–814); Begründer des abendländischen Kaisertums*	
un **Hôtel de Ville** [ɛ̃notɛldəvil]	ein Rathaus	
une **spécialité** [ynspesjalite]	eine Spezialität; eine Besonderheit	
environ [ɑ̃viʀɔ̃]	ungefähr, etwa	**Il y a environ deux ans, je suis allé(e) à Tours.** Vor ungefähr zwei Jahren war ich in Tours.
une **promenade** [ynpʀɔmənad]	ein Spaziergang	une **promenade à vélo** = ein Ausflug mit dem Fahrrad, eine Radtour 
une **sortie** [ynsɔʀti]	*(hier)* ein Ausflug	Das Wort kennst du schon in der Bedeutung « ein Ausgang ».
le **Cadre Noir** [ləkadʀənwaʀ]	*berühmte französische Reitschule*	
un **monument** [ɛ̃mɔnymɑ̃]	ein Denkmal, ein Monument	
près de qn/qc [pʀɛdə]	nahe bei jdm./etw.	**Le château de Villandry est près de Tours.** Das Schloss Villandry ist nahe bei Tours.
un **château** [ɛ̃ʃato]	ein Schloss	**Dimanche, on va visiter le château de Villandry.** Am Sonntag besichtigen wir das Schloss Villandry.
Villandry [vilɑ̃dʀi]	Villandry *(Schloss und Gemeinde an der Loire)*	
A 4 **gros/grosse** [gʀo/gʀos]	dick *(Personen)*; groß, schwer *(Sachen, Tiere)*	 Das Adjektiv **gros/grosse** steht vor dem Nomen: **une grosse valise, un gros chien**
dingue/dingue *(fam.)* [dɛ̃g]	bekloppt, irre *(ugs.)*	**dingue** *(fam.)* = **fou**
rendre qn **dingue** [ʀɑ̃dʀədɛ̃g]	jdn. irre machen	**Arrête, ça me rend dingue!** Hör auf, das macht mich wahnsinnig!

! Du kennst schon **rendre** in der Bedeutung „zurückgeben".
Steht nach **rendre** ein **Adjektiv**, bedeutet es **„machen"**:
Ça le rend triste: Das macht ihn traurig.
Ça la rend heureuse: Das macht sie glücklich.

le **ventre** [ləvɑ̃tʀ]	der Bauch	
oser faire qc [oze]	wagen, sich trauen etw. zu tun	**Hannah hésite. Elle a très faim, mais elle n'ose pas le dire.** Hannah zögert. Sie hat großen Hunger, aber sie traut sich nicht, es zu sagen.
avoir la dalle *(fam.)* [avwaʀladal]	Kohldampf haben *(ugs.)*	
un **poisson** [ɛ̃pwasɔ̃]	ein Fisch	**Ce soir, on mangera du poisson.** Heute Abend essen wir Fisch. 
poli/polie [pɔli]	höflich	englisch: **polite**

	délicieux/délicieuse [delisjø/delisjøz]	köstlich	englisch: **delicious**
	un **petit copain**/une **petite copine** [ɛ̃pətikɔpɛ̃/ynpətitkɔpin]	ein fester Freund/eine feste Freundin	
	gêné/gênée [ʒene]	verlegen	deutsch: **sich genieren**
	éviter qc [evite]	etw. vermeiden	**Il y a des choses qu'il faut éviter.** Es gibt Dinge, die man vermeiden sollte.
	débile/débile *(fam.)* [debil]	dämlich *(ugs.)*	**Est-ce que tu peux éviter les questions débiles?** Kannst du die dämlichen Fragen lassen?
	un **programme** [ɛ̃pʀɔgʀam]	ein Programm	
	le **Cher** [ləʃɛʀ]	der Cher *(Fluss in Frankreich)*	
	jusque [ʒysk]	bis	**Nous ferons un tour jusqu'à Villandry.** Wir werden eine Tour bis nach Villandry machen. 
	la **pluie** [laplɥi]	der Regen	**Je pense qu'on n'aura pas de pluie.** Ich denke, es wird nicht regnen. (Wir werden keinen Regen haben.) → **il pleut**
	un **poison** [ɛ̃pwazɔ̃]	ein Gift	englisch: **poison**
	une **faute** [ynfot]	ein Fehler	→ **faux**
	se débrouiller [sədebʀuje]	zurechtkommen, sich zu helfen wissen	**Je trouve que tu te débrouilles très bien.** Ich finde, du kommst sehr gut zurecht!
	gentil/gentille [ʒɑ̃ti/ʒɑ̃tij]	nett	
	sûrement [syʀmɑ̃]	sicher, sicherlich *(Adv.)*	**La journée sera sûrement intéressante.** Der Tag wird sicher interessant. → **sûr/sûre**
	Saumur [somyʀ]	*(Stadt und Schloss an der Loire)*	
	s'entendre [sɑ̃tɑ̃dʀə]	sich verstehen	**Je m'entends bien avec les garçons.** Ich verstehe mich gut mit den Jungs. 
!	**s'entendre**: je m'entends, tu t'entends, nous nous entendons; je me suis entendu(e); **Futur simple:** je m'entendrai, tu t'entendras, usw.		
	amoureux/amoureuse [amuʀø/amuʀøz]	verliebt	→ **l'amour** *(m.)*
	un **dictionnaire** [ɛ̃diksjɔnɛʀ]	ein Wörterbuch	englisch: **dictionary**
	sucré/sucrée [sykʀe]	süß *(Geschmack)*	**Le gâteau est trop sucré.** Der Kuchen ist zu süß.
	mignon/mignonne [miɲɔ̃/miɲɔn]	süß, niedlich	**Il la trouve mignonne.** Er findet sie süß.
A7	un **niveau** [ɛ̃nivo]	ein Niveau, eine Stufe	
	un **standard** [ɛ̃stɑ̃daʀ]	ein Standard, ein Normalmaß	le **français standard** = das Standardfranzösisch
	familier/familière [familje/familjɛʀ]	vertraut; geläufig; *(hier)* umgangssprachlich	le **français familier** = das umgangssprachliche Französisch
	gênant/gênante [ʒɛnɑ̃/ʒɛnɑ̃t]	peinlich, lästig	**Hannah est un peu gênée. Elle trouve ça très gênant.** Hannah ist ein bisschen verlegen. Sie findet das sehr peinlich.
	C'est la honte! *(fam.)* [sɛlaɔ̃t]	Peinlich!, So eine Blamage! *(ugs.)*	= **C'est très gênant.**
A9	la **météo** [lameteo]	die Wettervorhersage	Abkürzung für **la météorologie** [lameteɔʀɔlɔʒi]

le ciel [ləsjɛl]	der Himmel	**Le ciel est bleu. Il fait beau.** Der Himmel ist blau. Das Wetter ist schön.
couvert/couverte [kuvɛʀ/kuvɛʀt]	bedeckt	→ **une couverture** (eine Decke)
un nuage [ɛ̃nɥaʒ]	eine Wolke	**Le ciel est couvert. Il y a des nuages.** Der Himmel ist bedeckt. Es ist wolkig.
la neige [lanɛʒ]	der Schnee	→ **neiger** (schneien)
un degré [ɛ̃dəgʀe]	ein Grad	**Il fait 15 degrés.** Es hat 15 Grad.
briller [bʀije]	scheinen, funkeln	**Le soleil brille.** Die Sonne scheint.
A10 **la Touraine** [latuʀɛn]	*die Gegend um Tours*	

AUF EINEN BLICK

La langue des jeunes

Das kann dir in Frankreich zu Ohren kommen.

langue des jeunes	français standard	
C'est chiant!	C'est très désagréable.	Das ist sehr unangenehm.
Ça craint!	C'est dangereux/c'est risqué.	Das ist gefährlich.
Il est casse-pied.	Il est énervant.	Er ist eine Nervensäge.
Il flashe sur …	Il est amoureux de …	Er ist in … verliebt.
Il la drague.	Il lui fait la cour.	Er macht ihr den Hof/flirtet mit ihr.
Je m'en fous.	Ça m'est égal.	Das ist mir egal.
C'est trop!	C'est incroyable.	Das ist unglaublich!
J'hallucine!	C'est étonnant!	Das ist erstaunlich!
J'en ai tellement marre!	J'en ai vraiment assez!	Ich habe wirklich genug davon!
C'est branché.	C'est à la mode.	Das ist in Mode/„in".
l'aprèm	l'après-midi	der Nachmittag

Atelier

B1 **comparer** qc [kɔ̃paʀe]	etwas vergleichen	englisch: **to compare**
plus pratique que [plypʀatikkə]	praktischer als	**Est-ce que le vélo est plus pratique que la voiture?** Ist das Fahrrad praktischer als das Auto?
aussi pratique que [osipʀatikkə]	genauso praktisch wie	
moins [mwɛ̃]	weniger	**Il est deux heures moins le quart.** wörtlich: Es ist 2 Uhr weniger ein Viertel.
moins pratique que [mwɛ̃pʀatikkə]	weniger praktisch als	
B2 **célèbre/célèbre** [selɛbʀ]	berühmt	**Chambord est un des châteaux les plus célèbres.** Chambord ist eins der berühmtesten Schlösser.
le plus intéressant [ləplyzɛ̃teʀesɑ̃]	das Interessanteste	
Chambord [ʃɑ̃bɔʀ]	Chambord *(Schloss und Gemeinde an der Loire)*	
un roi [ɛ̃ʀwa]	ein König	
Louis XIV [lwikatɔʀz]	Ludwig XIV *(König von Frankreich von 1643 bis 1715)*	

B3

un **coup de soleil** [ɛ̃kudsɔlɛj]	ein Sonnenbrand	**J'ai eu un coup de soleil.** Ich habe einen Sonnenbrand bekommen.
le **coup de foudre** [ləkudfudʀ]	Liebe auf den ersten Blick *(wörtl. „der Blitzschlag")*	**Elle est amoureuse. C'est le coup de foudre.** Sie ist verliebt. Es ist Liebe auf den ersten Blick.
le meilleur moment [ləmɛjœʀmomɑ̃]	der beste Moment	**!** Achte auf die **Steigerungsformen von bon/bonne** : = **aussi bon/bonne que:** genauso gut – **moins bon/bonne que:** weniger gut + **meilleur/meilleure que:** besser ++ **le meilleur/la meilleure:** der/die beste
rouler [ʀule]	fahren	**Sur l'autoroute, on peut rouler vite.** Auf der Autobahn kann man schnell fahren. 
un **toit** [ɛ̃twa]	ein Dach	 **Les toits de la vieille ville brillent sous le soleil.** Die Dächer der Altstadt glänzen in der Sonne.
la **Seine** [lasɛn]	die Seine *(Fluss, der durch Paris fließt)*	
ennuyeux/ennuyeuse [ɑ̃nɥijø/ɑ̃nɥijøz]	langweilig	≠ **passionnant, intéressant**
faire la queue [fɛʀlakø]	Schlange stehen	= **attendre**; englisch: **to queue**
un **mètre** [ɛ̃mɛtʀ]	ein Meter	→ **un kilomètre**
une **buvette** [ynbyvɛt]	ein Getränkestand	**J'ai soif. Je vais à la buvette.** Ich habe Durst. Ich gehe zum Getränkestand. → **boire, une boisson**
se mettre à faire qc [s(ə)mɛtʀ]	anfangen, etw. zu tun	**Ils se mettent à chercher leurs corres.** Sie beginnen, ihre Austauschpartner zu suchen. = **commencer à faire qc** 
une **vache** [ynvaʃ]	eine Kuh	→ **«La vache qui rit»**
vache *(fam.)* [vaʃ]	fies; gemein *(ugs.)*	
quand même [kɑ̃mɛm]	trotzdem, doch	**Ils sont vaches, quand même!** Die sind doch echt fies!
décider de faire qc [deside]	entscheiden, beschließen, etw. zu tun	**Ils décident d'attendre.** Sie beschließen zu warten. → **prendre une décision**, englisch: **to decide**
une **ombre** [ynɔ̃bʀ]	ein Schatten	**à l'ombre d'un arbre** = im Schatten eines Baumes
une **statue** [ynstaty]	eine Statue	→ **une statuette**
remarquer qn/qc [ʀ(ə)marke]	jdn./etw. bemerken	= **voir qn/qc** 
en secret [ɑ̃səkʀɛ]	im Geheimen	
tellement [tɛlmɑ̃]	so viel, dermaßen	**Il y avait tellement de monde qu'on ne voyait rien.** Es war so voll, dass man nichts sah.
soudain [sudɛ̃]	plötzlich; auf einmal	= **tout à coup**
à temps [atɑ̃]	rechtzeitig	**Ils ne sont pas en retard. Ils arrivent juste à temps.** Sie verspäten sich nicht. Sie kommen gerade noch rechtzeitig.
une **douche** [ynduʃ]	eine Dusche	**Je peux prendre une douche?** Darf ich duschen?
s'écrier [sekʀie]	überrascht (aus)rufen	→ **crier**

B 5 le **contraire** (de) [ləkɔ̃tʀɛʀ] das Gegenteil (von)

C'est tout le contraire! Es ist genau das Gegenteil!
→ **contre**

AUF EINEN BLICK

Se débrouiller pendant l'échange — Weitere nützliche Wendungen

Il te faut qc. Du brauchst etwas.	**Il me faut un médicament.** **Il me faut une prise d'électricité.** **Il me faut des piles pour ...** **Je dois recharger la batterie de mon portable.**	Ich brauche ein Medikament. Ich brauche eine Steckdose. Ich brauche Batterien für ... Ich muss den Akku meines Mobiltelefons aufladen.
Tu veux t'excuser. Du möchtest dich entschuldigen.	**Excusez-moi, Madame, j'ai fait une grosse bêtise.** **J'ai cassé le ...** **C'est de ma faute.** **Je me suis trompé(e) de porte.**	Entschuldigen Sie bitte, ich habe ein große Dummheit gemacht. Ich habe ... kaputt gemacht. Das ist meine Schuld. Ich habe mich in der Tür geirrt.
Tu as un petit problème. Du hast ein kleines Problem.	**Je me sens très mal.** **J'ai mal à la tête.** **Il y a trop de bruit.** **La porte ne se ferme pas.** **Je n'ai pas de monnaie.**	Ich fühle mich sehr schlecht. Ich habe Kopfschmerzen. Es ist zu laut. Die Tür geht nicht zu. Ich habe kein Kleingeld.
Tu veux te rendre utile. Du möchtest dich nützlich machen.	**Est-ce que je peux vous aider?** **Est-ce que je peux mettre/débarrasser la table?** **Est-ce que je peux faire la vaisselle?** **Est-ce que je peux vider le lave-vaisselle?**	Kann ich Ihnen helfen? Kann ich den Tisch decken/abräumen? Kann ich abspülen? Kann ich die Spülmaschine ausräumen?
A table Bei Tisch	**C'est délicieux.** **J'en reprends volontiers.** **Je n'aime pas tellement le/la/les ...** **C'est un peu trop salé.** **Je ne mange pas de poisson, est-ce que je pourrais avoir une omelette?**	Es schmeckt sehr gut. Ich nehme gerne noch einmal davon. Ich mag ... nicht besonders gern. Es ist etwas zu salzig. Ich esse keinen Fisch, könnte ich ein Omelette haben?

MON DICO PERSONNEL

Ma ville et ma région — Meine Stadt und meine Gegend

faire une excursion	einen Ausflug machen		
une curiosité	eine Sehenswürdigkeit		
qc qu'il faut voir	etwas, das man sehen muss		
un château fort	eine Burg		
une forêt	ein Wald		
une montagne	ein Berg, ein Gebirge	**une piscine**	ein Schwimmbad
un village	ein Dorf	un terrain de sport	eine Sportplatz
prendre le bus	den Bus nehmen	un centre-ville	das Stadtzentrum
prendre le tram	die Straßenbahn nehmen	**un cinéma**	ein Kino
prendre le vélo	das Fahrrad nehmen	une zone piétonne	eine Fußgängerzone
sortir	ausgehen	un café glacier	eine Eisdiele
faire un tour	eine Runde drehen	une maison des jeunes et de la culture (MJC)	ein Jugendhaus

TIPP

Lerne Wörter in Verbindungen, die man gut anwenden kann, also z. B.: *un **fleuve** →* *le fleuve qui traverse Paris* (der Fluss, der durch Paris fließt). Die Beispielsätze in der rechten Spalte können dir dabei helfen.

Unité 5 Bienvenue en francophonie!

TU TE RAPPELLES?

le monde	die Welt	**la capitale**	die Hauptstadt
un pays	ein Land	**presque**	fast, beinahe
plusieurs	mehrere	**partout**	überall
différent	anders, verschieden	**apporter qc**	etw. mitbringen
être né(e)	geboren werden	**permettre à qn de faire qc**	jdm. erlauben/ermöglichen, etw. zu tun
en ville	in der Stadt	**manquer**	fehlen
à la campagne	auf dem Land		

la **francophonie** [lafʀɑ̃kɔfɔni]	die Frankofonie	**La francophonie, c'est l'ensemble des pays et régions où on parle français.** Die Frankofonie ist die Gesamtheit der Länder und Regionen, in denen man Französisch spricht.
la **Martinique** [lamaʀtinik]	Martinique	

Vis-à-vis

Martinique ist eine Insel der kleinen Antillen, einer Inselgruppe zwischen dem Karibischen Meer und dem Atlantik. Martinique ist eine ehemalige französische Kolonie und gehört heute noch zu Frankreich.

à la Martinique auf Martinique

une **île** [ynil]	eine Insel	**La Martinique est une île.** Martinique ist eine Insel.
faire partie de qc [fɛʀpaʀti]	gehören zu, ein Teil sein von	**La Martinique fait partie de la France.** Martinique gehört zu Frankreich.
les **Antilles** *(f., pl.)* [lezɑ̃tij]	die Antillen	Aussprache: Sprich [ij] wie bei **famille.**
francophone/francophone [fʀɑ̃kɔfɔn]	französischsprachig	**Une partie des Antilles est francophone.** Ein Teil der Antillen ist französischsprachig.
une **métropole** [ynmetʀɔpɔl]	eine Metropole; *(hier)* Frankreich als Mutterland	
le **créole** [ləkʀeɔl]	Kreolisch	**Les langues créoles sont nées du contact de plusieurs langues différentes.** Die Kreolsprachen sind aus dem Kontakt mehrerer unterschiedlicher Sprachen entstanden.
une **langue maternelle** [ynlɑ̃gmatɛʀnɛl]	eine Muttersprache	**Le créole est la langue maternelle des Martiniquais.** Das Kreolische ist die Muttersprache der Bewohner von Martinique.
un **nombre** [ɛ̃nɔ̃bʀ]	eine Zahl	un **grand nombre de** = eine große Anzahl von, viele
un **habitant**/une **habitante** [ɛ̃nabitɑ̃/ynabitɑ̃t]	ein Einwohner/eine Einwohnerin	→ **habiter**
1 le **Québec** [ləkebɛk]	Quebec *(Provinz im Osten Kanadas)*	**Le Québec est la plus grande province du Canada.** Quebec ist die größte Provinz Kanadas.
le **Maroc** [ləmaʀɔk]	Marokko *(Staat in Nordafrika)*	**Le Maroc est en Afrique du Nord.** Marokko liegt in Nordafrika.

le Burkina Faso [ləbyʀkinafaso]	Burkina Faso *(Staat in Westafrika)*	**Le Burkina Faso est un pays africain.** Burkina Faso ist ein afrikanisches Land.
la Nouvelle-Calédonie [lanuvɛlkaledɔni]	Neukaledonien *(Inselgruppe in Ozeanien)*	**La Nouvelle-Calédonie est un groupe d'îles.** Neukaledonien ist eine Inselgruppe.
un continent [ɛ̃kɔ̃tinɑ̃]	ein Kontinent	Aussprache: Die Betonung liegt auf der letzten Silbe.
un Etat [ɛ̃neta]	ein Staat	**l'Etat français** = der französische Staat Beachte die Großschreibung!
présent/présente [pʀezɑ̃/pʀezɑ̃t]	vorhanden, anwesend	→ **le présent** (die Gegenwart) 
3 **l'Europe** *(f.)* [løʀɔp]	Europa	
la Suisse [lasɥis]	die Schweiz	**En Suisse, on parle plusieurs langues.** In der Schweiz spricht man mehrere Sprachen.
canadien/canadienne [kanadjɛ̃/kanadjɛn]	kanadisch	**Le Québec est une province canadienne.** Quebec ist eine kanadische Provinz.
l'Algérie *(f.)* [lalʒeʀi]	Algerien	**L'Algérie est un pays voisin du Maroc.** Algerien ist ein Nachbarland von Marokko.
la Tunisie [latynizi]	Tunesien	**Tu es déjà allé(e) en Tunisie?** Warst du schon einmal in Tunesien?
l'arabe *(m.)* [laʀab]	das Arabische	**Au Maroc, en Algérie et en Tunisie, le français est la deuxième langue après l'arabe.** In Marokko, Algerien und Tunesien ist Französisch die zweite Sprache nach dem Arabischen.
l'Afrique noire *(f.)* [lafʀiknwaʀ]	Schwarzafrika	
administratif/administrative [administʀatif/administʀativ]	Verwaltungs-, behördlich	**la langue administrative** = die Sprache der Verwaltung und der Politik
un rôle [ɛ̃ʀol]	eine Rolle	**jouer un rôle important** = eine wichtige Rolle spielen
au cours de [okuʀdə]	im Laufe (einer Sache)	**au cours de l'histoire** = im Laufe der Geschichte
l'Angleterre *(f.)* [lɑ̃glətɛʀ]	England	→ **anglais**
le Portugal [ləpɔʀtygal]	Portugal	
européen/européenne [øʀɔpeɛ̃/øʀɔpeɛn]	europäisch	**les pays européens** = die europäischen Länder **les langues européennes** = die europäischen Sprachen
un territoire [ɛ̃teʀitwaʀ]	ein Gebiet, Territorium	
une colonie [ynkɔlɔni]	eine Kolonie	
un Français/une Française [ɛ̃fʀɑ̃sɛ/ynfʀɑ̃sɛz]	ein Franzose/eine Französin	**le français** (kleingeschrieben): das Französische **le Français** (großgeschrieben): der Franzose 
riche/riche [ʀiʃ]	reich	≠ **pauvre**
la richesse [laʀiʃɛs]	der Reichtum	**la richesse** ≠ **la pauvreté**
un siècle [ɛ̃sjɛkl]	ein Jahrhundert	**au XXIe (vingt-et-unième) siècle** = im 21. Jahrhundert
indépendant/indépendante [ɛ̃depɑ̃dɑ̃/ɛ̃depɑ̃dɑ̃t]	unabhängig	englisch: **independent**
les départements et régions d'outre-mer *(m., pl.)* [ledepaʀtəmɑ̃zeʀeʒjɔ̃ dutʀəmɛʀ]	die Überseedepartements/Überseeregionen	Abkürzung: **les DOM-ROM** **Les DOM-ROM font partie de la France.** Die DOM-ROM gehören zu Frankreich.

administrativement [administrativmɑ̃]	verwaltungsmäßig, was die Verwaltung betrifft	**l'administration** = die Verwaltung
4 **québécois/québécoise** [kebekwa/kebekwaz]	aus Quebec	→ **le Québec**
marocain/marocaine [maʀɔkɛ̃/maʀɔkɛn]	marokkanisch	→ **le Maroc**
anglais/anglaise [ɑ̃glɛ/ɑ̃glɛz]	englisch	→ **l'Angleterre**

Station 1 Au Québec avec Cœur de pirate

un **Québécois** / une **Québécoise** [ɛ̃kebekwa/ynkebekwaz]	ein Quebecer/ eine Quebecerin	**Elle est québécoise. C'est une Québécoise.**
Montréal [mɔ̃ʀeal]	Montreal *(größte Stadt in der Provinz Quebec)*	
sortir qc [sɔʀtiʀ]	etw. herausbringen	**Elle a sorti un album.** Sie hat ein Album herausgebracht.
y [i]	dort, dorthin	**Je vais au Québec. J'y vais avec ma tante.** Ich gehe nach Quebec. Ich gehe mit meiner Tante dorthin. → il **y** a; On **y** va!
une **tournée** [ytuʀne]	eine Tournee	
en [ɑ̃]	von dort	**Tu es déjà allé(e) au Québec? – Oui, j'en viens.** Warst du schon einmal in Quebec? – Ja, ich komme (eben) von dort.
rapporter qc [ʀapɔʀte]	etw. zurückbringen, von einem anderen Ort mitbringen	**Béatrice est allée en France. Elle en a rapporté un prix.** Béatrice ist nach Frankreich gegangen. Sie hat von dort einen Preis mitgebracht.
les **Victoires de la musique** *(f.)* [viktwaʀdəlamyzik]	*(wörtlich:)* „Siege der Musik" *(Name eines Musikwettbewerbs)*	
Félix *(m.)* [feliks]	*(Name eines Musikpreises in Quebec)*	
romantique/romantique [ʀɔmɑ̃tik]	romantisch	**Pour elle, le français est la langue la plus romantique.** Für sie ist Französisch die romantischste Sprache.
alors que [alɔʀkə]	wohingegen, während, obwohl	**Le Québec n'a que huit millions d'habitants, alors que la France en compte soixante-cinq millions.** Quebec hat nur 8 Millionen Einwohner, während Frankreich 65 Millionen (davon) zählt.
compter qc [kɔ̃te]	etw. zählen	Aussprache: Das **„p"** in **compter** spricht man nicht.
une **langue officielle** [ynlɑ̃gɔfisjɛl]	eine Amtssprache	**Le français est la langue officielle du Québec.** Französisch ist die Amtssprache von Quebec.
le **Saint-Laurent** [ləsɛ̃lɔʀɑ̃]	der Sankt-Lorenz-Strom *(nach dem Mississippi und dem Missouri drittgrößter Strom in Nordamerika)*	

un lac [ɛ̃lak]	ein See	**au bord d'un lac** = an einem See

Vis-à-vis

Les Grands Lacs: Die „Großen Seen" auf den Gebieten der USA und Kanadas sind der Obere See (le Lac Supérieur), der Michigansee (le Lac Michigan), der Huron-See (le Lac Huron), der Eriesee (le Lac Erié) und der Ontariosee (le Lac Ontario).

un tunnel [ɛ̃tynɛl]	ein Tunnel	
dynamique/dynamique [dinamik]	dynamisch; *(hier)* lebhaft	**Montréal est une ville dynamique.** Montreal ist eine lebhafte Stadt.
les FrancoFolies *(f.)* de Montréal [lefʀɑ̃kofɔli]	*(Musikfestival in Montreal)*	
un concert [ɛ̃kɔ̃sɛʀ]	ein Konzert	**Il y a des concerts gratuits un peu partout.** Hier und da gibt es kostenlose Konzerte.
le Cirque du Soleil [ləsirkdysɔlɛj]	*(Zirkusunternehmen aus Montreal)*	
un artiste/une artiste [ɛ̃naʀtist/ynaʀtist]	ein Künstler/eine Künstlerin	→ **l'art** *(m.)* (die Kunst)
impressionnant/ impressionnante [ɛ̃pʀesjɔnɑ̃/ɛ̃pʀesjɔnɑ̃t]	eindrucksvoll, beeindruckend	**La nature du Québec est impressionnante.** Quebecs Natur ist beeindruckend. → **une impression, avoir l'impression que ...**
une forêt [ynfɔʀɛ]	ein Wald	**Au Québec, il y a des grandes forêts.** In Quebec gibt es große Wälder.
un canoë [ɛ̃kanɔe]	ein Kanu	**Sur les lacs du Québec, on peut faire du canoë.** Auf den Seen von Quebec kann man Kanu fahren.
une randonnée [ynʀɑ̃dɔne]	eine Wanderung	**Dans les forêts québécoises, on peut faire de la randonnée.** In den Wäldern von Quebec kann man wandern.
une baleine [ynbalɛn]	ein Wal	
faire le point sur qc [fɛʀləpwɛ̃]	einen zusammenfassenden Überblick über etw. geben	
un climat [ɛ̃klima]	ein Klima	Aussprache: Das **„t"** am Ende wird nicht ausgesprochen, die Betonung liegt auf dem **„a"**.
une culture [ynkyltyʀ]	eine Kultur	

Station 2 Au Maroc avec Nawal

Marrakech [maʀakɛʃ]	*(Stadt in Marokko)*	
le jardin Majorelle [ləʒaʀdɛ̃maʒɔʀɛl]	*(botanischer Garten in Marrakesch)*	
y [i]	dort, dorthin	**Je vais à Marrakech. J'y vais au mois de mai.** Ich gehe nach Marrakesch. Ich gehe im Mai dorthin. → il **y** a; On **y** va!
une plante [ynplɑ̃t]	eine Pflanze	englisch: **plant**
entier/entière [ɑ̃tje/ɑ̃tjɛʀ]	ganz, völlig	**Dans ce jardin, il y a des plantes du monde entier.** In diesem Garten gibt es Pflanzen aus der ganzen Welt.
un souk [ɛ̃suk]	ein Souk *(arabischer Markt)*	

coloré/colorée [kɔlɔʀe]	farbig; bunt	→ **une couleur**
une **médina** [ynmedina]	*(Bezeichnung der Altstadt in nordafrikanischen Städten)*	
une **langue officielle** [ynlɑ̃gɔfisjɛl]	eine Amtssprache	**L'arabe et le tamazight sont les deux langues officielles du Maroc.** Arabisch und Tamazight sind die zwei Amtssprachen Marokkos.
Rabat [ʀaba]	*(Hauptstadt von Marokko)*	**Rabat est la capitale du Maroc.** Rabat ist die Hauptstadt Marokkos.
dynamique/dynamique [dinamik]	dynamisch; *(hier)* lebhaft	**Casablanca est la ville la plus dynamique du Maroc.** Casablanca ist die lebhafteste Stadt von Marokko.
Casablanca [kazablɑ̃ka]	*(Stadt in Marokko)*	
les **études** *(f.)* [lezetyd]	das Studium	**faire des études d'histoire** = Geschichte studieren
mourir [muʀiʀ]	sterben	**Nawal meurt d'envie d'aller en France.** Nawal würde für ihr Leben gern nach Frankreich gehen.

! **mourir**: je m**eu**rs, tu m**eu**rs, il m**eu**rt, nous m**ou**rons, vous m**ou**rez, ils m**eu**rent; je suis **mort(e)**; Futur simple: je mour**rai**, **tu** mour**ras**, usw.

vivre [vivʀ]	leben	**Nawal vit au Maroc.** Nawal lebt in Marokko. → **la vie**

! **vivre**: je vi**s**, tu vi**s**, il vi**t**, nous vivons, vous vivez, ils vivent; j'ai **vécu**; Futur simple: je viv**rai**, **tu** viv**ras**, usw.

moins bien [mwɛ̃bjɛ̃]	weniger gut	**Elle dit qu'on vit moins bien à la campagne qu'à la ville.** Sie sagt, dass man auf dem Land weniger gut lebt als in der Stadt.
le **baccalauréat** [ləbakalɔʀea]	das Abitur	**On peut aller au lycée jusqu'au baccalauréat.** Man kann ins Gymnasium gehen bis zum Abitur. → Abkürzung **le bac** [ləbak]

Vis-à-vis

Das französische **baccalauréat** wird am Ende des **lycée** abgelegt und entspricht in etwa dem deutschen Abitur.

gagner sa vie [gaɲesavi]	seinen Lebensunterhalt verdienen	**Nawal veut gagner sa vie et être indépendante.** Nawal möchte ihren Lebensunterhalt verdienen und unabhängig sein.
une **bibliothèque** [ynbiblijɔtɛk]	eine Bibliothek, eine Bücherei	
le **Moyen Age** [ləmwajɛnaʒ]	das Mittelalter	
une **époque** [ynepɔk]	eine Epoche, ein Zeitalter	**à l'époque** = zu dieser Zeit, damals
la **médecine** [lamedsin]	die Medizin	→ **un médecin, une femme médecin**
la **philosophie** [lafilɔzɔfi]	die Philosophie	**faire des études de philosophie** = Philosophie studieren
une **traduction** [yntʀadyksjɔ̃]	eine Übersetzung	
un **savant**/une **savante** [ɛ̃savɑ̃/ynsavɑ̃t]	ein Gelehrter/eine Gelehrte	→ **savoir**
grâce à qn/qc [gʀas]	durch jdn./etw.	**Grâce aux savants arabes, les sciences ont fait des grands progrès.** Durch die arabischen Gelehrten haben die Wissenschaften große Fortschritte gemacht.
une **science** [ynsjɑ̃s]	eine Wissenschaft	englisch: **science**

un progrès [ɛ̃pʀɔgʀɛ]	ein Fortschritt	**Vous avancez dans votre travail? – Oui, nous faisons des progrès.** Kommt ihr vorwärts mit eurer Arbeit? – Ja, wir machen Fortschritte.
2 **un désert** [ɛ̃dezɛʀ]	eine Wüste	englisch: **desert** Nicht verwechseln mit **un dessert** [ɛ̃desɛʀ] (ein Nachtisch).
un plan [ɛ̃plɑ̃]	ein Plan; *(hier)* eine (Kamera) Einstellung	
le premier plan [ləpʀəmjeplɑ̃]	der Vordergrund *(Bild, Foto, Film)*	**Au premier plan, on voit des filles.** Im Vordergrund sieht man Mädchen.
l'arrière-plan *(m.)* [laʀjɛʀplɑ̃]	der Hintergrund *(Bild, Foto, Film)*	**A l'arrière-plan, il y a une montagne.** Im Hintergrund ist ein Gebirge.
une montagne [ynmɔ̃taɲ]	ein Gebirge	**à la montagne** = im Gebirge; englisch: **mountain**
le Haut Atlas [ləotatlas]	der Hohe Atlas *(Hochgebirge in Marokko)*	
faire le point sur qc [fɛʀləpwɛ̃]	einen zusammenfassenden Überblick über etw. geben	

Station 3 Au Burkina Faso avec Amin

vivre [vivʀ]	leben	**Amin et ses parents vivent de l'agriculture.** Amin und seine Eltern leben vom Ackerbau. → **la vie**
! **vivre:** je vi**s**, tu vi**s**, il vi**t**, nous vivons, vous vivez, ils vivent; j'ai **vécu**; Futur simple: je viv**rai**, **tu** viv**ras**, usw.		
Houndé [unde]	*Stadt in Burkina Faso*	
Ouagadougou [wagadugu]	*Hauptstadt von Burkina Faso*	
une case [ynkaz]	eine Hütte	**La famille de Amin habite dans une case.** Amins Familie wohnt in einer Hütte.
un village [ɛ̃vilaʒ]	ein Dorf	→ **une ville** (eine Stadt); englisch: **village**
un point d'eau [ɛ̃pwɛ̃do]	eine Wasserstelle; *(hier)* eine Zapfstelle für Trinkwasser	**Nous allons chercher l'eau à un point d'eau.** Das Wasser holen wir an einer Zapfstelle.
un manque [ɛ̃mɑ̃k]	ein Mangel	**Beaucoup de villages manquent d'eau. Le manque d'eau est un grave problème.** Vielen Dörfern fehlt es an Wasser. Der Wassermangel ist ein schwerwiegendes Problem. → **manquer de qc** (fehlen, an etw. mangeln)
un progrès [ɛ̃pʀɔgʀɛ]	ein Fortschritt	**Vous avancez dans votre travail? – Oui, nous faisons des progrès.** Kommt ihr voran mit eurer Arbeit? – Ja, wir machen Fortschritte.
cultiver qc [kyltive]	etw. anbauen	**Au Burkina Faso, on cultive du coton.** In Burkina Faso baut man Baumwolle an.
le coton [ləkɔtɔ̃]	die Baumwolle	englisch: **cotton**

un **producteur**/une **productrice** [ɛ̃pʀɔdyktœʀ/ ynpʀɔdyktʀis]	ein Produzent/eine Produzentin	**Le Burkina Faso est le premier producteur de coton en Afrique de l'Ouest.** Burkina Faso ist der größte Baumwollproduzent in Westafrika.
une **école primaire** [ynekɔlpʀimɛʀ]	eine Grundschule	
une **comédie** [ynkɔmedi]	eine Komödie	englisch: **comedy**
le **FESPACO** *(Festival panafricain du cinéma et de la télévision de Ouagadougou)* [ləfɛspako]	*(afrikanisches Filmfestival)*	
un **conte** [ɛ̃kɔ̃t]	ein Märchen	→ **raconter**
une **bande** [ynbɑ̃d]	eine Bande, eine Clique	une **bande de jeunes** = eine Clique von Jugendlichen
quotidien/quotidienne [kɔtidjɛ̃/kɔtidjɛn]	täglich	**Leur vie quotidienne est faite de petits vols et de petits boulots.** Ihr Alltag(sleben) besteht aus kleinen Diebstählen und Gelegenheitsjobs.
l'**optimisme** *(m.)* [lɔptimism]	der Optimismus	**Ils sont pleins d'optimisme.** Sie sind voller Optimismus.
le **système «D»** *(fam.)* [ləsistɛmde]	ein Kniff, ein Trick *(die Kunst, sich zu helfen zu wissen)*	**«D»** = savoir se **débrouiller**
remplacer qc [ʀɑ̃plase]	etw. ersetzen	**Leurs idées remplacent l'argent qui manque souvent.** Ihr Ideenreichtum ersetzt das Geld, das oft fehlt. → **une place** (ein Platz); englisch: **to replace**
2 le **nord** [lənɔʀ]	der Norden	**Le Burkina Faso est au nord de la Côte d'Ivoire.** Burkina Faso ist nördlich von der Elfenbeinküste.
! **au nord de** [onɔʀdə]: im Norden von, nördlich von **à l'est de** [alɛstdə]: im Osten von, östlich von **au sud de** [osyddə]: im Süden von, südlich von **à l'ouest de** [alwɛstdə]: im Westen von, westlich von		
une **frontière** [ynfʀɔ̃tjɛʀ]	eine Grenze	**Le Burkina Faso a une frontière avec la Côte d'Ivoire.** Burkina Faso hat eine Grenze zur Elfenbeinküste.
une **montagne** [ynmɔ̃taɲ]	ein Gebirge	**à la montagne** = im Gebirge; ins Gebirge, in die Berge englisch: **mountain**
une **rivière** [ynʀivjɛʀ]	ein Fluss	englisch: **river** 
Vis-à-vis Un **fleuve** mündet immer ins Meer. Une **rivière** mündet in einen anderen Fluss.		
l'**économie** *(f.)* [lekɔnɔmi]	die Wirtschaft	**L'économie:** l'industrie, l'agriculture, le commerce, les transports, les entreprises, …

Station 4 En Nouvelle-Calédonie avec Arii

Nouméa [numea]	*(größte Stadt der neukaledonischen Inselgruppe)*	
un **archipel** [ɛ̃naʀʃipɛl]	ein Archipel, eine Inselgruppe	**Un archipel est un groupe d'îles.** Ein Archipel ist eine Inselgruppe.

rare/rare [RAR]	selten	**Pendant l'hiver, les pluies sont rares et il fait rarement froid.** Im Winter gibt es selten Regen und es ist selten kalt.
un **côté** [ɛ̃kote]	eine Seite	**Côté loisirs, il y a en premier la nature et le sport.** Was die Freizeit betrifft, so gibt es an erster Stelle die Natur und den Sport.
un **loisir** [ɛ̃lwaziR]	eine Freizeitbeschäftigung/ ein Hobby *(„les loisirs" bedeutet auch „die Freizeit")*	
une **randonnée** [ynRɑ̃dɔne]	eine Wanderung	**Je fais souvent du surf ou de la rando à vélo.** Ich gehe oft Surfen oder mache Radtouren. Abkürzung: **une rando** *(fam.)* 
une **pièce** (de théâtre) [ynpjɛs]	ein (Theater-)Stück	**Les acteurs jouent une pièce.** Die Schauspieler spielen ein Stück. **Une pièce** bedeutet auch „ein Zimmer".
un **centre** [ɛ̃sɑ̃tR]	ein Zentrum, eine Mitte, ein Mittelpunkt	englisch: **centre,** amerikanisch: **center**
le **centre culturel Tjibaou** [ləsɑ̃tRkyltyRɛltʃibau]	*(Zentrum für die Kultur der Kanak in Noumea, Neukaledonien)*	
vouloir dire [vulwaRdiR]	bedeuten, heißen, meinen	**Qu'est-ce que ça veut dire?** Was heißt das?
libre/libre [libR]	frei	**Kanak, ça veut dire «homme libre».** Kanak bedeutet „freier Mensch".
compter qc [kɔ̃te]	etw. zählen	Aussprache: Das **„p"** in **compter** spricht man nicht.
alors que [alɔRkə]	wohingegen, während, dagegen	**Là-bas, il fait chaud alors qu'ici, il fait froid.** Dort ist es warm, hier dagegen ist es kalt.
occidental/occidentale occidentaux/occidentales [ɔksidɑ̃tal/ɔksidɑ̃to]	abendländisch, westlich	**la culture occidentale ≠ la culture orientale** **Les pays occidentaux ≠ les pays orientaux**
un **individu** [ɛ̃nɛ̃dividy]	ein Individuum, eine einzelne Person	**Qu'est-ce qui est plus important: l'individu ou le groupe?** Was ist wichtiger: der Einzelne oder die Gruppe?
une **exploitation** [ynɛksplwatasjɔ̃]	Nutzung, Abbau	**l'exploitation du nickel** = der Nickelabbau
le **nickel** [lənikɛl]	das Nickel *(Metall)*	**Il faut du nickel pour fabriquer par exemple des portables.** Man braucht Nickel um z. B. Mobiltelefone herzustellen.
polluer qc [pɔlɥe]	etw. verschmutzen	**L'exploitation du nickel pollue la nature.** Der Nickelabbau verschmutzt die Natur.
2 **former** qc [fɔRme]	etw. formen, bilden	→ **une forme** (eine Form), **une formation** (eine Ausbildung)
le **nord** [lənɔR]	der Norden	**au nord de** = im Norden/nördlich von
une **montagne** [ynmɔ̃taɲ]	ein Gebirge	**A la montagne, on peut faire des randonnées.** In den Bergen kann man wandern.
une **rivière** [ynRivjɛR]	ein Fluss	**Le Cher est une rivière, la Loire est un fleuve.**
faire le point sur qc [fɛRləpwɛ̃]	einen zusammenfassenden Überblick über etw. geben	

→

AUF EINEN BLICK

Parler d'un pays — Über ein Land sprechen

la géographie et la nature	au sud/au nord/ à l'est/à l'ouest de	im Süden/Norden/ Osten/Westen von	une rivière	ein Fluss (der in einen See oder Fluss mündet)
	une frontière	eine Grenze	un lac	ein See
	une capitale	eine Hauptstadt	une île	eine Insel
	un(e) habitant(e)	ein(e) Einwohner(in)	une montagne	ein Berg/Gebirge
	une ville	eine Stadt	une forêt	ein Wald
	un village	ein Dorf	un désert	eine Wüste
	un paysage	eine Landschaft	polluer qc	etw. verschmutzen
	un fleuve	ein Fluss (der ins Meer mündet)	les plantes *(f.)*	die Pflanzen
			un animal/des animaux	ein Tier/Tiere
la culture	les langues *(f.)*	die Sprachen	les fêtes *(f.)*	die Feste
	l'histoire *(f.)*	die Geschichte	la littérature	die Literatur
	l'art *(m.)*	die Kunst	la musique	die Musik
	le cinéma	die Literatur	les monuments *(m.)*	die Denkmäler
l'administration	l'administration *(f.)*	die Verwaltung	un territoire	ein Territorium
			faire partie de	gehören zu
	un Etat	ein Staat	être indépendant(e)	unabhängig sein
	une province	eine Provinz		
l'économie	être producteur de …	Produzent von … sein	l'industrie *(f.)*	die Industrie
			le commerce	der Handel
	cultiver qc	etw. anbauen	l'agriculture *(f.)*	die Landwirtschaft
	fabriquer qc	etw. herstellen	l'exploitation *(f.)* de (nickel)	der Abbau von (Nickel)

Les continents		les adjectifs
l'Afrique *(f.)*	Afrika	africain/africaine
l'Asie *(f.)*	Asien	asiatique
l'Amérique du Nord *(f.)*	Nordamerika	nord-américain/nord-américaine
l'Amérique du Sud *(f.)*	Südamerika	sud-américain/sud-américaine
l'Australie *(f.)*	Australien	australien/australienne
l'Europe *(f.)*	Europa	européen/européenne
l'Océanie *(f.)*	Ozeanien	océanien/océanienne

Groß: **un Français** = ein Franzose
Klein: **le français** = das Französische

Quelques pays		les adjectifs
l'Algérie *(f.)* [lalʒeʀi]	Algerien	algérien/algérienne
l'Allemagne *(f.)* [lalmaɲ]	Deutschland	allemand/allemande
l'Angleterre *(f.)* [lɑ̃glətɛʀ]	England	anglais/anglaise
l'Autriche *(f.)* [lotʀiʃ]	Österreich	autrichien/autrichienne
la Belgique [labɛlʒik]	Belgien	belge/belge
le Burkina Faso [ləbyʀkinafaso]	Burkina Faso	burkinabé/burkinabée
le Canada [ləkanada]	Kanada	canadien/canadienne
la Chine [laʃin]	China	chinois/chinoise
la Côte d'Ivoire [lakotdivwaʀ]	die Elfenbeinküste	ivoirien/ivoirienne

l'Espagne *(f.)* [lɛspaɲ]	Spanien	espagnol/espagnole
les Etats-Unis *(m.)* [lezetazyni]	die USA	américain/américaine
la France [lafʀɑ̃s]	Frankreich	**français/française**
la Grande-Bretagne [lagʀɑ̃dbʀətaɲ]	Großbritannien	britannique
la Grèce [lagʀɛs]	Griechenland	grec/grecque
la Hongrie [laɔ̃gʀi]	Ungarn	hongrois/hongroise
l'Irlande *(f.)* [liʀlɑ̃d]	Irland	irlandais/irlandaise
l'Italie *(f.)* [litali]	Italien	italien/italienne
le Japon [ləʒapɔ̃]	Japan	japonais/japonaise
le Maroc [ləmaʀɔk]	Marokko	**marocain/marocaine**
la Nouvelle-Calédonie [lanuvɛlkaledɔni]	Neukaledonien	**néo-calédonien/néo-calédonienne**
les Pays-Bas *(m.)* [lepeiba]	die Niederlande	néerlandais/néerlandaise/hollandais/hollandaise
la Pologne [lapɔlɔɲ]	Polen	polonais/polonaise
le Portugal [ləpɔʀtygal]	Portugal	**portugais/portugaise**
la Roumanie [laʀumani]	Rumänien	roumain/roumaine
la Russie [laʀysi]	Russland	russe/russe
la Suède [lasɥɛd]	Schweden	suédois/suédoise
la Suisse [lasɥis]	die Schweiz	**suisse/suisse**
la Tunisie [latynizi]	Tunesien	**tunisien/tunisienne**
la Turquie [latyʀki]	die Türkei	turc/turque

TIPP

Beim Merken einiger Wörter können dir deine Englischkenntnisse helfen. Was heißt zum Beispiel „Wissenschaft"?
englisch → science, französisch → science

Module 1 Mon petit coin de paradis!

TU TE RAPPELLES?

un concours	ein Wettbewerb	**jusqu'à**	bis
recevoir qc	etw. bekommen	**par jour**	pro Tag
gagner	gewinnen, verdienen	**il y a deux mois**	vor zwei Monaten
vivre	leben	**juste** *(adv.)*	nur
un nombre	eine Zahl	**refaire qc**	etw. noch einmal machen
environ	ungefähr	**pourtant**	dennoch, trotzdem
grâce à qc	durch etw.	**se dérouler**	sich abspielen
plutôt	eher, vielmehr	**célèbre**	berühmt

un paradis [ɛ̃paʀadi]	ein Paradies	≠ **l'enfer** *(m.)*
le Mont-Saint-Michel [ləmɔ̃sɛ̃miʃɛl]	der Mont-Saint-Michel *(Gemeinde mit einer berühmten Abtei, die auf einer kleinen Felsinsel an der Küste der Normandie liegt)*	**au Mont-Saint-Michel** = auf dem Mont-Saint-Michel
l'Auvergne *(f.)* [lovɛʀɲə]	die Auvergne *(Region in Zentralfrankreich)*	**en Auvergne** = in der Auvergne

le MuCEM (le Musée des Civilisations de l'Europe et de la Méditerranée) [ləmysɛm]	das MuCEM *(Museum in Marseille)*	
un lecteur/une lectrice [ɛ̃lɛktœʀ/ynlɛktʀis]	ein Leser/eine Leserin	→ **lire** (lesen), **une lecture** (eine Lektüre)
le talent [lətalɑ̃]	das Talent, die Begabung	**Il faut avoir du talent pour prendre des bonnes photos.** Man braucht Talent, um gute Fotos zu machen.
un hexagone [ɛ̃nɛgzagɔn]	ein Sechseck	**Sur la carte, la France a la forme d'un hexagone.** Auf der Karte hat Frankreich die Form eines Sechsecks. 

Vis-à-vis

Die Umrisse Frankreichs erinnern auf der Landkarte an ein Sechseck. Mit dem Begriff **l'Hexagone** *(m.)* unterscheiden die Franzosen das französische Mutterland von den französischen Gebieten in Übersee (la France d'outre-mer).

outre-mer [utʀəmɛʀ]	Übersee-	**la France d'outre-mer** = die französischen Gebiete in Übersee → **la mer** (das Meer)
le jury [ləʒyʀi]	die Jury	
un choix [ɛ̃ʃwa]	eine Wahl	**Difficile de faire un choix.** Es ist schwer, eine Wahl zu treffen. → **choisir, faire un choix**
un gagnant/une gagnante [ɛ̃gaɲɑ̃/yngaɲɑ̃t]	ein Gewinner/eine Gewinnerin	→ **gagner** 
un appareil photo [ɛ̃napaʀɛjfɔto]	ein Fotoapparat	
numérique/numérique [nymeʀik]	digital	→ **un numéro** (eine Nummer), **un nombre** (eine Zahl)
une revue [ynʀəvy]	eine Zeitschrift	**les lecteurs des journaux et des revues** = die Zeitungs- und Zeitschriftenleser
Géo Ado [ʒeɔado]	*(Titel einer Zeitschrift für Jugendliche)*	**un ado (un adolescent) = un jeune**
une commune [ynkɔmyn]	eine Gemeinde, eine Kommune	**les communes = les villes et les villages** (die Städte und Dörfer)
Atelier A1 **typique/typique** [tipik]	typisch	**Tu connais un plat typique de ta région?** Kennst du ein typisches Gericht deiner Region?
un centre [ɛ̃sɑ̃tʀ]	ein Zentrum, eine Mitte, ein Mittelpunkt	englisch: **centre**, amerikanisch: **center**
une usine [ynyzin]	eine Fabrik	**Un grand nombre de personnes gagnent leur vie dans des usines.** Viele Menschen verdienen ihren Lebensunterhalt in Fabriken. 
Michelin [miʃlɛ̃]	*(französischer Reifenhersteller mit Sitz in Clermont-Ferrand)*	
un pneu [ɛ̃pnø]	ein Reifen	**Chez *Michelin*, on fabrique des pneus.** Bei *Michelin* werden Reifen hergestellt.
une production [ynpʀɔdyksjɔ̃]	eine Produktion	

le **Massif central** [ləmasifsɑ̃tʀal]	das Zentralmassiv *(Gebirge in Zentralfrankreich)*	**dans le Massif central** = im Zentralmassiv
un **volcan** [ɛ̃vɔlkɑ̃]	ein Vulkan	
le **puy de Dôme** [ləpɥidədom]	*(Berg im Zentralmassiv)*	**au puy de Dôme** = auf dem Puy de Dôme 

Vis-à-vis

Der **Puy de Dôme** (1465 m) ist einer von mehreren erloschenen Vulkanen im Zentralmassiv. Da diese Berge wie an einer Kette aufgereiht erscheinen, spricht man auch von **„la chaîne des Puys"** (la chaîne = die Kette).

se former [səfɔʀme]	sich bilden, entstehen	**Ces volcans se sont formés il y a 20 millions d'années.** Diese Vulkane sind vor 20 Millionen Jahren entstanden.
un **cratère** [ɛ̃kʀatɛʀ]	ein Krater	**Ce qui en reste, ce sont des cratères.** Was noch davon übrig ist, sind Krater.
la **terre** [latɛʀ]	die Erde	→ **un territoire** (ein Territorium, Gebiet)
une **station thermale** [ynstasjɔ̃tɛʀmal]	ein (Bade-)Kurort	
Vulcania [vylkanja]	*(Freizeitpark in der Nähe von Clermond-Ferrand)*	
Clermont-Ferrand [klɛʀmɔ̃fɛʀɑ̃]	*(größte Stadt in der Auvergne)*	
Atelier B1 un **mystère** [ɛ̃mistɛʀ]	ein (rätselhaftes) Geheimnis	→ **mystérieux, mystérieuse** (geheimnisvoll)
un **visiteur**/une **visiteuse** [ɛ̃vizitœʀ/ynvizitøz]	ein Besucher/eine Besucherin	→ **visiter qc** (etw. besuchen, besichtigen)
un **lieu**/des **lieux** [ɛ̃ljø/deljø]	ein Ort	**un lieu** = un endroit; **avoir lieu** = stattfinden
une **légende** [ynleʒɑ̃d]	eine Legende, eine Sage	**Contes et légendes** = Märchen und Sagen
une **construction** [ynkɔ̃stʀyksjɔ̃]	ein Aufbau, Bauen	la **construction d'une église** = der Bau einer Kirche
un **rocher** [ɛ̃ʀɔʃe]	ein Fels/Felsen	englisch: **rock**
une **baie** [ynbɛ]	eine Bucht	Sprich es wie mit einem **ä**. Englisch: **bay**
une **abbaye** [ynabei]	eine Abtei	Sprich **e** und **i** getrennt voneinander aus: **abe-i**
se promener [səpʀɔmne]	spazieren gehen	**Je me promène dans les petites rues le soir.** Ich gehe abends in den kleinen Straßen spazieren. → **faire une promenade**

! **se promener**: je **me** promène, tu **te** promènes, il **se** promène, nous **nous** promenons, vous **vous** promenez, ils **se** promènent; je me **suis** promené(e);
Futur simple: je me promènerai, tu te promèneras, usw.

ou bien [ubjɛ̃]	oder aber	
touristique/touristique [tuʀistik]	touristisch	→ **un/une touriste, le tourisme**
un **village** [ɛ̃vilaʒ]	ein Dorf	englisch: **village;** → **une ville** (eine Stadt)
plein de … [plɛ̃də]	viel/viele; jede Menge	**plein** = voll
le **kitsch** [ləkitʃ]	der Kitsch	**plein de trucs kitsch** *(adj., inv.)* = jede Menge Kitsch
qui est-ce qui … ? [kiɛski]	wer … ? *(Fragepronomen, Subjekt ist eine Person)*	**Qui est-ce qui achète ça?** Wer kauft denn das?
une **galette** [yngalɛt]	*(hier)* ein Keks	**des galettes au beurre** = Butterkekse

qu'est-ce qui …? [kɛski]	was … ? *(Fragepronomen, Subjekt ist eine Sache)*	**Qu'est-ce qui est dangereux?** Was ist gefährlich?
la **marée** [lamaʀe]	die Gezeiten *(pl.)*	→ **la mer**
la **marée basse** [lamaʀebas]	die Ebbe	**A marée basse** = bei Ebbe
la **marée haute** [lamaʀeot]	eine Flut	**A marée haute, l'eau monte.** Bei Flut steigt das Wasser.
un **panneau** [ɛ̃pano]	ein Schild, Hinweisschild	**Il faut lire les panneaux.** Man muss lesen, was auf den Schildern steht.
qui est-ce que …? [kiɛskə]	wen …?	**Qui est-ce que tu attends?** Auf wen wartest du?
imprudent/imprudente [ɛ̃pʀydɑ̃/ɛ̃pʀydɑ̃t]	unvorsichtig	**prudent** = vorsichtig die Vorsilbe **im-** bezeichnet hier das Gegenteil, wie bei **possible – impossible.** 
un **coquillage** [ɛ̃kɔkijaʒ]	eine Muschel	
ramasser qc [ʀamase]	etw. aufheben, etw. einsammeln	**Sur la plage, on peut ramasser des coquillages.** Am Strand kann man Muscheln sammeln.
Atelier C1 la **Méditerranée** [lamediteʀane]	das Mittelmeer	**au bord de la Méditerranée** = am Mittelmeer
un **culte** [ɛ̃kylt]	ein Kult	un **film culte, une série culte** = ein Kultfilm, eine Kultserie
exister [ɛgziste]	existieren/geben	**La ville de Marseille existe depuis l'an 600 av. J.-C.** Die Stadt Marseille gibt es seit dem Jahr 600 v. Chr.
Jésus-Christ [ʒezykʀi]	Jesus Christus	Achte auf die Aussprache!
! **av. J.-C.** [aveʒise]: Abkürzung für «avant Jésus-Christ»; deutsch: v. Chr. (vor Christus)		
un **port** [ɛ̃pɔʀ]	ein Hafen	**Dans le port de Marseille, il y a beaucoup de bateaux.** Im Hafen von Marseille gibt es viele Schiffe.
multiculturel/multiculturelle [myltikyltyʀɛl]	multikulturell	
absolument *(adv.)* [apsɔlymɑ̃]	absolut, unbedingt *(Adv.)*	**Que faut-il voir absolument?** Was muss man unbedingt ansehen?
la Canebière [lakanbjɛʀ]	*(Prachtstraße in Marseille)*	
long de/longue de 1 km [lɔ̃də/lɔ̃gdə]	1 km lang	**La Canebière est une avenue longue d'un kilomètre.** Die Canebière ist eine 1 km lange Avenue.
le **château d'If** [ləʃatodif]	*Festung auf einer kleinen Insel vor Marseille*	

Vis-à-vis

Das **Château d'If** diente zuerst als Verteidigungsanlage und später als Gefängnis. Berühmt wurde die Festung als einer der Handlungsorte des Romans *Der Graf von Monte Christo* von Alexandre Dumas.

C6 une **grotte** [yngʀɔt]	eine Höhle	
la **grotte Cosquer** [lagʀɔtkɔskɛʀ]	*(Höhle in der Nähe von Marseille)*	
la **peinture** [lapɛ̃tyʀ]	die Malerei; *(hier)* die Felszeichnung	

Sieh' dir auch noch einmal das Dico personnel S. 167 an.

AUF EINEN BLICK

Présenter une ville/une région

So kannst du eine Stadt/eine Region vorstellen.

pour commencer	**Je voudrais vous présenter ...** **Est-ce que vous êtes déjà allé(e) à/en ...?** **Connaissez-vous ...?** **Savez-vous que ...?**	Ich möchte euch/Ihnen ... vorstellen. Seid ihr/Sind Sie schon einmal in ... gewesen? Kennt ihr .../Kennen Sie ...? Wisst ihr, dass .../Wissen Sie, dass ...?
la situation géographique	**C'est près de ...** **C'est à côté de ...** **C'est au nord/sud/à l'est/à l'ouest de ...** **C'est à 35 kilomètres de ...** **C'est au bord d'un lac/d'un fleuve.**	Es ist nahe bei ... Es ist neben ... Es ist nördlich/südlich/östlich/westlich von ... Es ist 35 Kilometer entfernt von ... Es liegt an einem See/einem Fluss.
ce qui est connu	**La région/La ville est connue pour ...** **Ils sont connus dans le monde entier** **Elles sont connues dans le monde entier** **C'est ici qu'il y a ...** **Ce qui est typique, c'est ...**	Die Gegend/die Stadt ist bekannt für ... Sie sind in der ganzen Welt bekannt Sie sind in der ganzen Welt bekannt Hier gibt es ... Typisch ist ...
ce qu'on peut y faire	**Ce qu'il faut faire absolument, c'est ...** **Ce qui est intéressant à voir, c'est ...** **Le plus intéressant, c'est ...** **On peut y découvrir ...** **On peut y faire du/de la /de l'...** **Vous pouvez faire un tour à ...**	Was man unbedingt machen muss, das ist ... Was interessant zu sehen ist, das ist ... Das Interessanteste ist ... Man kann dort ... entdecken. Man kann dort ... machen. Ihr könnt/Sie können einen Ausflug nach ... machen.

Module 2 Engagez-vous!

TIPP

Lerne die **Verben** immer **mit ihren Ergänzungen!** Also z. B. *décider **de faire qc*** (entscheiden, etw. zu tun). Das hilft dir dabei, die Wörter richtig anzuwenden.

TU TE RAPPELLES?

s'occuper de qn	sich um jdn. kümmern	**participer à qc**	an etw. teilnehmen
un évènement	ein Ereignis	**gratuit/gratuite**	kostenlos
rater qc *(fam.)*	etw. verpassen	**un succès**	ein Erfolg
parmi les élèves	unter den Schülern	**respecter qn**	jdn. achten, respektieren
dur/dure	hart; schwierig	**le droit**	das Recht
motiver qn	jdn. motivieren	**juste** *(adj.)*	gerecht

s'engager pour qc	[sɑ̃gaʒe]	sich für etw. einsetzen	**Ma sœur s'engage pour un projet écologique.** Meine Schwester engagiert sich für ein ökologisches Projekt.
les Enfoirés	[lezɑ̃fwaʀe]	Name einer Veranstaltungsreihe und einer Gruppe französischer Prominenter, die zugunsten der Organisation *Les Restos du Cœur* auftritt.	**Vis-à-vis** Zur Entstehung des Namens „Les Enfoirés" wird folgende Geschichte erzählt: Als Coluche bei Künstlern anfragte, ob sie zugunsten der Restos du Cœur unentgeltlich auftreten würden, lehnten einige zunächst ab. Coluche antwortete: „Vous êtes vraiment une bande d'enfoirés". („Ihr seid echt ein Haufen Arschlöcher.")

M 2 Vocabulaire

au profit de [opʀɔfidə]	zugunsten von	**Ce sont des concerts au profit des Restos du Cœur.** Es sind Konzerte zugunsten der Restos du Cœur.
une **association** [ynasɔsjasjɔ̃]	ein Verein, ein Zusammenschluss	
défavorisé/défavorisée [defavɔʀize]	benachteiligt	**des gens défavorisés** = benachteiligte Menschen
médiatique/médiatique [medjatik]	medienwirksam; Medien-	**C'est un évènement médiatique à ne pas rater.** Es ist ein Medienereignis, dass man nicht verpassen sollte.

Atelier **A1**

mobiliser qn [mɔbilize]	jdn. mobilisieren *(jdn. dazu bewegen, sich einzusetzen)*	
une **chaîne de télévision** [ynʃɛndətelevizjɔ̃]	ein Fernsehsender	**Le ZDF est une chaîne de télévision allemande.** Das ZDF ist ein deutscher Fernsehsender.
national/nationale [nasjɔnal]	national, staatlich; *(hier)* landesweit	
public/publique [pyblik]	öffentlich	une **chaîne publique** = ein öffentlich-rechtlicher Sender
privé/privée [pʀive]	privat	une **chaîne privée** = ein privater Sender
franco-allemand/franco-allemande [fʀɑ̃koalmɑ̃/fʀɑ̃koalmɑ̃d]	deutsch-französisch	**Arte est une chaîne franco-allemande.** Arte ist ein deutsch-französischer Sender. 
une **émission** [ynemisjɔ̃]	eine Fernsehsendung	**J'ai regardé une émission sur le Québec.** Ich habe eine Sendung über Quebec gesehen.
culturel/culturelle [kyltyʀɛl]	Kultur-	
l'**actualité** *(f.)* [laktɥalite]	das Tagesgeschehen	**Je ne m'intéresse pas trop à l'actualité.** Ich interessiere mich nicht so sehr für das Tagesgeschehen.
libre/libre [libʀ]	frei	**Une radio libre est une radio indépendante qui ne veut pas gagner d'argent.** Ein freier Radiosender ist ein unabhängiger Sender, der kein Geld verdienen möchte.
la **presse** [lapʀɛs]	die Presse	**La presse écrite, ce sont les journaux et les magazines.** Die Presse, das sind die Zeitungen und Zeitschriften. (die journalistischen Printmedien)
un **quotidien** [ɛ̃kɔtidjɛ̃]	eine Tageszeitung	**Un quotidien est un journal qui sort tous les jours.** Eine Tageszeitung ist eine Zeitung, die jeden Tag erscheint.
un **magazine** [ɛ̃magazin]	eine Zeitschrift	Nicht verwechseln: **un magasin** ein Laden, **un magazine** eine Zeitschrift
traiter de qc [tʀete]	sich mit etw. befassen; etw. behandeln	**Le Nouvel Observateur est un magazine qui traite des grandes questions de société.** Der Nouvel Observateur ist eine Zeitschrift, die sich mit den großen gesellschaftlichen Fragen befasst.
la **société** [lasɔsjete]	die Gesellschaft	englisch: **society**
s'adresser à qn [sadʀese]	sich an jdn. richten, sich an jdn. wenden	**Ce magazine s'adresse aux jeunes.** Diese Zeitschrift richtet sich an Jugendliche.

AUF EINEN BLICK

Les médias Fernsehen, Radio, Presse und mehr

des chaînes de télévision	**France 2** [fʀɑ̃sdø]	Hauptsender der öffentlich-rechtlichen Fernsehanstalt *France Télévisions*
	TF1 [teɛfɛ̃]	landesweiter privater Fernsehsender
	Canal + [kanalplys]	kostenpflichtiger privater Fernsehsender
	ARTE [aʀte]	deutsch-französischer Fernsehsender

des stations de radio	**France Inter** [fʀɑ̃sɛ̃tɛʀ]	landesweiter öffentlich-rechtlicher Radiosender; Nachrichten und Musik
	NRJ [enɛʀʒi]	*(**N**ouvelle **R**adio **J**eunesse)* größtes privates Radiounternehmen; Musik, Kurznachrichten
	Radio Méga [ʀadjomega]	einer der vielen lokalen Radiosender (Valence)

la presse écrite	**Le Monde** [ləmɔ̃d]	wichtige französische Tageszeitung
	Le Figaro [ləfigaʀo]	wichtige französische Tageszeitung
	L'Equipe [lekip]	täglich erscheinende Sportzeitung
	Le Nouvel Observateur [lənuvɛlɔpsɛʀvatœʀ]	wöchentlich erscheinendes Nachrichtenmagazin
	Science et Vie Junior [sjɑ̃seviʒynjɔʀ]	monatlich erscheinendes Wissensmagazin für Jugendliche

A 3

un **humoriste**/une **humoriste** [ɛ̃nymɔʀist/ynymɔʀist]	ein Humorist/eine Humoristin; ein Komiker/eine Komikerin	→ **l'humour** 
inoubliable/inoubliable [inubljabl]	unvergesslich	→ **oublier**
le **milieu** [ləmiljø]	das Milieu, das Umfeld	**Coluche venait d'un milieu défavorisé.** Coluche kam aus einem benachteiligten Umfeld.
l'**humour** *(m.)* [lymuʀ]	der Humor	**Il décrivait son milieu avec humour.** Er beschrieb sein Milieu mit Humor.
entre autres [ɑ̃tʀotʀ]	unter anderem	
avoir besoin de qc [avwaʀbəzwɛ̃]	etw. brauchen	**J'ai besoin de quelque chose à manger. J'en ai besoin maintenant.** Ich brauche etwas zu essen. Ich brauche es jetzt.
comme [kɔm]	da, weil	**Comme pour Coluche, rien n'est impossible, il s'adresse à …** Da für Coluche nichts unmöglich ist, wendet er sich an …
impossible/impossible [ɛ̃pɔsibl]	unmöglich	**Rien n'est impossible.** Nichts ist unmöglich. englisch: **impossible**
inattendu/inattendue [inatɑ̃dy]	unerwartet	→ **attendre**; ≠ **attendu**
le **public** [ləpyblik]	das Publikum/die Öffentlichkeit	→ **public/publique** *(adj.)*: öffentlich
par cœur [paʀkœʀ]	auswendig	**apprendre/connaître qc par cœur** etw. auswendig lernen/kennen
une cinquantaine de [ynsɛ̃kɑ̃tɛn]	um die fünfzig	**cinquante** = fünfzig

! une **dizaine**: um die zehn
une **vingtaine**: um die zwanzig
une **trentaine**: um die dreißig …

bénévole/bénévole [benevɔl]	ehrenamtlich, unentgeltlich	**Les Enfoirés sont une association bénévole. Les artistes travaillent bénévolement** *(adv).* Die Enfoirés sind eine ehrenamtliche Vereinigung. Die Künstler arbeiten unentgeltlich (= ohne Geld zu verdienen).
une **scène** [ysɛn]	eine Szene; *(hier)* eine Bühne	**monter sur scène** = auftreten, einen Bühnenauftritt haben 
un **rendez-vous** [ɛ̃ʀɑ̃devu]	eine Verabredung/ein Treffen	**être au rendez-vous** = dabei sein, sich nicht lange bitten lassen
un **spectateur**/ une **spectatrice** [ɛ̃spɛktatœʀ/ynspɛktatʀis]	ein Zuschauer/eine Zuschauerin	→ **un spectacle**
une **diffusion** [yndifyzjɔ̃]	eine Verbreitung; Ausstrahlung	la **diffusion du concert** = die Ausstrahlung des Konzerts
un **accident** [ɛ̃naksidɑ̃]	ein Unfall	**Coluche est mort dans un accident.** Coluche kam bei einem Unfall ums Leben. englisch: **an accident**
un **engagement** [ɛ̃nɑ̃gaʒmɑ̃]	ein Engagement; ein Einsatz	→ **s'engager (pour qc)**
une **aide** [ynɛd]	eine Hilfe, eine Unterstützung	**Ils ont besoin d'aide.** Sie brauchen Hilfe. → **aider qn** (jdm. helfen)
Atelier B1 **égal/égale/égaux/égales** [egal/ego/egal]	gleich	**On est tous égaux en droits.** Wir sind alle gleichberechtigt. 
une **discrimination** [yndiskʀiminasjɔ̃]	eine Diskriminierung, ungerechte Behandlung	
B2 **s'indigner** de qc [sɛ̃diɲe]	sich über etw. empören	Aussprache: **-gn-** wie bei **gagner**
un **diplomate**/une **diplomate** [ɛ̃diplɔmat/yndiplɔmat]	ein Diplomat/eine Diplomatin	
un **écrivain**/une **femme écrivain** [ɛ̃nekʀivɛ̃/ynfamekʀivɛ̃]	ein Schriftsteller/eine Schriftstellerin	→ **écrire**
un **thème** [ɛ̃tɛm]	ein Thema	**C'est un thème qui m'intéresse.** Das ist ein Thema, das mich interessiert.
justifier qc [ʒystifje]	etw. rechtfertigen, begründen	**Justifiez votre réponse.** Begründet eure Antwort. → **juste:** gerecht
une **indignation** [ynɛ̃diɲasjɔ̃]	eine Empörung	→ **s'indigner** (sich empören)
un **traitement** [ɛ̃tʀɛtmɑ̃]	eine Behandlung	→ **traiter**
un **immigré**/une **immigrée** [ɛ̃nimigʀe/ynimigʀe]	ein Einwanderer/eine Einwanderin	englisch: **an immigrant**
un/une **sans-papiers** [ɛ̃/ynsɑ̃papje]	eine Person ohne Papiere/ein Illegaler	**Pour un sans-papiers, il est presque impossible de trouver un travail ou un appartement.** Für eine Person ohne Papiere ist es fast unmöglich, eine Arbeit oder eine Wohnung zu finden.

Vis-à-vis

Als **sans-papiers** bezeichnet man in Frankreich diejenigen Einwanderer, die keine Aufenthaltsgenehmigung besitzen. Sie können weder eine legale Arbeit annehmen noch staatliche Hilfe beanspruchen.

MON DICO PERSONNEL

S'engager pour une bonne cause
Sich für einen guten Zweck einsetzen

les problèmes

les catastrophes *(f.)*	(Natur)Katastrophen
la discrimination	die Diskriminierung
la toxicomanie	die Drogensucht
la dépendance	die Abhängigkeit
l'injustice *(f.)*	die Ungerechtigkeit
le racisme	der Rassismus
la violence	die Gewalt
le harcèlement moral [ləaʀsɛlmɑ̃mɔʀal]	das Mobbing
abandonner qn	jdn. verlassen
être abandonné(e)	verlassen sein
la solitude	die Einsamkeit
être handicapé(e) [ɑ̃dikape]	behindert sein
être sans domicile fixe (être SDF)	obdachlos sein
être défavorisé(e)	benachteiligt sein
être pauvre	arm sein
l'indifférence *(f.)*	die Gleichgültigkeit
être indifférent(e)	gleichgültig sein

aider qn	jdm. helfen
parler de qc	über etw. sprechen
faire qc au profit de qn	etw. zugunsten von jdm. tun
respecter qn	jdn. achten/respektieren
le respect [lərɛspɛ]	der Respekt
l'égalité *(f.)* **des chances**	die Chancengleichheit
demander de l'aide	um Hilfe bitten
informer qn	jdn. informieren
adopter qn/qc	jdn./etw. adoptieren
s'occuper de qn/qc	sich um jdn./etw. kümmern
participer à qc	an etw. teilnehmen
organiser qc	etw. organisieren
prendre l'initiative *(f.)* **de faire qc**	die Initiative ergreifen
lancer un appel à qn	einen Aufruf an jdn. richten
collecter de l'argent	Geld sammeln
offrir qc à qn	jdm. etw. schenken/anbieten
s'engager pour qc	sich für etw. einsetzen/engagieren
s'indigner de qc	sich über etw. empören
mobiliser qn	jdn. mobilisieren

Liste des mots

Die *Liste des mots* enthält den Lernwortschatz aus den *Unités*. Wörter, die innerhalb von *Lire*-Aufgaben erschlossen werden sollen, grammatische Basiswörter wie z. B. die Subjektpronomen *je, tu …* sowie Zahlen werden in der folgenden Liste nicht aufgeführt.
Die Fundstellen verweisen auf das erstmalige Vorkommen der Wörter wie z. B.:

une **affaire** **I 3 A,** 3

Band **1**, Unité **3**, Atelier **A**, Nummer **3**.

Weitere Abkürzungen:
DE = Einstiegsseite *Découvertes*
A = Atelier A **B** = Atelier B
C = Atelier C **M** = Module
Grau gesetzte Wörter sind fakultativ und brauchen nicht gelernt zu werden.

A

à (Paris) [a] in, nach (Paris) **I 2DE**
A tout à l'heure! [atutalœʀ] Bis gleich! **⟨I 1P⟩**
A plus! *(fam.)* [aplys] Bis später! **I 5A,** 1
à propos de qc [apʀɔpodə] apropos, etw. betreffend **II 2A,** 1
Il/Elle est à qui? [iletaki/ɛletaki] Wem gehört er/sie/es? **I 4A,** 3
une **abbaye** [ynabei] eine Abtei **⟨III M1B⟩**
un **abricot** [ɛ̃abʀiko] eine Aprikose **⟨II 4P⟩**
absolument *(adv.)* [apsɔlymɑ̃] absolut, unbedingt *(Adv.)* **⟨III M1C⟩**
accepter qn/qc [aksɛpte] jdn./etw. akzeptieren, annehmen **III 2DE**
un **accident** [ɛ̃naksidɑ̃] ein Unfall **⟨III M2A,** 3**⟩**
l'**accrobranche** *(m.)* [lakʀɔbʀɑ̃ʃ] ein Hochseilgarten **⟨II 5P⟩**
accuser qn [akyze] jdn. anklagen **III 2C,** 2
acheter qc [aʃte] etw. kaufen **II 4DE**
un **acteur**/une **actrice** [ɛ̃naktœʀ/ynaktʀis] ein Schauspieler/eine Schauspielerin **II 1B,** 2
l'**action** *f.* [laksjɔ̃] eine Handlung **⟨II 6P⟩**
une **activité** [ynaktivite] eine Freizeitbeschäftigung **I 5DE**
l'**actualité** *(f.)* [laktɥalite] das Tagesgeschehen **⟨III M2A,** 1**⟩**
administratif/administrative [administʀatif/administʀativ] Verwaltungs-, behördlich **III 5DE,** 2
administrativement [administʀativmɑ̃] verwaltungsmäßig, was die Verwaltung betrifft **III 5DE,** 2
adorer qn/qc [adɔʀe] jemanden/etwas sehr gern mögen **I 7C,** 1
une **adresse** [ynadʀɛs] eine Adresse **III 1DE**
s'adresser à qn [sadʀese] sich an jemanden richten, sich an jemanden wenden **⟨III M2A,** 1**⟩**
une **affaire** [ynafɛʀ] eine Sache, eine Angelegenheit **I 3A,** 3
une **affiche** [ynafiʃ] ein Plakat, ein Poster **I 2DE**
africain/africaine [afʀikɛ̃/afʀikɛn] afrikanisch **III 2A,** 5
l'**âge** *(m.)* [laʒ] das Alter **I 3B,** 9
Tu as quel âge? [tyakɛlaʒ] Wie alt bist du? **I 3B,** 9
l'**agriculture** *(f.)* [lagʀikyltyʀ] die Landwirtschaft, der Ackerbau **III 3B,** 4
aider qn [ede] jemandem helfen **I 6B,** 1
Aïe! [aj] Aua! **I 4DE**
de l'**ail** [dəlaj] Knoblauch **⟨II 4P⟩**
aimer qn/qc [eme] jemanden/etwas lieben, jemanden/etwas mögen **I 2B,** 2
j'aimerais mieux … [ʒɛmʀɛmjø] ich würde lieber … **II 3A,** 8
ainsi [ɛ̃si] so, auf diese Weise **⟨II 2P⟩**
un **air** [ɛ̃nɛʀ] *(hier) eine Melodie* **III 1B,** 1
l'air *(m.)* [lɛʀ] die Luft; *hier:* das Aussehen **II 1A,** 1
prendre l'air [pʀɑ̃dʀəlɛʀ] an die frische Luft gehen **III 1B,** 1
avoir l'air [avwaʀlɛʀ] aussehen **II 1A,** 1
une **aire de repos** [ynɛʀdəʀəpo] ein Rastplatz *(an der französischen Autobahn)* **II 5A,** 4
un **album** [ɛ̃nalbɔm] ein Album; *(hier:)* ein Musikalbum, eine CD **II 6B**
l'**allemand** *(m.)* [lalmɑ̃] Deutsch **I 4DE**
allemand/allemande [almɑ̃/almɑ̃d] deutsch **I 3A,** 3
aller [ale] gehen, fahren **I 4A,** 3
aller bien [alebjɛ̃] gut gehen **II 1A,** 7
aller chercher qc [aleʃɛʀʃe] etw. (ab)holen **II 4A,** 2
aller faire qc [alefɛʀ] etw. tun werden **I 5A,** 1
Allô ? [alo] Hallo? *(am Telefon)* **I 3A,** 3
alors [alɔʀ] nun, jetzt, dann **I 2B,** 2
alors que [alɔʀkə] wohingegen, während, obwohl **III 5A,** 1; wohingegen, während, dagegen **⟨III 5D,** 1**⟩**
une **ambiance** [ynɑ̃bjɑ̃s] eine Stimmung, eine Atmosphäre **III 3B,** 1
un **ami**/une **amie** [ɛ̃nami/ynami] ein Freund/eine Freundin **I 2A,** 3
à moitié [amwatje] zur Hälfte **III 2C,** 2
l'**amour** *(m.)* [lamuʀ] die Liebe **II 6B**
le chagrin d'amour [ləʃagʀɛ̃damuʀ] der Liebeskummer **III 1A,** 1
amoureux/amoureuse [amuʀø/amuʀøz] verliebt **III 4A,** 4
un **an** [ɛ̃nɑ̃] ein Jahr **I 3B,** 1
une **analyse** [ynanaliz] eine Analyse, eine genaue Untersuchung **III 3DE**
un **ananas** [ɛ̃nanana] eine Ananas **⟨II 4P⟩**
l'**anglais** *(m.)* [lɑ̃glɛ] Englisch **⟨I 4P⟩**
anglais/anglaise [ɑ̃glɛ/ɑ̃glɛz] englisch **III 5DE,** 3
un **animal**/des **animaux** [ɛ̃nanimal/dezanimo] ein Tier/Tiere **II 5A,** 4
une **année** [ynane] ein Jahr **I 3B,** 7
un **anniversaire** [ɛ̃nanivɛʀsɛʀ] ein Geburtstag **I 3DE**
une **annonce** [ynanɔ̃s] eine Anzeige, eine Annonce **II 7B,** 8
un **anorak** [ɛ̃nanɔʀak] ein Anorak **I 6B,** 8
août *(m.)* [ut] August **I 3B,** 7
un **appareil photo** [ɛ̃napaʀɛjfɔto] ein Fotoapparat **⟨III M1DE⟩**
un **appartement** [ɛ̃napaʀtəmɑ̃] eine Wohnung **I 5A,** 3
appeler qn [aple] jdn. (an)rufen **II 2B,** 2
l'**applaudissement** *(m.)* [laplodismɑ̃] der Beifall, der Applaus **II 3B,** 1
apporter qc à qn [apɔʀte] jdm. etw. (mit) bringen **II 6C**
apprendre qc [apʀɑ̃dʀ] etw. lernen, etw. erfahren **II 3DE**
après [apʀɛ] nach; danach **I 4A,** 1
peu après [pøapʀɛ] kurz darauf **⟨II 2P⟩**
l'**après-midi** *(m./f.)* [lapʀɛmidi] der Nachmittag **I 5A,** 3
l'**arabe** *(m.)* [laʀab] das Arabische **III 5DE,** 2
un **arbre** [ɛ̃naʀbʀ] ein Baum **II 5A,** 4
un **archipel** [ɛ̃naʀʃipɛl] ein Archipel, eine Inselgruppe **⟨III 5D,** 1**⟩**
l'**argent** *(m.)* [laʀʒɑ̃] das Geld **II 6B**
gagner de l'argent [gaɲe] Geld verdienen **II 6B**
l'argent *(m.) de poche* [laʀʒɑ̃dəpɔʃ] das Taschengeld **II 7B,** 3
un **argument** [ɛ̃naʀgymɑ̃] ein Argument **II 7B,** 7
une **armoire** [ynaʀmwaʀ] Schrank **III 2C,** 2
arrêter qc [aʀɛte] etw. anhalten, beenden; mit etw. aufhören **II 3B,** 1
l'**arrière-plan** *(m.)* [laʀjɛʀplɑ̃] der Hintergrund *(Bild, Foto, Film)* **III 5B,** 2
l'**arrivée** *(f.)* [laʀive] die Ankunft **I 6A,** 2
arriver à faire qc [aʀive] gelingen etwas zu tun **III 2B,** 1
arriver [aʀive] (an)kommen **I 2DE**
un **arrondissement** [ɛ̃naʀɔ̃dismɑ̃] ein Arrondissement *(ein Verwaltungsbezirk)* **I 5DE**
l' **art** *(m.)* [laʀ] die Kunst **II 7DE**
les arts plastiques *(m.)* [lezaʀplastik] Kunst *(als Schulfach)* **⟨I 4P⟩**
les arts du cirque *(m.)* [lezaʀdysiʀk] die Zirkuskünste **II 7DE**
un **article** [ɛ̃naʀtikl] ein Artikel **II 3B,** 4
un **artiste**/une **artiste** [ɛ̃naʀtist/ynaʀtist] ein Künstler/eine Künstlerin **III 5A,** 1
assez (de) [ase] genug, genügend (von) **II 7B,** 7
une **assiette** [ynasjɛt] ein Teller **II 4B,** 1
un **assistant**/une **assistante** [ɛ̃nasistɑ̃/ynasistɑ̃t] ein Assistent/eine Assistentin **I 7DE**
une **association** [ynasɔsjasjɔ̃] ein Verein, ein Zusammenschluss **⟨III M2DE⟩**
un **atelier** [ɛ̃natəlje] eine Werkstatt, *hier:* ein Workshop **II 6C**
l'**athlétisme** *(m.)* [latletism] die Leichtathletik **I 5A,** 3
attendre qn [atɑ̃dʀ] auf jdn. warten, jdn. erwarten **II 2B,** 2
Attention! [atɑ̃sjɔ̃] Achtung!, Vorsicht! **I 1A,** 1
une **aubergine** [ynobɛʀʒin] eine Aubergine **⟨II 4P⟩**
aujourd'hui [oʒuʀdɥi] heute **I 3A,** 3

aussi [osi] auch **I 1B, 1**
aussi pratique que [osipʀatikkə] genauso praktisch wie **III 4B, 1**
un **auteur**/une **auteure** [ɛ̃notœʀ/ynotœʀ] ein Autor/eine Autorin **III 1DE**
l'**automne** *(m.)* [lotɔn] der Herbst **II 5B, 4**
une **autorisation** [ynɔtɔʀizasjɔ̃] eine Erlaubnis, eine Genehmigung **III 2B, 1**
une **autoroute** [ynotoʀut] eine Autobahn **II 5A, 4**
autour de qn/qc [otuʀ] um jdn./etw. herum **III 2C, 2**
autre/**autre** [otʀ] anderer/andere/anderes **I 6B, 1**
avancer [avɑ̃se] vorankommen **II 3B, 1**
avant [avɑ̃] vor **I 6B, 1**
avec [avɛk] mit **I 2DE**
une **aventure** [ynavɑ̃tyʀ] ein Abenteuer **III 3B, 1**
une **avenue** [ynavəny] eine Straße **I 5DE**
un **avion** [ɛ̃navjɔ̃] ein Flugzeug **I 7B, 3**
un **avis** [ɛ̃navi] eine Meinung **II 6A**
à mon avis [amɔ̃navi] meiner Meinung nach **II 7B, 7**
Je suis de ton avis. [ʒəsɥidətɔ̃navi] Ich bin deiner Meinung. **II 7B, 7**
un **avocat** [ɛ̃navɔka] eine Avokado ⟨II 4P⟩
avoir [avwaʀ] haben **I 3B, 1**
avoir raison [avwaʀʀɛzɔ̃] recht haben **I 4B, 4**
avoir besoin de qc [avwaʀbəzwɛ̃] etw. brauchen ⟨III M2A, 3⟩
avoir cours [awaʀkuʀ] Unterricht haben **II 1B, 2**
avoir envie de faire qc [avwaʀɑ̃vi] Lust haben, etwas zu tun **I 3B, 1**
avoir faim [avwaʀfɛ̃] Hunger haben **I 3B, 1**
avoir l'impression que [avwaʀlɛ̃pʀesjɔ̃] den Eindruck haben, dass **III 2A, 5**
avoir la dalle *(fam.)* [avwaʀladal] Kohldampf haben *(ugs.)* **III 4A, 4**
avoir la pêche *(fam.)* [avwaʀlapɛʃ] gut drauf sein *(ugs.)* **III 1A, 1**
avoir le droit de faire qc [avwaʀlədʀwa] das Recht haben, etw. zu tun **II 6A**
avoir le temps de faire qc [avwaʀlətɑ̃] Zeit haben, etw. zu tun **II 4B, 2**
avoir lieu [avwaʀljø] stattfinden ⟨II 6D⟩
avoir l'air [avwaʀlɛʀ] aussehen **II 1A, 1**
avoir mal [avwaʀmal] Schmerzen haben **I 5B, 3**
en avoir marre de qn/qc *(fam.)* [ɑ̃navwaʀmaʀ] von jdm./etw. die Nase voll haben *(ugs.)* **II 2B, 2**
avoir peur [avwaʀpœʀ] Angst haben **II 2A, 1**
avoir soif [avwaʀswaf] Durst haben **I 5C, 1**
avril *(m.)* [avʀil] April **I 3B, 7**

B

le **baccalauréat** [ləbakalɔʀea] das Abitur **III 5B, 1**
une **baie** [ynbɛ] eine Bucht ⟨III M1B⟩
un **bal** [ɛ̃bal] ein Ball, ein Fest **I 6DE**
un **baladeur mp3** [ɛ̃baladœʀɛmpetʀwa] ein MP3-Player **II 5A, 4**
une **baleine** [ynbalɛn] ein Wal **III 5A, 1**
une **balle** [ynbal] ein (kleiner) Ball **II 7A, 1**
un **ballon** [ɛ̃balɔ̃] ein Ball **II 5B, 1**
une **banane** [ynbanan] eine Banane ⟨II 4P⟩
une **bande** [ynbɑ̃d] eine Bande, eine Clique ⟨III 5C, 1⟩
le **baptême** [ləbatɛm] die Taufe ⟨I 3P⟩
une **basket** [ynbaskɛt] ein Turnschuh **I 6B, 8**
le **basket(ball)** [ləbaskɛtbol] Basketball ⟨I 5A, 5⟩
un **bateau**/des **bateaux** [ɛ̃bato/debato] ein Boot, ein Schiff/Boote, Schiffe **II 5A, 1**
un bateau à moteur [ɛ̃batoamɔtœʀ] ein Motorboot ⟨II 5P⟩
la **batterie** [labatʀi] das Schlagzeug **II 6B**
une **BD** [ynbede] ein Comic **I 2DE**
beau/**bel**/**belle** [bo/bɛl/bɛl] schön **II 6B**
Il fait beau. [ilfɛbo] Es ist schönes Wetter./Das Wetter ist schön. **I 7A, 1**
beaucoup [boku] viel **I 5B, 2**
beaucoup de [bokudə] viel(e) **I 7A, 1**
belge/**belge** [bɛlʒ] belgisch **II 6C**
ben *fam.* [bɛ̃] nun, … **II 3A, 2**
bénévole/**bénévole** [benevɔl] ehrenamtlich, unentgeltlich ⟨III M2A, 3⟩
avoir **besoin** de qc [avwaʀbəswɛ̃] etw. brauchen ⟨III M2A, 3⟩
bête/**bête** [bɛt] dumm **II 1A, 1**
le **beurre** [ləbœʀ] die Butter **II 4B, 2**
une **bibliothèque** [ynbiblijɔtɛk] eine Bibliothek, eine Bücherei **III 5B, 1**
bien *(adv.)* [bjɛ̃] gut *(Adv.)* **I 1B, 1**
moins bien [mwɛ̃bjɛ̃] weniger gut **III 5B, 1**
Bien sûr! [bjɛ̃syʀ] Sicherlich!, Na klar!, Selbstverständlich! **I 3A, 2**
bientôt [bjɛ̃to] bald **I 3A, 1**
Bienvenue! [bjɛ̃vny] Willkommen! ⟨I 0⟩
un **biologiste**/une **biologiste** [ɛ̃bjɔlɔʒist/ynbjɔlɔʒist] ein Biologe/eine Biologin **II 7B, 3**
une **bise** *(fam.)* [ynbiz] ein Kuss, ein Küsschen **I 7A, 4**
bizarre [bizaʀ] komisch, merkwürdig **I 1B, 1**
une **blague** [ynblag] ein Scherz, ein Streich **II 1A, 1**
blanc/**blanche** [blɑ̃/blɑ̃ʃ] weiß **I 6B, 6**
bleu/**bleue** [blø] blau **I 6B, 6**
un **blog** [ɛ̃blɔg] ein Blog *(ein Tagebuch im Internet)* **II 6A**
blond/**blonde** [blɔ̃/blɔ̃d] blond **II 1B, 6**
un **blouson** [ɛ̃bluzɔ̃] ein Blouson, eine Jacke ⟨III 2C, 2⟩
Bof! [bɔf] Na ja., Ach. **I 1B, 7**
boire qc [bwaʀ] etw. trinken **II 4A, 2**
une **boisson** [ynbwasɔ̃] ein Getränk **II 4A, 2**
bon/**bonne** [bɔ̃/bɔn] gut **I 6A, 4**
Ah, bon? [abɔ̃] Ach ja?/Wirklich? **I 3A, 1**
Bonne journée! [bɔnʒuʀne] Einen schönen Tag! **I 5C, 5**
un **bonbon** [ɛ̃bɔ̃bɔ̃] ein Bonbon ⟨I 0, 5⟩
Bonjour! [bɔ̃ʒuʀ] Guten Tag! **I 1DE**
au bord de qc [obɔʀdə] am Rande, am Ufer von etw. **II 5DE**
un **bouchon** [ɛ̃buʃɔ̃] ein Korken; *hier:* ein Verkehrsstau **II 5A, 4**
bouder [bude] schmollen **III 3A, 2**
bouger [buʒe] sich bewegen **II 7A, 4**
une **bougie** [ynbuʒi] eine Kerze **I 3A, 3**
une **boulangerie** [ynbulɑ̃ʒʀi] eine Bäckerei **I 5B, 1**
une **boulette** [ynbulɛt] ein Kügelchen **II 1B, 2**
un **boulot** *(fam.)* [ɛ̃bulo] ein Job *(ugs.)* **III 3DE**
une **bouteille** [ynbutɛj] eine Flasche **II 4A, 2**
une **boutique** [ynbutik] eine Boutique, ein Ladengeschäft **I 7A, 1**
le **bras** [ləbʀa] der Arm **II 2A, 1**
briller [bʀije] scheinen, funkeln **III 4A, 9**
le **bruit** [ləbʀɥi] das Geräusch, der Lärm **I 5A, 3**
brun/**brune** [bʀɛ̃/bʀyn] braun **II 1B, 6**
une **bulle** [ynbyl] eine Sprechblase ⟨II 6P⟩
un **bulletin scolaire** [ɛ̃byltɛ̃skɔlɛʀ] ein Schulzeugnis **II 3DE**
un **bureau** [ɛ̃byʀo] ein Büro; ein Schreibtisch; *hier:* ein Arbeitszimmer **I 7A, 1**
un **bureau de poste** [ɛ̃byʀodəpɔst] ein Postamt ⟨I 0, 8⟩
un **bus** [ɛ̃bys] ein Bus **I 7B, 1**
une **buvette** [ynbyvɛt] ein Getränkestand **III 4B, 3**

C

ça [sa] das **I 2B, 2**
cacher qc [kaʃe] etw. verstecken **III 2C, 2**
un **cadeau** [ɛ̃kado] ein Geschenk **I 3A, 1**
un **café** [ɛ̃kafe] ein Café **I 5B, 1**
le **café** [ləkafe] der Kaffee **II 4B, 6**
un **cahier** [ɛ̃kaje] ein Heft **I 2A, 1**
un **cahier de textes** [ɛ̃kajedətɛkst] ein Hausaufgabenheft **II 3DE**
la **campagne** [lakɑ̃paɲ] das Land **II 7B, 3**
un **camping** [ɛ̃kɑ̃piŋ] ein Campingplatz ⟨II 5P⟩
canadien/**canadienne** [kanadjɛ̃/kanadjɛn] kanadisch **III 5DE, 2**
un **canapé** [ɛ̃kanape] ein Sofa **II 5A, 7**
un **canari** [ɛ̃kanaʀi] ein Kanarienvogel ⟨I 1P⟩
un **canoë** [ɛ̃kanɔe] ein Kanu **III 5A, 1**
une **cantine** [ynkɑ̃tin] eine Kantine, eine Mensa **I 4DE**
une **capitale** [ynkapital] eine Hauptstadt **III 2DE**
un **car** [ɛ̃kaʀ] ein Bus *(Reisebus)* **III 4DE**
car [kaʀ] denn **II 6C**
caresser qn/qc [kaʀese] jdn./etw. streicheln **III 2B, 1**
un **carnet** [ɛ̃kaʀnɛ] ein Heft, ein Notizbuch **II 3DE**
une **carotte** [ynkaʀɔt] eine Karotte, eine Möhre ⟨II 4P⟩
un **carrefour** [ɛ̃kaʀfuʀ] eine Kreuzung **I 5B, 1**
un **cartable** [ɛ̃kaʀtabl] eine Schultasche ⟨I 2A, 1⟩
une **carte** [ynkaʀt] eine Karte **I 7A, 1**
une carte postale [ynkaʀtpɔstal] eine Postkarte, eine Ansichtskarte **I 7A, 1**

une carte vitale [ynkaʀtvital] eine Krankenversicherungskarte **III 3B, 6**
un **carton** [ɛ̃kaʀtɔ̃] ein Karton **I 2A, 3**
une **case** [ynkaz] eine Hütte ⟨**III 5C**, 1⟩
une **casquette** [ynkaskɛt] eine Kappe, eine Schirmmütze **I 6B, 1**
les **catacombes** *(f.)* [lekatakɔ̃b] die Katakomben *(unterirdische Begräbnisstätte)* **II 2DE**
une **catastrophe** [ynkatastʀɔf] eine Katastrophe **I 2A, 3**
une **cathédrale** [ynkatedʀal] eine Kathedrale **I 7DE**
à **cause** de qn/qc [akoz] (einer Person/einer Sache) wegen **III 2A, 5**
Ça va? [sava] Wie geht's? **I 1A, 1**
Ça va s'arranger. [savasaʀɑ̃ʒe] Das wird schon wieder. **III 2B, 5**
Ça y est! [sajɛ] Geschafft! *(hier) Es ist so weit!* **III 1DE**
un **CD**/des **CD** [ɛ̃sede/desede] eine CD/CDs **I 3A, 1**
un **CDI** [ɛ̃sedei] ein CDI **I 4DE**
ce/c' [sə] das *(z.B. in „c'est" = das ist ...)* **I 1A, 1**
C'est ça? [sɛsa] Stimmt's? **I 3B, 1**
ce soir [səswaʀ] heute Abend **I 5A, 1**
C'est à qui? [sɛtaki] Wer ist an der Reihe? **II 4A, 2**
c'est [sɛ] das ist **I 1A, 1**
ce/cet/cette/ces [sə/sɛt/sɛt/se] dieser/diese/dieses *(Demonstrativbegleiter)* **II 1B, 2**
célèbre/célèbre [selɛbʀ] berühmt **III 4B, 2**
un **centime** [ɛ̃sɑ̃tim] ein Cent **I 5C, 1**
un **centre** [ɛ̃sɑ̃tʀ] ein Zentrum, eine Mitte, ein Mittelpunkt ⟨**III M1A**⟩; ⟨**III 5D**, 1⟩
ce que [səkə] was *(Relativpronomen, Objekt)* **III 3B, 1**
ce qui [səki] was *(Relativpronomen, Subjekt)* **III 3B, 1**
certains/certaines [sɛʀtɛ̃/sɛʀtɛn] gewisse, bestimmte **III 1DE**
le **chagrin** [ləʃagʀɛ̃] der Kummer **III 1A, 1**
le chagrin d'amour [ləʃagʀɛ̃damuʀ] der Liebeskummer **III 1A, 1**
une **chaîne de télévision** [ynʃɛndətelevizjɔ̃] ein Fernsehsender ⟨**III M2A**, 1⟩
une **chaise** [ynʃɛz] ein Stuhl **II 3DE**
une **chambre** [ynʃɑ̃bʀ] ein (Schlaf-)Zimmer **I 3A, 3**
un **champignon** [ɛ̃ʃɑ̃piɲɔ̃] ein Champignon ⟨**II 4P**⟩
un **champion**/une **championne** [ɛ̃ʃɑ̃pjɔ̃/ynʃɑ̃pjɔn] ein Champion, ein Meister/eine Meisterin **I 5B, 3**
la **chance** [laʃɑ̃s] das Glück; die Chance **II 2B, 2**
changer [ʃɑ̃ʒe] wechseln, ändern **II 3DE**
changer de salle [ʃɑ̃ʒedəsal] den Raum wechseln **II 3DE**
une **chanson** [ynʃɑ̃sɔ̃] ein Lied **I 2B, 7**
chanter [ʃɑ̃te] singen **I 3B, 1**
rechanter qc [ʀəʃɑ̃te] etwas noch einmal singen **III 1A, 1**
un **chanteur**/une **chanteuse** [ɛ̃ʃɑ̃tœʀ/ynʃɑ̃tøz] ein Sänger/eine Sängerin **I 6A, 4**

un **chapeau** [ɛ̃ʃapo] ein Hut **I 6A, 4**
chaque [ʃak] jeder/jede/jedes + *Nomen* **II 3DE**
chaque fois que [ʃakfwakə] jedesmal wenn **III 2C, 2**
un **chat** [ɛ̃ʃa] eine Katze **I 1B, 1**
un **château** [ɛ̃ʃato] ein Schloss **III 4A, 1**
chatter avec qn [tʃate] mit jdm. (im Internet) chatten **II 2A, 1**
chaud/chaude [ʃo/ʃod] warm, heiß **I 7A, 1**
Il fait chaud. [ilfɛʃo] Es ist warm/heiß. **I 7A, 1**
j'ai eu chaud *(fam.)* [ʒeyʃo] Ich hatte ganz schön Bammel. *(ugs.)* ⟨**II 2P**⟩
une **chaussure** [ynʃosyʀ] ein Schuh **I 6B, 8**
un **chemin** [ɛ̃ʃəmɛ̃] ein Weg **III 2B, 1**
une **chemise** [ynʃəmiz] ein Hemd **I 6B, 8**
Cher ... /Chère ... [ʃɛʀ] Lieber .../Liebe ... *(Anrede)* **I 7A, 4**
cher/chère [ʃɛʀ] teuer **I 7C, 1**
chercher qn/qc [ʃɛʀʃe] jemanden/etwas suchen **I 2DE**
un **cheval**/des **chevaux** [ɛ̃ʃəval/deʃəvo] ein Pferd/Pferde **II 7B, 3**
faire du cheval [fɛʀdyʃəval] reiten ⟨**II 5P**⟩
un **cheveu**/des **cheveux** [ɛ̃ʃ(ə)vø/deʃ(ə)vø] ein Haar/Haare **II 1B, 6**
chez qn [ʃe] bei jemandem **I 4A, 1**
un **chien** [ɛ̃ʃjɛ̃] ein Hund **I 1B, 1**
des **chips** *(f.)* [deʃips] Chips ⟨**I 6P**⟩
un **choc** [ɛ̃ʃɔk] ein Schock ⟨**II 2P**⟩
le **chocolat** [ləʃɔkɔla] die Schokolade **II 4A, 1**
choisir qc [ʃwaziʀ] etw. wählen, etw. aussuchen **II 7A, 1**
un **choix** [ɛ̃ʃwa] eine Wahl ⟨**III M1DE**⟩
une **chose** [ynʃoz] eine Sache/ein Ding **I 7C, 1**
quelque chose [kɛlkəʃoz] etwas **I 4B, 4**
un **chou-fleur** [ɛ̃ʃuflœʀ] ein Blumenkohl ⟨**II 4P**⟩
Chut! [ʃyt] Pst! **I 2A, 3**
le **ciel** [ləsjɛl] der Himmel **III 4A, 9**
un **cinéma** [ɛ̃sinema] ein Kino **II 1B, 2**
une cinquantaine de [ynsɛ̃kɑ̃tɛn] um die fünfzig ⟨**III M2A**, 3⟩
la **5**[e]**(A)/** la **cinquième (A)** [lasɛ̃kjɛm] die Fünfte, die Fünf A **II 1DE**
le **cirque** [ləsiʀk] der Zirkus **II 7DE**
un **citron** [ɛ̃sitʀɔ̃] eine Zitrone **II 4DE**
clair/claire [klɛʀ] hell, klar **III 2B, 1**
une **classe** [ynklas] eine Klasse **I 4A, 3**
un **classeur** [ɛ̃klasœʀ] ein Ordner ⟨**I 2A**, 1⟩
une **clé** [ynkle] ein Schlüssel **I 4A, 3**
une clé USB [ynkleyɛsbe] ein USB-Stick **I 4A, 3**
un **client**/une **cliente** [ɛ̃klijɑ̃/ynklijɑ̃t] ein Kunde/eine Kundin **I 5C, 5**
un **climat** [ɛ̃klima] ein Klima **III 5A, 4**
cliquer [klike] klicken **I 4B, 4**
un **clown** [ɛ̃klun] ein Clown **II 7A, 1**
un **club** [ɛ̃klœb] ein Klub, ein Verein **II 7A, 1**
un club de foot [ɛ̃klœbdəfut] ein Fußballverein ⟨**I 5P**⟩
un club sportif [ɛ̃klœbspɔʀtif] ein Sportverein ⟨**I 5P**⟩
un **coca** [ɛ̃koka] eine Cola **I 5C, 1**

un **cochon** [ɛ̃kɔʃɔ̃] ein Schwein ⟨**I 1P**⟩
un **cochon d'Inde** [ɛ̃kɔʃɔ̃dɛ̃d] ein Meerschweinchen ⟨**I 1P**⟩
un **coiffeur**/une **coiffeuse** [ɛ̃kwafœʀ/ynkwaføz] ein Friseur/eine Friseurin **III 3B, 4**
un **coin** [ɛ̃kwɛ̃] eine Ecke, *hier:* eine Rubrik **II 6DE**
la **colère** [lakɔlɛʀ] der Zorn, die Wut **II 1A, 1**
un **collège** [ɛ̃kɔlɛʒ] ein „Collège" **I 4DE**
un **collègue**/une **collègue** [ɛ̃kɔlɛg/ynkɔlɛg] ein Kollege/eine Kollegin **II 4A, 1**
une **colonie** [ynkɔlɔni] eine Kolonie **III 5DE, 2**
une **colonie de vacances** [ynkɔlɔnid(ə)vakɑ̃s] ein Ferienlager **III 1DE**
coloré/colorée [kɔlɔʀe] farbig; bunt **III 5B, 1**
un **combat** [ɛ̃kɔ̃ba] ein Kampf **I 5B, 3**
combien (de) [kɔ̃bjɛ̃] wie viel **I 5C, 1**
Ça fait combien? [safɛkɔ̃bjɛ̃] Wieviel kostet das? **I 5C, 1**
Ça coûte combien? [sakutkɔ̃bjɛ̃] Wie viel kostet das? **I 5C, 1**
une **comédie** [ynkɔmedi] eine Komödie ⟨**III 5C**, 1⟩
comme [kɔm] als **I 5A**, 6; wie **I 4B, 4**
comme [kɔm] da, weil ⟨**III M2A**, 3⟩; weil ⟨**II 2P**⟩
comme ça [kɔmsa] so, auf diese Weise **I 4B, 4**
commencer [kɔmɑ̃se] anfangen, beginnen **I 4A, 1**
comment? [kɔmɑ̃] wie? *(Fragewort)* **I 1A, 1**
Comment allez-vous? [kɔmɑ̃talevu] Wie geht es euch/Ihnen? **I 7A, 4**
le **commerce** [ləkɔmɛʀs] der Handel **III 3B, 4**
une **commune** [ynkɔmyn] eine Gemeinde, eine Kommune ⟨**III M1DE**⟩
communiquer avec qn [kɔmynike] mit jdm. kommunizieren, Nachrichten austauschen **III 3B, 8**
comparer avec qc [kɔ̃paʀe] mit etwas vergleichen **III 4B, 1**
comprendre qc [kɔ̃pʀɑ̃dʀ] etw. verstehen **II 1A, 1**
Je n'ai pas compris. [ʒənepakɔ̃pʀi] Ich habe nicht verstanden. **II 1A, 8**
compter qc [kɔ̃te] etw. zählen **III 5A, 1**
concentré/concentrée [kɔ̃sɑ̃tʀe] konzentriert **II 4B, 2**
se concentrer sur qc [səkɔ̃sɑ̃tʀe] sich auf etw. konzentrieren **III 3A, 2**
un **concert** [ɛ̃kɔ̃sɛʀ] ein Konzert **III 5A, 1**
un **concours** [ɛ̃kɔ̃kuʀ] ein Wettbewerb **III 1DE**
connaître qn/qc [kɔnɛtʀ] jdn./etw. kennen **II 1A, 1**
connu/connue [kɔny] bekannt **II 6B**
une **construction** [ynkɔ̃stʀyksjɔ̃] ein Aufbau, Bauen ⟨**III M1B**⟩
le **contact** [ləkɔ̃takt] der Kontakt **II 6A**
un **conte** [ɛ̃kɔ̃t] ein Märchen ⟨**III 5C**, 1⟩
content/contente [kɔ̃tɑ̃/kɔ̃tɑ̃t] zufrieden **I 6A, 4**
un **continent** [ɛ̃kɔ̃tinɑ̃] ein Kontinent **III 5DE, 1**

continuer [kɔ̃tinɥe] weitermachen; fortfahren **II 1B,** 2
le **contraire** (de) [ləkɔ̃tʀɛʀ] das Gegenteil (von) **III 4B,** 5
contre [kɔ̃tʀ] gegen **II 2A,** 1
cool *(fam.) (inv.)* [kul] cool **I 4B,** 4
un **copain**/une **copine** *(fam.)* [ɛ̃kɔpɛ̃/ynkɔpin] ein Freund/eine Freundin **I 1B,** 2
une **copie** [ynkɔpi] eine Kopie **I 4B,** 4
un **coquillage** [ɛ̃kɔkijaʒ] eine Muschel ⟨**III M1B**⟩
une **corde** [ynkɔʀd] ein Seil; eine Leine; *hier:* ein Band **II 7A,** 1
la corde molle [lakɔʀdmɔl] die Slackline *(gespanntes Band, auf dem man balanciert)* **II 7A,** 1
un **correspondant**/une **correspondante** [ɛ̃kɔʀɛspɔ̃dɑ̃/ynkɔʀɛspɔ̃dɑ̃t] ein Brieffreund/eine Brieffreundin; ein Austauschpartner/eine Austauschpartnerin **III 4DE**
un **côté** [ɛ̃kote] eine Seite ⟨**III 5D,** 1⟩
à côté [akote] daneben, nebenan **II 1A,** 1
à côté de [akotedə] neben **II 1A,** 1
le **coton** [ləkɔtɔ̃] die Baumwolle ⟨**III 5C,** 1⟩
Coucou! [kuku] Kuckuck!/Hallo! **I 7A,** 4
une **couleur** [ynkulœʀ] eine Farbe **I 6B,** 6
un **couloir** [ɛ̃kulwaʀ] ein Gang, ein Flur **II 2DE**
le **coup de foudre** [ləkudfudʀ] Liebe auf den ersten Blick *(wörtl. „der Blitzschlag")* **III 4B,** 3
un coup de soleil [ɛ̃kudsɔlɛj] ein Sonnenbrand **III 4B,** 3
un coup de téléphone [ɛ̃kudtelefɔn] ein Telefonanruf **II 2B,** 8
couper qc [kupe] etw. schneiden, abschneiden **III 2DE**
un **couplet** [ɛ̃kuplɛ] eine (Lied-)Strophe ⟨**II 6P**⟩
une **cour** [ynkuʀ] ein (Schul-)Hof **I 4DE**
le **courage** [ləkuʀaʒ] der Mut **II 6DE**
courageux/**courageuse** [kuʀaʒø/kuʀaʒøz] mutig **II 2DE**
courir [kuʀiʀ] laufen, rennen **III 2B,** 5
un **courriel** [ɛ̃kuʀjɛl] eine E-Mail **I 6B,** 6
un **cours** [ɛ̃kuʀ] eine Unterrichtsstunde **I 4DE**
au cours de [okuʀdə] im Laufe (einer Sache) **III 5DE,** 2
avoir cours [awaʀkuʀ] Unterricht haben **II 1B,** 2
en cours [ɑ̃kuʀ] im Unterricht **II 1A,** 1
une **course** [ynkuʀs] ein Lauf, ein Rennen **II 3A,** 2
faire les courses *(f.) (pl.)* [fɛʀlekuʀs] einkaufen **II 4DE**
court/**courte** [kuʀ/kuʀt] kurz **II 6DE**
un **cousin**/une **cousine** [ɛ̃kuzɛ̃/ynkuzin] ein Cousin/eine Cousine **I 3A,** 9
un **couteau** [ɛ̃kuto] ein Messer **II 4B,** 1
coûter [kute] etwas kosten **I 5C,** 1
Ça coûte combien? [sakutkɔ̃bjɛ̃] Wie viel kostet das? **I 5C,** 1
couvert/**couverte** [kuvɛʀ/kuvɛʀt] bedeckt **III 4A,** 9
une **couverture** [ynkuvɛʀtyʀ] eine Decke *(hier) ein Einband, Umschlag* **III 2DE**
un **crâne** [ɛ̃kʀan] ein Schädel, ein Totenkopf **II 2A,** 1
un **cratère** [ɛ̃kʀatɛʀ] ein Krater ⟨**III M1A**⟩
un **crayon** [ɛ̃kʀɛjɔ̃] ein Bleistift **I 2A,** 1
le **créole** [kʀeɔl/kʀeɔl] Kreolisch **III 5DE**
une **crêpe** [ynkʀɛp] eine Crêpe **I 5DE**
crier [kʀije] schreien **II 3B,** 1
croire qc [kʀwaʀ] etw. glauben **III 1A,** 1
un **croissant** [ɛ̃kʀwasɑ̃] ein Croissant *(Hörnchen)* ⟨**I 0,** 5⟩
une **cuillère** [ynkɥijɛʀ] ein Löffel **II 4B,** 1
une **cuisine** [ynkɥizin] eine Küche **I 5A,** 3
faire la cuisine [fɛʀlakɥizin] kochen, Essen zubereiten **II 4DE**
un **culte** [ɛ̃kylt] ein Kult ⟨**III M1C**⟩
cultiver qc [kyltive] etw. anbauen ⟨**III 5C,** 1⟩
une **culture** [ynkyltyʀ] eine Kultur **III 5A,** 4
culturel/**culturelle** [kyltyʀɛl/kyltyʀɛl] Kultur- ⟨**III M2A,** 1⟩
curieux/**curieuse** [kyʀjø/kyʀjøz] neugierig; merkwürdig **II 2B,** 1
le **cyclisme** [ləsiklism] Radfahren ⟨**I 5A,** 5⟩

D

d'abord [dabɔʀ] zuerst **I 3A,** 2
tout d'abord [tudabɔʀ] zuallererst ⟨**II 2P**⟩
d'accord [dakɔʀ] einverstanden, o.k. **I 2B,** 2
avoir la dalle *(fam.)* [avwaʀladal] Kohldampf haben *(ugs.)* **III 4A,** 4
une **dame** [yndam] eine Dame, eine Frau **I 1B,** 4
dangereux/**dangereuse** [dɑ̃ʒʀø/dɑ̃ʒʀøz] gefährlich **II 2B,** 1
dans [dɑ̃] in **I 2A,** 3
dans la rue [dɑ̃laʀy] auf der Straße **I 2A,** 3
la **danse** [ladɑ̃s] der Tanz, das Tanzen **I 5A,** 5
danser [dɑ̃se] tanzen **I 6DE**
un **dauphin** [ɛ̃dofɛ̃] ein Delfin ⟨**II 7P**⟩
de/**d'** [də] aus; von **I 1B,** 1
de … à [dəa] von … bis **I 4A,** 2
se débarasser de qc [sədebaʀase] etw. loswerden ⟨**III 2B,** 1⟩
débile/**débile** *(fam.)* [debil] dämlich *(ugs.)* **III 4A,** 4
debout [d(ə)bu] stehend, im Stehen **II 5B,** 1
se débrouiller [sədebʀuje] zurechtkommen, sich zu helfen wissen **III 4A,** 4
un **début** [ɛ̃deby] ein Anfang **II 6C**
au début [odeby] am Anfang **II 6C**
décembre *(m.)* [desɑ̃bʀ] Dezember **I 3B,** 1
décider de faire qc [deside] entscheiden, beschließen, etw. zu tun **III 4B,** 3
une **décision** [yndesizjɔ̃] eine Entscheidung **III 3B,** 1
prendre une décision [pʀɑ̃dʀyndesizjɔ̃] eine Entscheidung treffen **III 3B,** 1
une **découverte** [yndekuvɛʀt] eine Entdeckung **III 2B,** 1
découvrir qc [dekuvʀiʀ] etw. entdecken **III 4DE**
décrire qn/qc [dekʀiʀ] jdn./etw. beschreiben **II 1B,** 6
défavorisé/**défavorisée** [defavɔʀize] benachteiligt ⟨**III M2DE**⟩
un **degré** [ɛ̃dəgʀe] ein Grad **III 4A,** 9
dehors [dəɔʀ] draußen, im Freien; *(hier) Raus mit euch!* **III 2A,** 5
déjà [deʒa] schon **I 5A,** 3
délicieux/**délicieuse** [delisjø/delisjøz] köstlich **III 4A,** 4
demain [dəmɛ̃] morgen **I 3A,** 3
demander (qc) à qn [dəmɑ̃de] jdn. (nach etw.) fragen; jdn. (um etw.) bitten **I 6B,** 1
déménager [demenaʒe] umziehen **III 2DE**
demi/**demie** [dəmi] halb **I 4A,** 1
sept heures et demie [sɛtœʀedəmi] halb acht **I 4A,** 1
un **demi-frère** [ɛ̃d(ə)mifʀɛʀ] ein Halbbruder ⟨**I 3A,** 9⟩
une **demi-sœur** [ynd(ə)misœʀ] eine Halbschwester ⟨**I 3A,** 9⟩
dénoncer qn [denɔ̃se] jdn. verraten **III 2C,** 2
le **départ** [lədepaʀ] die Abfahrt, der Aufbruch **II 5A,** 2
un **département** [ɛ̃depaʀtəmɑ̃] ein Departement *(französischer Verwaltungsbezirk)* **III 2DE**
les départements et régions d'outre-mer *(m., pl.)* [ledepaʀtəmɑ̃eʀeʒjɔ̃dutʀəmɛʀ] die Überseedepartements/Überseeregionen **III 5DE,** 2
se dépêcher [sədepeʃe] sich beeilen **III 3A,** 1
depuis [dəpɥi] seit **II 2A,** 1
depuis que *(Konjunktion)* [dəpɥikə] seit **III 1A,** 1
dernier/**dernière** [dɛʀnje/dɛʀnjɛʀ] letzter/letzte/letztes **I 6A,** 4
se dérouler [sədeʀule] sich abspielen **III 2DE**
derrière [dɛʀjɛʀ] hinter **I 4B,** 10
descendre [desɑ̃dʀ] hinuntergehen; aussteigen **II 2B,** 2
un **désert** [ɛ̃dezɛʀ] eine Wüste **III 5B,** 2
désirer qc [deziʀe] etwas wünschen **I 7C,** 2
(je suis) **désolé**/**désolée** [dezole] es tut mir leid **I 7C,** 2
un **dessert** [ɛ̃desɛʀ] ein Nachtisch **II 4A,** 1
un **dessin** [ɛ̃desɛ̃] eine Zeichnung **II 2B,** 2
un dessin animé [ɛ̃desɛ̃anime] ein Zeichentrickfilm ⟨**II 6D**⟩
un **dessinateur**/une **dessinatrice** [ɛ̃desinatœʀ/yndesinatʀis] ein Zeichner/eine Zeichnerin **II 2B,** 2
dessiner qc [desine] etw. zeichnen **III 2A,** 5
dessus [d(ə)sy] darauf **II 5B,** 1
détester qn/qc [detɛste] jemanden/etwas verabscheuen **I 2B,** 2
devant [dəvɑ̃] vor *(örtlich)* **I 2B,** 2
devenir qc [dəvəniʀ] jd./etw. werden **III 2B,** 1
devenir pilote [dəvəniʀpilɔt] Pilot werden ⟨**II 7P**⟩
devenir une vedette du ciné [dəvəniʀynvədɛtdysine] ein Kinostar werden ⟨**II 7P**⟩
deviner qc [dəvine] etw. erraten **II 1B,** 6
une **devinette** [yndəvinɛt] ein Rätsel **II 1B,** 6

devoir faire qc [devwarfɛr] etw. tun müssen **II 6C**
les **devoirs** *(m., pl.)* [ledəvwar] die (Haus) Aufgaben **I 4B,** 4
un **diabolo menthe** [ɛ̃djabɔlomɑ̃t] ein Diabolo Menthe **I 5C,** 1
un **dictionnaire** [ɛ̃diksjɔnɛr] ein Wörterbuch **III 4A,** 4
une **différence** [yndiferɑ̃s] ein Unterschied **III 2DE**
différent/différente [diferɑ̃/diferɑ̃t] anderer, andere **II 6B**
difficile [difisil] schwierig **II 4DE**
une **diffusion** [yndifyzjɔ̃] eine Verbreitung; Ausstrahlung ⟨**III M2A,** 3⟩
dimanche *(m.)* [dimɑ̃ʃ] Sonntag, am Sonntag **I 4B,** 1
dingue/dingue *(fam.)* [dɛ̃g] bekloppt, irre *(ugs.)* **III 4A,** 4
un **diplomate**/une **diplomate** [ɛ̃diplɔmat/yndiplɔmat] ein Diplomat/eine Diplomatin ⟨**III M2B,** 2⟩
dire qc (à qn) [dir] (jdm.) etw. sagen **II 5A,** 7
Ça ne me dit rien! [sanəmədirjɛ̃] Das sagt mir nichts./Das sagt mir nicht zu./Ich habe keine Lust darauf. **II 3A,** 2
une **discrimination** [yndiskriminasjɔ̃] eine Diskriminierung, ungerechte Behandlung ⟨**III M2B,** 1⟩
une **discussion** [yndiskysjɔ̃] eine Diskussion, eine Unterhaltung, ein Gespräch **II 2A,** 1
discuter (de qc) [diskyte] (über etwas) diskutieren, sich (über etwas) unterhalten **I 4A,** 3
disparaître [disparɛtr] verschwinden **III 2A,** 5
une **dispute** [yndispyt] ein Streit **II 3B,** 1
se disputer avec qn [sədispyte] sich mit jdm. streiten **III 3A,** 2
un **DJ** [ɛ̃didʒe] ein DJ ⟨**II 6P**⟩
un **doigt** [ɛ̃dwa] ein Finger **II 4A,** 2
dommage [sɛdɔmaʒ] Das ist schade. **I 3A,** 3
donc [dɔ̃k] also **III 2C,** 2
donner qc à qn [dɔne] jdm. etw. geben **I 6B,** 1
donner sur qc [dɔnesyr] zu etw. hin liegen, gehen **II 5A,** 7
dormir [dɔrmir] schlafen **II 6A**
le **dos** [lədo] der Rücken **II 5B,** 1
une **douche** [ynduʃ] eine Dusche **III 4B,** 3
un **drapeau** [ɛ̃drapo] eine Fahne, eine Flagge **II 5B,** 1
le **droit** [lədrwa] das Recht **II 6A**
avoir le droit de faire qc [avwarlədrwa] das Recht haben, etw. zu tun **II 6A**
à **droite** [adrwat] (nach) rechts **I 5B,** 1
drôle/drôle [drol] lustig **II 1A,** 1
une **dune** [yndyn] eine Düne **II 5DE**
dur/dure [dyr] hart; schwierig **III 3A,** 2
un **DVD** [ɛ̃devede] eine DVD **I 3B,** 1
dynamique/dynamique [dinamik] dynamisch; *(hier) lebhaft* **III 5A,** 1

E

l'**eau** *(f.)* [lo] das Wasser **I 5C,** 1
une eau minérale [ynomineral] ein Mineralwasser **I 5C,** 1
un **échange** [ɛ̃neʃɑ̃ʒ] ein (Aus)Tausch **III 4DE**
un échange scolaire [ɛ̃neʃɑ̃ʒskɔlɛr] ein Schüleraustausch **III 4DE**
éclater [eklate] platzen, explodieren ⟨**III 2C,** 2⟩
éclater de rire [eklatedərir] in Gelächter ausbrechen **III 2C,** 2
une **école** [ynekɔl] eine Schule **I 2A,** 3
une **école de musique** [ynekɔldəmyzik] eine Musikschule ⟨**I 5P**⟩
une **école primaire** [ynekɔlprimɛr] eine Grundschule ⟨**III 5C,** 1⟩
écologique [ekɔlɔʒik] ökologisch, umweltfreundlich **I 7B,** 2
l'**économie** *(f.)* [lekɔnɔmi] die Wirtschaft ⟨**III 5C,** 2⟩
écouter qn/qc [ekute] jemandem zuhören, etwas anhören **I 2A,** 2
s'écrier [sekrie] überrascht (aus)rufen **III 4B,** 3
écrire qc à qn [ekrir] jemandem etwas schreiben **I 7A,** 1
un **écrivain**/une **femme écrivain** [ɛ̃nekrivɛ̃/ynfamekrivɛ̃] ein Schriftsteller/eine Schriftstellerin ⟨**III M2B,** 2⟩
une **édition** [ynedisjɔ̃] eine Ausgabe **II 6DE**
égal/égale/égaux/égales [egal/ego/egal] gleich **III M2B,** 1
une **église** [ynegliz] eine Kirche **III 4A**
un **égout** [ɛ̃negu] ein Abwasserkanal **II 2DE**
un **élève**/une **élève** [ɛ̃nelɛv/ynelɛv] ein Schüler/eine Schülerin **I 4DE**
une **émission** [ynemisjɔ̃] eine Fernsehsendung ⟨**III M2A,** 1⟩
l'**empire** *(m.)* [lɑ̃pir] das Reich **II 2DE**
l' **emploi** *(m.)* **du temps** [lɑ̃plwadytɑ̃] *(der Stundenplan)* **I 4B,** 1
emporter qc [ɑ̃pɔrte] etw. mitnehmen, wegtragen **II 5B,** 1
en [ɑ̃] davon; darüber **II 2A,** 1; von dort **III 5A,** 1
Combien est-ce qu'il en faut? [kɔ̃bjɛ̃eskilɑ̃fo] Wie viel brauchen wir davon? **II 4A,** 4
Ne t'en fais pas. *(fam.)* [nətɑ̃fɛpa] Mach' dir nichts draus. **II 7A,** 3
Qu'est-ce que tu en penses? [kɛskətyɑ̃pɑ̃s] Wie denkst du darüber?; Was hältst du davon? **II 2A,** 3
en [ɑ̃] *(verschiedene Bedeutungen)* **I 3A,** 3
en cinquième [ɑ̃sɛ̃kjɛm] in der fünften Klasse **II 1DE**
en Allemagne [ɑ̃nalmaɲ] in Deutschland **I 3A,** 3
en cours [ɑ̃kur] im Unterricht **II 1A,** 1
en deux mille [ɑ̃dømil] im Jahr 2000 **II 1B,** 2
en français [ɑ̃frɑ̃sɛ] auf Französisch **I 2A,** 1
encore [ɑ̃kɔr] noch **I 3B,** 1
encore une fois [ɑ̃kɔrynfwa] noch einmal ⟨**II 2DE**⟩
encourager qn [ɑ̃kuraʒe] jdn. ermutigen **III 2A,** 5

un **endroit** [ɛ̃nɑ̃drwa] ein Ort, eine Stelle **I 7DE**
énerver qn [enɛrve] jdn. aufregen, jdn. nerven **II 1A,** 7
Ça m'énerve! [samenɛrv] Das regt mich auf! **II 1A,** 7
un **enfant** [ɛ̃nɑ̃fɑ̃] ein Kind **I 3A,** 9
l'**enfer** *(m.)* [lɑ̃fɛr] die Hölle **III 1A,** 1
enfin [ɑ̃fɛ̃] endlich, schließlich **I 6A,** 4
un **enfoiré**/une **enfoirée** *(expression vulgaire)* [ɛ̃nɑ̃fware/ynɑ̃fware] ein Arschloch *(vulgärer Ausdruck)* ⟨**III M2DE**⟩
un **engagement** [ɛ̃nɑ̃gaʒmɑ̃] ein Engagement; ein Einsatz ⟨**III M2A,** 3⟩
s'engager pour qc [sɑ̃gaʒe] sich für etwas einsetzen ⟨**III M2DE**⟩
ennuyeux/ennuyeuse [ɑ̃nɥijø/ɑ̃nɥijøz] langweilig **III 4B,** 3
ensemble [ɑ̃sɑ̃bl] gemeinsam, zusammen **I 3A,** 1
ensuite [ɑ̃sɥit] danach/anschließend **III 1A,** 1
s'entendre [sɑ̃tɑ̃drə] sich verstehen **III 4A,** 4
entendre qn/qc [ɑ̃tɑ̃dr] jdn./etw. hören **II 2B,** 2
entier/entière [ɑ̃tje/ɑ̃tjɛr] ganz, völlig **III 5B,** 1
entre [ɑ̃tr] zwischen **I 6B,** 1
entre autres [ɑ̃trotrə] unter anderem ⟨**III M2A,** 3⟩
une **entrée** [ynɑ̃tre] ein Eingang **I 5A,** 1; *hier:* eine Vorspeise **II 4A,** 1
une **entreprise** [ynɑ̃trəpriz] ein Betrieb, eine Firma, ein Unternehmen **III 3DE**
entrer [ɑ̃tre] eintreten, hereinkommen **I 2A,** 3
l'**envie** *(f.)* [lɑ̃vi] die Lust; das Verlangen **I 3B,** 1
avoir envie de faire qc [avwarɑ̃vi] Lust haben, etwas zu tun **I 3B,** 1
environ [ɑ̃virɔ̃] ungefähr, etwa **III 4A,** 1
envoyer qc à qn [ɑ̃vwaje] jdm. etw. schicken **II 5A,** 4
une **épaule** [ynepol] eine Schulter **III 2A,** 5
une **époque** [ynepɔk] eine Epoche, ein Zeitalter **III 5B,** 1
l'E.P.S. (Education physique et sportive) *(f.)* [ləpeɛs] Sport *(als Schulfach)* ⟨**I 4P**⟩
l'**équilibre** *(m.)* [lekilibr] das Gleichgewicht **II 7A,** 1
une **équipe** [ynekip] eine Mannschaft, ein Team **II 6DE**
l'**équitation** *(f.)* [lekitasjɔ̃] das Reiten ⟨**I 5A,** 5⟩
une **erreur** [ynerœr] ein Irrtum **II 5A,** 4
l'**escalade** *(f.)* [lɛskalad] das Klettern ⟨**II 5P**⟩
un **escalier** [ɛ̃nɛskalje] eine Treppe **II 2DE**
l'**escrime** *(f.)* [lɛskrim] das Fechten **II 7B,** 3
espérer [ɛspere] hoffen **II 4B,** 2
essayer qc [eseje] etw. versuchen, ausprobieren; anprobieren **II 5B,** 1
l'**est** *(m.)* [lɛst] der Osten **II 5DE**
et [e] und **I 1A,** 1
un **Etat** [ɛ̃neta] ein Staat **III 5DE,** 1
l'**été** *(m.)* [lete] der Sommer **II 5B,** 4
étrange/étrange [etrɑ̃ʒ] seltsam, merkwürdig **III 2B,** 1

à l'étranger [aletʀɑ̃ʒe] im Ausland ⟨II 5P⟩
être [ɛtʀ] sein **I 2B,** 2
être né(e) [ɛtʀəne] geboren werden/sein **II 1B,** 2
être en retard [ɛtʀɑ̃ʀətaʀ] zu spät kommen **I 4DE**
être en train de faire qc [ɛtʀɑ̃tʀɛ̃dəfɛʀ] gerade etw. tun **III 3A,** 2
être fort en [ɛtʀəfɔʀɑ̃] gut sein in etw. **III 3B,** 8
les **études** *(f.) (pl.)* [lezetyd] das Studium **III 5B,** 1
faire ses études [fɛʀsezetyd] studieren **III 5B,** 1
euh ... [ø] äh ... **I 2A,** 3
un **euro**/des **euros** [ɛ̃nøʀo/dezøʀo] ein Euro/Euros **I 5C,** 1
européen/européenne [øʀɔpeɛ̃/øʀɔpeɛn] europäisch **III 5DE,** 2
un **évènement** [ɛ̃nevɛnmɑ̃] ein Ereignis **III 2DE**
éviter qc [evite] etw. vermeiden **III 4A,** 4
Excuse-moi. [ɛkskyzmwa] Entschuldige bitte. **I 4A,** 3
Excusez-moi. [ɛkskyzemwa] Entschuldigen Sie./Entschuldigung! **I 4A,** 3
un **exemple** [ɛ̃nɛgzɑ̃pl] ein Beispiel **I 7C,** 1
par exemple [paʀɛgzɑ̃pl] zum Beispiel **I 7C,** 1
un **exercice** [ɛ̃nɛgzɛʀsis] eine Übung **I 4B,** 4
exister [ɛgziste] existieren/geben ⟨III M1C⟩
expliquer qc (à qn) [ɛksplike] (jdm.) etw. erklären **II 2B,** 2
une **exploitation** [ynɛksplwatasjɔ̃] Nutzung, Abbau ⟨III 5D, 1⟩
un **exposé** [ɛ̃nɛkspoze] ein Referat **II 3A,** 2

F

fabriquer qc [fabʀike] etw. herstellen **III 3DE**
facile/facile [fasil] leicht **II 4A,** 2
un **facteur**/une **factrice** [ɛ̃faktœʀ/ynfaktʀis] ein Briefträger/eine Briefträgerin **II 6C**
la **faim** [lafɛ̃] der Hunger **I 3B,** 1
avoir faim [avwaʀfɛ̃] Hunger haben **I 3B,** 1
faire qc [fɛʀ] etwas machen **I 4B,** 4
Il fait chaud. [ilfɛʃo] Es ist warm/heiß. **I 7A,** 1
faire de l'escalade [fɛʀdəlɛkalad] klettern **I 7A,** 1
Il fait beau. [ilfɛbo] Es ist schönes Wetter./Das Wetter ist schön. **I 7A,** 1
faire du judo [fɛʀdyʒydo] Judo betreiben **I 5A,** 3
Il fait froid. [ilfɛfʀwa] Es ist kalt. **I 7A,** 2
faire la cuisine [fɛʀlakɥizin] kochen, Essen zubereiten **II 4DE**
faire la queue [fɛʀlakø] Schlange stehen **III 4B,** 3
faire le point sur qc [fɛʀləpwɛ̃] einen zusammenfassenden Überblick über etw. geben **III 5A,** 4
faire les courses *(f.) (pl.)* [fɛʀlekuʀs] einkaufen **II 4DE**
faire les magasins [fɛʀlemagazɛ̃] shoppen, die Geschäfte abklappern *(ugs.)* ⟨II 5P⟩
faire mal [fɛʀmal] weh tun **I 5B,** 3
Il fait mauvais. [ilfɛmovɛ] Es ist schlechtes Wetter. **I 7A,** 2
faire partie de [fɛʀpaʀti] gehören zu, ein Teil sein von **III 5DE**
faire ses études [fɛʀsezetyd] studieren **III 5B,** 1
Ne t'en fais pas. *(fam.)* [nətɑ̃fɛpa] Mach' dir nichts draus. **II 7A,** 3
un **fait** [ɛ̃fɛ] eine Tatsache **III 2B,** 6
falloir [falwaʀ] brauchen; müssen **II 4A,** 1
il fallait [ilfalɛ] *(Imparfait von „il faut":)* man musste **III 2B,** 1
il faut qc [ilfo] man braucht etw. **II 4A,** 1
il faut faire qc [ilfofɛʀ] man muss etw. tun **II 4A,** 2
il nous faut qc [ilnufo] wir brauchen etw. **II 7A,** 1
familier/familière [familje/familjɛʀ] vertraut; geläufig; *(hier) umgangssprachlich* **III 4A,** 7
une **famille** [ynfamij] eine Familie **I 3A,** 9
fantastique [fɑ̃tastik] fantastisch, toll **I 1B,** 1
la **farine** [lafaʀin] das Mehl **II 4DE**
fasciner [fasine] faszinieren, fesseln **III 3B,** 1
fatigué/fatiguée [fatige] müde **I 7B,** 1
une **faute** [ynfot] ein Fehler **III 4A,** 4
féliciter qn [felisite] jdn. beglückwünschen, jdm. gratulieren **II 3B,** 4
une **femme** [ynfam] eine Frau **II 1B,** 6
une **fenêtre** [ynfənɛtʀ] ein Fenster **II 5A,** 7
une **ferme** [ynfɛʀm] ein Bauernhof ⟨II 5P⟩
fermer qc [fɛʀme] etw. schließen **II 2A,** 1
fermé/fermée [fɛʀme] geschlossen, verschlossen **II 2A,** 1
un **festival** [ɛ̃fɛstival] ein Festival **II 6DE**
une **fête** [ynfɛt] ein Fest, eine Party **I 6DE**
une fête nationale [ynfɛtnasjɔnal] ein Nationalfeiertag **I 6DE**
un **feu**/des **feux** [ɛ̃fø/defø] ein Feuer, Feuer (Plural) **I 6DE**
un **feu d'artifice** [ɛ̃fødaʀtifis] ein Feuerwerk **I 6DE**
une **feuille** [ynfœj] ein Blatt ⟨I 2A, 1⟩
février *(m.)* [fevʀije] Februar **I 3B,** 7
une **fiche** [ynfiʃ] Blatt (Papier) **II 6B**
une **fille** [ynfij] ein Mädchen, eine Tochter **I 1B,** 1
un **film** [ɛ̃film] ein Film **I 5C,** 1
un film fantastique [ɛ̃filmfɑ̃tastik] ein Fantasyfilm ⟨II 6P⟩
un film d'horreur [ɛ̃filmdɔʀœʀ] ein Horrorfilm ⟨II 6D⟩
un film policier [ɛ̃filmpɔlisje] ein Kriminalfilm, ein Krimi ⟨II 6D⟩
un **fils** [ɛ̃fis] ein Sohn **I 3A,** 9
la **fin** [lafɛ̃] das Ende, der Schluss **I 4B,** 5
finalement [finalmɑ̃] schließlich, endlich ⟨II 2P⟩; schließlich, zum Schluss **III 3B,** 1
finir [finiʀ] etw. beenden **II 7A,** 1
fini/finie [fini] beendet, zu Ende **II 7B,** 3
un **fleuve** [ɛ̃flœv] ein Fluss, ein Strom **III 4A**
la **FNAC** [lafnak] die FNAC **I 3A,** 1
une **fois** [ynfwa] einmal **II 2DE**
des fois *(fam.)* [defwa] manchmal ⟨II 2DE⟩
encore une fois [ɑ̃kɔʀynfwa] noch einmal ⟨II 2DE⟩
à la fois [alafwa] gleichzeitig ⟨II 2DE⟩
chaque fois que [ʃakfwakə] jedesmal wenn **III 2C,** 2
fonctionner [fɔ̃ksjɔne] funktionieren ⟨II 1P⟩
au fond de qc [ofɔ̃] hinten in, unten in **III 2A,** 5
fonder qc [fɔ̃de] etw. gründen **III 3DE**
le **foot(ball)** [ləfut(bɔl)] der Fußball *(Sportart)* **I 2B,** 7
une **forêt** [ynfɔʀɛ] ein Wald **III 5A,** 1
une **formation** [ynfɔʀmasjɔ̃] eine Ausbildung **III 3DE**
la **forme** [lafɔʀm] die Form **II 1A,** 7
être en forme [ɛtʀɑ̃fɔʀm] in Form sein, fit sein **II 1A,** 7
se former [səfɔʀme] sich bilden, entstehen ⟨III M1A⟩
former qc [fɔʀme] etw. formen, bilden ⟨III 5D, 2⟩
fort/forte [fɔʀ/fɔʀt] stark **III 3B,** 8
être fort en [ɛtʀəfɔʀɑ̃] gut sein in etw. **III 3B,** 8
fou/fol/folle [fu/fɔl] verrückt **II 4DE**
la **foudre** [lafudʀ] der Blitz **III 4B,** 3
le coup de foudre [ləkudfudʀ] Liebe auf den ersten Blick *(wörtl. „der Blitzschlag")* **III 4B,** 3
une **fourchette** [ynfuʀʃɛt] eine Gabel **II 4B,** 1
une **fraise** [ynfʀɛz] eine Erdbeere ⟨I 4P⟩
un **Français**/une **Française** [ɛ̃fʀɑ̃sɛ/ynfʀɑ̃sɛz] ein Franzose/eine Französin **III 5DE,** 2
français/française [fʀɑ̃sɛ/fʀɑ̃sɛz] französisch **I 2A,** 1
en français [ɑ̃fʀɑ̃sɛ] auf Französisch **I 2A,** 1
franco-allemand/franco-allemande [fʀɑ̃koalmɑ̃/fʀɑ̃koalmɑ̃d] deutsch-französisch ⟨III M2A, 1⟩
francophone/francophone [fʀɑ̃kɔfɔn] französischsprachig **III 5DE**
la **francophonie** [lafʀɑ̃kɔfɔni] die Frankophonie **III 5DE**
frapper [fʀape] klopfen; schlagen **III 2B,** 5
un **frère** [ɛ̃fʀɛʀ] ein Bruder **I 2B,** 2
les **fringues** *(f., pl.) (fam.)* [defʀɛ̃g] die Klamotten *(ugs.)* **III 1DE**
froid/froide [fʀwa/fʀwad] kalt **I 7A,** 2
Il fait froid. [ilfɛfʀwa] Es ist kalt. **I 7A,** 2
le **fromage** [ləfʀɔmaʒ] der Käse **II 4B,** 4
une **frontière** [ynfʀɔ̃tjɛʀ] eine Grenze ⟨III 5C, 2⟩
un **fruit** [ɛ̃fʀɥi] eine Frucht **II 4DE**

G

un **gagnant**/une **gagnante** [ɛ̃gaɲɑ̃/yngaɲɑ̃t] ein Gewinner/eine Gewinnerin ⟨III M1DE⟩
gagner (qc) [gaɲe] (etwas) gewinnen **I 5B,** 3
gagner de l'argent [gaɲe] Geld verdienen **II 6B**
gagner sa vie [gaɲesavi] seinen Lebensunterhalt verdienen **III 5B,** 1
C'est galère! *(fam.)* [sɛgalɛʀ] Echt ätzend! *(ugs.)* **III 3A,** 5
une **galette** [yngalɛt] *(hier) ein Keks* ⟨III M1B⟩

un **garçon** [ɛ̃garsɔ̃] ein Junge **I 1B,** 1
garder qc [garde] etw. behalten **III 2B,** 1
une **gare** [yngar] ein Bahnhof **I 6A,** 4
un **gâteau**/des **gâteaux** [ɛ̃gato/degato] ein Kuchen/Kuchen **I 3A,** 3
à **gauche** [agoʃ] (nach) links **I 5B,** 1
une **gaufre** [yngofr] eine Waffel **I 5C,** 1
gênant/**gênante** [ʒɛnɑ̃/ʒɛnɑ̃t] peinlich, lästig **III 4A,** 7
gêné/**gênée** [ʒene] verlegen **III 4A,** 4
génial/**géniale** [ʒenjal] super, genial **I 7A,** 4
les **gens** *(m., pl.)* [leʒɑ̃] die Leute **I 6DE**
gentil/**gentille** [ʒɑ̃ti/ʒɑ̃tij] nett **III 4A,** 4
la **géographie** [laʒeɔgrafi] die Geografie, die Erdkunde **II 3A,** 2
un **gîte** [ɛ̃ʒit] eine Ferienunterkunft **II 5DE**
une **glace** [ynglas] ein Eis **II 5B,** 1
un **glacier** [ɛ̃glasje] ein Eisverkäufer; eine Eisdiele ⟨**I 5P**⟩
une **gomme** [yngɔm] ein Radiergummi **I 2A,** 1
gonflé/**gonflée** *(fam.)* [gɔ̃fle] dreist, frech ⟨**II 3A,** 2⟩
goûter qc [gute] etw. probieren **II 4B,** 2
grâce à qn/qc [gras] durch jdn./etw. **III 5B,** 1
un **gramme** [ɛ̃gram] ein Gramm **II 4A,** 5
grand/**grande** [grɑ̃/grɑ̃d] groß **I 6DE**
un **grand huit** [ɛ̃grɑ̃ɥit] eine Achterbahn ⟨**I 7D,** 1⟩
une **grand-mère** [yngrɑ̃mɛr] eine Großmutter **I 2A,** 3
un **grand-père** [ɛ̃grɑ̃pɛr] ein Großvater **I 3A,** 9
les **grands-parents** [legrɑ̃parɑ̃] die Großeltern **I 3A,** 9
un **gratin** [ɛ̃gratɛ̃] ein Auflauf *(Speise, Gericht)* ⟨**I 0,** 5⟩
gratuit/**gratuite** [gratɥi/gratɥit] kostenlos, gratis **II 4A,** 2
grave/**grave** [grav] schlimm **II 4B,** 2
une **grille** [yngrij] eine Gittertür; ein Drahtzaun **II 2A,** 1
gris/**grise** [gri/griz] grau **I 6B,** 8
gros/**grosse** [gro/gros] dick *(Personen)*; groß, schwer *(Sachen, Tiere)* **III 4A,** 4
une **grotte** [yngrɔt] eine Höhle ⟨**III M1C,** 4⟩
un **groupe** [ɛ̃grup] eine Gruppe **II 2A,** 1
un **guide**/une **guide** [ɛ̃gid/yngid] ein Führer/eine Führerin **II 2A,** 1
une **guitare** [yngitar] eine Gitarre **I 5A,** 5
un **gymnase** [ɛ̃ʒimnaz] eine Turnhalle **I 4B,** 3
la **gymnastique** [laʒimnastik] das Turnen, die Gymnastik **I 2B,** 7

H

s'habiller [sabije] sich anziehen, sich kleiden **III 3A,** 1
un **habitant**/une **habitante** [ɛ̃nabitɑ̃/ynabitɑ̃t] ein Einwohner/eine Einwohnerin **III 5DE**
habiter [abite] wohnen **I 2B,** 2
une **habitude** [ynabityd] eine Gewohnheit **III 2A,** 5
d'habitude [dabityd] gewöhnlich, normalerweise **III 2A,** 5
un **hamster** [ɛ̃amstɛr] ein Hamster ⟨**I 1P**⟩
le **hand-ball** [ləɑ̃dbal] Handball ⟨**I 5A,** 5⟩
l'**harmonica** *(m.)* [larmɔnika] die Mundharmonika **II 6B**
l'**herbe** *(f.)* [lɛrb] das Gras **II 7B,** 3
hésiter à faire qc [ezite] zögern, etw. zu tun **III 2B,** 5
une **heure** [ynœr] eine Stunde **I 4A,** 1
à quelle heure? [akɛlœr] um wie viel Uhr? **I 4A,** 2
Quelle heure est-il? [kɛlœrɛtil] Wie viel Uhr ist es?/Wie spät ist es? **I 4A,** 2
sept heures [sɛtœr] sieben Uhr **I 4A,** 1
sept heures et demie [sɛtœredəmi] halb acht **I 4A,** 1
sept heures et quart [sɛtœrekar] Viertel nach sieben **I 4A,** 1
sept heures moins le quart [sɛtœrmwɛ̃ləkar] Viertel vor sieben Uhr **I 4A,** 1
heureux/**heureuse** [ørø/ørøz] glücklich **II 2B,** 1
un **hexagone** [ɛ̃nɛgzagɔn] ein Sechseck ⟨**III M1DE**⟩
hier [jɛr] gestern **I 6A,** 2
le **hip-hop** [ləipɔp] der Hip-Hop **III 1DE**
une **histoire** [ynistwar] eine Geschichte **I 3A,** 1
l'histoire-géo (f.) [listwarʒeɔ] Geschichte und Erdkunde *(als Schulfach)* ⟨**I 4P**⟩
l'**hiver** *(m.)* [livɛr] der Winter **II 5B,** 4
un **homme** [ɛ̃nɔm] ein Mann **II 1B,** 6
une **honte** [ynɔ̃t] eine Schande **III 4A,** 7
C'est la honte! *(fam.)* [sɛlaɔ̃t] Peinlich!, So eine Blamage! *(ugs.)* **III 4A,** 7
un **hôpital** [ɛ̃nɔpital] ein Krankenhaus **III 3A,** 2
l'**horreur** *(f.)* [lɔrœr] der Schrecken ⟨**II 6D**⟩
un **hôtel** [ɛ̃notɛl] ein Hotel **II 5DE**
un **Hôtel de Ville** [ɛ̃notɛldəvil] ein Rathaus **III 4A,** 1
l'**huile** *(f.)* [lɥil] das Öl **II 4A,** 1
une **huître** [ynɥitr] eine Auster **II 5B,** 3
humanitaire [ymanitɛr] humanitär, menschenfreundlich **III 3B,** 1
une **humeur** [ynymœr] eine Laune, eine Stimmung **III 1DE**
être de bonne humeur [ɛtrədəbɔnymœr] guter Laune sein, gute Laune haben **III 1DE**
un **humoriste**/une **humoriste** [ɛ̃nymɔrist/ynymɔrist] ein Humorist/eine Humoristin; ein Komiker/eine Komikerin ⟨**III M2A,** 3⟩
l'**humour** *(m.)* [lymur] der Humor ⟨**III M2A,** 3⟩

I

ici [isi] hier, hierher **I 1B,** 1
une **idée** [ynide] eine Idee, ein Gedanke **I 3A,** 1
des idées noires *(f., pl.)* [dezidenwar] düstere Gedanken **II 2A,** 1
une **île** [ynil] eine Insel **III 5DE**
il y a [ilja] es gibt, es ist, es sind **I 3A,** 1
Il y a du vent. [iljadyvɑ̃] Es ist windig. **I 7A,** 1
il y a deux semaines [ilja] (jetzt) vor zwei Wochen **III 2B,** 6
une **image** [ynimaʒ] ein Bild ⟨**II 6D**⟩
imaginer qc [imaʒine] sich etw. vorstellen **II 6B**
un **immigré**/ une **immigrée** [ɛ̃nimigre/ynimigre] ein Einwanderer/eine Einwanderin ⟨**III M2B,** 2⟩
important/**importante** [ɛ̃pɔrtɑ̃/ɛ̃pɔrtɑ̃t] wichtig **II 6A**
n'importe comment [nɛ̃pɔrtkomɑ̃] irgendwie **III 1A,** 1
n'importe où [nɛ̃pɔrtu] irgendwo **III 1A,** 1
n'importe qui [nɛ̃pɔrtki] irgendwer **III 1A,** 1
n'importe quoi [nɛ̃pɔrtəkwa] irgendetwas; *(hier) Unsinn, Quatsch (fam.)* **III 1A,** 1
impossible/**impossible** [ɛ̃pɔsibl] unmöglich ⟨**III M2A,** 3⟩
une **impression** [ynɛ̃presjɔ̃] ein Eindruck **III 2A,** 5
avoir l'impression que [avwarlɛ̃presjɔ̃] den Eindruck haben, dass **III 2A,** 5
impressionnant/**impressionnante** [ɛ̃presjɔnɑ̃/ɛ̃presjɔnɑ̃t] eindrucksvoll, beeindruckend **III 5A,** 1
imprudent/**imprudente** [ɛ̃prydɑ̃/ɛ̃prydɑ̃t] unvorsichtig ⟨**III M1B**⟩
inattendu/**inattendue** [inatɑ̃dy] unerwartet ⟨**III M2A,** 3⟩
incroyable [ɛ̃krwajabl] unglaublich **III 3B,** 1
indépendant/**indépendante** [ɛ̃depɑ̃dɑ̃/ɛ̃depɑ̃dɑ̃t] unabhängig **III 5DE,** 2
une **indignation** [ynɛ̃diɲasjɔ̃] eine Empörung ⟨**III M2B,** 2⟩
s'indigner de qc [sɛ̃diɲe] sich über etw. empören ⟨**III M2B,** 2⟩
un **individu** [ɛ̃nɛ̃dividy] ein Individuum, eine einzelne Person ⟨**III 5D,** 1⟩
l'**industrie** *(f.)* [lɛ̃dystri] die Industrie **III 3B,** 4
une **infirmerie** [ynɛ̃firməri] eine Krankenstation **I 4DE**
un **infirmier**/une **infirmière** [ɛ̃nɛ̃firmje/ynɛ̃firmjɛr] ein Krankenpfleger/eine Krankenpflegerin **III 3DE**
une **information** [ynɛ̃fɔrmasjɔ̃] eine Information **II 3B,** 1
s'informer sur qc [sɛ̃fɔrme] sich über etw. informieren **III 3A,** 2
informer qn sur qc [ɛ̃fɔrme] jdn. über etw. informieren **III 3A,** 2
un **ingénieur**/une **femme ingénieur** [ɛ̃nɛ̃ʒenjœr/ynfamɛ̃ʒenjœr] ein Ingenieur/eine Ingenieurin **III 3DE**
inoubliable/**inoubliable** [inublijabl] unvergesslich ⟨**III M2A,** 3⟩
inquiet/**inquiète** [ɛ̃kjɛ/ɛ̃kjɛt] unruhig, beunruhigt **III 3B,** 1
un **instrument** [ɛ̃nɛ̃strymɑ̃] ein Instrument **II 6B**
intéressant/**intéressante** [ɛ̃teresɑ̃/ɛ̃teresɑ̃t] interessant **I 6A,** 4
le plus intéressant [leplyzɛ̃teresɑ̃] das Interessanteste **III 4B,** 2
s'intéresser à qc [sɛ̃terese] sich für etw. interessieren **III 3B,** 1

intéresser qn [ɛ̃teʀese] jdn. interessieren **II 5A**, 1
Internet *(m.)* [ɛ̃tɛʀnɛt] das Internet **II 1B**, 2
sur Internet [syʀɛ̃tɛʀnɛt] im Internet **II 1B**, 2
une **interrogation** [ynɛ̃teʀɔgasjɔ̃] eine Klassenarbeit **I 4B**, 4
une **interview** [ynɛ̃tɛʀvju] ein Interview **I 5B**, 3
inventer qc [ɛ̃vɑ̃te] etwas erfinden **I 7C**, 1
l'**inverse** *(m.)* [lɛ̃vɛʀs] das Gegenteil, das Umgekehrte **III 2B**, 1
une **invitation** [ynɛ̃vitasjɔ̃] eine Einladung **II 6A**
un **invité**/une **invitée** [ɛ̃nɛ̃vite/ynɛ̃vite] ein Gast **II 4B**, 2
inviter qn [ɛ̃vite] jemanden einladen **I 3A**, 3

J

jaloux/**jalouse** de qn [ʒalu/ʒaluz] eifersüchtig auf jdn. **III 2A**, 5
une **jambe** [ynʒɑ̃b] das Bein **II 5B**, 1
un **jambon** [ɛ̃ʒɑ̃bɔ̃] ein Schinken ⟨**II 4P**⟩
janvier *(m.)* [ʒɑ̃vje] Januar **I 3B**, 7
un **jardin** [ɛ̃ʒaʀdɛ̃] ein Garten **II 5A**, 7
jaune/**jaune** [ʒon] gelb **I 6B**, 6
un **jean** [ɛ̃dʒin] eine Jeans **I 6B**, 8
le **jet-ski** [lədʒɛtski] der Jet-Ski ⟨**II 5P**⟩
un **jeu**/des **jeux** [ɛ̃ʒø] ein Spiel/Spiele **I 3B**, 1
un jeu vidéo/des jeux vidéo [ɛ̃ʒøvideo/deʒøvideo] ein Computerspiel/Computerspiele **I 3B**, 1
jeudi *(m.)* [ʒødi] Donnerstag, am Donnerstag **I 4B**, 1
un **jeune**/une **jeune** [ɛ̃ʒœn/ynʒœn] ein Jugendlicher, eine Jugendliche **II 6A**
la **joie** [laʒwa] die Freude **II 6B**
joli/**jolie** [ʒɔli] hübsch, nett **I 6A**, 4
jongler [ʒɔ̃gle] jonglieren **II 7A**, 1
jouer [ʒwe] spielen **I 4DE**
jouer à qc [ʒwea] etw. (ein Spiel) spielen **II 5A**, 7
jouer de qc [ʒwedə] etw. spielen *(Instrument)* **II 6B**
un **jour** [ɛ̃ʒuʀ] ein Tag **I 5A**, 1
par jour [paʀʒuʀ] pro Tag/täglich **I 7B**, 1
un **journal**/des **journaux** [ɛ̃ʒuʀnal] eine Zeitung **I 2DE**
un journal/des journaux [ɛ̃ʒuʀnal/deʒuʀno] eine Zeitung; *(hier:)*ein Tagebuch **I 6A**, 4
une **journée** [ynʒuʀne] ein Tag **I 4A**, 1
Bonne journée! [bɔnʒuʀne] Einen schönen Tag! **I 5C**, 5
une **journée d'orientation** [ynʒuʀnedɔʀjɑ̃tasjɔ̃] ein Berufsberatungstag **III 3A**, 2
le **judo** [ləʒydo] das Judo **I 2B**, 2
faire du judo [fɛʀdyʒydo] Judo betreiben **I 5A**, 3
juillet *(m.)* [ʒɥijɛ] Juli **I 3B**, 7
le 14 Juillet [ləkatɔʀzʒɥijɛ] der 14. Juli *(französischer Nationalfeiertag)* ⟨**I 3P**⟩
juin *(m.)* [ʒɥɛ̃] Juni **I 3B**, 7
une **jupe** [ynʒyp] ein Rock **I 6B**, 8
le **jury** [ləʒyʀi] die Jury ⟨**III M1DE**⟩
un **jus** [ɛ̃ʒy] ein Saft **I 5C**, 1
un jus de fruit [ɛ̃jydfʀɥi] ein Fruchtsaft **II 4A**, 2
un jus de pomme [ɛ̃ʒydpɔm] ein Apfelsaft **I 5C**, 1
jusque [ʒysk] bis **III 4A**, 4
juste/**juste** [ʒyst] gerecht; richtig **II 5A**, 7
juste *(adv.)* [ʒyst] nur, bloß *(Adv.)* **III 1B**, 1
justifier qc [ʒystifje] etw. rechtfertigen, begründen ⟨**III M2B**, 2⟩

K

le **karaté** [ləkaʀate] das Karate **III 1DE**
une **kasbah** [ynkasba] Festung, befestigte Stadtanlage *(in nordafrikanischen Ländern)* **III 5B**, 2
le **kayak** [ləkajak] das Kajakfahren ⟨**II 5P**⟩
le **kebab** [ləkebab] Kebab *(Fleischgericht)* ⟨**II 4P**⟩
un **kilo** [ɛ̃kilo] ein Kilo **II 4A**, 2
un **kilomètre** [ɛ̃kilɔmɛtʀ] ein Kilometer **I 7B**
un **kiosque** [ɛ̃kjɔsk] ein Kiosk ⟨**I 5P**⟩
le **kitsch** [ləkitʃ] der Kitsch ⟨**III M1B**⟩

L

là [la] da, dort **I 2A**, 3
là-bas [laba] dort(hin), da(hin) **II 1A**, 1
un **lac** [ɛ̃lak] ein See **III 5A**, 1
laisser qc [lese] etw. (zurück)lassen **II 5A**, 4
le **lait** [ləlɛ] die Milch **II 4DE**
lancer qc [lɑ̃se] etw. werfen **II 5B**, 1
une **langue** [ynlɑ̃g] eine Sprache **III 3B**, 8
une langue maternelle [ynlɑ̃gmatɛʀnɛl] eine Muttersprache **III 5DE**
une langue officielle [ynlɑ̃gɔfisjɛl] eine Amtssprache **III 5A**, 1
un **lapin** [ɛ̃lapɛ̃] ein Kaninchen ⟨**I 0**, 5⟩
une **larme** [ynlaʀm] eine Träne **III 2A**, 5
laver qn/qc [lave] jdn./etw. waschen **III 3A**, 1
se laver [səlave] sich waschen **III 3A**, 1
un **lave-vaisselle** [ɛ̃lavvɛsɛl] ein Geschirrspüler **III 3A**, 5
une **leçon** [ynləsɔ̃] eine Lektion **II 3DE**
un **lecteur**/une **lectrice** [ɛ̃lɛktœʀ/ynlɛktʀis] ein Leser/eine Leserin ⟨**III M1DE**⟩
la **lecture** [lalɛktyʀ] das Lesen ⟨**I 2P**⟩
une **légende** [ynleʒɑ̃d] eine Legende, eine Sage ⟨**III M1B**⟩
des **légumes** *(m.)* [delegym] Gemüse **II 4DE**
le **lendemain** [ləlɑ̃dmɛ̃] am folgenden Tag **III 2B**, 1
les **collectivités d'outre-mer** *(f.)* [lekɔlɛktivitedutʀəmɛʀ] die Überseegebiete **III 5DE**, 2
une **lettre** [ynlɛtʀ] ein Brief **II 6C**
se lever [sələve] aufstehen; sich erheben **III 3A**, 1
lever qc [ləve] etw. heben **III 3A**, 1
libre/**libre** [libʀ] frei ⟨**III 5D**, 1⟩; ⟨**III M2A**, 1⟩
un **lieu** [ɛ̃ljø] ein Ort ⟨**II 6D**⟩
avoir lieu [avwaʀljø] stattfinden ⟨**II 6D**⟩
lire qc/qc à qn [liʀ] etw. lesen, jdm. etw. vorlesen **I 7A**, 3
une **liste** [ynlist] eine Liste **II 1DE**
un **lit** [ɛ̃li] ein Bett **I 4A**, 1
un **litre** [ɛ̃litʀ] ein Liter **II 4A**, 2
un **livre** [ɛ̃livʀ] ein Buch **I 2A**, 1
loin [lwɛ̃] weit *(Adv.)* **I 5A**, 1
un **loisir** [ɛ̃lwaziʀ] eine Freizeitbeschäftigung/ein Hobby *(„les loisirs" bedeutet auch „die Freizeit")* ⟨**III 5D**, 1⟩
long/**longue** [lɔ̃/lɔ̃g] lang **I 6A**, 4
long/longue d'1 km [lɔ̃də/lɔ̃gdə] 1 km lang ⟨**III M1C**⟩
longtemps [lɔ̃tɑ̃] lange *(Adv.)* **II 3B**, 1
lorsque [lɔʀskə] wenn, als **III 2A**, 5
lundi *(m.)* [lɛ̃di] Montag, am Montag **I 4A**, 3
la **lune** [lalyn] der Mond **II 4A**, 1
être dans la lune *(fam.)* zerstreut sein, nicht bei der Sache sein **II 4A**, 1
un **lycée** [ɛ̃lise] ein Gymnasium/Lycée **III 3DE**

M

madame ... [madam] Frau ... **I 1B**, 7
un **magasin** [ɛ̃magazɛ̃] ein Geschäft, ein Laden **I 2DE**
un grand magasin [ɛ̃gʀɑ̃magazɛ̃] ein Kaufhaus ⟨**I 5P**⟩
faire les magasins [fɛʀlemagazɛ̃] shoppen, die Geschäfte abklappern *(ugs.)* ⟨**II 5P**⟩
un **magazine** [ɛ̃magazin] eine Zeitschrift ⟨**III M2A**, 1⟩
un magazine de musique/musical [ɛ̃magazindəmyzik] eine Musikzeitschrift ⟨**II 6P**⟩
mai *(m.)* [mɛ] Mai **I 3B**, 7
la **main** [lamɛ̃] die Hand **I 4A**, 3
maintenant [mɛ̃tnɑ̃] jetzt **I 3A**, 3
mais [mɛ] aber **I 1B**, 1
une **maison** [ynmɛzɔ̃] ein Haus **I 2DE**
une maison des jeunes [ynmɛzɔ̃deʒœn] ein Jugendzentrum ⟨**I 5P**⟩
à la maison [alamɛzɔ̃] zu Hause, nach Hause **I 4A**, 1
une maison de la presse [ynmɛzɔ̃dəlapʀɛs] ein Zeitschriften- und Schreibwarengeschäft **I 2DE**
mal *(adv.)* [mal] schlecht *(Adv.)* **III 1B**, 1
avoir mal [avwaʀmal] Schmerzen haben **I 5B**, 3
faire mal [fɛʀmal] weh tun **I 5B**, 3
malade/**malade** [malad] krank **III 2B**, 5
une **maladie** [ynmaladi] eine Krankheit **III 2B**, 5
malheureux/**malheureuse** [maløʀø/maløʀøz] unglücklich **II 2B**, 1
maman *(f.)* [mamɑ̃] Mama, Mutti **I 3A**, 3
mamie [mami] Omi **I 7A**, 4
un **manga** [ɛ̃mɑ̃ga] ein Manga *(japanischer Comicstil)* **II 2A**, 1
manger qc [mɑ̃ʒe] etwas essen **I 3B**, 1
un **manque** [ɛ̃mɑ̃k] ein Mangel ⟨**III 5C**, 1⟩
manquer [mɑ̃ke] fehlen **III 2C**, 2
un **marché** [ɛ̃maʀʃe] ein Markt **I 7C**
un marché aux puces [ɛ̃maʀʃeopys] ein Flohmarkt **I 7C**
mardi *(m.)* [maʀdi] Dienstag, am Dienstag **I 4B**, 1

la **marée** [lamaʀe] die Gezeiten *(pl.)* ⟨**III M1B**⟩
la marée haute [lamaʀeot] eine Flut ⟨**III M1B**⟩
la marée basse [lamaʀebas] die Ebbe ⟨**III M1B**⟩
le **mari** [ləmaʀi] der Ehemann **III 3A,** 1
le **mariage** [ləmaʀjaʒ] die Hochzeit ⟨**I 3P**⟩
marocain/marocaine [maʀɔkɛ̃/maʀɔkɛn] marokkanisch **III 5DE,** 3
en **avoir marre** de qn/qc *(fam.)* [ɑ̃navwaʀmaʀ] von jdm./etw. die Nase voll haben *(ugs.)* **II 2B,** 2
marron/marron [maʀɔ̃] braun **II 1B,** 6
mars *(m.)* [maʀs] März **I 3B,** 7
maternel/maternelle [matɛʀnɛl] mütterlich, mütterlicherseits **III 5DE**
les **mathématiques** *(f.)* [lematematik] Mathematik ⟨**I 4P**⟩
le **matin** [ləmatɛ̃] der Morgen **I 5A,** 3
mauvais/mauvaise [movɛ/movɛz] schlecht **I 6B,** 1
Il fait mauvais. [ilfɛmovɛ] Es ist schlechtes Wetter. **I 7A,** 2
un **maximum** [ɛ̃maksimɔm] ein Maximum ⟨**II 6D**⟩
au maximum [omaksimɔm] höchstens ⟨**II 6D**⟩
un **mécanicien**/une **mécanicienne** [ɛ̃mekanisjɛ̃/ynmekanisjɛn] ein Mechaniker/eine Mechanikerin **III 3B,** 4
un **médecin**/une **femme médecin** [ɛ̃medsɛ̃/ynfammedsɛ̃] ein Arzt/eine Ärztin **III 3B,** 1
la **médecine** [lamedsin] die Medizin **III 5B,** 1
les **médias** *(m., pl.)* [lemedja] die Medien **II 6DE**
une **médiathèque** [ynmedjatɛk] eine Mediathek ⟨**I 0,** 8⟩
médiatique/médiatique [medjatik] medienwirksam; Medien- ⟨**III M2DE**⟩
médical/médicale [medikal] medizinisch **III 3DE**
un **médicament** [ɛ̃medikamɑ̃] ein Medikament **III 2C,** 2; ein Arzneimittel, ein Medikament **III 3B,** 6
une **médina** [ynmedina] *(Bezeichnung der Altstadt in nordafrikanischen Städten)* **III 5B,** 1
le **meilleur**/la **meilleure** [ləmɛjœʀ/lamɛjœʀ] der Beste/die Beste/das Beste **III 2A,** 5
le meilleur moment [ləmɛjœʀmomɑ̃] der beste Moment **III 4B,** 3
une **mélodie** [ynmelɔdi] eine Melodie **II 6B**
un **melon** [ɛ̃məlɔ̃] eine Melone ⟨**II 4P**⟩
le **même**/la **même** [ləmɛm/lamɛm] derselbe/dieselbe/dasselbe **II 1A,** 1
même [mɛm] sogar **I 5B,** 3
mentir [mɑ̃tiʀ] lügen **III 2B,** 5
la **mer** [lamɛʀ] das Meer **II 5DE**
merci [mɛʀsi] danke **I 1B,** 1
Merci beaucoup! [mɛʀsiboku] Vielen Dank! **I 5B,** 2
mercredi *(m.)* [mɛʀkʀədi] Mittwoch, am Mittwoch **I 4B,** 1
une **mère** [ynmɛʀ] eine Mutter **I 3A,** 9
un **message** [ɛ̃mɛsaʒ] eine Mitteilung, eine Nachricht **II 3DE**
la **météo** [lameteo] die Wettervorhersage **III 4A,** 9
un **métier** [ɛ̃metje] ein Beruf **II 6B**
un **mètre** [ɛ̃mɛtʀ] ein Meter **III 4B,** 3
le **métro** [ləmetʀo] die Metro, die U-Bahn **I 7B,** 1
une **métropole** [ynmetʀɔpɔl] eine Metropole; *(hier) Frankreich als Mutterland* **III 5DE**
mettre qc [mɛtʀ] etwas stellen/legen/setzen; etwas anziehen **I 6B,** 1
se mettre à faire qc [s(ə)mɛtʀ] anfangen, etw. zu tun **III 4B,** 3
mettre la table [mɛtʀlatabl] den Tisch decken **II 4B,** 1
midi [midi] zwölf Uhr (mittags) **I 4A,** 1
le **Midi** [ləmidi] Südfrankreich **III 2DE**
mieux *(adv.)* [mjø] besser **III 1A,** 1
mignon/mignonne [miɲɔ̃/miɲɔn] süß, niedlich **II 4A,** 4
le **milieu** [ləmiljø] das Milieu, das Umfeld ⟨**III M2A,** 3⟩
mille [mil] tausend **II 1B,** 2
en deux mille [ɑ̃dømil] im Jahr 2000 **II 1B,** 2
des **milliers** *(m.)* [demilje] Tausende **II 2A,** 1
un **million** [ɛ̃miljɔ̃] eine Million **I 7B**
minuit *(m.)* [minɥi] Mitternacht, 12 Uhr nachts **I 5A,** 3
une **minute** [ynminyt] eine Minute **I 4A,** 3
un **MMS** [ɛɛmɛmɛs] eine MMS *(eine Bildnachricht)* **II 5A,** 4
mobiliser qn (pour qc) [mɔbilize] jemanden mobilisieren *(jemanden dazu bewegen sich einzusetzen)* ⟨**III M2A,** 1⟩
la **mode** [lamɔd] die Mode **II 6C**
à la mode [alamɔd] modern, „in" **II 6C**
moderne [mɔdɛʀn] modern **I 7DE**
moins [mwɛ̃] weniger **III 4B,** 1
moins pratique que [mwɛ̃pʀatikkə] weniger praktisch als **III 4B,** 1
moins bien [mwɛ̃bjɛ̃] weniger gut **III 5B,** 1
sept heures moins le quart [sɛtœʀmwɛ̃ləkaʀ] Viertel vor sieben Uhr **I 4A,** 1
un **mois** [ɛ̃mwa] ein Monat **I 3B,** 7
une **moitié** [ynmwatje] eine Hälfte **III 2C,** 2
un **moment** [ɛ̃mɔmɑ̃] ein Moment **II 2A,** 1
à ce moment-là [asəmɔmɑ̃la] in diesem Augenblick **II 2A,** 1
le **monde** [ləmɔ̃d] die Welt **II 7A,** 1
beaucoup de monde [bokudəmɔ̃d] viele Leute **II 7A,** 1
le tour du monde [ləturdymɔ̃d] die Weltreise ⟨**II 7P**⟩
tout le monde [tulmɔ̃d] alle, jeder **I 5DE**
un **monsieur** [ɛ̃məsjø] ein Herr, ein Mann **I 1B,** 4
une **montagne** [lamɔ̃taɲ] ein Gebirge **III 5B,** 2
monter [mɔ̃te] hinaufgehen; einsteigen **II 2B,** 2
montrer qc à qn [mɔ̃tʀe] jemandem etwas zeigen **I 6B,** 1
un **monument** [ɛ̃mɔnymɑ̃] ein Denkmal, ein Monument **III 4A,** 1
la **mort** [lamɔʀ] der Tod **II 2DE**
un **mot** [ɛ̃mo] ein Wort **I 4B,** 3
motiver qn [mɔtive] jemanden motivieren **III 1DE**
être motivé/motivée (pour faire qc) [mɔtive] motiviert sein (etw. zu tun) **III 1DE**
mou/mol/molle [mu/mɔl] weich **II 7A,** 1
une **mouche** [ynmuʃ] eine Fliege **III 2B,** 5
une **moule** [ynmul] eine Miesmuschel **II 4A,** 1
mourir [muʀiʀ] sterben **III 5B,** 1
une **mousse au chocolat** [ynmusoʃɔkɔla] *(typischer französischer Nachtisch)* ⟨**II 4P**⟩
un **moyen de transport** [ɛ̃mwajɛ̃dətʀɑ̃spɔʀ] ein Verkehrsmittel **I 7B,** 1
le **Moyen Age** [ləmwajɛnaʒ] das Mittelalter **III 5B,** 1
la **moyenne** [lamwajɛn] der Durchschnitt *(10 von 20 Punkten im Zeugnis)* **II 3DE**
multiculturel/multiculturelle [myltikyltyʀɛl] multikulturell ⟨**III M1C**⟩
un **musée** [ɛ̃myze] ein Museum **I 7DE**
un **musicien**/une **musicienne** [ɛ̃myzisjɛ̃/ynmyzisjɛn] ein Musiker/eine Musikerin **III 3B,** 4
la **musique** [lamyzik] die Musik **I 2B,** 2
la musique pop [lamyzikpɔp] die Popmusik **II 6B**
un **mystère** [ɛ̃mistɛʀ] ein (rätselhaftes) Geheimnis ⟨**III M1B**⟩
mystérieux/mystérieuse [misteʀjø/misteʀjøz] geheimnisvoll; seltsam **II 2DE**

N

nager [naʒe] schwimmen **II 5B,** 1
la **naissance** [lanɛsɑ̃s] die Geburt **II 6B**
être **né(e)** [ɛtʀəne] geboren werden/sein **II 1B,** 2
la **natation** [lanatasjɔ̃] das Schwimmen **I 5A,** 5
national/nationale [nasjɔnal] national, staatlich; *(hier) landesweit* ⟨**III M2A,** 1⟩
la **nature** [lanatyʀ] die Natur **III 3B,** 8
la **neige** [lanɛʒ] der Schnee **III 4A,** 9
neiger [neʒe] schneien **I 7A,** 2
ne ... jamais [nə ... ʒamɛ] nie, niemals **II 4B,** 2
ne ... pas du tout [nə ... padytu] überhaupt nicht **III 1A,** 1
ne ... pas [nə ... pa] nicht **I 4A,** 3
ne ... pas de [nə ... padə] kein/keine **I 7C,** 1
ne ... pas encore [nə ... pazɑ̃kɔʀ] noch nicht **II 4B,** 2
ne ... pas non plus [nə ... panɔ̃ply] auch nicht **III 1B,** 1
ne ... personne [nə ... pɛʀsɔn] niemand **III 1A,** 1
ne ... plus [nə ... ply] nicht mehr **I 7C,** 1
ne ... plus de [nə ... plydə] kein/keine mehr **I 7C,** 1
ne ... que [nə ... kə] nur **II 3B,** 1
ne ... rien [nə ... ʀjɛ̃] nichts **II 2B,** 2
le **net** [lənɛt] das Netz (Abkürzung für *Internet*) **II 6A**
le **nickel** [lənikɛl] das Nickel ⟨**III 5D,** 1⟩

un **niveau** [ɛ̃nivo] ein Niveau, eine Stufe **III 4A,** 7
Noël *(m.)* [nɔɛl] Weihnachten ⟨**I 3P**⟩
noir/noire [nwaʀ] schwarz **I 6B,** 8
un **nom** [ɛ̃nɔ̃] ein Name **II 1DE**
un **nombre** [ɛ̃nɔ̃bʀ] eine Zahl **III 5DE**
non [nɔ̃] nein **I 1A,** 1
le **nord** [lənɔʀ] der Norden ⟨**III 5C,** 2⟩; **II 5DE**
normal/normale [nɔʀmal] normal **II 5A,** 4
normalement [nɔʀmalmɑ̃] normalerweise **III 3B,** 6
une **note** [ynnɔt] eine Note **II 3A,** 2
noter qc [nɔte] etw. aufschreiben **II 3DE**
un **nouveau**/une **nouvelle** [ɛ̃nuvo/ynnuvɛl] ein Neuer, eine Neue **II 1A,** 1
nouveau/nouvel/nouvelle [nuvo/nuvɛl/nuvɛl] neu **II 6DE**
le **nouvel an** [lənuvɛlɑ̃] Neujahr ⟨**I 3P**⟩
novembre *(m.)* [nɔvɑ̃bʀ] November **I 3B,** 7
un **nuage** [ɛ̃nɥaʒ] eine Wolke **III 4A,** 9
la **nuit** [lanɥi] die Nacht **I 5A,** 1
nul/nulle [nyl] blöd **I 5B,** 3
C'est trop nul! *(fam.)* [sɛtʀonyl] Das ist zu blöd! *(ugs.)* **I 5B,** 3
numérique/numérique [nymeʀik] digital ⟨**III M1DE**⟩

O

un **objet** [ɛ̃nɔbʒɛ] ein Gegenstand **III 2DE**
occidental/occidentale/occidentaux/occidentales [ɔksidɑ̃tal/ɔksidɑ̃to] abendländisch, westlich ⟨**III 5D,** 1⟩
occupé/occupée [ɔkype] beschäftigt; besetzt **III 3DE**
s'occuper de qn/qc [sɔkype] sich mit jdm./etw. beschäftigen; sich um jdn./etw. kümmern **III 3A,** 1
occuper [ɔkype] beschäftigen; besetzen **III 3DE**
octobre *(m.)* [ɔktɔbʀ] Oktober **I 3B,** 7
un **œil**/des **yeux** [ɛ̃nœj/dezjø] ein Auge/Augen **II 1B,** 6
un **œuf**/des **œufs** [ɛ̃nœf/dezø] ein Ei/Eier **II 4DE**
officiel/officielle [ɔfisjɛl/ɔfisjɛl] offiziell, amtlich **III 5A,** 1
offrir qc à qn [ɔfʀiʀ] jdm. etw. anbieten/schenken **III 1A,** 1
une **olive** [ynɔliv] eine Olive **II 4A,** 1
une **ombre** [ynɔ̃bʀ] ein Schatten **III 4B,** 3
un **oncle** [ɛ̃nɔ̃kl] ein Onkel **I 3A,** 9
On y va! [ɔ̃niva] Gehen wir!, Auf geht's! **II 1A,** 1
l'**optimisme** *(m.)* [lɔptimism] der Optimismus ⟨**III 5C,** 1⟩
une **orange** [ynɔʀɑ̃ʒ] eine Orange **I 5C,** 1
un **ordinateur** [ɛ̃nɔʀdinatœʀ] ein Computer **I 3A,** 1
organiser qc [ɔʀganize] etw. organisieren **II 3A,** 2
l'**orientation** *(f.)* [lɔʀjɑ̃tasjɔ̃] die Orientierung **III 3A,** 2
original/originale/originales/originaux [ɔʀiʒinal/ɔʀiʒino] originell *(anders als üblich)* ⟨**II 6D**⟩; **III 1DE**
oser faire qc [oze] wagen, sich trauen etw. zu tun **III 4A,** 4
ou [u] oder **I 3A,** 1
ou bien [ubjɛ̃] oder aber ⟨**III M1B**⟩
où [u] wo; wohin **I 2B,** 2
où [u] wo *(Relativpronomen)* **II 1B,** 2
oublier qc [ublije] etwas vergessen **I 6A,** 4
l'**ouest** *(m.)* [lwɛst] der Westen **II 5DE**
Ouf! [uf] Uff! **I 2B,** 2
oui [wi] ja **I 1B,** 1
outre-mer [utʀəmɛʀ] Übersee- ⟨**III M1DE**⟩
ouvrir qc [uvʀiʀ] etw. öffnen **II 2B,** 2
ouvert/ouverte [uvɛʀ/uvɛʀt] offen; geöffnet **I 7C,** 1

P

une **page** [ynpaʒ] eine Seite **II 2B,** 2
le **pain** [ləpɛ̃] das Brot **II 4B,** 1
pâle/pâle [pal] bleich **III 2C,** 2
palper qc [palpe] etw. befühlen ⟨**III 2B,** 1⟩
un **panneau** [ɛ̃pano] ein Schild, Hinweisschild ⟨**III M1B**⟩
un **pantalon** [ɛ̃pɑ̃talɔ̃] eine Hose **I 6A,** 4
papa [papa] Papa **I 1A,** 1
une **papeterie** [ynpapɛtʀi] ein Schreibwarengeschäft ⟨**I 5P**⟩
papi/papy *(fam.)* [papi] Opi **I 7A,** 4
le **papier** [ləpapje] das Papier **II 1B,** 2
Pâques *(f.)* [pak] Ostern ⟨**I 3P**⟩
par jour [paʀʒuʀ] pro Tag/täglich **I 7B,** 1
par cœur [paʀkœʀ] auswendig ⟨**III M2A,** 3⟩
par exemple [paʀɛgzɑ̃pl] zum Beispiel **I 7C,** 1
le **parachutisme** [ləpaʀaʃytism] das Fallschirmspringen **II 7DE**
un **paradis** [ɛ̃paʀadi] ein Paradies ⟨**III M1DE**⟩
un **parc** [ɛ̃paʀk] ein Park **I 5DE**
un parc d'attractions [ɛ̃paʀkdatʀaksjɔ̃] ein Freizeitpark/ein Erlebnispark ⟨**I 7D,** 1⟩
parce que [paʀskə] weil **I 5B,** 3
un **parcours** [ɛ̃paʀkuʀ] ein Parcours, eine Runde; ein Durchgang **II 7A,** 1
Pardon. [paʀdɔ̃] Entschuldigung. **I 1A,** 1
pardonner qc à qn [paʀdɔne] jdm. etw. verzeihen **III 2C,** 2
les **parents** *(m.)* [ləpaʀɑ̃] die Eltern **I 3A,** 9
parfois [paʀfwa] manchmal **II 6A**
parler à qn [paʀle] mit jemandem sprechen **I 6B,** 1
parler [paʀle] sprechen **I 2DE**
parmi [paʀmi] unter **III 2A,** 5
participer à qc [paʀtisipe] an etw. teilnehmen **II 3A,** 2
une **partie** [ynpaʀti] ein Teil **I 4B,** 5
faire partie de [fɛʀpaʀti] gehören zu, ein Teil sein von **III 5DE**
partir [paʀtiʀ] weggehen, abfahren **II 6A**
C'est parti! [sɛpaʀti] Los geht's! **III 1A,** 1
partout [paʀtu] überall **III 2A,** 5
un **pas** [ɛ̃pa] ein Schritt **III 2C,** 2
passer qc [pase] etwas verbringen **I 5A,** 1
passer [pase] vorbeigehen, vorübergehen **III 1A,** 1
passer qc à qn [pase] jdm. etw. reichen, jdm. etw. (weiter)geben **II 4B,** 6
passer [pase] *(hier:)* laufen, spielen ⟨**II 6D**⟩
passer son temps à faire qc [pasesɔ̃tɑ̃] seine Zeit damit verbringen, etw. zu tun **II 6A**
se passer [səpase] geschehen, sich ereignen, sich abspielen **II 3A,** 3
passionnant/passionnante [pasjɔnɑ̃/pasjɔnɑ̃t] spannend, fesselnd **III 3B,** 1
des **pâtes** *(f.) (pl.)* [depat] Nudeln ⟨**II 4P**⟩
une **pause** [ynpoz] eine Pause **II 5A,** 4
pauvre/pauvre [povʀ] arm **II 3A,** 2
payer qc [peje] etw. bezahlen **II 4A,** 2
un **pays** [ɛ̃pei] ein Land **II 3A,** 2
un **paysage** [ɛ̃peizaʒ] eine Landschaft **III 3B,** 1
le **péage** [ləpeaʒ] die Mautstelle **II 5A,** 4
une **pêche** [ynpɛʃ] ein Pfirsich ⟨**II 4P**⟩; **III 1A,** 1
avoir la pêche *(fam.)* [avwaʀlapɛʃ] gut drauf sein *(ugs.)* **III 1A,** 1
un **pédalo** [ɛ̃pedalo] ein Tretboot ⟨**II 5P**⟩
la **peinture** [lapɛ̃tyʀ] die Malerei; *(hier)die Felszeichnung* ⟨**III M1C,** 4⟩
pendant [pɑ̃dɑ̃] während **II 3B,** 1
pendant que *(Konjunktion)* [pɑ̃dɑ̃kə] während ⟨**II 2P**⟩; **III 2A,** 9
penser à qn [pɑ̃sea] an jdn. denken **II 1B,** 2
Qu'est-ce que tu en penses? [kɛskətyɑ̃pɑ̃s] Wie denkst du darüber?; Was hältst du davon? **II 2A,** 3
la Pentecôte [lapɑ̃tkot] Pfingsten ⟨**I 3P**⟩
perdre qc [pɛʀdʀ] etw. verlieren **II 2B,** 2
perdre un match [pɛʀdʀɛ̃matʃ] ein Spiel verlieren ⟨**II 1P**⟩
un **père** [ɛ̃pɛʀ] ein Vater **I 3A,** 9
une **permanence** [ynpɛʀmanɑ̃s] ein Raum für beaufsichtigte Freistunden **II 3DE**
permettre à qn **de** faire qc [pɛʀmɛtʀ] jdm. erlauben, etw. zu tun; jdm. etw. ermöglichen **III 3B,** 8
un **perroquet** [ɛ̃peʀɔkɛ] ein Papagei ⟨**I 1P**⟩
un **personnage** [ɛ̃pɛʀsɔnaʒ] eine Person *(Film, Theater)* ⟨**II 6P**⟩
une **personne** [ynpɛʀsɔn] eine Person **I 6A,** 1
ne ... personne [nə ... pɛʀsɔn] niemand **III 1A,** 1
petit/petite [pəti/pətit] klein **I 6A,** 4
un petit copain [ɛ̃pətikɔpɛ̃/ynpətitkɔpin] ein fester Freund/eine feste Freundin **III 4A,** 4
le **petit-déjeuner** [ləp(ə)tideʒœne] das Frühstück **II 4A,** 1
un peu [ɛ̃pø] ein wenig **I 7B,** 1
peu après [pøapʀɛ] kurz darauf ⟨**II 2P**⟩
peu de [pødə] wenig(e) **I 7C,** 2
la **peur** [lapœʀ] die Angst **II 2A,** 1
avoir peur [avwaʀpœʀ] Angst haben **II 2A,** 1
peut-être [pøtɛtʀ] vielleicht **I 6A,** 4
un **phare** [ɛ̃faʀ] ein Leuchtturm **II 5A,** 1
une **pharmacie** [ynfaʀmasi] eine Apotheke **III 3B,** 6; ⟨**I 0,** 8⟩
la **philosophie** [lafilɔzɔfi] die Philosophie **III 5B,** 1
une **photo** [ynfɔto] ein Foto **I 5DE**
une **phrase** [ynfʀaz] ein Satz **II 7A,** 4
un **piano** [ɛ̃pjano] ein Klavier, ein Piano ⟨**I 2P**⟩

un **pickpocket** [ɛ̃pikpɔkɛt] ein Taschendieb **III 2B,** 5
une **pièce** [ynpjɛs] ein Zimmer **I 5A,** 3
une pièce (de théâtre) [ynpjɛs] ein (Theater-)Stück ⟨**III 5D,** 1⟩
un **pied** [ɛ̃pje] ein Fuß **I 4DE**
à pied [apje] zu Fuß **I 5A,** 1
une **pierre** [ynpjɛʀ] ein Stein **II 2DE**
Pile ou face? [pilufas] Kopf oder Zahl? **II 5A,** 7
un **pilote**/une **pilote** [ɛ̃pilɔt/ynpilɔt] ein Pilot/eine Pilotin **III 3B,** 1
piquer qc *(fam.)* [pike] klauen *(ugs.)* ⟨**II 3A,** 2⟩
une **piscine** [ynpisin] ein Schwimmbad **I 5B,** 2
une **piste** [ynpist] eine Piste, ein Pfad, *hier:* eine Bahn **II 3B,** 1
une **pizza** [ynpidza] eine Pizza ⟨**I 6P**⟩
une **place** [ynplas] ein Platz **I 4A,** 3
une **plage** [ynplaʒ] ein Strand **II 5DE**
plaire à qn [plɛʀ] jdm. gefallen **II 5A,** 4
un **plan** [ɛ̃plɑ̃] ein Plan *(hier) eine (Kamera) Einstellung* **III 5B,** 2
l'arrière-plan *(m.)* [laʀjɛʀplɑ̃] der Hintergrund *(Bild, Foto, Film)* **III 5B,** 2
le premier plan [ləpʀəmjeplɑ̃] der Vordergrund *(Bild, Foto, Film)* **III 5B,** 2
la **planche à voile** [laplɑ̃ʃavwal] das Windsurfen ⟨**II 5P**⟩
une **plante** [ynplɑ̃t] eine Pflanze **III 5B,** 1
un **plat** [ɛ̃pla] ein Gericht, ein Gang *(beim Essen)* **II 4DE**
le plat préféré [ləplapʀefeʀe] das Lieblingsessen **II 4B,** 6
le plat principal [ləplapʀɛ̃sipal] das Hauptgericht **II 4B,** 4
plein/**pleine** (de qc) [plɛ̃/plɛn] voll (mit etw.) **II 7B,** 3
plein de … [plɛ̃də] viel/viele; jede Menge ⟨**III M1B**⟩
pleuvoir [pløvwaʀ] regnen **I 7A,** 2
Il pleut. [ilplø] Es regnet. **I 7A,** 2
la **plongée** [laplɔ̃ʒe] das Tauchen ⟨**II 5P**⟩
la **pluie** [laplɥi] der Regen **III 4A,** 4
plus (de) [plysdə] mehr + *Nomen* **II 7B,** 3
plus pratique que [plypʀatikkə] praktischer als **III 4B,** 1
plus tard [plytaʀ] später **II 2B,** 8
plusieurs *(inv.)* [plyzjœʀ] mehrere **II 3B,** 1
plutôt [plyto] eher, vielmehr, ziemlich **II 3A,** 2
un **pneu** [ɛ̃pnø] ein Reifen ⟨**III M1A**⟩
la **poche** [lapɔʃ] die Tasche, die Hosentasche **I 6B,** 1
un **poème** [ɛ̃pɔɛm] ein Gedicht **I 6B,** 11
un **point d'eau** [ɛ̃pwɛ̃do] eine Wasserstelle *(hier) eine Zapfstelle für Trinkwasser* ⟨**III 5C,** 1⟩
une **poire** [ynpwaʀ] eine Birne ⟨**II 4P**⟩
un **poison** [ɛ̃pwazɔ̃] ein Gift **III 4A,** 4
un **poisson** [ɛ̃pwasɔ̃] ein Fisch ⟨**I 1P**⟩; **III 4A,** 4
un **poivron** [ɛ̃pwavʀɔ̃] eine Paprika ⟨**II 4P**⟩
poli/**polie** [pɔli/pɔli] höflich **III 4A,** 4
polluer qc [pɔlɥe] etw. verschmutzen ⟨**III 5D,** 1⟩

une **pomme** [ynpɔm] ein Apfel **I 5C,** 1
une **pomme de terre** [ynpɔmdətɛʀ] eine Kartoffel **II 4DE**
un **pont** [ɛ̃pɔ̃] eine Brücke **III 4A**
un **port** [ɛ̃pɔʀ] ein Hafen ⟨**III M1C**⟩
un **portable** [ɛ̃pɔʀtabl] *(hier:)* ein Laptop **II 6A**
un portable [ɛ̃pɔʀtabl] ein Handy **I 5C,** 1
une **porte** [ynpɔʀt] eine Tür **II 2B,** 2
porter qc [pɔʀte] etwas tragen **I 2A,** 2
poser qc [poze] etwas setzen/stellen/legen **I 5B,** 3
possible/**possible** [pɔsibl] möglich **II 1A,** 7
la **poste** [lapɔst] die Post **I 5B,** 2
la **poubelle** [lapubɛl] der Mülleimer, der Abfalleimer **II 1B,** 2
un **poulet** [ɛ̃pulɛ] ein Huhn, ein Hühnchen ⟨**II 4P**⟩
pour [puʀ] für **I 2A,** 3
pour faire qc [puʀfɛʀ] um etwas zu tun **I 5B,** 2
un **pour cent** *(inv.)* [ɛ̃puʀsɑ̃] ein Prozent **III 3B,** 1
pourquoi? [puʀkwa] warum? **I 5B,** 3
c'est pourquoi [sɛpuʀkwa] deshalb **II 6A**
pourtant [puʀtɑ̃] dennoch, trotzdem **III 3A,** 2
pouvoir [puvwaʀ] können **II 3A,** 1
on pourrait [ɔ̃puʀɛ] man könnte **III 3A,** 2
on peut [ɔ̃pø] man kann **I 7C,** 1
pratique [pʀatik] praktisch **I 7C,** 1
préférer qc [pʀefeʀe] etw. vorziehen, lieber mögen **II 4B,** 2
préféré/préférée [pʀefeʀe] bevorzugt, Lieblings- **II 6DE**
le **premier**/la **première** [ləpʀəmje] der erste/die erste **I 3B,** 7
le premier plan [ləpʀəmjeplɑ̃] der Vordergrund *(Bild, Foto, Film)* **III 5B,** 2
prendre qc [pʀɑ̃dʀ] etwas nehmen; *hier*: essen **I 5C,** 1
prendre une décision [pʀɑ̃dʀyndesizjɔ̃] eine Entscheidung treffen **III 3B,** 1
un **prénom** [ɛ̃pʀenɔ̃] ein Vorname **II 6B**
préparer qc [pʀepaʀe] etwas vorbereiten **I 3A,** 3
de près [dəpʀɛ] aus der Nähe, von Nahem **III 2C,** 2
près de qn/qc [pʀɛdə] nahe bei jdm./etw. **III 4A,** 1
présent/**présente** [pʀezɑ̃/pʀezɑ̃t] vorhanden, anwesend **III 5DE,** 1
un **présentateur**/une **présentatrice** [ɛ̃pʀezɑ̃tatœʀ/ynpʀezɑ̃tatʀis] ein Nachrichtensprecher/eine Nachrichtensprecherin; ein Moderator/eine Moderatorin **III 3B,** 1
présenter qn [pʀezɑ̃te] jdn. vorstellen **II 1B,** 6
presque [pʀɛsk] fast, beinahe **II 2B,** 2
la **presse** [lapʀɛs] die Presse ⟨**III M2A,** 1⟩
prêt/**prête** [pʀɛ/pʀɛt] fertig, bereit **III 3A,** 2
un **principal**/une **principale** [ɛ̃pʀɛ̃sipal/ynpʀɛ̃sipal] ein Schulleiter/eine Schulleiterin *(im „Collège")* **III 2A,** 5
le **printemps** [ləpʀɛ̃tɑ̃] der Frühling **II 5DE**
privé/**privée** [pʀive] privat ⟨**III M2A,** 1⟩

un **prix** [ɛ̃pʀi] ein Preis **II 6C**
un **problème** [ɛ̃pʀɔblɛm] ein Problem **I 6A,** 2
prochain/**prochaine** [pʀɔʃɛ̃/pʀɔʃɛn] nächster/nächste/nächstes **II 3B,** 4
un **producteur**/une **productrice** [ɛ̃pʀɔdyktœʀ/ynpʀɔdyktʀis] ein Produzent/eine Produzentin ⟨**III 5C,** 1⟩
une **production** [ynpʀɔdyksjɔ̃] eine Produktion ⟨**III M1A**⟩
un **professeur**/une **professeure** [ɛ̃pʀɔfesœʀ/ynpʀɔfesœʀ] ein Lehrer/eine Lehrerin **I 4A,** 3
au profit de [opʀɔfidə] zugunsten von ⟨**III M2DE**⟩
un **programme** [ɛ̃pʀɔgʀam] ein Programm **III 4A,** 4
un **progrès** [ɛ̃pʀɔgʀɛ] ein Fortschritt **III 5B,** 1
un **projet** [ɛ̃pʀɔʒɛ] ein Projekt **II 6C**
prolonger qc [pʀɔlɔ̃ʒe] etw. verlängern *(zeitlich)* ⟨**II 5P**⟩
une **promenade** [ynpʀɔmənad] ein Spaziergang **III 4A,** 1
se promener [səpʀɔmne] spazieren gehen ⟨**III M1B**⟩
à propos [apʀɔpo] übrigens **II 7A,** 1
à propos de qc [apʀɔpodə] apropos, etw. betreffend **II 2A,** 1
proposer de faire qc [pʀɔpoze] vorschlagen, etw. zu tun **II 3A,** 2
un **propriétaire**/une **propriétaire** [ɛ̃pʀɔpʀijetɛʀ/ynpʀɔpʀijetɛʀ] ein Eigentümer/eine Eigentümerin **III 2B,** 1
une **province** [ynpʀɔvɛ̃s] eine Provinz **III 2DE**
prudent/**prudente** [pʀydɑ̃/pʀydɑ̃t] vorsichtig ⟨**III M1B**⟩
le **public** [ləpyblik] das Publikum/die Öffentlichkeit ⟨**III M2A,** 3⟩
public/**publique** [pyblik] öffentlich ⟨**III M2A,** 1⟩
ma **puce** *(fam.)* [mapys] meine Kleine *(wörtl.: mein Floh)* **I 5A,** 1
puis [pɥi] dann **I 3B,** 1
un **pull** [ɛ̃pyl] ein Pulli **I 6B,** 8

Q

quand [kɑ̃] wenn, als *(zeitlich)* **II 1B,** 2
quand [kɑ̃] wann **I 3B,** 7
quand même [kɑ̃mɛm] trotzdem, doch **III 4B,** 3
un **quart** [ɛ̃kaʀ] ein Viertel **I 4A,** 1
sept heures et quart [sɛtœʀekaʀ] Viertel nach sieben **I 4A,** 1
sept heures moins le quart [sɛtœʀmwɛ̃ləkaʀ] Viertel vor sieben Uhr **I 4A,** 1
un **quartier** [ɛ̃kaʀtje] ein Stadtviertel **I 5DE**
la **quatrième** [lakatʀijɛm] die Vierte, die vierte Klasse **II 1DE**
que [kə] was **I 2DE**
que [kə] dass *(Konjunktion)* **II 2A,** 3
un **Québécois**/une **Québécoise** [ɛ̃kebekwa/ynkebekwaz] ein Quebecer/eine Quebecerin **III 5A,** 1
québécois/**québécoise** [kebekwa/kebekwaz] aus Quebec **III 5DE,** 3

quel/quelle/quels/quelles [kɛl] welcher/welche/welches *(Fragebegleiter)* **II 1A,** 1
Quel temps fait-il? [kɛltɑ̃fɛtil] Wie ist das Wetter? **I 7A,** 2
Quelle heure est-il? [kɛlœʀɛtil] Wie viel Uhr ist es?/Wie spät ist es? **I 4A,** 2
Tu as quel âge? [tyakɛlaʒ] Wie alt bist du? **I 3B,** 9
quelque chose [kɛlkəʃoz] etwas **I 4B,** 4
quelquefois [kɛlkəfwa] manchmal ⟨**II 2DE**⟩
quelques *(pl.)* [kɛlk(ə)] einige **II 3B,** 1
quelqu'un [kɛlkɛ̃] jemand **II 2B,** 2
Qu'est-ce que … ? [kɛskə] Was … ? **I 2B,** 2
Qu'est-ce que c'est? [kɛskəsɛ] Was ist das? **I 2DE**
Qu'est-ce qui [kɛski] Was … ? *(Fragepronomen, Subjekt ist eine Sache)* ⟨**III M1B**⟩
Qu'est-ce qui se passe? [kɛskispas] Was ist los? **II 7A,** 1
Qu'est-ce qu'il y a? [kɛskilja] Was gibt es? **I 3A,** 2
une **question** [ynkɛstjɔ̃] eine Frage **I 5B,** 3
une **queue** [ynkø] ein Schwanz; ein Ende; *(hier) eine Warteschlange* **III 4B,** 3
faire la queue [fɛʀlakø] Schlange stehen **III 4B,** 3
qui [ki] der/die/das *(Relativpronomen)* **II 1B,** 1
qui *(Fragepronomen)* [ki] wer **I 1A,** 1
C'est à qui? [sɛtaki] Wer ist an der Reihe? **II 4A,** 2
Qui est-ce? [kiɛs] Wer ist das? **I 1A,** 1
qui est-ce qui … ? [kiɛski] Wer … ? *(Fragepronomen, Subjekt ist eine Person)* ⟨**III M1B**⟩
une **quiche** [ynkiʃ] eine Quiche *(salziger Kuchen, meist mit Käse und Speck); hier:* ein Versager, eine Flasche *(ugs.)* **II 2A,** 1
Qui est-ce que … ? [kiɛskə] Wen …? ⟨**III M1B**⟩
quitter qc [kite] etwas verlassen **I 5A,** 3
Quoi? [kwa] Was? **I 6B,** 1
un **quotidien** [ɛ̃kɔtidjɛ̃] eine Tageszeitung ⟨**III M2A,** 1⟩
quotidien/quotidienne [kɔtidjɛ̃/kɔtidjɛn] täglich ⟨**III 5C,** 1⟩; ⟨**II 6D**⟩

R

raconter qc [ʀakɔ̃te] etwas erzählen **I 4A,** 3
la **radio** [laʀadjo] das Radio **II 5A,** 4
une **raison** [ynʀɛzɔ̃] ein Grund **II 7B,** 7
avoir raison [avwaʀʀɛzɔ̃] recht haben **I 4B,** 4
ramasser qc [ʀamase] etw. aufheben, etw. einsammeln ⟨**III M1B**⟩
une **randonnée** [ynʀɑ̃dɔne] eine Wanderung **III 5A,** 1; ⟨**II 5P**⟩
ranger qc [ʀɑ̃ʒe] etwas aufräumen **I 3A,** 3
le **rap** [ləʀap] Rap *(Musikstil)* **I 2B,** 7
rappeler (qn) [ʀaple] (jdn.) wieder anrufen; zurückrufen **II 2B,** 8
rapporter qc [ʀapɔʀte] etw. zurückbringen, von einem anderen Ort mitbringen **III 5A,** 1
rare/rare [ʀaʀ/ʀaʀ] selten ⟨**III 5D,** 1⟩

un **rat** [ɛ̃ʀa] eine Ratte ⟨**I 1P**⟩
rater qc *(fam.)* [ʀate] etw. verpassen; verpfuschen, nicht schaffen **III 3A,** 1
la **réalité** [laʀealite] die Wirklichkeit **II 6A**
recevoir qc [ʀəsəvwaʀ] etw. empfangen, etw. bekommen **II 6C**
une **recherche** [ynʀəʃɛʀʃ] eine (Nach) Forschung; eine Suche **III 3DE**
la **récréation** [laʀekʀeasjɔ̃] die Pause **I 4A,** 3
un **rédacteur**/une **rédactrice** [ɛ̃ʀedaktœʀ/ynʀedaktʀis] ein Redakteur, eine Redakteurin **II 6DE**
redonner la pêche à qn *(fam.)* [ʀədɔnelapɛʃ] jemanden wieder aufmuntern **III 1A,** 1
réfléchir [ʀefleʃiʀ] nachdenken, überlegen **II 7A,** 1
un **réflexe** [ɛ̃ʀeflɛks] ein Reflex ⟨**III 2C,** 2⟩
un **refrain** [ɛ̃ʀəfʀɛ̃] ein Refrain **III 1A,** 1
le refrain [ləʀəfʀɛ̃] der Refrain ⟨**II 6P**⟩
un **regard** [ɛ̃ʀ(ə)gaʀ] ein Blick **III 2DE**
regarder qc [ʀəgaʀde] etwas ansehen, etwas betrachten **I 2DE**
une **région** [ynʀeʒjɔ̃] eine Region, eine Gegend **II 5B,** 1
remarquer qn/qc [ʀ(ə)maʀke] jdn./etw. bemerken **III 4B,** 3
un **remboursement** [ɛ̃ʀɑ̃buʀsəmɑ̃] eine Rückzahlung; Rückerstattung **III 3B,** 6
remplacer qc [ʀɑ̃plase] etw. ersetzen ⟨**III 5C,** 1⟩
rencontrer qn [ʀɑ̃kɔ̃tʀe] jemanden treffen, jemandem begegnen **I 6B,** 1
un **rendez-vous** [ɛ̃ʀɑ̃devu] eine Verabredung/ein Treffen ⟨**III M2A,** 3⟩
rendre qc à qn [ʀɑ̃dʀ] jdm. etw. zurückgeben **III 2A,** 5
rendre qn dingue [ʀɑ̃dʀədɛ̃g] jdn. irre machen **III 4A,** 4
la **rentrée** [laʀɑ̃tʀe] der Schul(jahres)beginn **II 1DE**
rentrer [ʀɑ̃tʀe] zurückkommen, nach Hause gehen **I 4A,** 1
un **repas** [ɛ̃ʀəpa] ein Essen; eine Mahlzeit **I 5A,** 3
répéter qc [ʀepete] etw. wiederholen; *(hier) proben* **III 1A,** 1
répondre à qn/à qc [ʀepɔ̃dʀ] jdm./auf etw. antworten **II 2B,** 2
une **réponse** [ynʀepɔ̃s] eine Antwort ⟨**I 7D,** 1⟩
un **reportage** [ɛ̃ʀəpɔʀtaʒ] eine Reportage **I 7DE**
se reposer [səʀəpoze] sich ausruhen **III 3A,** 2
reprendre qc [ʀəpʀɑ̃dʀ] etwas wieder nehmen, zurücknehmen; *(hier) von vorn beginnen* **III 1A,** 1
respecter qn/qc [ʀɛspɛkte] jdn./etw. achten **II 2B,** 2
ressembler à qn/qc [ʀəsɑ̃ble] jdm./etw. ähnlich sein **II 1B,** 2
un **restaurant** [ɛ̃ʀɛstɔʀɑ̃] ein Restaurant **I 7A,** 1
rester [ʀɛste] bleiben **I 6A,** 2
un **résultat** [ɛ̃ʀezylta] ein Ergebnis **II 1B,** 2
résumer qc [ʀezyme] etw. zusammenfassen **II 6C**

un **retard** [ɛ̃ʀətaʀ] eine Verspätung **I 4DE**
arriver en retard [aʀiveɑ̃ʀətaʀ] zu spät kommen ⟨**II 1P**⟩
être en retard [ɛtʀɑ̃ʀətaʀ] zu spät kommen **I 4DE**
retourner [ʀətuʀne] zurückkehren **II 3B,** 1
se retrouver [səʀətʀuve] sich treffen **II 3A,** 2
retrouver qn/qc [ʀətʀuve] jemanden treffen; etwas wiederfinden **I 4A,** 3
réussir à faire qc [ʀeysiʀ] gelingen etw. zu tun, etw. fertigbringen **II 7A,** 1
un **rêve** [ɛ̃ʀɛv] ein Traum **I 4B,** 4
un **réveil** [ɛ̃ʀevɛj] ein Wecker **III 3A,** 1
se réveiller [səʀeveje] aufwachen **III 3A,** 1
revenir [ʀəvəniʀ] zurückkommen **II 3B,** 4
rêver (de qc) [ʀeve] (von etw.) träumen **II 7DE**
Au **revoir!** [ɔʀvwaʀ] Auf Wiedersehen! **I 1B,** 7
une **revue** [ynʀəvy] eine Zeitschrift ⟨**III M1DE**⟩
riche/riche [ʀiʃ] reich **III 5DE,** 2
la **richesse** [laʀiʃɛs] der Reichtum **III 5DE,** 2
De rien. [dəʀjɛ̃] Keine Ursache. **II 7A,** 1
rigoler *(fam.)* [ʀigɔle] lachen **II 4B,** 2
un **rince-doigts** [ɛ̃ʀɛ̃sdwa] eine Wasserschale *(zum Reinigen der Finger beim Essen)* **II 4A,** 2
rire [ʀiʀ] lachen **III 1A,** 1
éclater de rire [eklatedəʀiʀ] in Gelächter ausbrechen **III 2C,** 2
rire jaune [ʀiʀʒon] verlegen lachen **III 1A,** 6
risquer de faire qc [ʀiske] Gefahr laufen, etw. zu tun **III 1A,** 1
une **rivière** [ynʀivjɛʀ] ein Fluss ⟨**III 5C,** 2⟩; ⟨**III 5D,** 2⟩
le **riz** [ləʀi] der Reis ⟨**II 4P**⟩
une **robe** [ynʀɔb] ein Kleid **I 6A,** 4
un **rocher** [ɛ̃ʀɔʃe] ein Fels/Felsen ⟨**III M1B**⟩
le **rock** [ləʀɔk] Rock, die Rockmusik **I 2B,** 7
un **roi** [ɛ̃ʀwa] ein König **III 4B,** 2
un **rôle** [ɛ̃ʀol] eine Rolle **III 5DE,** 2
le rôle principal [ləʀolpʀɛ̃sipal] die Hauptrolle ⟨**II 6P**⟩
un rôle secondaire [ɛ̃ʀolsəgɔ̃dɛʀ] eine Nebenrolle ⟨**II 6P**⟩
le **roller** [ləʀɔlœʀ] das Inlinerfahren **I 5DE**
romantique/romantique [ʀɔmɑ̃tik] romantisch **III 5A,** 1
rouge/rouge [ʀuʒ] rot **I 6B,** 6
rouler [ʀule] fahren **III 4B,** 3
une **route** [ynʀut] eine (Land)Straße **III 2A,** 5
roux/rousse [ʀu/ʀus] rothaarig **II 1B,** 6
une **rue** [ynʀy] die Straße **I 2A,** 3
dans la rue [dɑ̃laʀy] auf der Straße **I 2A,** 3
le **rugby** [ləʀygbi] das Rugby *(Ballspiel)* **I 2B,** 2
le **rythme** [ləʀitm] der Rhythmus **II 6B**

S

le **sable** [ləsabl] der Sand **II 5B,** 1
un **sac** [ɛ̃sak] eine Tasche **I 4B,** 4
un sac à dos [ɛ̃sakado] ein Rucksack ⟨**I 2A,** 1⟩
une **saison** [ynsɛzɔ̃] eine Jahreszeit **II 5B,** 1
une **salade** [ynsalad] ein Salat **II 4DE**

une **salle de bains** [ynsaldəbɛ̃] ein Badezimmer **I 5A, 3**
une **salle à manger** [ynsalamɑ̃ʒe] ein Esszimmer ⟨**I 5A, 3**⟩
une **salle de cours** [ynsaldəkuʀ] ein Klassenraum **I 4A, 3**
un **salon** [ɛ̃salɔ̃] ein Wohnzimmer **I 5A, 3**
Salut! *(fam.)* [saly] Hallo!/Grüß dich! **I 1A, 1**
samedi *(m.)* [samdi] Samstag, am Samstag **I 4B, 1**
le samedi [ləsamdi] samstags **I 5A, 3**
un **sandwich** [ɛ̃sɑ̃dwi(t)ʃ] ein Sandwich ⟨**I 6P**⟩; **II 5A, 4**
sans [sɑ̃] ohne **II 1A, 1**
sans faire qc [sɑ̃fɛʀ] ohne etwas zu tun **II 2B, 2**
un/une **sans-papiers** [ɛ̃/ynsɑ̃papje] eine Person ohne Papiere/ein Illegaler ⟨**III M2B, 2**⟩
une **saucisse** [ynsosis] ein Würstchen ⟨**II 4P**⟩
un **saucisson** [ɛ̃sosisɔ̃] eine Salami **II 4A, 1**
le **saut à l'élastique** [ləsoalelastik] das Bungee-Jumping **II 7DE**
sauter [sote] springen **II 7A, 1**
un **savant**/une **savante** [ɛ̃savɑ̃/ynsavɑ̃t] ein Gelehrter/eine Gelehrte **III 5B, 1**
savoir [savwaʀ] wissen **II 1A, 1**
savoir faire qc [savwaʀfɛʀ] etw. tun können *(wissen, wie etw. geht)* **II 1A, 1**
un **saxophone** [lәsaksɔfɔn] ein Saxophon ⟨**I 2P**⟩; **II 6B**
une **scène** [ynsɛn] eine Szene; *(hier) eine Bühne* ⟨**III M2A, 3**⟩; eine Szene ⟨**II 6P**⟩
une **science** [ynsjɑ̃s] eine Wissenschaft **III 5B, 1**
un **scientifique**/ une **scientifique** [ɛ̃/ynsjɑ̃tifik] ein Wissenschaftler/eine Wissenschaftlerin **III 3DE**
scolaire/**scolaire** [skɔlɛʀ] schulisch, Schul- **III 4DE**
une **seconde** [ynsəgɔ̃d] eine Sekunde **III 2B, 1**
un **secret** [ɛ̃səkʀɛ] ein Geheimnis **III 4B, 3**
en secret [ɑ̃səkʀɛ] im Geheimen **III 4B, 3**
un **séjour** [ɛ̃seʒuʀ] ein Aufenthalt **III 4DE**
une **semaine** [ynsəmɛn] eine Woche **I 7DE**
sentir qc [sɑ̃tiʀ] etw. fühlen, spüren; etw. riechen **III 2A, 5**
se sentir [səsɑ̃tiʀ] sich fühlen **III 3A, 2**
septembre *(m.)* [sɛptɑ̃bʀ] September **I 3B, 7**
une **série télévisée** [ynseʀitelevize] eine Fernsehserie ⟨**II 6D**⟩
sérieux/**sérieuse** [seʀjø/seʀjøz] ernst(haft), seriös **II 7A, 3**
un **serpent** [ɛ̃sɛʀpɑ̃] eine Schlange ⟨**I 1P**⟩
une **serviette** [ynsɛʀvjɛt] eine Serviette **II 4B, 1**
servir à qc [sɛʀviʀ] zu etw. nützen/nützlich sein/dienen **III 1B, 1**
seul/**seule** [sœl] einzig **III 3B, 1**; allein **II 2B, 2**
seulement [sœlmɑ̃] nur **II 7B, 3**
un **short** [ɛ̃ʃɔʀt] Shorts ⟨**I 6B, 8**⟩
si [si] doch **I 4B, 4**
si [si] ob **II 5A, 7**; wenn, falls **II 3A, 8**
un **siècle** [ɛ̃sjɛkl] ein Jahrhundert **III 5DE, 2**

le **silence** [ləsilɑ̃s] die Ruhe, die Stille **II 4B, 2**
s'il te plaît [siltəplɛ] bitte *(wenn man jemanden duzt)* **I 3A, 3**
s'il vous plaît [silvuplɛ] bitte *(wenn man jemanden siezt)* **I 3A, 3**
simple/**simple** [sɛ̃pl] einfach **II 6C**
sinon [sinɔ̃] sonst, andernfalls **III 2B, 1**
un **site** [ɛ̃sit] eine Website **II 6A**
la sixième [lasizjɛm] die Sechs, die sechste Klasse **II 1DE**
un **sketch** [ɛ̃skɛtʃ] ein Sketch ⟨**I 6P**⟩
le **ski** [ləski] Ski fahren ⟨**III M1A**⟩; ⟨**I 5A, 5**⟩
le ski nautique [lәskinotik] das Wasserskifahren ⟨**I 5P**⟩
un **skimboard** [ɛ̃skimbɔʀd] ein Skimboard *(ähnelt einem kleinen Surfbrett)* **II 5A, 1**
un **SMS** [ɛ̃ɛsɛmɛs] eine SMS **I 5C, 1**
snif [snif] schnief, schluchz **II 7B, 3**
la **société** [lasɔsjete] die Gesellschaft ⟨**III M2A, 1**⟩
une **sœur** [ynsœʀ] eine Schwester **I 2B, 2**
la **soif** [laswaf] der Durst **I 5C, 1**
avoir soif [avwaʀswaf] Durst haben **I 5C, 1**
le **soir** [ləswaʀ] der Abend **I 5A, 1**
ce soir [səswaʀ] heute Abend **I 5A, 1**
une **soirée** [ynswaʀe] ein Abend **III 3A, 1**
le **soleil** [ləsɔlɛj] die Sonne **II 5A, 4**
un coup de soleil [kudsɔlɛj] ein Sonnenbrand **III 4B, 3**
une **solution** [ynsɔlysjɔ̃] eine Lösung **II 7A, 1**
sombre/**sombre** [sɔ̃bʀ] dunkel **II 2A, 1**
son/**sa**/**ses** *+ Nomen* [sɔ̃/sa/se] sein/seine; ihr/ihre **I 3B, 1**
sonner [sɔne] klingeln **II 7A, 1**
une **sorte** [ynsɔʀt] eine Sorte, eine Art **III 1DE**
une **sortie** [ynsɔʀti] *(hier) ein Ausflug* **III 4A, 1**; ein Ausgang **II 2A, 1**
sortir qc [sɔʀtiʀ] herausbringen **III 5A, 1**
sortir [sɔʀtiʀ] hinausgehen; *(hier:)* ausgehen **II 6A**
soudain [sudɛ̃] plötzlich; auf einmal **III 4B, 3**
souffler qc [sufle] etwas ausblasen **I 3B, 1**
un **souk** [ɛ̃suk] ein Souk *(ein arabischer Markt)* **III 5B, 1**
un **soupçon** [ɛ̃supsɔ̃] ein Verdacht **III 2DE**
soupçonner qn de qc [supsɔne] jdn. einer Sache verdächtigen **III 2C, 2**
soupirer [supiʀe] seufzen **III 3A, 2**
le **sourire** [ləsuʀiʀ] das Lächeln **III 2A, 5**; ⟨**II 6D**⟩
une **souris** [ynsuʀi] eine Maus **II 2A, 1**
sous [su] unter **I 4A, 3**
un **souterrain** [ɛ̃sutɛʀɛ̃] ein unterirdischer Gang/Raum **II 2DE**
un **souvenir** [ɛ̃suvniʀ] eine Erinnerung, ein Andenken **I 7A, 1**
souvent [suvɑ̃] oft ⟨**I 3A, 3**⟩; **II 2A, 1**
des **spaghettis** *(m., pl.)* [spageti] Spaghetti **I 5A, 3**
spécial/**spéciale** [spesjal] speziell, Spezial-, Sonder- **II 6DE**
une **spécialité** [ynspesjalite] eine Spezialität; eine Besonderheit **III 4A, 1**

un **spectacle** [ɛ̃spɛktakl] eine Darbietung, eine Vorstellung; das Showgeschäft **III 3B, 4**
un **spectateur**/une **spectatrice** [ɛ̃spɛktatœʀ/ynspɛktatʀis] ein Zuschauer/eine Zuschauerin ⟨**III M2A, 3**⟩
le **sport** [ləspɔʀ] der Sport **I 2B, 2**
un **sportif**/une **sportive** [ɛ̃spɔʀtif/ynspɔʀtiv] ein Sportler/eine Sportlerin **II 3B, 1**
un **stage** [ɛ̃staʒ] ein Praktikum, ein Kurs **III 1DE**
un **stand** [ɛ̃stɑ̃d] ein Stand, eine Bude **I 5DE**
un **standard** [ɛ̃stɑ̃daʀ] ein Standard, ein Normalmaß **III 4A, 7**
une **star** [ynstaʀ] ein Star **II 1B, 2**
une **station** [ynstasjɔ̃] eine Station, eine Haltestelle **I 7B, 1**
une station thermale [ynstasjɔ̃tɛʀmal] ein (Bade)Kurort ⟨**III M1A**⟩
une **statue** [ynstaty] eine Statue **III 4B, 3**
une **statuette** [ynstatyɛt] eine Figur, eine Statuette **III 2A, 5**
un **steak-frites** [ɛ̃stɛkfʀit] ein Steak mit Pommes frites **II 4A, 1**
stressé/**stressée** [stʀese] gestresst **III 3A, 2**
un **strip** [ɛ̃stʀip] eine Reihe von Zeichnungen ⟨**II 6P**⟩
un **style** [ɛ̃stil] ein Stil **II 6DE**
un **stylo** [ɛ̃stilo] ein Füller, ein Kuli **I 2A, 1**
le **succès** [ləsyksɛ] ein Erfolg **II 3B, 4**
le **sucre** [ləsykʀ] der Zucker **II 4DE**
sucré/**sucrée** [sykʀe] süß *(Geschmack)* **III 4A, 4**
le **sud** [ləsyd] der Süden **II 5DE**
le sud-ouest [ləsydwɛst] der Südwesten **II 5DE**
un **sujet** [ɛ̃syʒɛ] ein Thema **II 6DE**
super *(inv.)* [sypɛʀ] super, toll **I 1B, 1**
un **supermarché** [ɛ̃sypɛʀmaʀʃe] ein Supermarkt **II 4DE**
sûr/**sûre** [syʀ] sicher **II 4B, 2**
sur [syʀ] auf, über **I 3B, 1**
sept sur vingt [sɛtsyʀvɛ̃] sieben von zwanzig Punkten *(Schulnote: schlechter als der Durchschnitt)* **II 3A, 2**
sûrement [syʀmɑ̃] sicher, sicherlich *(Adv.)* **III 4A, 4**
le **surf** [ləsœʀf] das Wellensurfen ⟨**II 5P**⟩
surfer [sœʀfe] surfen; *(hier:)* im Internet surfen **II 6A**
une **surprise** [ynsyʀpʀiz] eine Überraschung **I 3B, 1**
surtout [syʀtu] vor allem **I 6B, 6**
un **surveillant**/une **surveillante** [ɛ̃syʀvɛjɑ̃/ynsyʀvɛjɑ̃t] eine Aufsichtsperson **II 3DE**
le **suspense** [ləsyspɛns] die Spannung *(Film, Roman, Erzählung)* ⟨**II 6D**⟩
les **S.V.T. (Sciences de la vie et de la terre)** *(f.)* [lɛɛsvete] Biologie *(als Schulfach)* ⟨**I 4P**⟩
un **sweat** [ɛ̃swɛt] ein Sweatshirt ⟨**I 6B, 8**⟩
sympa [sɛ̃pa] nett **I 2B, 2**

le **système «D»** *(fam.)* [ləsistɛmde] ein Kniff, ein Trick *(die Kunst, sich zu helfen zu wissen)* ⟨III 5C, 1⟩

T

une **table** [yntabl] ein Tisch **I 5A, 3**
à table [atabl] bei Tisch **I 5A, 3**
mettre la table [mɛtʀlatabl] den Tisch decken **II 4B, 1**
un **tableau**/des **tableaux** [ɛ̃tablo/detablo] eine Tafel **II 3DE**
le **talent** [lətalɑ̃] das Talent, die Begabung ⟨III M1DE⟩
une **tante** [yntɑ̃t] eine Tante **I 3A, 9**
tard [taʀ] spät **I 5A, 3**
plus tard [plytaʀ] später **II 2B, 8**
une **tarte flambée** [yntaʀtflɑ̃be] ein Flammkuchen ⟨I 6P⟩
une **tasse** [yntas] eine Tasse **II 4B, 6**
un **taxi** [ɛ̃taksi] ein Taxi **I 5A, 1**
la **technique** [latɛknik] die Technik **III 3B, 8**
la **techno** [latɛkno] Techno *(Musikstil)* **I 2B, 7**
la **technologie** [latɛknɔlɔʒi] Technik ⟨I 4P⟩
un **téléphone** [ɛ̃telefɔn] ein Telefon **II 2B, 8**
téléphoner à qn [telefɔne] mit jemandem telefonieren, jemanden anrufen **I 6A, 2**
la **télévision** *(fam.: la télé)* [latelevizjɔ̃] das Fernsehen **I 4A, 1**
tellement [tɛlmɑ̃] so viel, dermaßen **III 4B, 3**
le **temps** [lətɑ̃] das Wetter **I 7A, 2**; die Zeit **I 4B, 1**
à temps [atɑ̃] rechtzeitig **III 4B, 3**
avoir le temps de faire qc [avwaʀlətɑ̃] Zeit haben, etw. zu tun **II 4B, 2**
Quel temps fait-il? [kɛltɑ̃fɛtil] Wie ist das Wetter? **I 7A, 2**
le **tennis** [lətenis] Tennis ⟨I 5A, 5⟩
terminer qc [tɛʀmine] etw. beenden, etw. fertigstellen **III 2A, 5**
un **terrain de foot** [ɛ̃teʀɛ̃dəfut] ein Fußballplatz ⟨I 5P⟩
la **terre** [latɛʀ] die Erde ⟨III M1A⟩
un **territoire** [ɛ̃teʀitwaʀ] ein Gebiet, Territorium **III 5DE, 2**
la **tête** [latɛt] der Kopf; *hier:* das Gesicht **II 1A, 1**
le **TGV** [ləteʒeve] der TGV **I 6A, 1**
le **théâtre** [ləteatʀ] das Theater **I 5A, 5**
un **thème** [ɛ̃tɛm] ein Thema ⟨III M2B, 2⟩
un **ticket** [ɛ̃tikɛ] ein Fahrschein, eine Fahrkarte **I 7B, 2**
Tiens! [tjɛ̃] Sieh mal!/Schau mal! **I 2A, 3**
timide/**timide** [timid] schüchtern **II 1B, 2**
le **tirage au sort** [lətiʀaʒosɔʀ] die Verlosung **II 7B, 3**
un **titre** [ɛ̃titʀ] Titel **I 4B, 5**
les **toilettes** *(f.)* [letwalɛt] die Toilette **I 4A, 1**
un **toit** [ɛ̃twa] ein Dach **III 4B, 3**
une **tomate** [yntɔmat] eine Tomate **II 4DE**
tomber [tɔ̃be] fallen **I 5B, 3**
le **top ten** [lətɔptɛn] die Hitparade ⟨II 6P⟩
une **tortue** [yntɔʀty] eine Schildkröte ⟨I 1P⟩
tôt *(adv.)* [to] früh *(Adv.)* **I 7B, 1**
toucher qn/qc [tuʃe] jdn./etw. berühren, jdn./etw. anfassen **III 2A, 5**
toujours [tuʒuʀ] immer **I 3A, 3**
un **tour** [ɛ̃tuʀ] eine Tour, ein Rundgang **I 5A, 3**
le tour du monde [ləturdymɔ̃d] die Weltreise ⟨II 7P⟩
une **tour** [yntuʀ] ein Turm **I 6DE**
un **touriste**/une **touriste** [ɛ̃tuʀist/yntuʀist] ein Tourist/eine Touristin **I 7DE**
touristique/**touristique** [tuʀistik] touristisch ⟨III M1B⟩
une **tournée** [yntuʀne] eine Tournee **III 5A, 1**
tourner [tuʀne] drehen, abbiegen **I 5B, 1**
tous/**toutes** [tu/tut] alle *(+ Nomen)* **II 7B, 3**
tous les deux/**toutes les deux** [tuledø/tutledø] (alle) beide **II 7B, 3**
tout/**toute** [tu/tut] ganz *(+ Nomen)* **II 7B, 3**
tout [tu] alles **II 1A, 1**
tout à coup [tutaku] plötzlich **II 1B, 2**
tout de suite [tudsɥit] sofort **II 5B, 1**
tout droit [tudʀwa] geradeaus **I 5B, 1**
toutes sortes de [tutsɔʀtdə] jeder Art, alle möglichen **III 1DE**
tout le monde [tulmɔ̃d] alle, jeder **I 5DE**
une **traduction** [yntʀadyksjɔ̃] eine Übersetzung **III 5B, 1**
un **train** [ɛ̃tʀɛ̃] ein Zug **I 3A, 3**
être en train de faire qc [ɛtʀɑ̃tʀɛ̃dəfɛʀ] gerade etw. tun **III 3A, 2**
un **traitement** [ɛ̃tʀɛtmɑ̃] eine Behandlung ⟨III M2B, 2⟩
traiter de qc [tʀete] sich mit etwas befassen; etwas behandeln ⟨III M2A, 1⟩
un **trampoline** [ɛ̃tʀɑ̃pɔlin] ein Trampolin **II 7A, 1**
un **travail**/des **travaux** [ɛ̃tʀavaj/detʀavo] eine Arbeit/Arbeiten **III 3DE**
travailler [tʀavaje] arbeiten **I 2A, 2**
traverser qc [tʀavɛʀse] etwas überqueren **I 5B, 1**
très [tʀɛ] sehr **I 6A, 4**
un **trimestre** [ɛ̃tʀimɛstʀ] ein Trimester **II 3DE**
triste/**triste** [tʀist] traurig **I 6A, 4**
trop [tʀo] zu viel, zu sehr **I 5B, 3**
C'est trop nul! *(fam.)* [sɛtʀonyl] Das ist zu blöd! *(ugs.)* **I 5B, 3**
une **trousse** [yntʀus] ein Federmäppchen ⟨I 2A, 1⟩
trouver qn/qc [tʀuve] jemanden/etwas finden **I 2A, 2**
un **truc** *(fam.)* [ɛ̃tʀyk] ein Ding, eine Sache **I 2A, 1**
un **t-shirt** [ɛ̃tiʃœʀt] ein T-Shirt **I 2B, 2**
un **tube** [ɛ̃tyb] ein Hit ⟨II 6P⟩
un **tunnel** [ɛ̃tynɛl] ein Tunnel **III 5A, 1**
typique/**typique** [tipik] typisch ⟨III M1A⟩

U

une **usine** [ynyzin] eine Fabrik ⟨III M1A⟩
utiliser qc [ytilize] etw. benutzen, etw. verwenden **II 6A**

V

en vacances *(f., pl.)* [ɑ̃vakɑ̃s] in den Ferien **I 2A, 3**
un **vaccin** [ɛ̃vaksɛ̃] ein Impfstoff **III 3DE**
une **vache** [ynvaʃ] eine Kuh **III 4B, 3**
vache *(fam.)* [vaʃ] fies; gemein *(ugs.)* **III 4B, 3**
une **vague** [ynvag] eine Welle **II 5B, 1**
une **valise** [ynvaliz] ein Koffer **II 5A, 2**
Vas-y! [vazi] Los!/Mach schon!/Auf geht's! **II 3B, 1**
un **vélo** [ɛ̃velo] ein Fahrrad **I 2B, 7**
un **vendeur**/une **vendeuse** [ɛ̃vɑ̃dœʀ/ynvɑ̃døz] ein Verkäufer/eine Verkäuferin **I 5C, 1**
vendredi *(m.)* [vɑ̃dʀədi] Freitag, am Freitag **I 4B, 1**
venir [vəniʀ] kommen **II 3B, 1**
Venez! [vəne] Kommt! *(Aufforderung)* ⟨I 0, 3⟩
venir de faire qc [vəniʀdəfɛʀ] gerade etw. getan haben **III 3A, 2**
le **vent** [ləvɑ̃] der Wind **I 7A, 1**
le **ventre** [ləvɑ̃tʀ] der Bauch **III 4A, 4**
la **vérité** [laveʀite] die Wahrheit **III 2B, 1**
un **verre** [ɛ̃vɛʀ] ein Glas **II 4B, 1**
vers [vɛʀ] gegen, in Richtung **III 2C, 2**
vert/**verte** [vɛʀ/vɛʀt] grün **I 6A, 4**
une **veste** [ynvɛst] eine Jacke **I 6B, 8**
un **vêtement** [ɛ̃vɛtmɑ̃] ein Kleidungsstück **I 6B, 8**
la **viande** [lavjɑ̃d] das Fleisch **II 4DE**
vider qc [vide] etw. leeren **III 3A, 5**
la **vie** [lavi] das Leben **II 3DE**
gagner sa vie [gaɲesavi] seinen Lebensunterhalt verdienen **III 5B, 1**
Viens! [vjɛ̃] Komm! *(Aufforderung)* **I 1A, 1**
vieux/**vieil**/**vieille** [vjø/vjɛj/vjɛj] alt **II 6B**
un **village** [ɛ̃vilaʒ] ein Dorf ⟨III 5C, 1⟩; ⟨III M1B⟩
une **ville** [ynvil] eine Stadt **I 7DE**
le **violon** [ləvjɔlɔ̃] die Violine **II 6B**
une **visite** [ynvizit] ein Besuch, eine Besichtigung **II 2DE**
visiter qc [vizite] etwas besichtigen **I 7DE**
un **visiteur**/une **visiteuse** [ɛ̃vizitœʀ/ynvizitøz] ein Besucher/eine Besucherin ⟨III M1B⟩
vite *(adv.)* [vit] schnell *(Adv.)* **I 1A, 1**
vivre [vivʀ] leben **III 5B, 1**
voici [vwasi] hier ist **II 6DE**
voilà [vwala] da ist, da sind **I 1A, 1**
la **voile** [avwal] ein Segel; das Segeln ⟨II 5P⟩
voir qc [vwaʀ] etw. sehen **II 2A, 1**
un **voisin**/une **voisine** [ɛ̃vwazɛ̃/ynvwazin] ein Nachbar/eine Nachbarin **II 7B, 3**
une **voiture** [ynvwatyʀ] ein Auto **I 5A, 1**
[ɑ̃vwatyʀ] Einsteigen! **II 5A, 4**
en voiture [ɑ̃vwatyʀ] mit dem Auto **I 5A, 1**
la **voix** [lavwa] die Stimme **II 6B**
un **vol** [ɛ̃vɔl] *(hier) ein Diebstahl, ein Raub* **III 2C, 2**
un **volcan** [ɛ̃vɔlkɑ̃] ein Vulkan ⟨III M1A⟩; ⟨I 0, 5⟩
voler qc [vɔle] etw. stehlen **III 2A, 5**
un **voleur**/une **voleuse** [ɛ̃vɔlœʀ/ynvɔløz] ein Dieb/eine Diebin **III 2A, 5**
le **volley(ball)** [ləvɔlɛbol] Volleyball ⟨I 5A, 5⟩
votre/**vos** [vɔtʀ/vo] euer/eure; Ihr/Ihre **I 4B, 4**
vouloir [vulwaʀ] wollen **II 3A, 1**
Je veux bien. [ʒəvøbjɛ̃] (Ich möchte) gerne! **II 3A, 2**

je voudrais … [ʒəvudʀɛ] ich möchte gerne … **I 5A,** 3
Si tu veux. [sityvø] Wenn du willst. **II 3A,** 8
vouloir dire [vulwaʀdiʀ] bedeuten, heißen, meinen ⟨**III 5D,** 1⟩
un **voyage** [ɛ̃vwajaʒ] eine Reise **II 2DE**
voyager [vwajaʒe] reisen **III 3B,** 8
vrai/vraie [vʀɛ] wahr; richtig, echt ⟨**I 7D,** 1⟩; **II 1A,** 1
vraiment [vʀɛmɑ̃] wirklich **I 5B,** 3
le **VTT** [ləvetete] das Mountainbike ⟨**I 2P**⟩
la **vue** [lavy] die Aussicht **I 7A,** 1

W

les **W.-C.** [levese] die Toilette ⟨**I 5A,** 3⟩
un **week-end** [ɛ̃wikɛnd] ein Wochenende **III 3B,** 1

Y

y [i] dort, dorthin **III 5A,** 1
Vas-y! [vazi] Los!/Mach schon!/Auf geht's! **II 3B,** 1
On y va! [ɔ̃niva] Gehen wir!, Auf geht's! **II 1A,** 1
le **yaourt** [ləjauʀt] der Joghurt **II 4DE**

Z

Zut! *(fam.)* [zyt] Mist!, Verdammt! **I 2A,** 3

Prénoms masculins

Alex [alɛks] **I 2A,** 3
Amin [amin] ⟨**III 5C,** 1⟩
Antoine [ɑ̃twan] **I 0,** 1
Arii [aʀi] ⟨**III 5D,** 1⟩
Arthur [aʀtyʀ] **II 6A**
Bachir [baʃiʀ] **III 1DE**
Cédric [sedʀik] **II 1B,** 9
Charles [ʃaʀl] **I 0,** 1
Clément [klemɑ̃] **I 0,** 1
Corentin [koʀɑ̃tɛ̃] **III 3B,** 1
Damien [damjɛ̃] **I 5B,** 3
Gabriel [gabʀiɛl] **I 0,** 1; **I 5A,** 3
Gaspard [gaspaʀ] **I 0,** 1
Gérald [ʒeʀald] **II 6B**
Grégoire [gʀegwaʀ] **II 4DE**
Jérôme [ʒeʀom] **I 2B,** 2
Julien [ʒyljɛ̃] **II 1A,** 1
Justin [ʒystɛ̃] **I 0,** 1
Lars [laʀs] **II 4A,** 1
Léo [leo] **I 0,** 1
Lionel [ljɔnɛl] ⟨**II 6D**⟩
Louis [lwi] **I 0,** 1
Malabar [malabaʀ] **I 1A,** 1
Mathieu [matjø] **III 4A,** 4
Maurice [mɔʀis] **I 0,** 1
Mehdi [medi] **I 3DE**
Moussa [musa] ⟨**III 5C,** 1⟩
Moustique [mustik] **I 1A,** 1
Paul [pɔl] **I 0,** 1
Pierre [pjɛʀ] **I 0,** 1
Romain [ʀɔmɛ̃] **I 0,** 1
Sacha [saʃa] **II 3A,** 2
Thomas [tɔma] **I 0,** 1
Tristan [tʀistɑ̃] **II 1B,** 2
Valentin [valɑ̃tɛ̃] **I 0,** 1
Vladimir [vladimiʀ] **II 2B,** 2

Prénoms féminins

Anaïs [anais] **II 5A,** 4
Anne [an] **I 0,** 1
Béatrice [beatʀis] **I 0,** 1
Camille [kamij] **II 6A**
Carla [kaʀla] **II 4DE**
Clara [klaʀa] **I 5A,** 3
Coralie [kɔʀali] **II 6DE**
Delphine [dɛlfin] **I 6A,** 2
Elise [eliz] **I 0,** 1
Fleur [flœʀ] **I 0,** 1
Gabrielle [gabʀiɛl] **I 0,** 1
Joséphine [ʒozefin] **I 0,** 1
Julie [ʒyli] **III 4A,** 2
Léa [lea] **I 0,** 1
Lilou [lilu] **I 0,** 1; **I 6A,** 2
Louise [lwiz] **I 0,** 1
Lucie [lysi] **I 0,** 1
Manon [manɔ̃] **I 0,** 1
Marie [maʀi] **I 0,** 1; **I 1A,** 1
Nawal [naual] **III 5B,** 1
Sarah [saʀa] **I 0,** 1
Vanessa [vanɛsa] **II 6B**
Zoé [zɔe] **I 0,** 1

Noms de famille

Aldon [aldɔ̃] **II 1A,** 1
Azemour [azəmuʀ] **III**
Barette [baʀɛt] **I 4A,** 3
Brunet [bʀyne] **III 3B,** 1
Chabane [ʃaban] **I 5A,** 3
Ducharme [dyʃaʀm] **II 1A,** 1
Girard [ʒiʀaʀ] ⟨**II 6D**⟩
Guibert [gibɛʀ] **II 5DE**
Hugot [ygo] **III 4A,** 4
Latière [latjɛʀ] **I 2A,** 3
Marignan [maʀiɲɑ̃] **II 2A,** 1
Martin [maʀtɛ̃] **III 5A,** 1
Pirou [piʀu] **I 3A,** 3
Racine [ʀasin] **I 4A,** 1

Noms de villes

Agdz [agdz] **III 5B,** 2
Angoulême [ɑ̃gulɛm] **II 6C**
Arcachon [aʀkaʃɔ̃] **II 5DE**
Bni Zoli [bnidzɔli] **III 5B,** 1
Bordeaux [bɔʀdo] **II 5A,** 9
Brest [bʀɛst] **I 1B,** 6
Casablanca [kazablɑ̃ka] **III 5B,** 1
Chambord [ʃɑ̃bɔʀ] **III 4B,** 2
Clermont-Ferrand [klɛʀmɔ̃fɛʀɑ̃] ⟨**III M1A**⟩
Cologne [kɔlɔɲ] **I 3A,** 3
Houndé [unde] ⟨**III 5C,** 1⟩
Le Guéliz [ləgelis] **III 5B,** 1
Lyon [ljɔ̃] **I 6A,** 4
Marrakech [maʀakɛʃ] **III 5B,** 1
Marseille [maʀsɛj] ⟨**III M1DE**⟩
Montpellier [mɔ̃pɛlje] **III 1DE**
Montréal [mɔ̃ʀeal] **III 5A,** 1
le **Mont-Saint-Michel** [ləmɔ̃sɛ̃miʃɛl] ⟨**III M1DE**⟩
Nice [nis] **I 1B,** 6
Nouméa [numea] ⟨**III 5D,** 1⟩
Ouagadougou [wagadugu] ⟨**III 5C,** 1⟩
Paris [paʀi] **I 1DE**
Rabat [ʀaba] **III 5B,** 1
Saumur [sɔmyʀ] **III 4A,** 4
Strasbourg [stʀasbuʀ] **I 1B,** 6
Tamegroute [tamgʀut] **III 5B,** 1
Toulouse [tuluz] **I 1B,** 6
Tours [tuʀ] **III 4DE**
Valence [valɑ̃s] **III 2DE**
Villandry [vilɑ̃dʀi] **III 4A,** 1
Vincennes [vɛ̃sɛn] **II 7A,** 1

Noms géographiques

l'**Afrique** *(f.)* [lafʀik] **III 2B,** 1
l'**Afrique noire** *(f.)* [lafʀiknwaʀ] **III 5DE,** 2
l'**Algérie** *(f.)* [lalʒeʀi] **III 5DE,** 2
l'**Allemagne** *(f.)* [lalmaɲ] **I 3A,** 3
l'**Angleterre** *(f.)* [lɑ̃glətɛʀ] **III 5DE,** 2
les **Antilles** *(f., pl.)* [lezɑ̃tij] **III 5DE**
l'**Aquitaine** *(f.)* [lakitɛn] **II 5DE**
l'**Auvergne** *(f.)* [lovɛʀɲə] ⟨**III M1DE**⟩
la **Bavière** [labavjɛʀ] ⟨**II 5P**⟩
la **Belgique** [labɛlʒik] **II 6C**

le **Burkina Faso** [ləbyʀkinafaso] **III 5DE**
le **Canada** [ləkanada] **II 6C**
le **Cher** [ləʃɛʀ] **III 4A,** 4
la **Côte d'Ivoire** [lakotdivwaʀ] **III 2A,** 5
la **Drôme** [ladʀom] **III 2DE**
l'**Europe** *(f.)* [løʀɔp] **III 5DE,** 2
la **France** [lafʀɑ̃s] **I 3A,** 3
la **grotte Cosquer** [lagʀɔtkɔskɛʀ] ⟨III M1C, 4⟩
Haïti [aiti] **III 3B,** 1
le **Haut Atlas** [ləotatlas] **III 5B,** 2
l'**Hexagone** *(m.)* [lɛgzagɔn] ⟨III M1DE⟩
la **Loire** [lalwaʀ] **III 4DE**
le **Maroc** [ləmaʀɔk] **III 5DE**
la **Martinique** [lamaʀtinik] **III 5DE**
le **Massif central** [ləmasifsɑ̃tʀal] ⟨III M1A⟩
la **Méditerranée** [lamediteʀane] ⟨III M1C⟩
la **Normandie** [lanɔʀmɑ̃di] **II 5DE**
la **Nouvelle-Calédonie** [lanuvɛlkaledɔni] **III 5DE**
le **Portugal** [ləpɔʀtygal] **III 5DE,** 2
le **puy de Dôme** [ləpɥidədom] ⟨III M1A⟩
le **Québec** [ləkebɛk] **III 5DE**
le **Saint-Laurent** [ləsɛ̃lɔʀɑ̃] **III 5A,** 1
la **Seine** [lasɛn] **III 4B,** 3
la **Suisse** [lasɥis] **III 5DE,** 2
la **Touraine** [latuʀɛn] **III 4A,** 10
la **Tunisie** [latynizi] **III 5DE,** 2

Noms divers

l'Arc de triomphe *(m.)* [laʀkdətʀijɔ̃f] **I 7DE**
Arte [aʀte] ⟨III M2A, 1⟩
Batignolles [batiɲɔl] **I 5DE**
le **Cadre Noir** [ləkadʀənwaʀ] **III 4A,** 1
Canal + [kanalplys] ⟨III M2A, 1⟩
la Canebière [lakanbjɛʀ] ⟨III M1C⟩
le **centre culturel Tjibaou** [ləsɑ̃tʀkyltyʀɛltʃibau] ⟨III 5D, 1⟩
le château d'If [ləʃatodif] ⟨III M1C⟩
le **Cirque du Soleil** [ləsirkdysɔlɛj] **III 5A,** 1
l'hôpital Cochin [kɔʃɛ̃] **III 3A,** 2
la Défense [ladefɑ̃s] **I 7DE**
la **dune du Pilat** [ladyndypila] **II 5DE**
le **FESPACO** *(Festival panafricain du cinéma et de la télévision de Ouagadougou)* [ləfɛspako] ⟨III 5C, 1⟩
France Inter [fʀɑ̃sɛ̃tɛʀ] ⟨III M2A, 1⟩
France 2 [fʀɑ̃sdø] ⟨III M2A, 1⟩
les **FrancoFolies** *(f.) de Montréal* [lefʀɑ̃kofɔli] **III 5A,** 1
Géo Ado [ʒeɔado] ⟨III M1DE⟩
l'Institut Pasteur *(m.)* [ɛ̃stitypastœʀ] **III 3DE**
Interclub 17 [ɛ̃tɛʀklœbdisɛt] **I 5DE**
le **jardin Majorelle** [ləʒaʀdɛ̃maʒɔʀɛl] **III 5B,** 1
Jésus-Christ [ʒezykʀi] ⟨III M1C⟩
la Joconde [laʒɔkɔ̃d] **I 7A,** 4
Le Figaro [ləfigaʀo] ⟨III M2A, 1⟩
Le Monde [ləmɔ̃d] ⟨III M2A, 1⟩
Le Nouvel Observateur [lənuvɛlɔpsɛʀvatœʀ] ⟨III M2A, 1⟩
L'Equipe [lekip] ⟨III M2A, 1⟩
les Enfoirés [lezɑ̃fwaʀe] ⟨III M2DE⟩
le **Louvre** [ləluvʀ] **I 7DE**
Malou [malu] **I 2A,** 3
Médecins du Monde [medsɛ̃dymɔ̃d] **III 3B,** 1
Michelin [miʃlɛ̃] ⟨III M1A⟩
le **MuCEM** (le Musée des Civilisations de l'Europe et de la Méditerranée) [ləmysɛm] ⟨III M1DE⟩
Notre-Dame [nɔtʀədam] **I 7DE**
NRJ [enɛʀʒi] ⟨III M2A, 1⟩
Office franco-allemand pour la jeunesse (OFAJ) [lɔfisfʀɑ̃koalmɑ̃puʀlaʒœnɛs] **III 4DE**
le **parc des Batignolles** [ləpaʀkdebatiɲɔl] **I 5C,** 1
Place de la Bastille [laplasdəlabastij] **I 6B,** 1
Radio Méga [ʀadjomega] ⟨III M2A, 1⟩
Renault [ʀəno] **III 3DE**
la **rue Nollet** [laʀynɔlɛ] **I 2B,** 2
la **rue Truffaut** [laʀytʀyfo] **I 2B,** 2
Saint-Gatien [sɛ̃gasjɛ̃] **III 4A**
Saint Martin de Tours [sɛ̃maʀtɛ̃dətuʀ] **III 4A,** 1
les **Schtroumpfs** [leʃtʀumf] **II 6C**
Science et Vie Junior [sjɑ̃sevizynjɔʀ] ⟨III M2A, 1⟩
TF1 [teɛfɛ̃] ⟨III M2A, 1⟩
la **tour Eiffel** [latuʀɛfɛl] **I 6DE**
les **Victoires de la musique** *(f.)* [viktwaʀdəlamyzik] **III 5A,** 1
Vulcania [vylkanja] ⟨III M1A⟩

Noms de personnes connues

Balzac, Honoré de [balzak] **I 4A**
Benzéma, Karim [bɛ̃zema] ⟨III M2A, 3⟩
Charlemagne [ʃaʀləmaɲ] **III 4A,** 1
Cœur de pirate [kœʀdəpiʀat] **III 5A,** 1
Coluche [kɔlyʃ] ⟨III M2A, 3⟩
Eiffel, Gustave [ɛfɛl] **I 7A,** 1
Goldman, Jean-Jacques [gɔldman] ⟨III M2A, 3⟩
Hessel, Stéphane [esɛl] ⟨III M2B, 2⟩
Jordana, Camélia [ʒɔʀdana] **III 1A,** 1
Louis XIV [lwikatɔʀz] **III 4B,** 2
Maé, Christophe [mae] **II 6B**
Pasteur, Louis [pastœʀ] **III 3DE**
Poulenc, Francis [fʀɑ̃sispulɛ̃k] **III 4DE**
Renault, Louis [ʀəno] **III 3DE**
Ribéry, Franck [ʀibeʀi] ⟨III M2A, 3⟩
Souchon, Alain [suʃɔ̃] ⟨III M2A, 3⟩
Zaz [zaz] **II 6B**

Wortliste

A

abbiegen tourner I 5B, 1
ein Abend *(im Verlauf)* une soirée III 3A, 1
der Abend le soir I 5A, 1
heute Abend ce soir I 5A, 1
abendländisch, westlich occidental/occidentale/occidentaux/occidentales ⟨III 5D, 1⟩
ein Abenteuer une aventure III 3B, 1
aber mais I 1B, 1
abfahren partir II 6A
die Abfahrt le départ II 5A, 2
der Abfalleimer la poubelle II 1B, 2
etw. (ab)holen aller chercher qc II 4A, 2
das Abitur le baccalauréat III 5B, 1
absolut, unbedingt *(Adv.)* absolument *(adv.)* ⟨III M1C⟩
sich abspielen se dérouler III 2DE
sich abspielen, geschehen se passer II 3A, 3
eine Abtei une abbaye ⟨III M1B⟩
ein Abwasserkanal un égout II 2DE
jdn./etw. achten respecter qn/qc II 2B, 2
eine Achterbahn un grand huit ⟨I 7D, 1⟩
Achtung! Attention! I 1A, 1
der Ackerbau l'agriculture *(f.)* III 3B, 4
eine Adresse une adresse III 1DE
afrikanisch africain/africaine III 2A, 5
jdm./etw. ähnlich sein ressembler à qn/qc II 1B, 2
jdn./etw. akzeptieren, annehmen accepter qn/qc III 2DE
ein Album; ein Musikalbum, eine CD un album II 6B
alle *(+ Nomen)* tous/toutes II 7B, 3
alle tout le monde I 5DE
allein seul/seule II 2B, 2
alles tout II 1A, 1
als, wenn lorsque III 2A, 5
also donc III 2C, 2
alt vieux/vieil/vieille II 6B
das Alter l'âge *(m.)* I 3B, 9
am folgenden Tag le lendemain III 2B, 1
eine Amtssprache une langue officielle III 5A, 1
eine Analyse une analyse III 3DE
eine Ananas un ananas ⟨II 4P⟩
etw. anbauen cultiver qc ⟨III 5C, 1⟩
jdm. etw. anbieten offrir qc à qn III 1A, 1
ein Andenken un souvenir I 7A, 1
anderer, andere différent/différente II 6B
anderer/andere/anderes autre/autre I 6B, 1
ändern changer II 3DE
andernfalls, sonst sinon III 2B, 1
an die frische Luft gehen prendre l'air III 1B, 1
ein Anfang un début II 6C
am Anfang au début II 6C
anfangen, etw. zu tun se mettre à faire qc III 4B, 3
anfangen commencer I 4A, 1
jdn./etw. anfassen toucher qn/qc III 2A, 5
eine Angelegenheit une affaire I 3A, 3
die Angst la peur II 2A, 1
Angst haben avoir peur II 2A, 1
etw. anhalten arrêter qc II 3B, 1
etwas anhören écouter qn/qc I 2A, 2
jdn. anklagen accuser qn III 2C, 2
(an)kommen arriver I 2DE
die Ankunft l'arrivée *(f.)* I 6A, 2
jdn./etw. annehmen, akzeptieren accepter qn/qc III 2DE
ein Anorak un anorak I 6B, 8
etw. anprobieren essayer qc II 5B, 1
anrufen téléphoner à qn I 6A, 2
(jdn.) wieder anrufen rappeler (qn) II 2B, 8
jdn. (an)rufen appeler qn II 2B, 2
anschließend ensuite III 1A, 1
etwas ansehen regarder qc I 2DE
eine Ansichtskarte une carte postale I 7A, 1
eine Antwort une réponse ⟨I 7D, 1⟩
anwesend, vorhanden présent/présente III 5DE, 1
eine Anzeige, eine Annonce une annonce II 7B, 8
sich anziehen s'habiller III 3A, 1
etwas anziehen mettre qc I 6B, 1
ein Apfel une pomme I 5C, 1
ein Apfelsaft un jus de pomme I 5C, 1
eine Apotheke une pharmacie III 3B, 6; ⟨I 0, 8⟩
der Applaus l'applaudissement *(m.)* II 3B, 1
eine Aprikose un abricot ⟨II 4P⟩
April avril *(m.)* I 3B, 7
apropos, etw. betreffend à propos de qc II 2A, 1
das Arabische l'arabe *(m.)* III 5DE, 2
eine Arbeit un travail/des travaux III 3DE
ein Archipel, eine Inselgruppe un archipel ⟨III 5D, 1⟩
arm pauvre/pauvre II 3A, 2
der Arm le bras II 2A, 1
ein Arrondissement un arrondissement I 5DE
eine Art, eine Sorte une sorte III 1DE
jeder Art, alle möglichen toutes sortes de III 1DE
ein Artikel un article II 3B, 4
ein Arzneimittel, ein Medikament un médicament III 3B, 6
ein Arzt/eine Ärztin un médecin/une femme médecin III 3B, 1
ein Assistent/eine Assistentin un assistant/une assistante I 7DE
eine Atmosphäre une ambiance III 3B, 1
Ätzend! *(ugs.)* C'est galère! *(fam.)* III 3A, 5
Aua! Aïe! I 4DE
eine Aubergine une aubergine ⟨II 4P⟩
auch aussi I 1B, 1
auch nicht ne … pas non plus III 1B, 1
auf, über sur I 3B, 1
auf der Straße dans la rue ⟨I 0, 8⟩; I 2A, 3
auf Deutsch en allemand I 3A, 3
der Aufbau, das Bauen une construction ⟨III M1B⟩
der Aufbruch le départ II 5A, 2
ein Aufenthalt un séjour III 4DE
etw. aufheben ramasser qc ⟨III M1B⟩; ⟨III M1B⟩
mit etw. aufhören arrêter qc II 3B, 1
ein Auflauf *(Speise, Gericht)* un gratin ⟨I 0, 5⟩
etwas aufräumen ranger qc I 3A, 3
jdn. aufregen énerver qn II 1A, 7
aufregen Ça m'énerve! II 1A, 7
etw. aufschreiben noter qc II 3DE
eine Aufsichtsperson un surveillant/une surveillante II 3DE
aufstehen; sich erheben se lever III 3A, 1
aufwachen se réveiller III 3A, 1
Auf Wiedersehen! Au revoir! I 1B, 7
ein Auge/Augen un œil/des yeux II 1B, 6
in diesem Augenblick à ce moment-là II 2A, 1; II 2A, 1
August août *(m.)* I 3B, 7
aus; von de/d' I 1B, 1
eine Ausbildung une formation III 3DE
ausblasen souffler qc I 3B, 1
ein Ausflug une sortie III 4A, 1
eine Ausgabe une édition II 6DE
ein Ausgang une sortie II 2A, 1
ausgehen; hinausgehen sortir II 6A
im Ausland à l'étranger ⟨II 5P⟩
etw. ausprobieren essayer qc II 5B, 1
sich ausruhen se reposer III 3A, 2
aussehen avoir l'air II 1A, 1
die Aussicht la vue I 7A, 1
aussteigen descendre II 2B, 2
etw. aussuchen choisir qc II 7A, 1
ein Austausch un échange III 4DE
ein Austauschpartner/eine Austauschpartnerin un correspondant/une correspondante III 4DE
eine Auster une huître II 5B, 3
auswendig par cœur ⟨III M2A, 3⟩
ein Auto une voiture I 5A, 1
eine Autobahn une autoroute II 5A, 4
ein Autor/eine Autorin un auteur/une auteure III 1DE
eine Avokado un avocat ⟨II 4P⟩

B

eine Bäckerei une boulangerie I 5B, 1
das Bad, das Badezimmer une salle de bains I 5A, 3
eine Bahn une piste II 3B, 1
ein Bahnhof une gare I 6A, 4
bald bientôt I 3A, 1
bis bald à bientôt I 3A, 3
ein Ball un ballon II 5B, 1
ein Ball, ein Fest un bal I 6DE
ein (kleiner) Ball une balle II 7A, 1
eine Banane une banane ⟨II 4P⟩
ein Band une corde II 7A, 1
eine Bande une bande ⟨III 5C, 1⟩
Basketball le basket(ball) ⟨I 5A, 5⟩
der Bauch le ventre III 4A, 4
das Bauen, der Aufbau une construction ⟨III M1B⟩
ein Bauernhof une ferme ⟨II 5P⟩
ein Baum un arbre II 5A, 4
die Baumwolle le coton ⟨III 5C, 1⟩
bedeckt couvert/couverte III 4A, 9
bedeuten, heißen, meinen vouloir dire ⟨III 5D, 1⟩
etw. beenden finir II 7A, 1; arrêter qc II 3B, 1
beendet, zu Ende fini/finie II 7B, 3
etw. beenden, etw. fertigstellen terminer qc III 2A, 5

sich mit etwas befassen traiter de qc ⟨III M2A, 1⟩
jemandem begegnen rencontrer qn **I 6B,** 1
beginnen commencer **I 4A,** 1
von vorn beginnen mit etw. reprendre qc **III 1A,** 1
jdn. beglückwünschen féliciter qn **II 3B,** 4
etw. begründen, rechtfertigen justifier qc ⟨III M2B, 2⟩
etw. behalten garder qc **III 2B,** 1
eine Behandlung un traitement ⟨III M2B, 2⟩
bei jemandem chez qn **I 4A,** 1
(alle) beide tous les deux/toutes les deux **II 7B,** 3
der Beifall l'applaudissement *(m.)* **II 3B,** 1
das Bein une jambe **II 5B,** 1
beinahe presque **II 2B,** 2
zum Beispiel par exemple **I 7C,** 1
bekannt connu/connue **II 6B**
bekloppt *(ugs.)* dingue/dingue *(fam.)* **III 4A,** 4
etw. bekommen recevoir qc **II 6C**
belgisch belge/belge **II 6C**
jdn./etw. bemerken remarquer qn/qc **III 4B,** 3
benachteiligt défavorisé/défavorisée ⟨III M2DE⟩
etw. benutzen utiliser qc **II 6A**
bereit/fertig prêt/prête **III 3A,** 2
ein Beruf un métier **II 6B**
ein Berufsberatungstag une journée d'orientation **III 3A,** 2
berühmt célèbre/célèbre **III 4B,** 2
jdn./etw. berühren toucher qn/qc **III 2A,** 5
sich mit jdm./etw. beschäftigen s'occuper de qn/qc **III 3A,** 1
beschäftigen; besetzen occuper **III 3DE**
beschäftigt; besetzt occupé/occupée **III 3DE**
beschließen, etw. zu tun décider de faire qc **III 4B,** 3
jdn./etw. beschreiben décrire qn/qc **II 1B,** 6
etwas besichtigen visiter qc **I 7DE**
eine Besonderheit; eine Spezialität une spécialité **III 4A,** 1
besser mieux *(Adv.)* **III 1A,** 1
der Beste/die Beste/das Beste le meilleur/la meilleure **III 2A,** 5
der beste Moment le meilleur moment **III 4B,** 3
ein Besuch, eine Besichtigung une visite **II 2DE**
ein Besucher/eine Besucherin un visiteur/une visiteuse ⟨III M1B⟩
etwas betrachten regarder qc **I 2DE**
ein Betrieb une entreprise **III 3DE**
ein Bett un lit **I 4A,** 1
beunruhigt inquiet/inquiète **III 3B,** 1
bevorzugt, Lieblings- préféré/préférée **II 6DE**
sich bewegen bouger **II 7A,** 4
etw. bezahlen payer qc **II 4A,** 2
eine Bibliothek, eine Bücherei une bibliothèque **III 5B,** 1
ein Bild une image ⟨II 6D⟩
sich bilden, entstehen se former ⟨III M1A⟩
ein Biologe/eine Biologin un biologiste/une biologiste **II 7B,** 3
Biologie *(als Schulfach)* les S.V.T. (Sciences de la vie et de la terre) *(f.)* ⟨I 4P⟩
eine Birne une poire ⟨II 4P⟩
bis jusque **III 4A,** 4
bis bald à bientôt **I 3A,** 3
Bis gleich! A tout à l'heure! ⟨I 1P⟩
Bis später! A plus! *(fam.)* **I 5A,** 1
bitte *(wenn man jemanden siezt)* s'il vous plaît **I 3A,** 3
bitte *(wenn man jemanden duzt)* s'il te plaît **I 3A,** 3
jdn. (um etw.) bitten demander (qc) à qn **I 6B,** 1
Blatt (Papier) une fiche **II 6B**
ein Blatt une feuille ⟨I 2A, 1⟩
blau bleu/bleue **I 6B,** 6
bleiben rester **I 6A,** 2
bleich pâle/pâle **III 2C,** 2
ein Bleistift un crayon **I 2A,** 1
ein Blick un regard **III 2DE**
der Blitz la foudre **III 4B,** 3
blöd nul **I 5B,** 3
blöd, dumm bête/bête **II 1A,** 1
Das ist zu blöd! *(ugs.)* C'est trop nul! *(fam.)* **I 5B,** 3
ein Blog *(ein Tagebuch im Internet)* un blog **II 6A**
blond blond/blonde **II 1B,** 6
bloß *(Adv.), nur* juste *(adv.)* **III 1B,** 1
ein Blouson, eine Jacke un blouson ⟨III 2C, 2⟩
ein Blumenkohl un chou-fleur ⟨II 4P⟩
ein Bonbon un bonbon ⟨I 0, 5⟩
ein Boot un bateau/des bateaux **II 5A,** 1; **II 5A,** 1
eine Boutique une boutique **I 7A,** 1
etw. brauchen avoir besoin de qc ⟨III M2A, 3⟩
wir brauchen etw. il nous faut **II 7A,** 1
man braucht etw. il faut qc **II 4A,** 1
braun brun/brune **II 1B,** 6; marron/marron **II 1B,** 6
ein Brief une lettre **II 6C**
ein Brieffreund/eine Brieffreundin un correspondant/une correspondante **III 4DE**
ein Briefträger/eine Briefträgerin un facteur/une factrice **II 6C**
jdm. etw. (mit)bringen apporter qc à qn **II 6C**
das Brot le pain **II 4B,** 1
eine Brücke un pont **III 4A**
ein Bruder un frère **I 2B,** 2
ein Buch un livre **I 2A,** 1
eine Bucht une baie ⟨III M1B⟩
das Bungee-Jumping le saut à l'élastique **II 7DE**
bunt, farbig coloré/colorée **III 5B,** 1
ein Büro un bureau **I 7A,** 1
ein Bus *(Reisebus)* un car **III 4DE**
ein Bus un bus **I 7B,** 1
die Butter le beurre **II 4B,** 2

C

ein Café un café **I 5B,** 1
ein Campingplatz un camping ⟨II 5P⟩
eine CD/CDs un CD/des CD **I 3A,** 1
ein Champignon un champignon ⟨II 4P⟩
ein Champion un champion/une championne **I 5B,** 3
das Glück; die Chance la chance **II 2B,** 2
mit jdm. chatten chatter avec qn **II 2A,** 1
Chips des chips *(f.)* ⟨I 6P⟩
eine Clique une bande ⟨III 5C, 1⟩
ein „Collège" un collège **I 4DE**
ein Comic une BD **I 2DE**
ein Computer un ordinateur **I 3A,** 1
ein Computerspiel/Computerspiele un jeu vidéo/des jeux vidéo **I 3B,** 1
ein Cousin/eine Cousine un cousin/une cousine **I 3A,** 9
ein Croissant un croissant ⟨I 0, 5⟩

D

da, weil comme ⟨III M2A, 3⟩
da(hin), dort(hin) là-bas **II 1A,** 1
ein Dach un toit **III 4B,** 3
dagegen, während alors que ⟨III 5D, 1⟩
da ist, da sind voilà ⟨I 0, 4⟩; **I 1A,** 1
eine Dame une dame **I 1B,** 4
dämlich *(ugs.)* débile/débile *(fam.)* **III 4A,** 4
danach après **I 4A,** 1; ensuite **III 1A,** 1
danke merci **I 1B,** 1
Vielen Dank! Merci beaucoup! **I 5B,** 2
dann puis **I 3B,** 1
darauf dessus **II 5B,** 1
eine Darbietung un spectacle **III 3B,** 4
darüber; davon en **II 2A,** 1
das ist c'est **I 1A,** 1
das ça **I 2B,** 2
dass *(Konjunktion)* que **II 2A,** 3
derselbe/dieselbe/dasselbe le même/la même **II 1A,** 1
Das wird schon wieder. Ça va s'arranger. **III 2B,** 5
davon; darüber en **II 2A,** 1
Wie viel brauchen wir davon? Combien est-ce qu'il en faut? **II 4A,** 4
Was hältst du davon? Qu'est-ce que tu en penses? **II 2A,** 3
eine Decke (zum Zudecken) une couverture **III 2DE**
ein Delfin un dauphin ⟨II 7P⟩
an jdn. denken penser à qn **II 1B,** 2
Wie denkst du darüber? Qu'est-ce que tu en penses? **II 2A,** 3
ein Denkmal un monument **III 4A,** 1
denn car **II 6C**
dennoch, trotzdem pourtant **III 3A,** 2
ein Departement *(französischer Verwaltungsbezirk)* un département **III 2DE**
dermaßen, so viel tellement **III 4B,** 3
deshalb c'est pourquoi **II 6A**
Deutsch *(Schulfach)* l'allemand *(m.)* **I 4DE**
auf Deutsch en allemand **I 3A,** 3
deutsch-französisch franco-allemand/franco-allemande ⟨III M2A, 1⟩
Dezember décembre *(m.)* **I 3B,** 1

dick *(Personen)*; groß, schwer *(Sachen, Tiere)* gros/grosse **III 4A,** 4
ein Dieb/eine Diebin un voleur/une voleuse **III 2A,** 5
ein Diebstahl un vol **III 2C,** 2
zu etw. dienen servir à qc **III 1B,** 1
Dienstag, am Dienstag mardi *(m.)* **I 4B,** 1
dieser/diese/dieses *(Demonstrativbegleiter)* ce/cet/cette/ces **II 1B,** 2
digital numérique/numérique ⟨III M1DE⟩
ein Ding un truc *(fam.)* **I 2A,** 1; une chose **I 7C,** 1
ein Diplomat/eine Diplomatin un diplomate/une diplomate ⟨III M2B, 2⟩
eine Diskriminierung, ungerechte Behandlung une discrimination ⟨III M2B, 1⟩
eine Diskussion une discussion **II 2A,** 1
(über etwas) diskutieren discuter (de qc) **I 4A,** 3
ein DJ un DJ ⟨II 6P⟩
doch si **I 4B,** 4
Donnerstag jeudi *(m.)* **I 4B,** 1
ein Dorf un village ⟨III 5C, 1⟩; ⟨III M1B⟩
dort, dorthin y **III 5A,** 1
dort/da là **I 2A,** 3
dort(hin), da(hin) là-bas **II 1A,** 1
ein Drahtzaun une grille **II 2A,** 1
draußen, im Freien dehors **III 2A,** 5
drehen tourner **I 5B,** 1
dreist, frech gonflé/gonflée *(fam.)* ⟨II 3A, 2⟩
du *(betont)* toi **I 1A,** 1
dumm bête/bête **II 1A,** 1
eine Düne une dune **II 5DE**
dunkel sombre/sombre **II 2A,** 1
durch jdn./etw. grâce à qn/qc **III 5B,** 1
der Durchschnitt *(10 von 20 Punkten im Zeugnis)* la moyenne **II 3DE**
etw. tun dürfen avoir le droit de faire qc **II 6A**
Durst haben avoir soif **I 5C,** 1
eine Dusche une douche **III 4B,** 3
dynamisch; *(hier) lebhaft* dynamique/dynamique **III 5A,** 1

E

die Ebbe la marée basse ⟨III M1B⟩
eine Ecke un coin **II 6DE**
der Ehemann le mari **III 3A,** 1
eher plutôt **II 3A,** 2
ehrenamtlich, unentgeltlich bénévole/bénévole ⟨III M2A, 3⟩
ein Ei/Eier un œuf/des œufs **II 4DE**
eifersüchtig auf jdn. jaloux/jalouse de qn **III 2A,** 5
ein Einband, ein Umschlag une couverture **III 2DE**
ein Eindruck une impression **III 2A,** 5
den Eindruck haben, dass avoir l'impression que **III 2A,** 5
eindrucksvoll, beeindruckend impressionnant/impressionnante **III 5A,** 1
ein Eigentümer/eine Eigentümerin un propriétaire/une propriétaire **III 2B,** 1
einfach simple/simple **II 6C**
ein Eingang une entrée **I 5A,** 1
einige quelques *(pl.)* **II 3B,** 1
einkaufen faire les courses *(f.) (pl.)* **II 4DE**
jemanden einladen inviter qn **I 3A,** 3
eine Einladung une invitation **II 6A**
einmal une fois **II 2DE**
etw. einsammeln ramasser qc ⟨III M1B⟩
sich für etwas einsetzen s'engager pour qc ⟨III M2DE⟩
einsteigen monter **II 2B,** 2
eintreten entrer **I 2A,** 3
einverstanden d'accord **I 2B,** 2
ein Einwanderer/eine Einwanderin un immigré/une immigrée ⟨III M2B, 2⟩
ein Einwohner/eine Einwohnerin un habitant/une habitante **III 5DE**
einzig seul/seule **III 3B,** 1
ein Eis une glace **II 5B,** 1
ein Eisverkäufer un glacier ⟨I 5P⟩
ein Elefant un éléphant ⟨I 0, 5⟩
die Eltern les parents *(m.)* **I 3A,** 9
eine E-Mail un courriel **I 6B,** 6
etw. empfangen recevoir qc **II 6C**
sich empören über etwas s'indigner de qc ⟨III M2B, 2⟩
eine Empörung une indignation ⟨III M2B, 2⟩
das Ende, der Schluss la fin **I 4B,** 5
endlich, schließlich enfin **I 6A,** 4
endlich finalement ⟨II 2P⟩
ein Engagement; ein Einsatz un engagement ⟨III M2A, 3⟩
englisch anglais/anglaise **III 5DE,** 3
Englisch l'anglais *(m.)* ⟨I 4P⟩
etw. entdecken découvrir qc **III 4DE**
eine Entdeckung une découverte **III 2B,** 1
entscheiden, etw. zu tun décider de faire qc **III 4B,** 3
eine Entscheidung une décision **III 3B,** 1
eine Entscheidung treffen prendre une décision **III 3B,** 1
Entschuldigen Sie./Entschuldigung! Excusez-moi. **I 4A,** 3
Entschuldigung. Pardon. **I 1A,** 1
entstehen, sich bilden se former ⟨III M1A⟩
eine Epoche, ein Zeitalter une époque **III 5B,** 1
eine Erdbeere une fraise ⟨II 4P⟩
die Erde la terre ⟨III M1A⟩
Geschichte und Erdkunde *(als Schulfach)* l'histoire-géo *(f.)* ⟨I 4P⟩
sich ereignen, geschehen se passer **II 3A,** 3
ein Ereignis un évènement **III 2DE**
etwas erfinden inventer qc **I 7C,** 1
ein Erfolg le succès **II 3B,** 4
ein Ergebnis un résultat **II 1B,** 2
eine Erinnerung un souvenir **I 7A,** 1
(jdm.) etw. erklären expliquer qc (à qn) **II 2B,** 2
jdm. erlauben, etw. zu tun permettre à qn de faire qc **III 3B,** 8
Erlaubnis, Genehmigung une autorisation **III 2B,** 1
ein Erlebnispark un parc d'attractions ⟨I 7D, 1⟩
jdm. ermöglichen, etw. zu tun permettre à qn de faire qc **III 3B,** 8
jdn. ermutigen encourager qn **III 2A,** 5
ernst(haft) sérieux/sérieuse **II 7A,** 3
etw. erraten deviner qc **II 1B,** 6
etw. ersetzen remplacer qc ⟨III 5C, 1⟩
der erste le premier **I 3B,** 7
etwas erzählen raconter qc **I 4A,** 3
es gibt, es ist, es sind il y a **I 3A,** 1
etwas essen manger qc **I 3B,** 1
ein Essen un repas **I 5A,** 3
ein Esszimmer une salle à manger ⟨I 5A, 3⟩
etwa environ **III 4A,** 1
etwas quelque chose **I 4B,** 4
euer/eure; Ihr/Ihre votre/vos **I 4B,** 4
europäisch européen/européenne **III 5DE,** 2
existieren exister ⟨III M1C⟩

F

eine Fabrik une usine ⟨III M1A⟩
eine Fahne un drapeau **II 5B,** 1
fahren rouler **III 4B,** 3; aller **I 4A,** 3
ein Fahrrad un vélo **I 2B,** 7
ein Fahrschein, eine Fahrkarte un ticket **I 7B,** 2
fallen tomber **I 5B,** 3
das Fallschirmspringen le parachutisme **II 7DE**
eine Familie une famille **I 3A,** 9
fantastisch fantastique **I 1B,** 1
eine Farbe une couleur **I 6B,** 6
die Malerei; *(hier)die Felszeichnung* la peinture ⟨III M1C, 4⟩
farbig; bunt coloré/colorée **III 5B,** 1
fast presque **II 2B,** 2
faszinieren fasciner **III 3B,** 1
Februar février *(m.)* **I 3B,** 7
das Fechten l'escrime *(f.)* **II 7B,** 3
ein Federmäppchen une trousse ⟨I 2A, 1⟩
fehlen manquer **III 2C,** 2
ein Fehler une faute **III 4A,** 4
ein Fels/Felsen un rocher ⟨III M1B⟩
ein Fenster une fenêtre **II 5A,** 7
in den Ferien en vacances *(f., pl.)* **I 2A,** 3
ein Ferienlager une colonie de vacances **III 1DE**
eine Ferienunterkunft un gîte **II 5DE**
das Fernsehen la télévision **I 4A,** 1
ein Fernsehsender une chaîne de télévision ⟨III M2A, 1⟩
eine Fernsehsendung une émission ⟨III M2A, 1⟩
eine Fernsehserie une série télévisée ⟨II 6D⟩
fertig/bereit prêt/prête **III 3A,** 2
ein Fest une fête **I 6DE**
ein Fest, ein Ball un bal **I 6DE**
ein Feuer, Feuer (Plural) un feu/des feux **I 6DE**
ein Feuerwerk un feu d'artifice **I 6DE**
fies; gemein *(ugs.)* vache *(fam.)* **III 4B,** 3
eine Figur, eine Statuette une statuette **III 2A,** 5
ein Film (Kino) un film **I 5C,** 1
jemanden/etwas finden trouver qn/qc **I 2A,** 2
finden, dass trouver que **II 2A,** 3
ein Finger un doigt **II 4A,** 2
eine Firma une entreprise **III 3DE**

ein Fisch un poisson ⟨I 1P⟩; III 4A, 4
eine Flagge, eine Fahne un drapeau **II 5B,** 1
ein Flammkuchen une tarte flambée ⟨I 6P⟩
eine Flasche une bouteille **II 4A,** 2
das Fleisch la viande **II 4DE**
eine Fliege une mouche **III 2B,** 5
ein Flohmarkt un marché aux puces **I 7C**
ein Flugzeug un avion **I 7B,** 3
ein Flur un couloir **II 2DE**
ein Fluss une rivière ⟨III 5C, 2⟩; ⟨III 5D, 2⟩
ein Fluss, ein Strom un fleuve **III 4A**
eine Flut la marée haute ⟨III M1B⟩
die Form la forme **II 1A,** 7
in Form sein, fit sein être en forme **II 1A,** 7
etw. formen, bilden former qc ⟨III 5D, 2⟩
eine (Nach)Forschung une recherche **III 3DE**
ein Fortschritt un progrès **III 5B,** 1
ein Foto une photo **I 5DE**
ein Fotoapparat un appareil photo ⟨III M1DE⟩
eine Frage une question **I 5B,** 3
jdn. (nach etw.) fragen demander (qc) à qn **I 6B,** 1
die Frankophonie la francophonie **III 5DE**
ein Franzose/eine Französin un Français/une Française **III 5DE,** 2
französisch français/française **I 2A,** 1
auf Französisch en français **I 2A,** 1
Französisch le français **I 4P**
französischsprachig francophone/francophone **III 5DE**
eine Frau une femme **II 1B,** 6; une dame **I 1B,** 4
Frau ... madame ... **I 1B,** 7
frei libre/libre ⟨III 5D, 1⟩; ⟨III M2A, 1⟩
im Freien, draußen dehors **III 2A,** 5
ein Freistundenraum une permanence **II 3DE**
Freitag, am Freitag vendredi *(m.)* **I 4B,** 1
eine Freizeitbeschäftigung un loisir ⟨III 5D, 1⟩
Freizeitbeschäftigung une activité **I 5DE**
ein Freizeitpark un parc d'attractions ⟨I 7D, 1⟩
die Freude la joie **II 6B**
ein Freund/eine Freundin un copain/une copine *(fam.)* **I 1B,** 2; un ami/une amie **I 2A,** 3
ein fester Freund/eine feste Freundin un petit copain/une petite copine **III 4A,** 4
ein Friseur/eine Friseurin un coiffeur/une coiffeuse **III 3B,** 4
eine Frucht un fruit **II 4DE**
ein Fruchtsaft un jus de fruit **II 4A,** 2
früh *(Adv.)* tôt *(adv.)* **I 7B,** 1
der Frühling le printemps **II 5DE**
das Frühstück le petit-déjeuner **II 4A,** 1
etw. fühlen, spüren sentir qc **III 2A,** 5
sich fühlen se sentir **III 3A,** 2
etw. befühlen palper qc ⟨III 2B, 1⟩
ein Führer/eine Führerin un guide/une guide **II 2A,** 1
ein Füller un stylo **I 2A,** 1
die Fünfte, die Fünf A la 5e (A)/la cinquième (A) **II 1DE**
um die fünfzig une cinquantaine de ⟨III M2A, 3⟩
funktionieren fonctionner ⟨II 1P⟩
für pour **I 2A,** 3
ein Fuß un pied **I 4DE**
zu Fuß à pied **I 5A,** 1
der Fußball *(Sportart)* le foot(ball) **I 2B,** 7
ein Fußballplatz un terrain de foot ⟨I 5P⟩
ein Fußballverein un club de foot ⟨I 5P⟩

G

eine Gabel une fourchette **II 4B,** 1
ein Gang un couloir **II 2DE**
ganz, völlig entier/entière **III 5B,** 1
ganz/alle *(+ Nomen)* tout/toute **II 7B,** 3
ein Garten un jardin **II 5A,** 7
ein Gast un invité/une invitée **II 4B,** 2
jdm. etw. geben donner qc à qn **I 6B,** 1
jdm. etw. (weiter)geben passer qc à qn **II 4B,** 6
ein Gebiet, Territorium un territoire **III 5DE,** 2
ein Gebirge une montagne **III 5B,** 2
geboren werden/sein être né(e) **II 1B,** 2
die Geburt la naissance **II 6B**
ein Geburtstag un anniversaire **I 3DE**
ein Gedanke une idée **I 3A,** 1
düstere Gedanken des idées noires *(f., pl.)* **II 2A,** 1
ein Gedicht un poème **I 6B,** 11
Gefahr laufen, etw. zu tun risquer de faire qc **III 1A,** 1
gefährlich dangereux/dangereuse **II 2B,** 1
jdm. gefallen plaire à qn **II 5A,** 4
gegen, in Richtung vers **III 2C,** 2
gegen contre **II 2A,** 1
eine Gegend une région **II 5B,** 1
ein Gegenstand un objet **III 2DE**
das Gegenteil (von) le contraire (de) **III 4B,** 5
das Gegenteil, das Umgekehrte l'inverse *(m.)* **III 2B,** 1
ein Geheimnis un secret **III 4B,** 3
ein (rätselhaftes) Geheimnis un mystère ⟨III M1B⟩
im Geheimen en secret **III 4B,** 3
geheimnisvoll mystérieux/mystérieuse **II 2DE**
gehen aller **I 4A,** 3
Gehen wir!, Auf geht's! On y va! **II 1A,** 1
gut gehen aller bien **II 1A,** 7
gehören zu, ein Teil sein von faire partie de **III 5DE**
Wem gehört er/sie/es? Il/Elle est à qui? **I 4A,** 3
in Gelächter ausbrechen éclater de rire **III 2C,** 2
gelb jaune/jaune **I 6B,** 6
das Geld l'argent *(m.)* **II 6B**
Geld verdienen gagner de l'argent **II 6B**
ein Gelehrter/eine Gelehrte un savant/une savante **III 5B,** 1
gelingen etwas zu tun arriver à faire qc **III 2B,** 1; réussir à faire qc **II 7A,** 1
gemein; fies *(ugs.)* vache *(fam.)* **III 4B,** 3
eine Gemeinde, eine Kommune une commune ⟨III M1DE⟩
gemeinsam ensemble **I 3A,** 1
Gemüse des légumes *(m.)* **II 4DE**
genauso praktisch wie aussi pratique que **III 4B,** 1
genug, genügend (von) assez (de) **II 7B,** 7
geöffnet ouvert/ouverte **I 7C,** 1
die Geografie, die Erdkunde la géographie **II 3A,** 2
gerade etw. getan haben venir de faire qc **III 3A,** 2
gerade etw. tun être en train de faire qc **III 3A,** 2
geradeaus tout droit **I 5B,** 1
das Geräusch, der Lärm le bruit **I 5A,** 3
gerecht; richtig juste/juste **II 5A,** 7
ein Gericht, ein Gang *(beim Essen)* un plat **II 4DE**
(Ich möchte) gerne! Je veux bien. **II 3A,** 2
Geschafft! *(hier) Es ist so weit!* Ça y est! **III 1DE**
ein Geschäft un magasin **I 2DE**
geschehen, sich abspielen se passer **II 3A,** 3
ein Geschenk un cadeau **I 3A,** 1
eine Geschichte une histoire **I 3A,** 1
Geschichte und Erdkunde *(als Schulfach)* l'histoire-géo *(f.)* ⟨I 4P⟩
ein Geschirrspüler un lave-vaisselle **III 3A,** 5
geschlossen fermé/fermée **II 2A,** 1
die Gesellschaft la société ⟨III M2A, 1⟩
ein Gespräch une discussion **II 2A,** 1
gestern hier **I 6A,** 2
gestresst stressé/stressée **III 3A,** 2
ein Getränk une boisson **II 4A,** 2
ein Getränkestand une buvette **III 4B,** 3
(etwas) gewinnen gagner (qc) **I 5B,** 3
ein Gewinner/eine Gewinnerin un gagnant/une gagnante ⟨III M1DE⟩
gewisse certains/certaines **III 1DE**
eine Gewohnheit une habitude **III 2A,** 5
ein Gift un poison **III 4A,** 4
eine Gitarre une guitare **I 5A,** 5
eine Gittertür une grille **II 2A,** 1
ein Glas un verre **II 4B,** 1
etw. glauben croire qc **III 1A,** 1
das Gleichgewicht l'équilibre *(m.)* **II 7A,** 1
gleichzeitig à la fois ⟨II 2DE⟩
das Glück; die Chance la chance **II 2B,** 2
glücklich heureux/heureuse **II 2B,** 1
ein Grad un degré **III 4A,** 9
ein Gramm un gramme **II 4A,** 5
das Gras l'herbe *(f.)* **II 7B,** 3
jdm. gratulieren féliciter qn **II 3B,** 4
grau gris/grise **I 6B,** 8
eine Grenze une frontière ⟨III 5C, 2⟩
groß grand/grande **I 6DE**; *(Sachen, Tiere)* gros/grosse **III 4A,** 4
die Großeltern les grands-parents **I 3A,** 9
eine Großmutter une grand-mère **I 2A,** 3
ein Großvater un grand-père **I 3A,** 9
grün vert/verte **I 6A,** 4
ein Grund une raison **II 7B,** 7
etw. gründen fonder qc **III 3DE**
eine Grundschule une école primaire ⟨III 5C, 1⟩

eine Gruppe un groupe **II 2A**, 1
gut bon/bonne **I 6A**, 4
gut sein in etw. être fort en **III 3B**, 8
gut *(Adv.)* bien *(adv.)* **I 1B**, 1
gut drauf sein *(ugs.)* avoir la pêche *(fam.)* **III 1A**, 1
ein Gymnasium un lycée **III 3DE**
die Gymnastik la gymnastique **I 2B**, 7

H

ein Haar/Haare un cheveu/des cheveux **II 1B**, 6
haben avoir **I 3B**, 1
ein Hafen un port ⟨III M1C⟩
halb acht sept heures et demie **I 4A**, 1
ein Halbbruder un demi-frère ⟨I 3A, 9⟩
eine Halbschwester une demi-sœur ⟨I 3A, 9⟩
eine Hälfte une moitié **III 2C**, 2
zur Hälfte à moitié **III 2C**, 2
Hallo? *(am Telefon)* Allô? **I 3A**, 3
Hallo!/Grüß dich! Salut! *(fam.)* ⟨I 0, 1⟩
Hallo!/Grüß dich! Salut! *(fam.)* **I 1A**, 1
eine Haltestelle une station **I 7B**, 1
ein Hamster un hamster ⟨I 1P⟩
die Hand la main **I 4A**, 3
Handball le hand-ball ⟨I 5A, 5⟩
der Handel le commerce **III 3B**, 4
eine Handlung l'action *f.* ⟨II 6P⟩
ein Handy un portable **I 5C**, 1
hart; schwierig dur/dure **III 3A**, 2
das Hauptgericht le plat principal **II 4B**, 4
die Hauptrolle le rôle principal ⟨II 6P⟩
eine Hauptstadt une capitale **III 2DE**
ein Haus une maison **I 2DE**
nach Hause gehen rentrer **I 4A**, 1
zu Hause, nach Hause à la maison **I 4A**, 1
die (Haus)Aufgaben les devoirs *(m., pl.)* **I 4B**, 4
ein Hausaufgabenheft un cahier de textes **II 3DE**
etw. heben lever qc **III 3A**, 1
ein Heft un cahier **I 2A**, 1
heiß chaud/chaude **I 7A**, 1
er heißt il s'appelle **I 3B**, 9
jemandem helfen aider qn **I 6B**, 1
hell clair/claire **III 2B**, 1
ein Hemd une chemise **I 6B**, 8
herausbringen sortir qc **III 5A**, 1
der Herbst l'automne *(m.)* **II 5B**, 4
hereinkommen entrer **I 2A**, 3
ein Herr un monsieur **I 1B**, 4
etw. herstellen fabriquer qc **III 3DE**
um jdn./etw. herum autour de qn/qc **III 2C**, 2
heute aujourd'hui **I 3A**, 3
heute Abend ce soir **I 5A**, 1
hier, hierher ici **I 1B**, 1
der Himmel le ciel **III 4A**, 9
hinaufgehen monter **II 2B**, 2
hinausgehen; *(hier:)* ausgehen sortir **II 6A**
hinten in, unten in au fond de qc **III 2A**, 5
hinter derrière **I 4B**, 10
der Hintergrund *(Bild, Foto, Film)* l'arrière-plan *(m.)* **III 5B**, 2
hinuntergehen descendre **II 2B**, 2
der Hip-Hop le hip-hop **III 1DE**
ein Hit un tube ⟨II 6P⟩
die Hitparade le top ten ⟨II 6P⟩
ein Hobby un loisir ⟨III 5D, 1⟩
ein Hochseilgarten l'accrobranche *(m.)* ⟨II 5P⟩
höchstens au maximum ⟨II 6D⟩
die Hochzeit le mariage ⟨I 3P⟩
ein (Schul-)Hof une cour **I 4DE**
hoffen espérer **II 4B**, 2
höflich poli/polie **III 4A**, 4
eine Höhle une grotte ⟨III M1C, 4⟩
etw. (ab)holen aller chercher qc **II 4A**, 2
die Hölle l'enfer *(m.)* **III 1A**, 1
jdn./etw. hören entendre qn/qc **II 2B**, 2
ein Horrorfilm un film d'horreur ⟨II 6D⟩
eine Hose un pantalon **I 6A**, 4
die Hosentasche la poche **I 6B**, 1
ein Hotel un hôtel **II 5DE**
hübsch joli/jolie **I 6A**, 4
ein Huhn, ein Hühnchen un poulet ⟨II 4P⟩
humanitär, menschenfreundlich humanitaire **III 3B**, 1
der Humor l'humour *(m.)* ⟨III M2A, 3⟩
ein Humorist/eine Humoristin; ein Komiker/eine Komikerin un humoriste/une humoriste ⟨III M2A, 3⟩
ein Hund un chien **I 1B**, 1
Hunger haben avoir faim **I 3B**, 1
ein Hut un chapeau **I 6A**, 4
eine Hütte une case ⟨III 5C, 1⟩

I

ich *(betont)* moi **I 1A**, 1
eine Idee une idée **I 3A**, 1
ein Illegaler un sans-papiers ⟨III M2B, 2⟩
ein Impfstoff un vaccin **III 3DE**
in dans **I 2A**, 3
in, nach (Paris) à (Paris) **I 2DE**
in der 6B en 6e B **I 4A**, 3
in Deutschland en Allemagne **I 3A**, 3
ein Individuum, eine einzelne Person un individu ⟨III 5D, 1⟩
die Industrie l'industrie *(f.)* **III 3B**, 4
eine Information une information **II 3B**, 1
sich über etw. informieren s'informer sur qc **III 3A**, 2
jdn. über etw. informieren informer qn de qc **III 3A**, 2
ein Ingenieur/eine Ingenieurin un ingénieur/une femme ingénieur **III 3DE**
eine Insel une île **III 5DE**
ein Instrument un instrument **II 6B**
interessant intéressant/intéressante **I 6A**, 4
das interessanteste le plus intéressant **III 4B**, 2
interessieren s'intéresser à qc **III 3B**, 1
jdn. interessieren intéresser qn **II 5A**, 1
das Internet Internet *(m.)* **II 1B**, 2
im Internet sur Internet **II 1B**, 2
ein Interview une interview **I 5B**, 3
irgendetwas; *(hier) Unsinn, Quatsch (fam.)* n'importe quoi **III 1A**, 1
irgendwer n'importe qui **III 1A**, 1
irgendwie n'importe comment **III 1A**, 1
irgendwo n'importe où **III 1A**, 1
irre *(ugs.)* dingue/dingue *(fam.)* **III 4A**, 4
jdn. irre machen rendre qn dingue **III 4A**, 4
ein Irrtum une erreur **II 5A**, 4

J

ja oui **I 1B**, 1
eine Jacke une veste **I 6B**, 8
eine Jacke, ein Blouson un blouson ⟨III 2C, 2⟩
ein Jahr une année **I 3B**, 7; un an **I 3B**, 1
im Jahr 2000 en deux mille **II 1B**, 2
eine Jahreszeit une saison **II 5B**, 1
ein Jahrhundert un siècle **III 5DE**, 2
Januar janvier *(m.)* **I 3B**, 7
eine Jeans un jean **I 6B**, 8
jeder/jede/jedes + *Nomen* chaque **II 3DE**
jeder tout le monde **I 5DE**
jedesmal wenn chaque fois que **III 2C**, 2
jemand quelqu'un **II 2B**, 2
jemanden wieder aufmuntern redonner la pêche à qn *(fam.)* **III 1A**, 1
der Jet-Ski le jet-ski ⟨II 5P⟩
jetzt maintenant **I 3A**, 3
ein Job *(ugs.)* un boulot *(fam.)* **III 3DE**
der Joghurt le yaourt **II 4DE**
jonglieren jongler **II 7A**, 1
das Judo le judo **I 2B**, 2
Judo machen, betreiben faire du judo **I 5A**, 3
ein Jugendlicher, eine Jugendliche un jeune/une jeune **II 6A**
ein Jugendzentrum une maison des jeunes ⟨I 5P⟩
Juli juillet *(m.)* **I 3B**, 7
ein Junge un garçon **I 1B**, 1
Juni juin *(m.)* **I 3B**, 7
die Jury le jury ⟨III M1DE⟩

K

der Kaffee le café **II 4B**, 6
das Kajakfahren le kayak ⟨II 5P⟩
kalt froid/froide **I 7A**, 2
Es ist kalt. Il fait froid. **I 7A**, 2
ein Kampf un combat **I 5B**, 3
kanadisch canadien/canadienne **III 5DE**, 2
ein Kanarienvogel un canari ⟨I 1P⟩
ein Kaninchen un lapin ⟨I 0, 5⟩
eine Kantine une cantine **I 4DE**
ein Kanu un canoë **III 5A**, 1
eine Kappe une casquette **I 6B**, 1
das Karate le karaté **III 1DE**
eine Karotte une carotte ⟨II 4P⟩
eine Karte une carte **I 7A**, 1
eine Kartoffel une pomme de terre **II 4DE**
ein Karton un carton **I 2A**, 3
der Käse le fromage **II 4B**, 4
die Katakomben *(unterirdische Begräbnisstätte)* les catacombes *(f.)* **II 2DE**
eine Kathedrale une cathédrale **I 7DE**
eine Katze un chat **I 1B**, 1
etw. kaufen acheter qc **II 4DE**
ein Kaufhaus un grand magasin ⟨I 5P⟩
Kebab *(Fleischgericht)* le kebab ⟨II 4P⟩
kein/keine ne … pas de **I 7C**, 1
kein/keine mehr ne … plus de **I 7C**, 1

kein Problem pas de problème **I 7C**, 1
ein Keks *hier:* une galette ⟨**III M1B**⟩
jdn./etw. kennen connaître qn/qc **II 1A**, 1
eine Kerze une bougie **I 3A**, 3
ein Kilometer un kilomètre **I 7B**
ein Kind un enfant **I 3A**, 9
ein Kino un cinéma **II 1B**, 2
ein Kiosk un kiosque ⟨**I 5P**⟩
eine Kirche une église **III 4A**
der Kitsch le kitsch ⟨**III M1B**⟩
die Klamotten *(ugs.)* les fringues *(f., pl.)* *(fam.)* **III 1DE**
klar clair/claire **III 2B**, 1
eine Klasse une classe **I 4A**, 3
in der fünften Klasse en 5e **II 1DE**
eine Klassenarbeit une interrogation **I 4B**, 4
ein Klassenraum une salle de cours **I 4A**, 3
klauen *(ugs.)* piquer qc *(fam.)* ⟨**II 3A**, 2⟩
ein Klavier un piano ⟨**I 2P**⟩
ein Kleid une robe **I 6A**, 4
sich kleiden s'habiller **III 3A**, 1
ein Kleidungsstück un vêtement **I 6B**, 8
klein petit/petite **I 6A**, 4
klettern faire de l'escalade **I 7A**, 1
das Klettern l'escalade *(f.)* ⟨**II 5P**⟩
klicken cliquer **I 4B**, 4
ein Klima un climat **III 5A**, 4
klingeln sonner **II 7A**, 1
klopfen; schlagen frapper **III 2B**, 5
ein Klub un club **II 7A**, 1
ein Kniff, ein Trick *(die Kunst, sich zu helfen zu wissen)* le système «D» *(fam.)* ⟨**III 5C**, 1⟩
Knoblauch de l'ail ⟨**II 4P**⟩
kochen faire la cuisine **II 4DE**
ein Koffer une valise **II 5A**, 2
Kohldampf haben *(ugs.)* avoir la dalle *(fam.)* **III 4A**, 4
ein Kollege/eine Kollegin un collègue/une collègue **II 4A**, 1
eine Kolonie une colonie **III 5DE**, 2
komisch bizarre **I 1B**, 1
Komm! *(Aufforderung)* Viens! **I 1A**, 1
kommen venir **II 3B**, 1
zu spät kommen arriver en retard ⟨**II 1P**⟩
Kommt! *(Aufforderung)* Venez! ⟨**I 0**, 3⟩
mit jdm. kommunizieren communiquer avec qn **III 3B**, 8
eine Komödie une comédie ⟨**III 5C**, 1⟩
ein König un roi **III 4B**, 2
können *(in der Lage sein)* pouvoir **II 3A**, 1
man könnte on pourrait **III 3A**, 2
etw. können *(wissen, wie etw. geht)* savoir faire qc **II 1A**, 1
der Kontakt le contact **II 6A**
ein Kontinent un continent **III 5DE**, 1
sich auf etw. konzentrieren se concentrer sur qc **III 3A**, 2
konzentriert concentré/concentrée **II 4B**, 2
ein Konzert un concert **III 5A**, 1
der Kopf la tête **II 1A**, 1
Kopf oder Zahl? Pile ou face? **II 5A**, 7
eine Kopie une copie **I 4B**, 4
etwas kosten coûter **I 5C**, 1
Wie viel kostet das? Ça coûte combien? **I 5C**, 1
kostenlos gratuit/gratuite **II 4A**, 2
köstlich délicieux/délicieuse **III 4A**, 4
krank malade/malade **III 2B**, 5
ein Krankenhaus un hôpital **III 3A**, 2
ein Krankenpfleger/eine Krankenpflegerin un infirmier/une infirmière **III 3DE**
eine Krankenstation une infirmerie **I 4DE**
eine Krankenversicherungskarte une carte vitale **III 3B**, 6
eine Krankheit une maladie **III 2B**, 5
ein Krater un cratère ⟨**III M1A**⟩
Kreolisch le créole **III 5DE**
eine Kreuzung un carrefour **I 5B**, 1
ein Kriminalfilm, ein Krimi un film policier ⟨**II 6D**⟩
eine Küche une cuisine **I 5A**, 3
ein Kuchen/Kuchen un gâteau/des gâteaux **I 3A**, 3
Kuckuck! Coucou! **I 7A**, 4
ein Kügelchen une boulette **II 1B**, 2
eine Kuh une vache **III 4B**, 3
ein Kuli un stylo **I 2A**, 1
ein Kult un culte ⟨**III M1C**⟩
eine Kultur une culture **III 5A**, 4
Kultur- culturel/culturelle ⟨**III M2A**, 1⟩
der Kummer le chagrin **III 1A**, 1
sich mit um jdn./etw. kümmern s'occuper de qn/qc **III 3A**, 1
ein Kunde/eine Kundin un client/une cliente **I 5C**, 5
die Kunst l' art *(m.)* **II 7DE**
Kunst *(als Schulfach)* les arts plastiques *(m.)* ⟨**I 4P**⟩
ein Künstler/eine Künstlerin un artiste/une artiste **III 5A**, 1
ein (Bade)Kurort une station thermale ⟨**III M1A**⟩
ein Kurs un stage **III 1DE**
kurz court/courte **II 6DE**
kurz darauf peu après ⟨**II 2P**⟩
ein Kuss, ein Küsschen une bise *(fam.)* **I 7A**, 4

L

das Lächeln le sourire **III 2A**, 5; ⟨**II 6D**⟩
lachen rire **III 1A**, 1; rigoler *(fam.)* **II 4B**, 2
ein Laden un magasin **I 2DE**
ein Ladengeschäft une boutique **I 7A**, 1
ein Land un pays **II 3A**, 2
das Land la campagne **II 7B**, 3
landesweit national/nationale ⟨**III M2A**, 1⟩
eine Landschaft un paysage **III 3B**, 1
die Landwirtschaft l'agriculture *(f.)* **III 3B**, 4
lang long/longue **I 6A**, 4
1 km lang long/longue d'1 km ⟨**III M1C**⟩
lange *(Adv.)* longtemps **II 3B**, 1
langweilig ennuyeux/ennuyeuse **III 4B**, 3
ein Laptop un portable **II 6A**
der Lärm, das Geräusch le bruit **I 5A**, 3
im Laufe (einer Sache) au cours de **III 5DE**, 2
laufen/rennen courir **III 2B**, 5
eine Laune, eine Stimmung une humeur **III 1DE**
guter Laune sein, gute Laune haben être de bonne humeur **III 1DE**
leben vivre **III 5B**, 1
das Leben la vie **II 3DE**
seinen Lebensunterhalt verdienen gagner sa vie **III 5B**, 1
etw. leeren vider qc **III 3A**, 5
etwas legen poser qc **I 5B**, 3; mettre qc **I 6B**, 1
eine Legende, eine Sage une légende ⟨**III M1B**⟩
ein Lehrer/eine Lehrerin un professeur/une professeure **I 4A**, 3
leicht facile/facile **II 4A**, 2
die Leichtathletik l'athlétisme *(m.)* **I 5A**, 3
es tut mir leid (je suis) désolé/désolée **I 7C**, 2
eine Lektion une leçon **II 3DE**
etw. lesen lire qc/qc à qn **I 7A**, 3
das Lesen la lecture ⟨**I 2P**⟩
ein Leser/eine Leserin un lecteur/une lectrice ⟨**III M1DE**⟩
letzter/letzte/letztes dernier/dernière **I 6A**, 4
ein Leuchtturm un phare **II 5A**, 1
die Leute les gens *(m., pl.)* **I 6DE**
viele Leute beaucoup de monde **II 7A**, 1
Lieber . . . /Liebe . . . *(Anrede)* Cher … /Chère … **I 7A**, 4
die Liebe l'amour *(m.)* **II 6B**
Liebe auf den ersten Blick le coup de foudre **III 4B**, 3
lieben, mögen aimer qn/qc **I 2B**, 2
ich würde lieber . . . j'aimerais mieux … **II 3A**, 8
etw. lieber mögen préférer qc **II 4B**, 2
der Liebeskummer le chagrin d'amour **III 1A**, 1
Lieblings- préféré/préférée **II 6DE**
das Lieblingsessen le plat préféré **II 4B**, 6
ein Lied une chanson **I 2B**, 7
zu etw. hin liegen; mit Blick auf donner sur qc **II 5A**, 7
(nach) links à gauche **I 5B**, 1
eine Liste une liste **II 1DE**
ein Liter un litre **II 4A**, 2
ein Löffel une cuillère **II 4B**, 1
Los!/Auf geht's! Vas-y! **II 3B**, 1
Los geht's! C'est parti! **III 1A**, 1
eine Lösung une solution **II 7A**, 1
etw. loswerden se débarrasser de qc ⟨**III 2B**, 1⟩
lügen mentir **III 2B**, 5
die Lust; das Verlangen l'envie *(f.)* **I 3B**, 1
Ich habe keine Lust darauf. Ça ne me dit rien! **II 3A**, 2
Lust haben, etwas zu tun avoir envie de faire qc **I 3B**, 1
lustig drôle/drôle **II 1A**, 1
ein Lycée un lycée **III 3DE**

M

etwas machen faire qc **I 4B**, 4
jdn. irre machen rendre qn dingue **III 4A**, 4
Mach' dir nichts draus. Ne t'en fais pas. *(fam.)* **II 7A**, 3
ein Mädchen une fille **I 1B**, 1
eine Mahlzeit un repas **I 5A**, 3

Mai mai *(m.)* I3B, 7
die Malerei; *(hier)die Felszeichnung* la peinture ⟨III M1C, 4⟩
manchmal des fois *(fam.)* ⟨II 2DE⟩; quelquefois ⟨II 2DE⟩; parfois II 6A
ein Manga *(japanischer Comicstil)* un manga II 2A, 1
ein Mangel un manque ⟨III 5C, 1⟩
ein Mann un homme II1B, 6; un monsieur I1B, 4
eine Mannschaft une équipe II 6DE
ein Märchen un conte ⟨III 5C, 1⟩
ein Markt un marché I7C
marokkanisch marocain/marocaine III 5DE, 3
März mars *(m.)* I3B, 7
Mathematik les mathématiques *(f.)* ⟨I 4P⟩
eine Maus une souris II 2A, 1
ein Maximum un maximum ⟨II 6D⟩
ein Mechaniker/eine Mechanikerin un mécanicien/une mécanicienne III 3B, 4
eine Mediathek une médiathèque ⟨I 0, 8⟩
die Medien les médias *(m., pl.)* II 6DE
medienwirksam; Medien- médiatique/médiatique ⟨III M2DE⟩
ein Medikament un médicament III 2C, 2
die Medizin la médecine III 5B, 1
medizinisch médical/médicale III 3DE
das Meer la mer II 5DE
ein Meereschweinchen un cochon d'Inde ⟨I 1P⟩
das Mehl la farine II 4DE
mehr + *Nomen* plus (de) II 7B, 3
mehrere plusieurs *(inv.)* II 3B, 1
mehrere Male plusieurs fois ⟨II 2DE⟩
eine Meinung un avis II 6A
Ich bin deiner Meinung. Je suis de ton avis. II 7B, 7
meiner Meinung nach à mon avis II 7B, 7
ein Meister/eine Meisterin un champion/une championne I 5B, 3
eine Melodie un air III1B, 1
eine Melodie une mélodie II 6B
eine Melone un melon ⟨II 4P⟩
jede Menge; viel/viele plein de … ⟨III M1B⟩
merkwürdig bizarre I1B, 1; curieux/curieuse II 2B, 1
ein Messer un couteau II 4B, 1
ein Meter un mètre III 4B, 3
eine Metropole; *(hier) Frankreich als Mutterland* une métropole III 5DE
eine Miesmuschel une moule II 4A, 1
die Milch le lait II 4DE
das Milieu, das Umfeld le milieu ⟨III M2A, 3⟩
eine Million un million I7B
ein Mineralwasser une eau minérale I 5C, 1
eine Minute une minute I 4A, 3
Mist! Zut! *(fam.)* I 2A, 3
mit avec I 2DE
jdm. etw. (mit)bringen apporter qc à qn II 6C
etw. mitnehmen emporter qc II 5B, 1
eine Mitte, ein Zentrum un centre ⟨III M1A⟩
eine Mitteilung un message II 3DE
das Mittelalter le Moyen Age III 5B, 1
Mitternacht minuit *(m.)* I 5A, 3
Mittwoch, am Mittwoch mercredi *(m.)* I 4B, 1
eine MMS *(eine Bildnachricht)* un MMS II 5A, 4
jemanden mobilisieren mobiliser qn (pour qc) ⟨III M2A, 1⟩
ich möchte gerne … je voudrais … I 5A, 3
die Mode la mode II 6C
ein Moderator/eine Moderatorin un présentateur/une présentatrice III 3B, 1
modern moderne I 7DE
modern, „in" à la mode II 6C
mögen, lieben aimer qn/qc I 2B, 2
jemanden/etwas sehr gern mögen adorer qn/qc I 7C, 1
möglich possible/possible II 1A, 7
alle möglichen, jeder Art toutes sortes de III 1DE
eine Möhre une carotte ⟨II 4P⟩
ein Moment un moment II 2A, 1
ein Monat un mois I 3B, 7
der Mond la lune II 4A, 1
Montag, am Montag lundi *(m.)* I 4A, 3
ein Monument un monument III 4A, 1
morgen demain I 3A, 3
bis morgen à demain ⟨I 0, 3⟩
der Morgen le matin I 5A, 3
jemanden motivieren motiver qn III 1DE
motiviert sein (etw. zu tun) être motivé/motivée (pour faire qc) III 1DE
ein Motorboot un bateau à moteur ⟨II 5P⟩
das Mountainbike le VTT ⟨I 2P⟩
eine Mousse au chocolat une mousse au chocolat ⟨II 4P⟩
ein MP3-Player un baladeur mp3 II 5A, 4
müde fatigué/fatiguée I 7B, 1
der Mülleimer la poubelle II 1B, 2
die Mundharmonika l'harmonica *(m.)* II 6B
eine Muschel un coquillage ⟨III M1B⟩
ein Museum un musée I 7DE
Musik *(als Schulfach)* l'éducation musicale *(f.)* ⟨I 4P⟩
die Musik la musique I 2B, 2
ein Musiker/eine Musikerin un musicien/une musicienne III 3B, 4
eine Musikschule une école de musique ⟨I 5P⟩
eine Musikzeitschrift un magazine de musique/musical ⟨II 6P⟩
etw. tun müssen devoir faire qc II 6C
man muss etw. tun il faut faire qc II 4A, 2
(Imparfait von „il faut":) man musste il fallait III 2B, 1
der Mut le courage II 6DE
mutig courageux/courageuse II 2DE
eine Mutter une mère I 3A, 9
mütterlich, mütterlicherseits maternel/maternelle III 5DE
eine Muttersprache une langue maternelle III 5DE

N

nach après I 4A, 1
nach, in (Paris) à (Paris) I 2DE
ein Nachbar/eine Nachbarin un voisin/une voisine II 7B, 3
nachdenken réfléchir II 7A, 1
Nachmittag, nachmittags l'après-midi *(m./f.)* I 5A, 3
eine Nachricht un message II 3DE
ein Nachrichtensprecher/eine Nachrichtensprecherin un présentateur/une présentatrice III 3B, 1
nächster/nächste/nächstes prochain/prochaine II 3B, 4
die Nacht la nuit I 5A, 1
ein Nachtisch un dessert II 4A, 1
nahe bei jdm./etw. près de qn/qc III 4A, 1
aus der Nähe, von Nahem de près III 2C, 2
Na ja. Bof! *(fam.)* I 1B, 7
ein Name un nom II 1DE
national national/nationale ⟨III M2A, 1⟩
ein Nationalfeiertag une fête nationale I 6DE
die Natur la nature III 3B, 8
neben *(Adv.)* à côté II 1A, 1
neben *(Präposition)* à côté de II 1A, 1
noch einmal nehmen reprendre qc II 4B, 6
etwas nehmen prendre qc I 5C, 1
jdn. nerven énerver qn II 1A, 7
nerven Ça m'énerve! II 1A, 7
nett gentil/gentille III 4A, 4; sympa I 2B, 2; joli/jolie I 6A, 4
neu nouveau/nouvel/nouvelle II 6DE
ein Neuer, eine Neue un nouveau/une nouvelle II 1A, 1
neugierig curieux/curieuse II 2B, 1
Neujahr le nouvel an ⟨I 3P⟩
nicht ne … pas I 4A, 3
auch nicht ne … pas non plus III 1B, 1
nicht mehr ne … plus I 7C, 1
noch nicht ne … pas encore II 4B, 2
nichts ne … rien II 2B, 2
Nickel le nickel ⟨III 5D, 1⟩
nie, niemals ne … jamais II 4B, 2
niedlich mignon/mignonne III 4A, 4
niemand ne … personne III 1A, 1
ein Niveau, eine Stufe un niveau III 4A, 7
noch encore I 3B, 1
noch einmal encore une fois ⟨II 2DE⟩
noch nicht ne … pas encore II 4B, 2
etwas noch einmal singen rechanter qc III 1A, 1
der Norden le nord ⟨III 5C, 2⟩; II 5DE
normal normal/normale II 5A, 4
normalerweise normalement III 3B, 6
normalerweise, gewöhnlich d'habitude III 2A, 5
eine Note une note II 3A, 2
November novembre *(m.)* I 3B, 7
Nudeln des pâtes *(f.) (pl.)* ⟨II 4P⟩
eine Nummer un numéro I 5B, 3
nun, … ben *(fam.)* II 3A, 2
nur, bloß *(Adv.)* juste *(adv.)* III 1B, 1
nur seulement II 7B, 3
nur ne … que II 3B, 1
zu etw. nützen/nützlich sein servir à qc III 1B, 1
eine Nutzung, ein Abbau une exploitation ⟨III 5D, 1⟩

O

ob si II 5A, 7
obwohl, wohingegen alors que III 5A, 1
oder ou I 3A, 1
oder aber ou bien ⟨III M1B⟩
offen ouvert/ouverte I 7C, 1
öffentlich public/publique ⟨III M2A, 1⟩
die Öffentlichkeit le public ⟨III M2A, 3⟩
offiziell, amtlich officiel/officielle III 5A, 1
etw. öffnen ouvrir qc II 2B, 2
oft souvent ⟨I 3A, 3⟩; II 2A, 1
ohne sans II 1A, 1
eine Person ohne Papiere un sans-papiers ⟨III M2B, 2⟩
ohne etwas zu tun sans faire qc II 2B, 2
o.k. d'accord I 2B, 2
ökologisch écologique I 7B, 2
Oktober octobre *(m.)* I 3B, 7
das Öl l'huile *(f.)* II 4A, 1
eine Olive une olive II 4A, 1
ein Onkel un oncle I 3A, 9
der Optimismus l'optimisme *(m.)* ⟨III 5C, 1⟩
eine Orange une orange I 5C, 1
ein Ordner un classeur ⟨I 2A, 1⟩
etw. organisieren organiser qc II 3A, 2
die Orientierung l'orientation *(f.)* III 3A, 2
originell *(anders als üblich)* original/originale ⟨II 6D⟩; III 1DE
ein Ort un endroit I 7DE; un lieu ⟨II 6D⟩
der Osten l'est *(m.)* II 5DE
Ostern Pâques ⟨I 3P⟩

P

Papa papa I 1A, 1
ein Papagei un perroquet ⟨I 1P⟩
das Papier le papier II 1B, 2
eine Paprika un poivron ⟨II 4P⟩
ein Paradies un paradis ⟨III M1DE⟩
ein Parcours un parcours II 7A, 1
ein Park un parc I 5DE
eine Party une fête I 6DE
die Pause (in der Schule) la récréation I 4A, 3
eine Pause une pause II 5A, 4
peinlich, lästig gênant/gênante III 4A, 7
Peinlich!, So eine Blamage! *(ugs.)* C'est la honte! *(fam.)* III 4A, 7
eine Person *(Film, Theater)* un personnage ⟨II 6P⟩
eine Person une personne I 6A, 1
ein Pfad une piste II 3B, 1
ein Pferd/Pferde un cheval/des chevaux II 7B, 3
Pfingsten la Pentecôte ⟨I 3P⟩
ein Pfirsich une pêche ⟨II 4P⟩; III 1A, 1
eine Pflanze une plante III 5B, 1
die Philosophie la philosophie III 5B, 1
ein Pilot/eine Pilotin un pilote/une pilote III 3B, 1
eine Piste une piste II 3B, 1
eine Pizza une pizza ⟨I 6P⟩
ein Plakat une affiche I 2DE
ein Plan un plan III 5B, 2
ein Platz une place I 4A, 3
platzen, explodieren éclater ⟨III 2C, 2⟩
plötzlich; auf einmal soudain III 4B, 3
plötzlich tout à coup II 1B, 2
die Post la poste I 5B, 2
ein Postamt un bureau de poste ⟨I 0, 8⟩
ein Poster une affiche I 2DE
eine Postkarte une carte postale I 7A, 1
ein Praktikum un stage III 1DE
praktisch pratique I 7C, 1
praktischer als plus pratique que III 4B, 1
ein Preis un prix II 6C
die Première la première ⟨II 6P⟩
die Presse la presse ⟨III M2A, 1⟩
privat privé/privée ⟨III M2A, 1⟩
probieren goûter qc II 4B, 2
ein Problem un problème I 6A, 2
eine Produktion une production ⟨III M1A⟩
ein Produzent/eine Produzentin un producteur/une productrice ⟨III 5C, 1⟩
ein Programm un programme III 4A, 4
ein Projekt un projet II 6C
eine Provinz une province III 2DE
ein Prozent un pour cent *(inv.)* III 3B, 1
Pst! Chut! I 2A, 3
das Publikum le public ⟨III M2A, 3⟩
ein Pulli un pull I 6B, 8

Q

ein Quebecer/eine Quebecerin un Québécois/une Québécoise III 5A, 1
aus Quebec québécois/québécoise III 5DE, 3
eine Quiche une quiche II 2A, 1

R

das Radfahren le cyclisme ⟨I 5A, 5⟩
ein Radiergummi une gomme I 2A, 1
ein Rastplatz *(Autobahn)* une aire de repos II 5A, 4
ein Rathaus un Hôtel de Ville III 4A, 1
ein Rätsel une devinette II 1B, 6
eine Ratte un rat ⟨I 1P⟩
ein Raub un vol III 2C, 2
das Recht le droit II 6A
das Recht haben, etw. zu tun avoir le droit de faire qc II 6A
etw. rechtfertigen, begründen justifier qc ⟨III M2B, 2⟩
recht haben avoir raison I 4B, 4
(nach) rechts à droite I 5B, 1
rechtzeitig à temps III 4B, 3
ein Referat un exposé II 3A, 2
ein Reflex un réflexe ⟨III 2C, 2⟩
ein Refrain un refrain III 1A, 1
der Refrain le refrain ⟨II 6P⟩
der Regen la pluie III 4A, 4
eine Region une région II 5B, 1
regnen pleuvoir I 7A, 2
Es regnet. Il pleut. I 7A, 2
reich riche/riche III 5DE, 2
das Reich l'empire *(m.)* II 2DE
jdm. etw. reichen passer qc à qn II 4B, 6
der Reichtum la richesse III 5DE, 2
ein Reifen un pneu ⟨III M1A⟩
der Reis le riz ⟨II 4P⟩
eine Reise un voyage II 2DE
reisen voyager III 3B, 8
reiten faire du cheval ⟨II 5P⟩
das Reiten l'équitation *(f.)* ⟨I 5A, 5⟩
rennen/laufen courir III 2B, 5
eine Reportage un reportage I 7DE
jdn./etw. respektieren respecter qn/qc II 2B, 2
ein Restaurant un restaurant I 7A, 1
der Rhythmus le rythme II 6B
sich an jemanden richten, sich an jemanden wenden s'adresser à qn ⟨III M2A, 1⟩
richtig; gerecht juste/juste II 5A, 7
etw. riechen sentir qc III 2A, 5
Rock, die Rockmusik le rock I 2B, 7
ein Rock une jupe I 6B, 8
eine Rolle un rôle III 5DE, 2
romantisch romantique/romantique III 5A, 1
rot rouge/rouge I 6B, 6
rothaarig roux/rousse II 1B, 6
der Rücken le dos II 5B, 1
ein Rucksack un sac à dos ⟨I 2A, 1⟩
eine Rückzahlung; Rückerstattung un remboursement III 3B, 6
jdn. (an)rufen appeler qn II 2B, 2
(aus)rufen s'écrier III 4B, 3
die Ruhe le silence II 4B, 2
ein Rundgang un tour I 5A, 3

S

eine Sache une chose I 7C, 1; une affaire I 3A, 3; un truc *(fam.)* I 2A, 1
ein Saft un jus I 5C, 1
(jdm.) etw. sagen dire qc (à qn) II 5A, 7
er sagt/sie sagt il dit/elle dit I 2A, 3
Das sagt mir nicht zu. Ça ne me dit rien! II 3A, 2
eine Salami un saucisson II 4A, 1
ein Salat une salade II 4DE
Samstag, am Samstag samedi *(m.)* I 4B, 1
samstags le samedi I 5A, 3
der Sand le sable II 5B, 1
ein Sandwich un sandwich ⟨I 6P⟩; II 5A, 4
ein Sänger/eine Sängerin un chanteur/une chanteuse I 6A, 4
ein Satz une phrase II 7A, 4
schade C'est dommage. I 3A, 3
ein Schädel un crâne II 2A, 1
eine Schande une honte III 4A, 7
ein Schatten une ombre III 4B, 3
ein Schauspieler/eine Schauspielerin un acteur/une actrice II 1B, 2
scheinen, funkeln briller III 4A, 9
jdm. etw. schenken offrir qc à qn III 1A, 1
ein Scherz une blague II 1A, 1
ein Schiff un bateau/des bateaux II 5A, 1
ein Schild, Hinweisschild un panneau ⟨III M1B⟩
eine Schildkröte une tortue ⟨I 1P⟩
ein Schinken un jambon ⟨II 4P⟩
eine Schirmmütze une casquette I 6B, 1
schlafen dormir II 6A
schlagen; klopfen frapper III 2B, 5
das Schlagzeug la batterie II 6B
Schlange stehen faire la queue III 4B, 3
schlecht mauvais/mauvaise I 6B, 1

Es ist schlechtes Wetter. Il fait mauvais. **I 7A**, 2
etw. schließen fermer qc **II 2A**, 1
schließlich, zum Schluss finalement **III 3B**, 1
schließlich, endlich enfin **I 6A**, 4
schließlich finalement ⟨II 2P⟩
ein Schloss un château **III 4A**, 1
der Schluss, das Ende la fin **I 4B**, 5
ein Schlüssel une clé **I 4A**, 3
Schmerzen haben avoir mal **I 5B**, 3
schmollen bouder **III 3A**, 2
der Schnee la neige **III 4A**, 9
etw. schneiden, abschneiden couper qc **III 2DE**
schneien neiger **I 7A**, 2
schnell *(Adv.)* vite *(adv.)* **I 1A**, 1
ein Schock un choc ⟨II 2P⟩
die Schokolade le chocolat **II 4A**, 1
schön beau/bel/belle **II 6B**
Es ist schönes Wetter. Il fait beau. **I 7A**, 1
schon déjà **I 5A**, 3
Schrank une armoire **III 2C**, 2
der Schrecken l'horreur *(f.)* ⟨II 6D⟩
jemandem etwas schreiben écrire qc à qn **I 7A**, 1
ein Schreibtisch un bureau **I 7A**, 1
ein Schreibwarengeschäft une papeterie ⟨I 5P⟩
schreien crier **II 3B**, 1
ein Schriftsteller/eine Schriftstellerin un écrivain/une femme écrivain ⟨III M2B, 2⟩
ein Schritt un pas **III 2C**, 2
schüchtern timide/timide **II 1B**, 2
ein Schuh une chaussure **I 6B**, 8
Schul- scolaire/scolaire **III 4DE**
der Schul(jahres)beginn la rentrée **II 1DE**
eine Schule une école **I 2A**, 3
ein Schüler/eine Schülerin un élève/une élève **I 4DE**
ein Schüleraustausch un échange scolaire **III 4DE**
schulisch scolaire/scolaire **III 4DE**
ein Schulleiter/eine Schulleiterin *(im „Collège")* un principal/une principale **III 2A**, 5
eine Schultasche un cartable ⟨I 2A, 1⟩
eine Schulter une épaule **III 2A**, 5
ein Schulzeugnis un bulletin scolaire **II 3DE**
ein Schwanz une queue **III 4B**, 3
schwarz noir/noire **I 6B**, 8
ein Schwein un cochon ⟨I 1P⟩
eine Schwester une sœur **I 2B**, 2
schwierig difficile **II 4DE**
ein Schwimmbad une piscine **I 5B**, 2
schwimmen nager **II 5B**, 1
das Schwimmen la natation **I 5A**, 5
ein Sechseck un hexagone ⟨III M1DE⟩
die Sechs, die sechste Klasse la sixième **II 1DE**
ein Segel; das Segeln la voile ⟨II 5P⟩
etw. sehen voir qc **II 2A**, 1
sehr très **I 6A**, 4
ein Seil une corde **II 7A**, 1
sein être **I 2B**, 2
seit depuis **II 2A**, 1; depuis que *(Konjunktion)* **III 1A**, 1
eine Seite un côté ⟨III 5D, 1⟩; une page **II 2B**, 2
eine Sekunde une seconde **III 2B**, 1
Selbstverständlich! Bien sûr! **I 3A**, 2
selten rare/rare ⟨III 5D, 1⟩
seltsam, merkwürdig étrange/étrange **III 2B**, 1
seltsam mystérieux/mystérieuse **II 2DE**
September septembre *(m.)* **I 3B**, 7
seriös sérieux/sérieuse **II 7A**, 3
eine Serviette une serviette **II 4B**, 1
etwas setzen/stellen poser qc **I 5B**, 3
seufzen soupirer **III 3A**, 2
shoppen, die Geschäfte abklappern *(ugs.)* faire les magasins ⟨II 5P⟩
Shorts un short ⟨I 6B, 8⟩
das Showgeschäft un spectacle **III 3B**, 4
sicher sûr/sûre **II 4B**, 2
sicher, sicherlich *(Adv.)* sûrement **III 4A**, 4
Sieh mal! Tiens! **I 2A**, 3
singen chanter **I 3B**, 1
ein Sketch un sketch ⟨I 6P⟩
Ski fahren le ski ⟨III M1A⟩; ⟨I 5A, 5⟩
die Slackline *(gespanntes Band, auf dem man balanciert)* la corde molle **II 7A**, 1
so, auf diese Weise comme ça **I 4B**, 4; ainsi ⟨II 2P⟩
so viel, dermaßen tellement **III 4B**, 3
ein Sofa un canapé **II 5A**, 7
sofort tout de suite **II 5B**, 1
sogar même **I 5B**, 3
ein Sohn un fils **I 3A**, 9
der Sommer l'été *(m.)* **II 5B**, 4
die Sonne le soleil **II 5A**, 4
ein Sonnenbrand un coup de soleil **III 4B**, 3
Sonntag, am Sonntag dimanche *(m.)* **I 4B**, 1
sonst, andernfalls sinon **III 2B**, 1
ein Souk *(ein arabischer Markt)* un souk **III 5B**, 1
spannend, fesselnd passionnant/passionnante **III 3B**, 1
die Spannung *(Film, Roman, Erzählung)* le suspense ⟨II 6D⟩
spät tard **I 5A**, 3
später plus tard **II 2B**, 8
zu spät kommen être en retard **I 4DE**
spazieren gehen se promener ⟨III M1B⟩
ein Spaziergang une promenade **III 4A**, 1
eine Spezialität; eine Besonderheit une spécialité **III 4A**, 1
speziell, Spezial-, Sonder- spécial/spéciale **II 6DE**
ein Spiel/Spiele un jeu/des jeux **I 3B**, 1
spielen jouer **I 4DE**
etw. (ein Spiel) spielen jouer à qc **II 5A**, 7
etw. spielen *(Instrument)* jouer de qc **II 6B**
der Sport le sport **I 2B**, 2
Sport *(als Schulfach)* l'E.P.S. (Education physique et sportive) *(f.)* ⟨I 4P⟩
ein Sportler/eine Sportlerin un sportif/une sportive **II 3B**, 1
ein Sportverein un club sportif ⟨I 5P⟩
eine Sprache une langue **III 3B**, 8
eine Sprechblase une bulle ⟨II 6P⟩
sprechen parler **I 2DE**
mit jemandem sprechen parler à qn **I 6B**, 1
springen sauter **II 7A**, 1
ein Staat un Etat **III 5DE**, 1
staatlich national/nationale ⟨III M2A, 1⟩
eine Stadt une ville **I 7DE**
ein Stand un stand **I 5DE**
ein Star une star **II 1B**, 2
stark fort/forte **III 3B**, 8
eine Station une station **I 7B**, 1
stattfinden avoir lieu ⟨II 6D⟩
eine Statue une statue **III 4B**, 3
ein Steak mit Pommes frites un steak-frites **II 4A**, 1
stehend, im Stehen debout **II 5B**, 1
etw. stehlen voler qc **III 2A**, 5
ein Stein une pierre **II 2DE**
eine Stelle un endroit **I 7DE**
etwas stellen mettre qc **I 6B**, 1; poser qc **I 5B**, 3
sterben mourir **III 5B**, 1
ein Stil un style **II 6DE**
die Stille le silence **II 4B**, 2
die Stimme la voix **II 6B**
Stimmt's? C'est ça? **I 3B**, 1
eine Stimmung, eine Atmosphäre une ambiance **III 3B**, 1
eine Stimmung, eine Laune une humeur **III 1DE**
ein Strand une plage **II 5DE**
eine (Land)Straße une route **III 2A**, 5
die Straße une rue **I 2A**, 3
auf der Straße dans la rue **I 2A**, 3
ein Streich une blague **II 1A**, 1
jdn./etw. streicheln caresser qn/qc **III 2B**, 1
ein Streit une dispute **II 3B**, 1
sich mit jdm. streiten se disputer avec qn **III 3A**, 2
eine (Lied-)Strophe un couplet ⟨II 6P⟩
studieren faire ses études **III 5B**, 1
das Studium les études *(f.) (pl.)* **III 5B**, 1
ein Stuhl une chaise **II 3DE**
eine Stunde une heure **I 4A**, 1
der Stundenplan l' emploi *(m.) du temps* **I 4B**, 1
eine Suche une recherche **III 3DE**
jemanden/etwas suchen chercher qn/qc **I 2DE**
der Süden le sud **II 5DE**
Südfrankreich le Midi **III 2DE**
der Südwesten le sud-ouest **II 5DE**
super super *(inv.)* **I 1B**, 1
Das war super. C'était génial. ⟨II 2P⟩
ein Supermarkt un supermarché **II 4DE**
surfen; im Internet surfen surfer **II 6A**
süß/niedlich mignon/mignonne **III 4A**, 4
süß *(Geschmack)* sucré/sucrée **III 4A**, 4
ein Sweatshirt un sweat ⟨I 6B, 8⟩
eine Szene; *(hier) eine Bühne* une scène ⟨III M2A, 3⟩
eine Szene une scène ⟨II 6P⟩

T

eine Tafel un tableau/des tableaux **II 3DE**
ein Tag un jour **I 5A,** 1; une journée **I 4A,** 1
pro Tag/täglich par jour **I 7B,** 1
Einen schönen Tag! Bonne journée! **I 5C,** 5
Guten Tag! Bonjour! **I 1DE**
ein Tagebuch un journal/des journaux **I 6A,** 4
das Tagesgeschehen l'actualité *(f.)* ⟨**III M2A,** 1⟩
eine Tageszeitung un quotidien ⟨**III M2A,** 1⟩
täglich quotidien/quotidienne ⟨**III 5C,** 1⟩; ⟨**II 6D**⟩
das Talent, die Begabung le talent ⟨**III M1DE**⟩
eine Tante une tante **I 3A,** 9
der Tanz, das Tanzen la danse **I 5A,** 5
tanzen danser **I 6DE**
die Tasche, die Hosentasche la poche **I 6B,** 1
eine Tasche un sac **I 4B,** 4
ein Taschendieb un pickpocket **III 2B,** 5
das Taschengeld l'argent *(m.)* de poche **II 7B,** 3
eine Tasse une tasse **II 4B,** 6
eine Tatsache un fait **III 2B,** 6
das Tauchen la plongée ⟨**II 5P**⟩
die Taufe le baptême ⟨**I 3P**⟩
ein Tausch, ein Austausch un échange **III 4DE**
tausend mille **II 1B,** 2
Tausende des milliers *(m.)* **II 2A,** 1
ein Team une équipe **II 6DE**
die Technik la technique **III 3B,** 8; la technologie ⟨**I 4P**⟩
Techno *(Musikstil)* la techno **I 2B,** 7
ein Teil une partie **I 4B,** 5
gehören zu, ein Teil sein von faire partie de **III 5DE**
an etw. teilnehmen participer à qc **II 3A,** 2
ein Telefon un téléphone **II 2B,** 8
ein Telefonanruf un coup de téléphone **II 2B,** 8
ein Teller une assiette **II 4B,** 1
Tennis le tennis ⟨**I 5A,** 5⟩
teuer cher/chère **I 7C,** 1
das Theater le théâtre **I 5A,** 5
ein (Theater-)Stück une pièce (de théâtre) ⟨**III 5D,** 1⟩
ein Thema un thème ⟨**III M2B,** 2⟩; un sujet **II 6DE**
ein Tier un animal/des animaux **II 5A,** 4
ein Tisch une table **I 5A,** 3
bei Tisch à table **I 5A,** 3
den Tisch decken mettre la table **II 4B,** 1
ein Titel un titre **I 4B,** 5
eine Tochter une fille **I 1B,** 1
der Tod la mort **II 2DE**
die Toilette les toilettes *(f.)* **I 4A,** 1; les W.-C. ⟨**I 5A,** 3⟩
toll fantastique **I 1B,** 1; super *(inv.)* **I 1B,** 1
ein Totenkopf un crâne **II 2A,** 1
eine Tour, ein Rundgang un tour **I 5A,** 3
ein Tourist/eine Touristin un touriste/une touriste **I 7DE**
touristisch touristique/touristique ⟨**III M1B**⟩
eine Tournee une tournée **III 5A,** 1
etwas tragen porter qc **I 2A,** 2
ein Trampolin un trampoline **II 7A,** 1
eine Träne une larme **III 2A,** 5
sich trauen, etwas zu tun oser faire qc **III 4A,** 4
ein Traum un rêve **I 4B,** 4
(von etw.) träumen rêver (de qc) **II 7DE**
traurig triste/triste **I 6A,** 4
jemanden treffen retrouver qn/qc **I 4A,** 3; rencontrer qn **I 6B,** 1
sich treffen se retrouver **II 3A,** 2
eine Entscheidung treffen prendre une décision **III 3B,** 1
ein Treffen un rendez-vous ⟨**III M2A,** 3⟩
eine Treppe un escalier **II 2DE**
ein Tretboot un pédalo ⟨**II 5P**⟩
etw. trinken boire qc **II 4A,** 2
trotzdem, dennoch pourtant **III 3A,** 2; quand même **III 4B,** 3
Tschüs! Salut! *(fam.)* ⟨**I 0,** 2⟩
ein T-Shirt un t-shirt **I 2B,** 2
ein Tunnel un tunnel **III 5A,** 1
eine Tür une porte **II 2B,** 2
ein Turm une tour **I 6DE**
das Turnen la gymnastique **I 2B,** 7
eine Turnhalle un gymnase **I 4B,** 3
ein Turnschuh une basket **I 6B,** 8

U

überall partout **III 2A,** 5
überhaupt nicht ne ... pas du tout **III 1A,** 1
überlegen réfléchir **II 7A,** 1
etwas überqueren traverser qc **I 5B,** 1
eine Überraschung une surprise **I 3B,** 1
Übersee- outre-mer ⟨**III M1DE**⟩
die Überseedepartements/Überseeregionen les départements et régions d'outre-mer *(m., pl.)* **III 5DE,** 2
die Überseegebiete les collectivités d'outre-mer *(f.)* **III 5DE,** 2
eine Übersetzung une traduction **III 5B,** 1
übrigens à propos **II 7A,** 1
eine Übung un exercice **I 4B,** 4
am Rande, am Ufer von etw. au bord de qc **II 5DE**
Uhrzeit: halb acht Uhr sept heures et demie **I 4A,** 1
sieben Uhr sept heures **I 4A,** 1
um wie viel Uhr? à quelle heure? **I 4A,** 2
Viertel nach sieben Uhr sept heures et quart **I 4A,** 1; Viertel vor sieben Uhr sept heures moins le quart **I 4A,** 1
Wie viel Uhr ist es? Quelle heure est-il? **I 4A,** 2
umgangssprachlich familier/familière **III 4A,** 7
umweltfreundlich écologique **I 7B,** 2
umziehen déménager **III 2DE**
unabhängig indépendant/indépendante **III 5DE,** 2
und et **I 1A,** 1
unerwartet inattendu/inattendue ⟨**III M2A,** 3⟩
ein Unfall un accident ⟨**III M2A,** 3⟩
ungefähr environ **III 4A,** 1
unglaublich incroyable **III 3B,** 1
unglücklich malheureux/malheureuse **II 2B,** 1
unmöglich impossible/impossible ⟨**III M2A,** 3⟩
unruhig inquiet/inquiète **III 3B,** 1
unter parmi **III 2A,** 5; sous **I 4A,** 3
unter anderem entre autres ⟨**III M2A,** 3⟩
sich (über etwas) unterhalten discuter (de qc) **I 4A,** 3
eine Unterhaltung une discussion **II 2A,** 1
ein unterirdischer Gang/Raum un souterrain **II 2DE**
ein Unternehmen une entreprise **III 3DE**
im Unterricht en cours **II 1A,** 1
Unterricht haben avoir cours **II 1B,** 2
eine Unterrichtsstunde un cours **I 4DE**
ein Unterschied une différence **III 2DE**
unvergesslich inoubliable/inoubliable ⟨**III M2A,** 3⟩
unvorsichtig imprudent/imprudente ⟨**III M1B**⟩
der Urlaub les vacances *(f., pl.)* **I 6A,** 4
Keine Ursache. De rien. **II 7A,** 1
ein USB-Stick une clé USB **I 4A,** 3

V

ein Vampir un vampire **II 2A,** 1
ein Vater un père **I 3A,** 9
eine Verabredung un rendez-vous ⟨**III M2A,** 3⟩
jemanden/etwas verabscheuen détester qn/qc **I 2B,** 2
eine Verbreitung; Ausstrahlung *(TV, Radio)* une diffusion ⟨**III M2A,** 3⟩
etwas verbringen passer **I 5A,** 1
seine Zeit damit verbringen, etw. zu tun passer son temps à faire qc **II 6A**
ein Verdacht un soupçon **III 2DE**
jdn. einer Sache verdächtigen soupçonner qn de qc **III 2C,** 2
Verdammt! Zut! *(fam.)* **I 2A,** 3
verdienen (Geld) gagner de l'argent **II 6B**
seinen Lebensunterhalt verdienen gagner sa vie **III 5B,** 1
ein Verein, ein Zusammenschluss une association ⟨**III M2DE**⟩
ein Verein un club **II 7A,** 1
etwas vergessen oublier qc **I 6A,** 4
mit etwas vergleichen comparer qc **III 4B,** 1
ein Verkäufer/eine Verkäuferin un vendeur/une vendeuse **I 5C,** 1
ein Verkehrsmittel un moyen de transport **I 7B,** 1
ein Verkehrsstau un bouchon **II 5A,** 4
etw. verlängern *(zeitlich)* prolonger qc ⟨**II 5P**⟩
etwas verlassen quitter qc **I 5A,** 3
verlegen gêné/gênée **III 4A,** 4
verliebt amoureux/amoureuse **III 4A,** 4
etw. verlieren perdre qc **II 2B,** 2
ein Spiel verlieren perdre un match ⟨**II 1P**⟩
die Verlosung le tirage au sort **II 7B,** 3
etw. vermeiden éviter qc **III 4A,** 4
etw. verpassen; verpfuschen, nicht schaffen rater qc *(fam.)* **III 3A,** 1
jdn. verraten dénoncer qn **III 2C,** 2

verrückt fou/fol/folle II 4DE
verschlossen fermé/fermée II 2A, 1
etw. verschmutzen polluer qc ⟨III 5D, 1⟩
verschwinden disparaître III 2A, 5
eine Verspätung un retard I 4DE
etw. verstecken cacher qc III 2C, 2
sich verstehen s'entendre III 4A, 4
etw. verstehen comprendre qc II 1A, 1
Ich habe nicht verstanden. Je n'ai pas compris. II 1A, 8
etw. versuchen essayer qc II 5B, 1
vertraut familier/familière III 4A, 7
ein Autor/eine Autorin un auteur/une auteure III 1DE
Verwaltungs-, behördlich administratif/administrative III 5DE, 2
verwaltungsmäßig administrativement III 5DE, 2
etw. verwenden utiliser qc II 6A
jdm. etw. verzeihen pardonner qc à qn III 2C, 2
Entschuldigung. Pardon. I 1A, 1
viel beaucoup I 5B, 2
viel/viele; jede Menge plein de … ⟨III M1B⟩
viel(e) beaucoup de I 7A, 1
vielleicht peut-être I 6A, 4
vielmehr plutôt II 3A, 2
die vierte Klasse la quatrième II 1DE
ein Viertel un quart I 4A, 1
ein (Stadt-)Viertel un quartier I 5DE
Viertel nach sieben sept heures et quart I 4A, 1
Viertel vor sieben Uhr sept heures moins le quart I 4A, 1
die Violine le violon II 6B
Volleyball le volley(ball) ⟨I 5A, 5⟩
von; aus de/d' I 1B, 1
von … bis de … à I 4A, 2
von dort en III 5A, 1
vor *(örtlich)* devant I 2B, 2
vor *(zeitlich)* avant I 6B, 1
(jetzt) vor zwei Wochen il y a deux semaines III 2B, 6
vor allem surtout I 6B, 6
vorankommen avancer II 3B, 1
vorbeigehen, vorübergehen passer III 1A, 1
etwas vorbereiten préparer qc I 3A, 3
der Vordergrund *(Bild, Foto, Film)* le premier plan III 5B, 2
vorhanden, anwesend présent/présente III 5DE, 1
ein Vorname un prénom II 6B
vorschlagen, etw. zu tun proposer de faire qc II 3A, 2
Vorsicht! Attention! I 1A, 1
vorsichtig prudent/prudente ⟨III M1B⟩
eine Vorspeise une entrée II 4A, 1
jdn. vorstellen présenter qn II 1B, 6
sich etw. vorstellen imaginer qc II 6B
eine Vorstellung *(Theater, Kino)* un spectacle III 3B, 4
etw. vorziehen préférer qc II 4B, 2
ein Vulkan un volcan ⟨III M1A⟩; ⟨I 0, 5⟩

W

eine Waffel une gaufre I 5C, 1
wagen, etwas zu tun oser faire qc III 4A, 4
eine Wahl un choix ⟨III M1DE⟩
etw. wählen choisir qc II 7A, 1
während *(Präposition)* pendant II 3B, 1
während *(Konjunktion)* pendant que ⟨II 2P⟩; III 2A, 9
die Wahrheit la vérité III 2B, 1
ein Wal une baleine III 5A, 1
ein Wald une forêt III 5A, 1
eine Wanderung une randonnée III 5A, 1; ⟨II 5P⟩
wann quand I 3B, 7
warm chaud/chaude I 7A, 1
Es ist warm/heiß. Il fait chaud. I 7A, 1
auf jdn. warten attendre qn II 2B, 2
eine Warteschlange une queue III 4B, 3
warum? pourquoi? I 5B, 3
Was … ? Qu'est-ce que … ? I 2B, 2
Was ist das? Qu'est-ce que c'est? I 2DE
sich waschen se laver III 3A, 1
jdn./etw. waschen laver qn/qc III 3A, 1
Was gibt es? Qu'est-ce qu'il y a? I 3A, 2
Was ist los? Qu'est-ce qui se passe? II 7A, 1
das Wasser l'eau *(f.)* I 5C, 1
eine Wasserschale *(zum Reinigen der Finger beim Essen)* un rince-doigts II 4A, 2
das Wasserskifahren le ski nautique ⟨I 5P⟩
eine Wasserstelle *(hier) eine Zapfstelle für Trinkwasser* un point d'eau ⟨III 5C, 1⟩
eine Website un site II 6A
wechseln changer II 3DE
den Raum wechseln changer de salle II 3DE
ein Wecker un réveil III 3A, 1
ein Weg un chemin III 2B, 1
(einer Person/einer Sache) wegen à cause de qn/qc III 2A, 5
weggehen partir II 6A
etw. wegtragen emporter qc II 5B, 1
weh tun faire mal I 5B, 3
weich mou/mol/molle II 7A, 1
weil comme ⟨II 2P⟩; parce que I 5B, 3
auf diese Weise, so ainsi ⟨II 2P⟩
auf diese Weise comme ça I 4B, 4
weiß blanc/blanche I 6B, 6
weit *(Adv.)* loin I 5A, 1
weitermachen continuer II 1B, 2; III 1B, 2
welcher/welche/welches *(Fragebegleiter)* quel/quelle/quels/quelles II 1A, 1
eine Welle une vague II 5B, 1
ein Wellensittich une perruche ⟨I 1P⟩
das Wellensurfen le surf ⟨II 5P⟩
die Welt le monde II 7A, 1
die Weltreise le tour du monde ⟨II 7P⟩
ein wenig un peu I 7B, 1
weniger moins III 4B, 1
weniger praktisch als moins pratique que III 4B, 1
weniger gut moins bien III 5B, 1
wenn quand II 1B, 2
wenn, falls si II 3A, 8
wer qui I 1A, 1
Wer ist das? Qui est-ce? I 1A, 1
etw. werden devenir qn/qc III 2B, 1
etw. werfen lancer qc II 5B, 1
eine Werkstatt un atelier II 6C
der Westen l'ouest *(m.)* II 5DE
ein Wettbewerb un concours III 1DE
das Wetter le temps I 7A, 2
Wie ist das Wetter? Quel temps fait-il? I 7A, 2
die Wettervorhersage la météo III 4A, 9
wichtig important/importante II 6A
wie comme I 4B, 4
wie? *(Fragewort)* comment? I 1A, 1
wieder encore I 3B, 1
jdn./etw. wiederfinden retrouver qn/qc I 4A, 3
etw. wiederholen; *(hier) proben* répéter qc III 1A, 1
Auf Wiedersehen! Au revoir! ⟨I 0, 2⟩
Wie geht es euch/Ihnen? Comment allez-vous? I 7A, 4
Wie geht's? Ça va? I 1A, 1
wie viel combien (de) I 5C, 1
Wieviel kostet das? Ça fait combien? I 5C, 1
Willkommen! Bienvenue! ⟨I 0⟩
der Wind le vent I 7A, 1
Es ist windig. Il y a du vent. I 7A, 1
das Windsurfen la planche à voile ⟨II 5P⟩
der Winter l'hiver *(m.)* II 5B, 4
wirklich vraiment I 5B, 3
die Wirklichkeit la réalité II 6A
die Wirtschaft l'économie *(f.)* ⟨III 5C, 2⟩
wissen savoir II 1A, 1
Ich weiß nicht. Je ne sais pas. I 4A, 3
eine Wissenschaft une science III 5B, 1
ein Wissenschaftler/eine Wissenschaftlerin un scientifique/une scientifique III 3DE
wo; wohin où I 2B, 2
eine Woche une semaine I 7DE
ein Wochenende un week-end III 3B, 1
wohingegen, während, obwohl alors que III 5A, 1
wohingegen, während, dagegen alors que ⟨III 5D, 1⟩
wohnen habiter I 2B, 2
eine Wohnung un appartement I 5A, 3
ein Wohnzimmer un salon I 5A, 3
eine Wolke un nuage III 4A, 9
wollen vouloir II 3A, 1
Wenn du willst. Si tu veux. II 3A, 8
ein Workshop un atelier II 6C
ein Wort un mot I 4B, 3
ein Wörterbuch un dictionnaire III 4A, 4
etwas wünschen désirer qc I 7C, 2
ein Würstchen une saucisse ⟨II 4P⟩
eine Wüste un désert III 5B, 2
die Wut la colère II 1A, 1

Z

eine Zahl un nombre III 5DE
etw. zählen compter qc III 5A, 1
ein Zeichentrickfilm un dessin animé ⟨II 6D⟩
etw. zeichnen dessiner qc III 2A, 5
ein Zeichner/eine Zeichnerin un dessinateur/une dessinatrice II 2B, 2
eine Zeichnung un dessin II 2B, 2

jemandem etwas zeigen montrer qc à qn **I 6B,** 1
die Zeit le temps **I 4B,** 1
seine Zeit damit verbringen, etw. zu tun passer son temps à faire qc **II 6A**
Zeit haben, etw. zu tun avoir le temps de faire qc **II 4B,** 2
eine Zeitschrift une revue ⟨**III M1DE**⟩; un magazine ⟨**III M2A,** 1⟩
ein Zeitschriften- und Schreibwarengeschäft une maison de la presse **I 2DE**
eine Zeitung un journal **I 2DE**
ein Zentrum un centre ⟨**III M1A**⟩
ein Zentrum, eine Mitte, ein Mittelpunkt un centre ⟨**III 5D,** 1⟩
zerstreut sein être dans la lune *(fam.)* **II 4A,** 1
ziemlich plutôt **II 3A,** 2
ein Zimmer une pièce **I 5A,** 3
ein (Schlaf-)Zimmer une chambre **I 3A,** 3
der Zirkus le cirque **II 7DE**
die Zirkuskünste les arts du cirque *(m.)* **II 7DE**
eine Zitrone un citron **II 4DE**
zögern, etw. zu tun hésiter à faire qc **III 2B,** 5
der Zorn la colère **II 1A,** 1
der Zucker le sucre **II 4DE**
zuerst d'abord **I 3A,** 2
zuallererst tout d'abord ⟨**II 2P**⟩
zufrieden content/contente **I 6A,** 4
ein Zug un train **I 3A,** 3
mit dem Zug en train **I 7B,** 2
zugunsten von au profit de ⟨**III M2DE**⟩
jemandem zuhören écouter qn/qc **I 2A,** 2
zurechtkommen se débrouiller **III 4A,** 4
etw. zurückbringen, mitbringen rapporter qc **III 5A,** 1
jdm. etw. zurückgeben rendre qc à qn **III 2A,** 5
zurückkehren retourner **II 3B,** 1
zurückkommen rentrer **I 4A,** 1; revenir **II 3B,** 4
etw. (zurück)lassen laisser qc **II 5A,** 4
(jdn.) zurückrufen rappeler (qn) **II 2B,** 8
zusammen ensemble **I 3A,** 1
etw. zusammenfassen résumer qc **II 6C**
einen zusammenfassenden Überblick über etw. geben faire le point sur qc **III 5A,** 4
ein Zuschauer/eine Zuschauerin un spectateur/une spectatrice ⟨**III M2A,** 3⟩
zu viel, zu sehr trop **I 5B,** 3
zweitausend deux mille (= 2000) **II 1B,** 2
zwischen entre **I 6B,** 1
zwölf Uhr (mittags) midi **I 4A,** 1

Pour faire les exercices du livre

Attention à la terminaison des verbes.	Achtet auf die Endungen der Verben.
Changez de rôle.	Wechselt die Rollen.
Changez de ton.	Ändert den Tonfall.
Choisissez …	Wählt …
Comparez vos résultats.	Vergleicht eure Ergebnisse.
Complétez …	Ergänzt./Vervollständigt …
Continuez.	Macht weiter.
Corrigez …	Korrigiert …
Décrivez …	Beschreibt …
Devinez.	Ratet.
Donnez votre avis sur …	Sagt, was eure Meinung zu … ist.
Echangez …	Tauscht … aus.
Ecoutez la suite.	Hört die Fortsetzung an.
Ecrivez un résumé du texte.	Schreibt ein Resümee/eine Zusammenfassung des Textes.
Expliquez …	Erklärt …
Faites le point sur …	Gebt einen zusammenfassenden Überblick über …
Faites une fiche de présentation.	Erstellt ein Präsentationsblatt.
Faites un filet à mots.	Erstellt ein Wortnetz.
Faites un sondage dans la classe.	Macht eine Umfrage in der Klasse.
Imaginez la suite de l'histoire.	Denkt euch die Fortsetzung der Geschichte aus.
Inventez une situation.	Erfindet eine Situation.
Justifiez vos réponses.	Begründet eure Antworten.
Levez la main.	Hebt die Hand./Meldet euch.
les mots en gras	die fett gedruckten Wörter
les mots en italique	die kursiv/schräg gedruckten Wörter
les mots suivants	die folgenden Wörter
les phrases suivantes	die folgenden Sätze
Mettez les verbes dans les bonnes colonnes.	Tragt die Verben in die richtigen Spalten ein.
Notez ce que vous apprenez sur …	Schreibt auf, was ihr über … erfahrt.
(Ne) notez (que) des mots-clés.	Notiert (nur) Stichworte.
Parlez de …	Sprecht über …
Posez des questions à tour de rôle.	Stellt abwechselnd Fragen.
Prenez des notes.	Macht Notizen.
Présentez …	Präsentiert …/ Stellt … vor.
Préparez …	Bereitet … vor.
Qu'est-ce qu'on apprend sur …	Was erfährt man über …?
Qu'est-ce qui s'est passé?	Was ist geschehen?
Quels sont les mots qui montrent que …	Welche Wörter zeigen, dass …
Quel titre va avec quel paragraphe?	Welcher Titel passt zu welchem Abschnitt?
Que veut dire … ?	Was bedeutet …?
Réalisez … sur papier ou sur ordinateur.	Arbeitet … auf Papier oder am Computer aus.
Recopiez le tableau dans votre cahier.	Übertragt die Tabelle in euer Heft.

Réécoutez …	Hört … noch einmal.
Relevez d'autres exemples.	Sammelt weitere Beispiele.
Relisez le texte.	Lest den Text noch einmal.
Répondez à tour de rôle.	Antwortet abwechselnd.
Résumez ce qui se passe.	Fasst zusammen, was geschieht.
Répondez par des phrases complètes.	Antwortet in ganzen Sätzen.
Retrouvez l'ordre des phrases.	Findet die Reihenfolge der Sätze.
Traduisez …	Übersetzt …
Transformez …	Formt … um.
Trouvez la règle.	Findet die Regel.
Travaillez à deux/en groupes/seuls.	Arbeitet zu zweit/in Gruppen/allein.
Trouvez le contraire.	Findet das Gegenteil.
Trouvez les mots-clés.	Findet die Schlüsselwörter.
Trouvez les mots qui manquent.	Findet die Wörter, die fehlen.
Utilisez …	Verwendet/Benutzt …
Vrai ou faux?	Richtig oder falsch?

Des phrases utiles	Nützliche Sätze
C'est à qui, maintenant?	Wer ist jetzt dran?
C'est à toi, maintenant.	Du bist jetzt dran.
Comment est-ce qu'on dit en français …?	Wie sagt man auf Französisch …?
Comment est-ce qu'on écrit ce mot?	Wie schreibt man dieses Wort?
Comment est-ce qu'on prononce ce mot?	Wie spricht man dieses Wort aus?
Est-ce que vous pouvez épeler, s'il vous plaît?	Können Sie bitte buchstabieren?
Est-ce que vous pouvez expliquer ce mot?	Können Sie dieses Wort bitte erklären?
Est-ce que vous pouvez répéter la phrase, s'il vous plaît?	Können Sie den Satz bitte wiederholen?
Est-ce que vous pouvez répéter la question, s'il vous plaît?	Können Sie die Frage bitte wiederholen?
J'ai oublié mon cahier à la maison.	Ich habe mein Heft zu Hause vergessen.
Je n'ai pas fait mes devoirs.	Ich habe meine Hausaufgaben nicht gemacht.
Je ne comprends pas ce mot.	Ich verstehe dieses Wort nicht.
Je ne sais pas.	Ich weiß nicht.
Nous en sommes à quel paragraphe?	In welchem Abschnitt sind wir?
Nous en sommes à quelle ligne?	In welcher Zeile sind wir?
Nous en sommes à quelle page?	Auf welcher Seite sind wir?
Nous en sommes à quelle phrase?	Bei welchem Satz sind wir?
Pardon, monsieur/madame, j'ai une question.	Entschuldigung, ich habe eine Frage.
Que veut dire le mot/l'expression …	Was bedeutet …?
Tu peux parler plus fort, s'il te plaît?	Kannst du bitte lauter sprechen?

Les lettres de l'alphabet

A [a]	**D** [de]	**G** [ʒe]	**J** [ʒɪ]	**M** [ɛm]	**P** [pe]	**S** [ɛs]	**V** [ve]	**Y** [igrɛk]
B [be]	**E** [ə]	**H** [aʃ]	**K** [ka]	**N** [ɛn]	**Q** [ky]	**T** [te]	**W** [dubləve]	**Z** [zɛd]
C [se]	**F** [ɛf]	**I** [i]	**L** [ɛl]	**O** [o]	**R** [ɛʀ]	**U** [y]	**X** [iks]	

Les signes orthographiques	Die orthografischen Zeichen
l'accent aigu *(m.)*	C'est génial!
l'accent grave *(m.)*	le collège
l'accent circonflexe *(m.)*	Tu as quel âge?
le tréma	Aïe! Mon pied!
le «c»-cédille	un garçon
l'apostrophe *(f.)*	d'accord
OE entrelacés/OE collés	Voilà ma sœur.
la majuscule	Il s'appelle Léo.
la minuscule	Il a 12 ans.

Les signes de la phrase	Die Satzzeichen
le point	On va au collège.
les deux points	Le collège est grand: il a deux mille élèves.
le point d'exclamation	Attention!
le point d'interrogation	Qui est-ce?
les points de suspension	Mais ... C'est Léo!
la virgule	Dans le gymnase, on fait du sport.
les guillemets *(m.)*	Qui est «Scoubidou»?
les parenthèses	(C'est une devinette).
le tiret	– Tu t'appelles comment? – Je m'appelle Marie.
le trait d'union	Grand-mère est à la maison?

Solutions: Lösungen und Lösungsvorschläge

Mit dem Lösungsteil kannst du dich selbst kontrollieren. Damit du eigene Fehler erkennst, musst du sehr genau hinsehen und deine Lösungen sorgfältig mit den hier abgedruckten vergleichen. Trage deine Fehler in dein „Fehlerprotokoll" ein. Wie du damit arbeiten kannst, steht auf Seite 145.

Unité 1, Bilan S. 18–19

1 Parler

1. Ça y est! **2.** Il va mieux. **3.** Il est de bonne humeur. **4.** J'aime toutes sortes de sports. **5.** On risque de perdre du temps. **6.** Il dit n'importe quoi! **7.** Ça ne sert à rien d'attendre. **8.** C'est pour rire.

2 Jeu de mots

1. Je suis de mauvaise humeur. **2.** Il ne veut voir personne. **3.** Elle n'aime pas du tout cette chanson. **4.** Il va mal. **5.** Arrête de jouer de la guitare. **6.** Elle est repartie.

3 Lire

1. Faux. **2.** Vrai. **3.** Vrai. **4.** Vrai. **5.** Faux.

4 Ecrire

b) Mon livre préféré s'appelle «Artemis Fowl».
d) C'est un roman fantastique de Eoin Colfer.
f) Cet auteur a été professeur. Puis il a commencé à écrire des livres. **a)** Il a déjà écrit huit romans dans la série «Artemis Fowl». **c)** Le roman raconte l'histoire d'un garçon génial qui entre en contact avec le monde des fées. **e)** J'aime beaucoup ce livre parce qu'il est très original et même un peu fou.

Unité 1, Grammaire S. 19–20

Das Verb rire

1. Paul raconte une blague, les filles n'arrêtent pas de rire. **2.** Les garçons rient aussi. **3.** Mais Clément ne rit pas. **4.** … tu as ri comme un fou. **5.** Oui, mais cette fois, vous riez de moi …

Das Verb croire

1. … Tu crois qu'il va oublier cette fille? **2.** D'abord, je l'ai cru, mais maintenant, je ne le crois plus. **3.** Manon et Lucie croient qu'il va retrouver la fille. **4.** Bachir croit qu'il ne va pas la retrouver. **5.** Et vous, qu'est-ce que vous croyez?

Die Verneinung mit ne … rien und ne … personne

1. Non, je ne rêve de personne. **2.** Non, je n'ai dansé avec personne. **3.** Non, je ne veux rien boire. **4.** Non, je n'ai rien oublié. **5.** Non, je ne veux appeler personne.

Unité 2, Bilan S. 36–37

1 Parler

1. D'habitude, il est de bonne humeur. **2.** J'ai l'impression qu'il a un problème. **3.** C'est à cause de son portable. **4.** Il a disparu. **5.** C'était il y a trois jours. **6.** Il lui manque. **7.** Il était rouge. **8.** On l'a volé? **9.** Ça va s'arranger.

2 Jeu de mots

A **1.** Il est très jaloux de Sven. **2.** Ils ont déménagé. **3.** C'est en province. **4.** Il a rangé ses vêtements dans son armoire. **5.** Quand on est malade … **6.** J'ai cherché partout … **7.** Il ment.
B encourager qn ⟶ le courage, courageux / courageuse – retourner ⟶ un tour, un détour – discuter ⟶ une discussion – voler qc ⟶ un voleur / une voleuse, un vol – rêver ⟶ un rêve – soupçonner qn ⟶ un soupçon – être malade ⟶ une maladie – regarder qn ⟶ un regard – dessiner qc ⟶ un dessin, un dessinateur / une dessinatrice – danser ⟶ une danse – entrer ⟶ une entrée, rentrer, la rentrée – inviter qn ⟶ une invitation, un invité / une invitée – porter qc ⟶ apporter qc, rapporter qc – travailler ⟶ un travail.

3 Lire

écrire: schreiben ⟶ un écrivain: ein Schriftsteller – déménager: umziehen ⟶ un déménagement: ein Umzug – expliquer qc: etw. erklären ⟶ une explication: eine Erklärung – écrire: schreiben ⟶ une écriture: eine Schrift – une impression: ein Eindruck ⟶ impressionner qn: jdn beeindrucken – mentir: lügen ⟶ un menteur: ein Lügner – un porte-monnaie: Deutsch: ein Portmonee ⟶ ein Geldbeutel – un criminel: Deutsch: kriminell ⟶ ein Krimineller, ein Verbrecher

4 Ecrire / Parler

Lösungsvorschlag:
L'histoire s'est passée dans un magasin. Il était 4 heures et il y avait beaucoup de monde. Tout à coup, un jeune homme a volé le sac d'une jeune femme. La jeune femme a crié, mais le voleur est parti avec son sac, la femme a couru pour l'arrêter. Dans la rue, un homme a arrêté le voleur et a rendu le sac à main à la jeune femme.

Unité 2, Grammaire S. 37–39

Die Bildung des Imparfait

1. Mes amis m'appelaient tous les soirs. **2.** Nous faisions des petites fêtes. **3.** On mangeait ensemble. **4.** Parfois, mes copains dormaient chez moi. **5.** Et toi, tu connaissais beaucoup de monde. **6.** Tu avais souvent des invités. **7.** Vous preniez le café ensemble. **8.** J'aimais beaucoup habiter à Paris.

Imparfait und Passé composé

1. Ses statuettes n'étaient plus là. **2.** Notre prof était toujours très sympa. **3.** Mais à ce moment-là, il a perdu la tête. **4.** D'abord, il a cherché partout dans la salle. **5.** Ensuite, il est allé chez le principal. **6.** Il avait l'air malheureux.

Das Verb courir

1. Vous courez déjà depuis une heure! **2.** Oui, nous courons pour préparer la course contre la faim. **3.** Les participants courent pour aider les pays pauvres. **4.** Le bus part dans 5 minutes. On court? **5.** Ah non, moi, je ne cours pas. **6.** J'ai déjà beaucoup couru au cours de sport. C'est une fille qui parle: je suis fatigué**e**.

Plateau 1; Révisions S. 41–42

1 Un vrai ami, qu'est-ce que c'est?

Pour moi, un vrai ami, c'est quelqu'un à qui je peux tout dire / qui écoute mes problèmes / que je peux appeler quand j'ai des problèmes / avec qui je passe des bons moments / que j'ai envie de voir souvent / avec qui je ris beaucoup.

2 Mille choses à faire!

A **1.** On peut attendre / appeler / écouter / voir / aider / comprendre ses amis. **2.** On peut lire / aimer / acheter / vendre / détester / apporter un livre. **3.** Pendant les vacances, on peut partir avec ses parents / rester à la maison / faire un stage de danse / participer à un atelier / aller en colonie / rencontrer d'autres jeunes / visiter une ville.

B *Lösungsvorschlag:*
On peut écrire un petit mot / un poème et le donner à sa copine. On peut faire un dessin et le donner en cadeau à sa grand-mère. On peut faire la liste des courses et l'utiliser au supermarché. Quand on est en colère, on peut faire des boulettes de papier et les lancer. On peut écrire une lettre dessus et l'envoyer à un(e) ami(e). On peut faire une affiche et la montrer à la classe. On peut la mettre sous le pied d'une armoire, d'une table ou d'une chaise, etc.

3 Une annonce pour un casting

A *Lösungsvorschlag:*
– une jeune fille timide: Je propose Christa Theret. Elle est grande, a de longs cheveux blonds. Elle porte un jean et une chemise noire. Je pense qu'elle a environ 20 ans. Je la trouve très jolie. Elle a l'air sympa, mais elle a un sourire timide. Je pense qu'elle ne parle pas beaucoup et qu'elle n'a pas beaucoup d'amis.
– une mère de famille jalouse: A mon avis, c'est un rôle pour Catherine Frot. Je pense qu'elle a environ 50 ans. Elle a les cheveux longs et bruns et porte une robe. Je l'imagine bien avec des enfants et je pense qu'elle peut être très vite en colère quand elle a des soupçons.
– un homme sérieux: Pour ce rôle, je pense à Daniel Auteuil. Il n'est plus très jeune, à mon avis, il a environ 60 ans. Sur la photo, il a les cheveux gris, il porte un jean, un pull noir et une chemise blanche. Il a l'air calme, je pense qu'il réfléchit beaucoup.
– un clown: Je propose Kad Merad. Sur la photo, il porte un jean et une chemise. Il n'a plus beaucoup de cheveux. Je pense qu'il a environ 50 ans. A mon avis, il aime faire des blagues et il a l'air drôle.

B *Lösungsvorschlag:*
A mon avis, Christa Theret est bien pour le rôle de la jeune fille timide parce qu'elle est jeune et qu'elle a l'air timide. Je trouve que Catherine Frot va bien pour le rôle de la mère de famille jalouse à cause du regard qu'elle a sur la photo. Daniel Auteuil a l'air sérieux, c'est pour cela que je l'ai choisi pour ce rôle. Je trouve que Kad Merad a l'air drôle et je l'imagine bien faire tout le temps des blagues.

4 Encore des mots, toujours des mots

A *Lösungsvorschlag:*
différent ⟶ une différence
Je trouve qu'on ne doit pas faire de différences entre les gens.
regarder ⟶ un regard
Je n'aime pas le regard qu'elle a quand elle me voit.
malade ⟶ une maladie
Être pickpocket, c'est comme une maladie.
voler ⟶ un voleur, un vol
On a appris qu'il y avait des voleurs dans le quartier.
On a accusé James du vol des statuettes.
soupçon ⟶ soupçonner
Je soupçonne ma sœur d'avoir pris mes nouvelles chaussures rouges.
B *Lösungsvorschlag:*
C'est une route où les voitures vont vite. (⟶ C'est une autoroute.)
C'est un arbre qui a des olives. (⟶ C'est un olivier.)
C'est un animal qu'on trouve dans le sud de la France et qui fait du bruit en été. (⟶ C'est une cigale.)

5 Le grand-père de Lucie raconte ...

1. Quand j'étais enfant, nous passions chaque été les vacances sur la Côte d'Azur. **2.** Il n'y avait pas encore l'autoroute, c'est pourquoi nos parents prenaient la Nationale 7. **3.** On partait de Lyon à 5 heures du matin, et on arrivait à Nice le soir. **4.** Il faisait chaud et on n'allait pas vite, mais j'aimais bien ces voyages! **5.** Et puis à Nice, je retrouvais toujours ma copine. **6.** Nous nagions dans la mer et nous jouions au ballon sur la plage. Et puis ... maintenant, cette copine de vacances, c'est ta grand-mère! Tu ne le savais pas, hein?

6 La grand-mère de Lucie raconte ...

Il faisait beau quand je l'ai rencontré pour la première fois. Tout à coup, je l'ai vu: il était à la plage avec ses parents. Mais le lendemain, ils n'étaient pas là et j'ai pensé: dommage ... Après, il est venu tous les jours avec ses parents et on a joué tous les jours ensemble. Ils arrivaient toujours tôt, vers 10 heures, alors je demandais à mes parents d'aller tôt à la plage. Et un jour, je lui ai dit «Je t'aime».

Unité 3, Bilan S. 55–56

1 Parler

1. Je suis en train de me laver. **2.** On pourrait s'occuper du chien. **3.** Je me sens stressé(e). **4.** Lave-toi les mains, s'il te plaît. **5.** Je viens de vider le lave-vaisselle. **6.** C'est galère! **7.** Je suis inquiet/inquiète. **8.** C'est incroyable!

2 C'est le week-end.

A 1 ⟶ c, 2 ⟶ c, 3 ⟶ b, 4 ⟶ a, 5 ⟶ c
B 1 ⟶ a, 2 ⟶ b, 3 ⟶ a, 4 ⟶ a, 5 ⟶ a

3 Jeu de mots

A **1.** Je me lève. **2.** la femme **3.** J'ai raté mon métro. **4.** Je me repose. **5.** Je me sens stressée. **6.** C'est dur. **7.** C'est passionnant.
B **1.** le réveil **2.** incroyable **3.** médical **4.** recherche **5.** présentateur **6.** m'informe **7.** finalement **8.** soirée **9.** s'occuper

4 Parler

A *Lösungsvorschlag:*
Une infirmière s'occupe des malades. Elle peut travailler par exemple dans un centre médical ou dans un hôpital. Parfois, elle va aussi chez les gens.
Un présentateur de radio parle à la radio. Il peut par exemple présenter des informations. Parfois, il se lève tôt ou il se couche tard. Il jongle entre les gens et les interviews.
B *Lösungsvorschlag:*
Pour moi, ce qui est important, c'est d'abord de bien travailler à l'école pour avoir un bon métier plus tard. Mais je voudrais faire un travail qui me rend heureux. Je ne veux pas un travail ennuyeux. Et puis, je voudrais avoir une famille et pouvoir être là pour mes amis et les aider: ça aussi, c'est très important pour moi.

5 Vis-à-vis

1. On prend le métro, on va au travail (au boulot), puis on rentre à la maison pour dormir. **2.** Pasteur était un scientifique français qui a inventé un vaccin contre la rage. **3.** Quand on travaille à «Médecins du Monde», on s'occupe des malades dans des pays pauvres ou en crise. **4.** Chez le médecin en France, on doit payer. On présente sa carte vitale.

Unité 3, Grammaire S. 57–58

Die reflexiven Verben

1. Lundi, je me lève à 7 heures. **2.** Mes parents se lèvent à 6 heures. **3.** Le dimanche, nous nous levons tard. **4.** Le dimanche, on ne se dépêche pas. **5.** Vous vous levez à quelle heure, le dimanche? **6.** Tu te lèves et tu t'habilles. Et après, qu'est-ce que tu fais, le dimanche? **7.** Eh bien, je me motive pour la semaine!

venir de faire qc und être en train de faire qc

1. Je suis en train de ranger la cuisine. **2.** Le bus vient de partir. **3.** Elle est en train de manger. **4.** Nous nous dépêchons parce que le bus est en train de partir. **5.** Elle vient de manger.

ce qui und ce que

1. Sana raconte à une amie ce que Mehdi a fait. **2.** Tu sais ce qui s'est passé? Mehdi est parti! **3.** Mais c'est incroyable! Il fait ce qu'il veut. **4.** Il n'a pas dit où il va. C'est ce que je ne comprends pas. **5.** Le professeur veut savoir ce qu'Abdel aime. **6.** *Abdel:* Ben, ce qui me plaît, c'est le sport. **7.** Tu sais déjà ce que tu veux faire plus tard? **8.** Non, mais ce qui m'intéresse aussi, c'est la technique. Je veux peut-être devenir mécanicien.

Unité 4, Bilan S. 72–73

1 Parler

1. Ça fait environ vingt kilomètres. **2.** On met deux heures pour aller à Villandry. **3.** Tu te débrouilles très bien! **4.** Vous êtes très gentil(le)! **5.** C'est délicieux! **6.** Je m'entends bien avec lui. **7.** Elle est mignonne. **8.** C'est vraiment gênant. **9.** Il fait quinze degrés, il y a des nuages / c'est couvert. **10.** C'est un animal qui nage dans l'eau.

2 Jeu de mots

A **1.** une visite passionnante / ennuyeuse / originale **2.** un ciel couvert / gris / clair **3.** un correspondant gentil / normal / poli **4.** un plat délicieux / français / sucré

B **une fille:** mignonne, ennuyeuse, intéressante, cool, jolie, polie, timide, sympa, bête, sportive, courageuse, blonde, pâle, forte, curieuse, stressée, sérieuse, malheureuse, étrange, incroyable, jalouse, …
un jardin: visiter un jardin, aller dans le jardin, travailler dans le jardin; il y a des fleurs, des arbres …;
un beau / grand / petit / vieux jardin, un jardin français / écologique / ouvert / fermé / original / préféré …
une ville: visiter, traverser, chercher, quitter, aimer, détester, découvrir, connaître, montrer, présenter une ville, arriver dans une ville, partir d'une ville …
une belle / grande / petite / vieille ville, une ville moderne / intéressante / dangereuse / importante / …
une cathédrale, un pont, une place …

C loin de ≠ près de / se mettre à ≠ finir de, terminer / un ciel couvert ≠ un ciel bleu, un ciel sans nuages / une grosse valise ≠ une petite valise / un roman passionnant ≠ un roman ennuyeux / moins bon ≠ meilleur / en retard ≠ à temps

3 Ecouter/Parler

A C'est mercredi.
B Mardi, il y aura du soleil / il fera beau, mais il y aura du vent. Il fera 15 degrés. Jeudi, il pleuvra / il y aura de la pluie et il fera dix degrés.

4 Parler / Vis-à-vis / Stratégie

1. Je voudrais bien aller au cinéma avec un copain et son corres. C'est possible? **2.** Je suis désolé(e), mais je n'ai pas l'habitude de manger du poisson. **3.** Je suis très fatigué(e). (*fam.:* crevé(e))

Unité 4, Grammaire S. 73–75

Die Bildung des Futur simple

1. Vous essayerez de trouver tous les endroits qui sont sur la liste. **2.** A chaque endroit, vous aurez des informations. **3.** Vous répondrez à des questions et vous prendrez des photos. **4.** Le rallye finira ici, devant le collège. **5.** Tous les élèves se retrouveront à 16 heures. **6.** *Nicolas:* Monsieur, je ne pourrai pas faire tout le parcours … **7.** Bon, alors tu viendras avec moi, et après, tu iras au CDI.

Die unverbundenen Personalpronomen

1. Oui, ce sont eux. **2.** Oui, c'est lui. **3.** Oui, c'est nous … **4.** Non, ce ne sont pas elles … **5.** Oui, c'est elle.

Die Steigerung des Adjektivs und der Vergleich

1. Julie est aussi jolie que Hannah. **2.** Hannah est plus polie que Julie. **3.** Julie trouve que l'allemand est plus difficile que le français. **4.** Anton est le garçon le plus fort de la classe. **5.** Niels est moins fort qu'Anton, mais il est plus cool.

Plateau 2; Révisions S. 77–78

1 Clément raconte.

1. nous ⟶ Clément et sa famille **2.** elle ⟶ ma sœur **3.** où ⟶ le jeu **4.** que ⟶ le «8e continent» **5.** lui ⟶ à Jan; où ⟶ le parcours dans le noir **6.** le ⟶ le parcours **7.** lui ⟶ à ma sœur; eux ⟶ mes parents; nous ⟶ moi (Clément) et Jan; elle ⟶ ma sœur **8.** leur ⟶ les parents, la sœur, Jan; qui ⟶ un truc **9.** On ⟶ moi (Clément), les parents, la sœur, Jan; d'où ⟶ de la tour «Gyrotour» **10.** Ça ⟶ monter sur la «Gyrotour»

2 Après l'échange scolaire

1. Je me suis sentie très bien dans la famille de Julie. **2.** Les Mollet étaient très gentils et ils se sont très bien occupés de moi. **3.** Le séjour était vraiment intéressant. **4.** Julie et moi, nous nous sommes bien entendues. **5.** Nous avons beaucoup parlé et nous avons beaucoup ri. J'ai fait beaucoup de fautes, mais nous nous sommes bien débrouillées pour communiquer. **6.** J'ai déjà envoyé 12 SMS et 8 courriels à Julie et elle m'a tout de suite répondu.

3 Apprendre le vocabulaire

A **1.** avoir un petit copain / une petite copine **2.** prendre une douche **3.** prendre une décision **4.** faire la queue **5.** être fort / forte en **6.** Ça ne sert à rien de …

B *Individuelle Schülerantworten*

4 Devinettes

A C'est ce qu'on fait quand on est fatigué. ⟶ On se repose.
C'est ce qu'on fait quand on a assez dormi / quand le réveil sonne. ⟶ On se réveille.
C'est ce qu'on fait quand on n'est pas d'accord avec l'autre. ⟶ On se dispute.
C'est ce qu'on fait quand on ne sait pas comment faire quelque chose mais on essaie de le faire. ⟶ On se débrouille.

B C'est quelqu'un qui travaille par exemple dans un hôpital et s'occupe des gens malades.
⟶ une infirmière, un médecin
C'est quelqu'un qui coupe les cheveux des gens.
⟶ une coiffeuse
C'est quelqu'un qui s'occupe des voitures quand elles ne roulent plus. ⟶ une mécanicienne
C'est quelqu'un qui fait de la musique et donne des concerts. ⟶ un musicien
C'est quelqu'un qui a une émission à la radio.
⟶ un présentateur de radio

5 L'histoire de Charlotte

1. Quand j'étais petite fille, je voulais devenir dessinatrice. **2.** Au collège, je me débrouillais pas mal. **3.** Un jour, j'ai vu une pièce de théâtre très réussie. **4.** Alors, je me suis intéressée au théâtre. **5.** J'ai pris une décision. **6.** J'ai pensé: «Plus tard, je serai actrice.» **7.** Mais mes parents m'ont dit: «C'est un travail très dur. **8.** Et puis, quand tu seras grande, tu ne trouveras pas toujours du travail.» **9.** Nous avons discuté longtemps. **10.** Ensuite, ils m'ont proposé de travailler dans le commerce. **11.** Finalement, ça m'a plu …

6 Histoire

1. D'habitude, je trouvais mon voisin ennuyeux: un vieux monsieur qui habite à côté de chez nous et qui ne sort pas beaucoup à cause de son âge. **2.** Mais il y a quinze jours, j'ai dû lui apporter une lettre. Pendant qu'il me parlait, j'ai vu tout à coup sur sa table la photo d'un jeune homme avec un ballon. **3.** Je lui ai demandé: «C'est votre fils?» Il a répondu: «Non, c'est moi il y a longtemps, quand j'avais 18 ans! **4.** J'étais sportif et parmi les meilleurs. J'ai beaucoup voyagé et j'ai vu des choses incroyables.» **5.** Alors maintenant, chaque fois que je le vois, il me raconte sa vie et ses aventures. **6.** Finalement, ce monsieur est vraiment passionnant!

Unité 5, Grammaire S. 93–95

Präposition und Ländername

1. Le Maroc et l'Algérie sont en Afrique. **2.** La famille de Marie vient des Antilles. **3.** Le Québec est une province au Canada. **4.** Le Portugal est un beau pays. Mon copain Filipe vient du Portugal. **5.** Il passe toutes ses vacances au Portugal.

Das Adverb und seine Bildung

1. Tu t'intéresses sérieusement au Maroc? **2.** On trouve facilement des informations sur Internet. **3.** Il y a pratiquement tout. **4.** Normalement, les informations du «Portail national du Maroc» sont en français. **5.** Ce site t'aidera sûrement.

Die Pronomen en und y

1. Je vais au Québec. J'y vais la semaine prochaine. **2.** J'en rêve depuis des mois. **3.** J'en ai parlé avec mon frère. **4.** Il y habite.

Die Steigerung des Adverbs

1. Pour avoir un travail en France, je vais peut-être chercher aussi longtemps qu'ici. **2.** Je voudrais être guide. Je connais mieux ma ville que les autres guides. **3.** Je me présente à l'office de tourisme le plus souvent possible.

Das Verb vivre

1. J'aime bien Marrakech et je vis bien ici. **2.** Ma famille et tous mes amis vivent ici. **3.** Je suis né à Marrakech, je n'ai jamais vécu dans une autre ville. **4.** Un jour, peut-être, mes enfants quitteront le pays pour vivre en Europe. **5.** Mais j'espère qu'ils resteront ici et que nous vivrons ensemble encore dans dix ans.

Unité 5, En plus S. 136–138

Station 1 S. 136

1 A propos du texte

1. Vrai. **2.** Vrai. **3.** Faux. Le Québec est plus grand que l'Allemagne et que la France. **4.** Faux. La capitale du Québec est (la ville de) Québec. **5.** Faux. Paris compte plus d'habitants francophones que Montréal. **6.** Vrai. **7.** Faux. Au Québec, il y a des grandes forêts et plus d'un million de lacs.

2 On y va?

A 1 ⟶ e, 2 ⟶ d, 3 ⟶ a, 4 ⟶ b, 5 ⟶ f, 6 ⟶ c

B **1.** Oui, j'y vais en juillet. / Non, je n'y vais pas. **2.** Oui, j'y vais. / Non, je n'y vais pas. **3.** Oui, je veux y aller. / Non, je ne veux pas y aller. **4.** Oui, j'y ai participé. / Non, je n'y ai pas encore participé. **5.** Oui, j'y suis déjà allé(e). / Non, je n'y suis pas encore allé(e).

C **1.** Oui, j'en rêve. / Non, je n'en rêve pas. **2.** Oui, j'en ai déjà vu. / Non, je n'en ai pas encore vu. **3.** Oui, j'en ai envie. / Non, je n'en ai pas envie. **4.** Nous en parlons demain.

Station 2 S. 137

1 A propos du texte

1. Nawal écrit un blog pour présenter sa vie au Maroc. **2.** Nawal n'habite pas dans un quartier moderne, mais dans la vieille ville. **3.** *(mehrere Möglichkeiten)* Elle rêve de faire ses études à Casablanca. / … découvrir la France. / … vivre un an ou deux dans d'autres pays. **4.** La cousine de Nawal habite à la campagne. **5.** Sa cousine veut aller à l'école parce que plus tard, elle veut gagner sa vie et être indépendante. **6.** Tamegroute est un endroit intéressant parce qu'on peut visiter la bibliothèque où il y a des très vieux livres.

2 Qui vivra verra!

Les grands auteurs ne sont pas tous morts! Beaucoup vivent maintenant, à notre époque, par exemple Tahar Ben Jelloun, que j'adore. Il est né en 1944 à Fès, au Maroc. Plus tard, il a fait des études à Rabat et il est devenu professeur de philosophie. Il a longtemps vécu ici, dans son pays. Mais en 1971, il est parti en France où il vit encore aujourd'hui. Dans sa vie, Ben Jelloun a écrit un grand nombre de poèmes, d'articles et de romans qui vivront encore longtemps après lui. C'est pourquoi on peut dire que les grands auteurs ne meurent jamais! Comme lui, moi aussi je vivrai un jour en France, mais je pense que je mourrai dans le pays où je suis née. Qui vivra verra!

3 Faire des études pour vivre mieux

1. Au Maroc, les gens vivent plus pauvrement à la campagne qu'en ville. **2.** Les jeunes filles nous ont reçues moins timidement que les femmes du village. **3.** Deux des jeunes filles parlaient le français mieux que les autres, et même aussi bien que nous. **4.** Le mieux pour ces jeunes filles, c'est de continuer leurs études ici. **5.** Car grâce à cette école, ces jeunes filles trouveront plus facilement du travail. **6.** Et comme ça, elles vivront mieux. **7.** Certains jeunes chez nous sont parfois moins motivés et travaillent moins sérieusement qu'elles.

Station 3 S. 138

1 A propos du texte

1. Quand Amin veut de l'eau, il doit aller (la chercher) à un point d'eau à la sortie du village. **2.** Pour vivre, les parents d'Amin cultivent du coton. **3.** Souvent au Burkina Faso, l'école coûte cher. **4.** Le sujet de «Ouaga Saga», c'est la vie d'une bande de jeunes. **5.** Pour vivre, les jeunes de ce film font des petits vols et des petits boulots. **6.** Utiliser le système D, ça veut dire se débrouiller.

2 Au Burkina Faso, par exemple

A **1.** un village **2.** l'école primaire **3.** la vie quotidienne. **4.** faire des progrès **5.** une comédie **6.** remplacer qc
B **1.** Un point d'eau est un endroit où on peut aller chercher de l'eau. **2.** Le coton est une plante. Avec cette plante, on peut fabriquer des vêtements.
3. Le manque d'eau, c'est quand il n'y a pas (assez) d'eau. **4.** Entre deux pays voisins, il y a une frontière.
5. Un conte est une histoire qui n'est pas vraie et qu'on raconte aux enfants.

Station 4 S. 138

1 A propos du texte

1. Faux. La Nouvelle-Calédonie est un archipel. **2.** Vrai. **3.** Vrai. **4.** Faux. Les Kanaks viennent de la Nouvelle-Calédonie. **5.** Faux. Pour les Kanaks, la nature est plus importante que l'argent.
6. Vrai.

2 En Nouvelle-Calédonie

1. Etre libre, c'est être indépendant. **2.** Les pays d'Europe et les Etats-Unis sont des pays occidentaux.
3. L'exploitation du nickel pollue la nature. **4.** Les choses qu'on ne trouve pas souvent sont des choses rares. **5.** Chez nous, il fait froid en hiver alors qu'à Nouméa, il fait souvent 20°C. **6.** Côté loisirs, on peut par exemple aller au centre culturel Tjibaou.
7. Qu'est-ce qui compte le plus: le groupe ou l'individu?

Module 1, Bilan S. 106–107

1 Parler

1. Ce qui me plaît dans cette région, c'est la nature.
2. Que faut-il voir? **3.** Le choix est difficile. **4.** Ce qui est typique, ce sont les volcans. **5.** Vous en avez entendu parler? **6.** La région est connue pour ses plages. **7.** Il y a plein de choses à voir. **8.** C'est mieux d'y aller avec un guide.

2 Plus belle la vie

Resümee Nr. 2

3 Jeu de mots

1. Beaucoup de lecteurs ont participé au concours.
2. Il y a 3 gagnants. **3.** Mais le choix n'a pas été facile! **4.** Et il y aura de nouveaux visiteurs au MuCEM. **5.** Ils auront envie de se promener sur la Canebière, ou bien de faire des promenades en Auvergne. **6.** C'est un endroit très mystérieux.
7. Le Massif central est une montagne au centre de la France.

Module 1, Grammaire S. 107–108

Die Hervorhebung mit c'est ... qui / que

A **1.** Vous cherchez un bon fromage d'Auvergne? C'est le Bleu d'Auvergne qui est typique. **2.** C'est le Bleu d'Auvergne qu'il faut goûter. **3.** C'est au marché que tu trouves ce fromage. **4.** Ce ne sont pas les supermarchés qui le vendent.
B **1.** C'est toi qui as mangé le fromage? **2.** Non, ce sont Léa et Jan qui ont mangé le fromage.
3. C'est en Auvergne que tu as acheté le fromage?

Fragen mit Qu'est-ce qui usw.

1. Crac! Tu as entendu ce bruit? Qu'est-ce qui se passe? **2.** Alex, Jérôme, vous êtes là? Qui est-ce qui peut m'aider? **3.** Je cherche ma clé. Qui est-ce qui a vu ma clé? **4.** Pardon, qu'est-ce que tu as dit?
5. Qu'est-ce qui t'intéresse le plus, la culture ou la technique? **6.** Rihanna ou Zaz: qui est-ce que tu aimes le mieux?

Die Inversionsfrage

1. Parlez-vous français? **2.** Connaissez-vous la revue Géo Ado? **3.** As-tu lu cet article? **4.** De quoi parle-t-il? **5.** L'as-tu compris? **6.** Avez-vous envie d'en savoir plus?

Module 2, Bilan S. 117–118

1 Parler

1. Je m'intéresse à l'actualité. **2.** Ma chaîne préférée, c'est Arte. **3.** Mon émission préférée, c'est Tfou de cuisine. **4.** Cette émission s'adresse aux jeunes. **5.** Il y a trop de gens défavorisés. **6.** Ces gens ont besoin d'aide. **7.** C'est injuste. **8.** Engagez-vous.

2 Jeu de mots / Vis-à-vis

A **1.** En France, il y a beaucoup de chaînes de télévision comme par exemple TF1 ou Canal +. **2.** Il y a aussi une chaîne de télévision franco-allemande qui s'appelle Arte et qui propose beaucoup d'émissions culturelles. **3.** Si on s'intéresse à l'actualité, et si on veut avoir les informations à la radio, on peut écouter France Inter. **4.** Les journaux les plus vendus en France s'appellent Le Monde et Le Figaro. **5.** Il y a aussi un journal de sport très connu. Il s'appelle L'Equipe. **6.** Science et Vie Junior est un magazine de sciences qui s'adresse spécialement aux jeunes.
B *Mögliche Antworten:* Le Monde ⟶ die Zeit; L'Equipe ⟶ Sport Bild, Kicker; Le Nouvel Observateur ⟶ Focus, Der Spiegel; France 2 ⟶ Das Erste, ZDF; TF1 ⟶ RTL, etc.

3 Jeu de mots

1. Quelque chose qu'on n'arrive pas à croire, c'est quelque chose d'incroyable. **2.** Un évènement qu'on n'attendait pas, c'est un évènement inattendu. **3.** Un concert qu'on n'oubliera jamais, c'est un concert inoubliable. **4.** Je n'arrive pas à m'intéresser à ce livre. Pour moi, ce livre est inintéressant. **5.** Une chose qui n'est vraiment pas possible est une chose impossible. **6.** Cette invitation n'est pas officielle, elle est inofficielle.

4 Ecouter

A Interview a) ⟶ photo 2, interview b) ⟶ photo 3, interview c) ⟶ photo 1
B [sɑ̃nɥi] ⟶ sich langweilen, [ɑ̃difikylte] ⟶ in Schwierigkeiten, [luʀ] ⟶ schwer

Module 2, Grammaire S. 118

Der Imperativ mit einem Pronomen

1. Ecoutez-moi, s'il vous plaît! **2.** Attendez-moi! **3.** Dépêche-toi! **4.** C'est Anna. Invitons-la! **5.** Ne m'oublie pas! **6.** N'en parlons pas.

Plateau 3, Révisions S. 120–121

1 La Suisse: un petit pays vraiment bien!

1. La Suisse est assez petite: avec ses 41285 km², elle entre facilement huit fois dans l'Allemagne et treize fois dans la France! **2.** Vous savez sûrement qu'on y paie en francs suisses et non pas en euros. **3.** Ce qui est vraiment intéressant, c'est qu'en Suisse, il y a quatre langues officielles: l'allemand, le français, l'italien et le romanche. **4.** La capitale est Berne, ce que les habitants des deux très grandes et très importantes villes Zurich et Genève ne comprennent pas toujours bien. **5.** Quand on parle de la Suisse, beaucoup de gens pensent normalement aux belles montagnes, puis au bon chocolat. **6.** Parfois, on pense aussi tout simplement aux activités sportives de toutes sortes.

2 Géographie et autres sciences

A **1.** un savant **2.** une baleine **3.** la forêt **4.** le désert **5.** la richesse **6.** être indépendant **7.** l'Afrique
B les montagnes, les rivières, les lacs, les forêts, le désert, les frontières, les plages, les îles, les archipels, les capitales, etc.

3 La Réunion

La Réunion est à 9350 km de Paris. La Réunion fait partie de la France. Il y a des volcans impressionnants et à l'ouest de l'île, il y a des belles plages. De juin à octobre, on peut voir des baleines. A la Réunion, on peut faire beaucoup de sports différents. On peut visiter des villes comme par exemple Saint-Denis. Et on y mange très bien.

4 C'était super, les vacances!

Photo 1:
Notes: petite maison, dauphin, fenêtre, gens (touristes?), montagne, arbres

Mögliche Antwort: Sur la photo, on voit une petite maison qui s'appelle «le Grand Bleu». Sur la maison, on peut lire «Observation Sous-Marine» et on voit aussi un dauphin. A droite de la maison, il y a des gens, peut-être des touristes. A l'arrière-plan, on voit des arbres et une petite montagne. Le ciel est couvert.

Photo 2:
notes: La Réunion, volcan, touristes, forêt, feu, impressionnant
Mögliche Antwort: C'est une photo de la Réunion. Cette photo montre l'éruption d'un volcan. Au premier plan, on voit des gens, peut-être des touristes, qui regardent la scène. Une touriste prend une photo. Plus loin, il y a une forêt. A l'arrière-plan, on voit la lave qui descend la montagne et qui va bientôt arriver jusqu'à la forêt. C'est très impressionnant et aussi très dangereux.

5 C'est le Midi que je préfère!

A **1.** C'est la Provence que j'aimerais voir. **2.** C'est découvrir la nature qui m'intéresse le plus. **3.** C'est la mer qui m'intéresse le plus. **4.** C'est l'Atlantique que je préfère.
B **1.** Si, ce sont eux qui ont pris ces photos. **2.** Si, c'est lui qui est l'auteur du texte sur l'Auvergne. **3.** Si, c'est un tour dans la baie qui est le plus dangereux au Mont-Saint-Michel. **4.** Si, ce sont eux qui chantent en occitan. **5.** Si, c'est elle qui se passe à Marseille.

6 Mon avis: Oui, faites-le.

1. Oui, écoutez-les. / Non, ne les écoutez pas!
2. Oui, proposez-lui de l'aider. / Non, ne lui proposez pas de l'aider. **3.** Oui, distribuez-les. / Non, ne les distribuez pas. **4.** Oui, allez-y. / Non, n'y allez pas. **5.** Oui, souriez-leur. / Non, ne leur souriez pas. **6.** Oui, parlez-en aux gens. / Non, n'en parlez pas aux gens. **7.** Oui, aidez-les. / Non, ne les aidez pas.

Zu Unité 3, Pratique, Ma vie comme je l'imagine …

Dans un sondage, le magazine «Phospore» a demandé à ses lecteurs:
«Qu'est-ce que ça veut dire pour vous, réussir sa vie»?

Voici les résultats de ce sondage:

Pour 54 % d'entre vous
«réaliser ses rêves»

Pour 46 % d'entre vous
«avoir un travail passionnant»

Pour 41 % d'entre vous
«fonder une famille»

Pour 34 % d'entre vous
«être en harmonie avec soi-même»

Pour 25 % d'entre vous
«avoir des copains»

Pour 5 % d'entre vous
«être riche»

Pour 17 % d'entre vous
«être utile à la société»

Pour 23 % d'entre vous
«voyager beaucoup»

Pour 6 % d'entre vous
«avoir une belle maison»

Pour 1 % d'entre vous
«être connu»

d'après Phosphore n° 366, 12/2011

zu Unité 4, En plus, Übung 7, Chanson: Amour de jeunesse

Amour de jeunesse*

Lui parlait d'amour
Ces deux-là sortaient à peine de l'enfance
Nous, c'est pour toujours
Disait-il en l'entraînant dans la danse

Elle suivait les nuages
Et ne pensait qu'à des lendemains qui chantent
Brodait les images
De la vie dont elle rêvait depuis l'enfance

Refrain:
Un amour de jeunesse
Ça commence par une caresse
Le ciel est un fanal
Tout parsemé d'étoiles
Haha, c'est le temps des fous rires
On peut tout conquérir
Car à deux
C'est merveilleux

Lui voulut la revoir
Après tant d'années sans avoir de nouvelles
Mais dans son regard
Il revit alors les heures passées avec elle

Refrain (4 x)

Texter des deutschen Originaltextes:
Burkhard R. Lasch
Übersetzer: Dr. Gilles Floret
Musikproduktion: Burkhard R. Lasch

Jugendliebe

Er sprach von Liebe
Dabei waren sie noch nicht mal fünfzehn Jahr'
Schwor große Worte
Und er küsste sie und streichelte ihr Haar

Sie sprach vom Träumen
Und wie gerne würde sie ihm alles glauben
Malte mit ihm Bilder
Von dem Leben, das sie sich dann beide bauten

Refrain
Jugendliebe bringt
Den Tag, wo man beginnt
Alles um sich her
Ganz anders anzuseh'n
Haha, Lachen trägt die Zeit
Die unvergessen bleibt
Denn sie ist
Traumhaft schön

Er traf sie wieder
Viele Jahre sind seit damals schon vergangen
Sieht in ihre Augen
Und er denkt zurück, wie hat es angefangen

* Das Chanson befindet sich nur auf der Audio-CD 2 (622168, Track 24).
Aus rechtlichen Gründen ist das Chanson auf der dem *Cahier d'activités* beiliegenden MP3-CD nicht enthalten.

zu Module 1, Übung C3, Chanson: Rendez-vous à Marseille

Massilia Sound System: Rendez-vous à Marseille*

Un peu partout tout le monde dit
Que la plus belle ville du monde est sans doute Paris.
Ça ne me vexe pas, au contraire je ris,
J'instaure le débat et je vais être précis:
Y'a pas d'enfer, y'a pas de paradis,
Moi j'aime ma cité et c'est pourquoi j'y vis.
Dans la compétition au titre par catégorie,
Si Paris est la plus belle, Marseille est la plus jolie.

La Canebière, le Vieux Port et Notre Dame de la Garde,
Les Réformés, le Cours Julien, la Plaine et la gare St Charles,
La rue Loubon, Palais Longchamp, Cinq Avenues, boulevard Chave,
Rue de Lyon, la place d'Aix, le cours Lieutaud et Castellane.

Refrain:
C'est un rendez-vous à Marseille,
Là sur le quai.
Voyage au pays des merveilles,
Ensoleillé.
C'est un rendez-vous, dépêchez-vous,
Avec la cité qui vous rendra fou.

Blu e blanc
Son lei colors.
Lo ciele es grand
O que calor.
L'a d'enfants
La nuech e lo jorn
E brunas son
Lei beleis amors.
Es ma ciutat, ma dòna, ma capitala.
Es ma nacion, ma doça, ma generala.
Es mon illa, mon batèu, mon recapti,
O mon bèu jardin dei delicis,
Dei delicis.

Traduction:
Bleu et blanc
Sont les couleurs.
Le ciel est grand
Oh quelle chaleur.
Il y a des enfants
La nuit et le jour
Et brunes sont
Les belles amours.
C'est ma ville, ma dame, ma capitale.
C'est ma nation, ma douce, ma générale.
C'est mon île, mon bateau, mon refuge,
Oh mon beau jardin des délices.
Des délices

* Das Chanson befindet sich nur auf der Audio-CD 3 (622168, Track 29).
Aus rechtlichen Gründen ist das Chanson auf der dem *Cahier d'activités* beiliegenden MP3-CD nicht enthalten.

Spéciale dédicace
A tous les amuseurs,
A ceux qui font danser les Marseillais,
A tous les raggamuffins,
Les rockers, les rappeurs,
Et à tous ceux que j'allais oublier.
J'écris une épitaphe,
Encore deux ou trois taffes,
J'enterre la tristesse et le stress,
Je profite du riddim,
J'assure l'intérim,
J'évacue la pression, je me redresse.

Refrain:
Fais bouger tes pieds, tes genoux,
tes hanches et puis tes épaules.
Plus on rit, plus il y a de fous;
plus on est fou, plus on rigole
Il faut chanter avec passion, organiser des farandoles.
Ecoute, fais bien attention et apprends vite les paroles.

Fai avans,
Vai li mon pichon,
Siam bolegant
Dins lo canton.
Roge sang
Son lei potons,
Totjorn de flamas
Son lei cançons.
Es ma ciutat, ma dòna, ma capitala.
Es ma nacion, ma doça, ma generala.
Es mon illa, mon batèu, mon recapti,
O mon bèu jardin dei delicis,
Dei delicis.

Avec la cité qui vous rendra fou.
C'est un rendez-vous à Marseille
Là sur le quai.

Traduction:
Avance,
Vas-y mon petit,
On est remuant
Dans le coin.
Rouge sang
Sont les baisers,
Toujours terribles
Sont les chansons.
C'est ma ville, ma dame, ma capitale.
C'est ma nation, ma douce, ma générale.
C'est mon île, mon bateau, mon refuge,
Oh mon beau jardin des délices.
Des délices

Auteurs compositeurs:
Stéphane Attard, Dominique Danger,
Gilbert Kayalik, Laurent Garibaldi,
René Mazzarino, François Ridel

zu Module 2, En plus, Übung 1, Chanson: Le réel de la pauvreté

Lili Fatale: Le réel de la pauvreté*

Je regarde dans le réfrigérateur
Et y a plus rien à bouffer
Ça me met vraiment de mauvaise humeur
D'être aussi cassée

Je suis perdue à des kilomètres/heures
Une vraie perdue dans la société
J'ai plus de café, plus de lait, plus de pain, plus rien

Comme c'est beau
D'être jeune et aussi pauvre
Comme c'est beau
De finir par jouer dans le métro

Refrain:
Pourquoi ma vie est complètement à l'envers
Dites-moi pourquoi je ne suis pas capable de faire ce qu'il faut faire
Comme aller travailler
Avoir une job steady
Au lieu de gratter ma guitare toute la journée

Non, non, j'suis pas paresseuse, j'suis travaillante!

Je regarde dans mon appartement
Et j'ai presque rien
Je constate que c'est pas tellement payant
De chanter du soir au matin

Si le bonheur vient pas avec l'argent
Ça donne quand même un coup de main
Toute la famille me rentre dedans pour me dire
Que je devrais arrêter de rêver tout l'temps

Comme c'est beau
J'ai plus rien à me mettre sur le dos
Comme c'est beau
De finir par jouer dans le métro

Refrain

Musik: Beaulieu Martin Paul, Binette Richard
Text + Musik: Courchesne Nathalie

* Das Chanson befindet sich nur auf der Audio-CD 3 (622168, Track 40).
Aus rechtlichen Gründen ist das Chanson auf der dem *Cahier d'activités* beiliegenden MP3-CD nicht enthalten.

Jeu de mots

Les faux amis

„Nougat" ist ein „faux ami". „Falsche Freunde" sind Wörter, die in beiden Sprachen sehr ähnlich klingen, aber ganz andere Bedeutungen haben können, z. B. „ein Baiser". Kennst du weitere deutsch-französische oder deutsch-englische „faux amis"?

Wofür stehen folgende Begriffe? Schaut euch die Bilder an und findet die passende Bedeutung.

un clavier, un baiser, une raquette, un trésor, une glace

Bildquellennachweis

AASKA/www.aaskaa.canalblog.com, **116.1;** Avenue Images GmbH, **78.1;** (Ingram Publishing), **231.3;** (Rubberball RF), Hamburg, **100.2;** Bayard JEUNESSE, Paris, **54.1;** Bayard Presse, Paris Cedex 08, **11.3, 18.1;** Bel Deutschland GmbH, Taufkirchen, **19.1;** Bernhard Winkelmann photographe, Paris, **60.6;** CC-BY-3.0 (Wilfried Fauvel), **61.3;** Corbis (Bernard Annebicque/Sygma), **Vorsatz hinten.8;** (Dave G. Houser), **Vorsatz hinten.4;** (Eric Robert/VIP Production), **137.1;** (Gianni Dagli Orti), **87.2;** (Louie Psihoyos), **Vorsatz hinten.5;** (People Avenue), **41.5;** (Philip Gould), **100.1;** (Riccardo Cesari/Splash News), **41.1, 41.4;** (Tom Brakefield), **Vorsatz hinten.9;** (Wheeler), Düsseldorf, **Vorsatz hinten.7;** Corel Corporation Deutschland, Unterschleissheim, **35.1, Vorsatz hinten.6;** ddp images GmbH (DURAND FLORENCE/SIPA), **52.1;** (JS EVRARD/SIPA), **109.1, 109.2;** (WITT/SIPA), Hamburg, **113.1;** Didier Bergounhoux, Saint Hippolyte, **89.2;** dreamstime.com (Martin Darley), **76.5;** (Sebastian Czapnik), **105.1;** (Typhoonski), Brentwood, TN, **86.2;** Éditions du Seuil, Paris cedex 14, **104.1;** Éditions Oskar, Le bébé tombé du train (Jo Hoestlandt, Andrée Prigent), Paris, **17.1;** Fotolia.com **83.1;** (AustralianDream), **97.1;** (Callalloo Alexis), **159.6;** (Carmen Steiner), **159.11;** (Christophe Fouquin), **90.2;** (Denis Cordier), **81.3;** (drx), **184.1;** (Eric Isselée), **173.2;** (Esther Hildebrandt), **231.10;** (FOOD-pictures), **60.4;** (Gilles Paire), **138.1;** (Gleam), **180.1;** (goodluz), **11.2;** (Jean-Michel LECLERCQ), **76.1;** (Jose Ignacio Soto), **67.2;** (Karl-Heinz Strüdel), **139.1;** (lemonfluffy), **231.5;** (lili.b), **77.1;** (LU0810), **67.4;** (Mohamed El Hajjami), **171.2;** (Moreno Novello), **81.2;** (mr. markin), **15.1;** (PackShot), **168.1;** (Pascal Huot), **81.1;** (Peter Atkins), **185.1;** (PHB.cz), **61.4;** (Phil Good), **40.3;** (Piumadaquila), **159.12;** (Renate W.), **88.1;** (rudybaby), **231.8;** (Sébastien Garcia), **60.5;** (unpict), New York, **231.6;** France Montgolfières, Semur-en-Auxois, **U1.1;** www.ideesplus.fr - F. Magerin 2013, Bezouce, **42.1;** gemeinfrei, **165.1;** Geoatlas, Hendaye, **88.2;** Getty Images (Alexis DUCLOS/Gamma-Rapho), **90.2, 90.3;** (Antoine Antoniol/Bloomberg), **110.8;** (Francois LOCHON/Gamma-Rapho), **111.1;** (Jean Baptiste Lacroix/WireImage), **103.1;** (Lonely Planet), **91.1;** (Mike Pont/FilmMagic), **85.2;** (Pool BENAINOUS/CATARINA/LEGRAND/Gamma-Rapho), **41.3;** (Serge BENHAMOU/Gamma-Rapho), München, **13.1;** Getty Images RF (Photo Disc), München, **231.2;** hessnatur (Michael Krause), Butzbach, **89.1;** Imageshop, Düsseldorf, **144.1, 145.1;** Imago, **40.2;** (INSADCO), Berlin, **56.3;** Indig.ne Éditions, Montpellier, **115.1;** Institut National De L'Information Geographique Et (Avec l'aimable autorisation de la Cartoth.que de l'IGN France), ST-mande cedex, **90.3, 90.4;** iStockphoto (alohaspirit), **100.3;** (Alphonse Tran), **Vorsatz hinten.1;** (Amanda Rohde), **169.1, 231.7;** (Dieter Spears), **162.1;** (Dmitry Kutlayev), **183.1;** (donald gruener), **U4.1;** (efesenko), **102.2;** (javarman3), **102.2;** (Jeremy Edwards), **177.1;** (Jill Fromer), **159.10;** (Jonatha Borzicchi), **182.1;** (Katherine Matthews), **156.1;** (Prill Mediendesign & Fotografie), **231.4;** (RapidEye), **11.6;** (Reuben Schulz), **159.2;** (RF/Grotzinger), **11.1;** (RF/Clayton Hansen), **183.3;** (RF/George Hoeylaerts), **170.2;** (RF/Paul Kleijweg), **180.2;** (Talaj), Calgary, Alberta, **183.2;** JupiterImages photos.com (Photos.com RF), Tucson, AZ, **151.1;** Klett-Archiv (Patrick Dembski), **151.2;** (Prisca Maartaguet), **124.1;** (Prisca Martaguet), **8.1, 10.1, 44.1, 44.2, 44.3, 45.1, 45.2, 45.3, 45.4, 45.5, 46.1, 46.2, 46.3, 47.1, 47.2, 49.1, 49.2, 49.3, 49.4, 50.1, 51.1, 55.1, 80.2, 102.3, 129.1, 130.1, 149.2, 159.5;** (Stefan Zörlein), **100.5, 152.1, 157.1;** (SYROS Editeur Jeunesse), **21.1;** (Thomas Weccard), Stuttgart, **U1.2, 14.1;** L'Ecole des Loisirs, Paris, **16.1;** laif, **41.6;** (Bernd Jonkmanns), **100.4;** (Berti HANNA/REA), **60.1;** (DUFOUR/GAMMA), **61.2, 132.1;** (Eitan SIMANOR/HOA-QUI), **88.3;** (Francis Cormon/hemis.fr), **179.1;** (FRANCOIS PERRI/REA), **91.2;** (Frank Heuer), **81.4;** (Hemispheres/Rieger Bertrand), **Vorsatz hinten.3;** (Henri COSQUER/GAMMA), **104.2;** (Ian HANNING/REA), **97.2;** (Jean-Daniel Sudres/hemis.fr), **119.1;** (Jess HURD/REPORT DIGITAL-REA), **118.2;** (Richard DAMORET/REA), Köln, **99.1;** Lepers, Elliot, **114.1;** Les Restos du Coeur, Paris, **109.1;** France 2, **110.1;** TF1, **110.2;** Logo, Stuttgart, **52.2, 110.3, 110.4, 110.5, 110.6, 135.1, 160.1, 230.1;** MARCO POLO, F. Bouillot, Paris, **59.1, 59.2, 60.3, 62.1, 63.1, 133.1, 67.1, 163.1;** Mauritius Images (Alamy), **82.1, 85.3, 86.1, 87.3, 90.1;** (imagebroker), **87.1;** (Photononstop), **61.1;** (Stock Image), Mittenwald, **48.1, 159.12;** MEV Verlag GmbH, Augsburg, **148.1, 153.1, 167.1;** Mondadori France, Montrouge Cedex, **117.1;** PantherMedia GmbH (jmhoy), **22.2;** (Kati Neudert), München, **184.2;** Picture-Alliance ((Xinhua/Gao Jing/landov)), **41.2;** Picture-Alliance, **60.2;** (Georg Hochmuth/APA/picturedesk.com), **120.1;** (Lars Halbauer), **121.1;** (maxppp), **101.1, 112.1;** (Thierry Orban/ABACAPRESS. COM), Frankfurt, **84.1;** © Rageot Editeur, Paris, 2003 - 2006, Paris, **17.2;** shutterstock (27181), **231.9;** (Alan Gordine), **169.2;** (Alexander Pekour), **35.1;** (Balazs Justin), **159.8;** (CURAphotography), **11.7;** (holbox), **179.2;** (Igor Plotnikov), **96.1;** (jstudio), **11.4;** (Mayskyphoto), **171.1;** (meunierd), **85.1;** (Oceania), **183.4;** (Phase4Photography), **159.1;** (photogl), **172.1;** (Radu Razvan), **118.3;** (RF/joaquin ayllon perez), **173.1;** (Savanevich Viktar), **125.1;** (style-photography.de), **231.1;** (Valentyn Volkov), **149.1;** (Zurijeta), New York, NY, **98.1;** Syros, Paris cedex 13, **22.1, 24.1, 27.1, 29.1, 30.1, 32.1;** Thinkstock (iStockphoto), **159.7;** (Comstock), **185.2;** (Fuse), **71.1;** (Goodshoot), **Vorsatz hinten.2;** (Hemera), **84.2, 176.1;** (Ingram Publishing), **56.1;** (iStockphoto), **11.5, 53.1, 56.2, 76.2, 76.4, 80.1, 119.2, 121.2, 123.1, 136.1, 159.9;** (Photos.com), **76.3;** (Stockbyte), **23.1; 118.1;** (Wavebreak Media), **159.4;** (Zoonar), München, **23.2;** Ullstein Bild GmbH (Prisma/Vidler Steve), **67.3;** (Ulrich Niefhoff), Berlin, **159.3**

Sollte es in einem Einzelfall nicht gelungen sein, den korrekten Rechteinhaber ausfindig zu machen, so werden berechtigte Ansprüche selbstverständlich im Rahmen der üblichen Regelungen abgegolten.

Hier stehen die Texte der Aussprache- und Hörverstehensübungen des Schülerbuchs. Hörtexte und Lieder, die bereits in den Unités oder in den „Textes supplémentaires" abgedruckt sind, erschienen hier nicht erneut. Die Skripte der Hörtexte liegen auch in elektronischer Form vor (Klett-Nr. 622034 Lehrerbuch, beiliegende CD).

Unité 1

CD 1, 1 1 **Page Découvertes** S. 9

Alex: Moi, pendant mes vacances, j'ai vu un grand concours de hip-hop à Montpellier! Certains groupes sont vraiment trop cool! Et leurs fringues aussi! J'adore cette musique et les jeux de mots! Quand j'écoute du hip-hop, j'ai envie de bouger.

Léo: Moi, je suis allé en colo au bord de la mer. Là-bas, j'ai rencontré une fille super sympa. Mais elle n'a pas voulu me donner son adresse …
C'est nul! Maintenant, exit les idées noires! Place à la musique et aux copains!
Lucie: Cet été, moi, j'ai participé à un atelier de photo! Quand on cherche un peu, on trouve toujours des sujets originaux dans la vie de tous les jours.
Quand quelqu'un me dit: «Tiens, je n'ai jamais vu ça comme ça!», alors je sais que ma photo est réussie.
Bachir: Je ne suis pas parti en vacances, mais j'ai fait un stage de karaté.
Ah *oui:* j'ai aussi lu tous les livres de mon auteur préféré, Pierre Bottero. Lire pour moi, c'est rêver sans dormir. Une fois, j'ai même lu toute la nuit! J'ouvre un bon livre, je change de monde et je pars en voyage!

CD 1, 3 3 **Répétez, s'il vous plaît** S.12, Nr. 5A

Ils répètent.
Elles reviennent.
Nous relisons le livre.
Elle réécoute la chanson.
Tu réorganises ta journée.
Je révise la leçon.
Il repart.

Unité 2

CD 1, 8 7 **Pages Découvertes** S. 21

Je vais au collège, ce matin. Je suis seul dans la rue. On me regarde. Je sais, je suis «spécial». Non, je n'ai pas les yeux derrière la tête, je n'ai pas non plus les mains vertes, mais j'ai les cheveux longs, très longs, c'est tout. J'aime avoir les cheveux longs. Ce n'est pas pour ressembler à une fille, mais parce que ça me plaît.

CD 1, 14 13 **Faites la différence** S. 26, Nr. 10B

il nageait; tu avançais; j'ai conjugué; il a bougé; je commençais; je mangeais;
elles lançaient; elle risquait; vous expliquiez; elle cliquait; ils ont déménagé

Plateau 1

CD 1, 24 23 **Que va faire M. Marignan?** S. 31, Nr. 6

Je m'appelle Marc. J'adore passer mes vacances avec mes amis. Quand on est en famille, ce n'est pas la même chose. Je dois toujours faire attention à ma petite sœur et souvent on n'est pas d'accord où on veut aller et ce qu'on veut faire. Avec mes amis, c'est bien mieux. L'année dernière, j'ai passé deux semaines dans un camp de jeunes à la mer. Les moniteurs étaient très cool. On a dormi longtemps le matin, puis on est allés à la plage avec le groupe. On a fait beaucoup de sport ensemble, on a par exemple beaucoup joué au ballon sur le sable, c'était trop bien! Le soir, nous avons fait des grillades sur le feu, on est restés longtemps autour du feu et j'ai vraiment parlé avec mon copain Jacob pendant des heures. Il me comprend et ne pose pas trop de questions, et j'ai vraiment l'impression que c'est un vrai ami, on adore tous les deux le sport et la musique, et on est du même avis sur beaucoup de choses. Et avec les autres jeunes du groupe, on a blagué tout le temps, c'était trop cool!

Unité 3

CD 1, 25 25 **Pages Découvertes** S. 45, Nr. 1+2

a) *Sana:* J'aime bien mon travail à l'hôpital Cochin, mais pour notre vie de famille, ce n'est pas toujours facile.

Parfois, je commence à travailler très tôt le matin et parfois, je commence tard dans la journée. Heureusement, il y a des journées libres de temps en temps.

b) *Karima:* Je vais au lycée et dans deux ans, je vais passer mon bac! Je ne sais pas encore quel métier je vais choisir. J'aime lire et je m'intéresse beaucoup aux langues *étrangères:* je fais de l'anglais et de l'allemand. Je vais peut-être aller à l'université, mais pour ça, je dois avoir de bons résultats.

c) *Mehdi:* Je suis maintenant en quatrième et bientôt, je vais aller au lycée. Mes matières préférées sont la biologie et l'histoire-géo. Plus tard, je veux voyager et visiter tous les pays du monde. Ça doit être bien d'être pilote. Oui … J'imagine bien un jour piloter un avion!

d) *Idris:* J'espère que mes enfants vont trouver un bon métier. L'important, c'est de bien travailler à l'école et d'avoir ensuite une bonne formation. C'est vrai qu'on n'arrête jamais d'apprendre. Moi, dans mon métier, j'apprends tous les jours des choses nouvelles.

e) *Abdel:* Moi, je trouve que les cours commencent trop tôt le matin et finissent trop tard dans l'après-midi. Je fais du foot au club du quartier, mais je suis toujours occupé par le collège et les devoirs et je n'ai pas assez de temps pour m'entraîner! Plus tard, je veux être sportif!

CD 1, 29 28 **Le ton fait la chanson.** S. 49, Nr. 7

Tous les autres étaient là.
Elle est encore en train de travailler.
Tu t'occupes de tout.
Il vient de partir.
On se dépêche.
Ils se disputent encore.

CD 1, 33 32

Présentatrice, un métier passionnant S. 53, Nr. 7A

Bonjour, c'est moi, Alma! Il est 5 heures du matin. Je n'ai pas beaucoup dormi, mais je suis là, au studio! Et pour rester réveillée, je bois des litres de thé et de coca light … D'abord, je lis la presse, et puis j'écris mon texte. Tout ce que je dis à la radio est écrit, j'ai toujours un texte sous les yeux, même quand je dis des choses drôles pour mettre les gens de bonne humeur! Ensuite, je travaille avec Nicolas, le réalisateur, et je choisis avec lui la musique qui va annoncer le début de l'émission. Enfin, je suis prête et c'est parti pour 2h30 de direct. Je jongle entre hommes politiques, acteurs, auteurs, ou les gens qui me téléphonent, pourtant je reste très concentrée. Mes collègues et moi, nous courons ce marathon ensemble, en équipe. C'est un peu dur, mais je suis très heureuse que les gens m'écoutent le matin à la radio quand ils se lèvent! Et j'espère qu'ils sont heureux aussi!

CD 1, 34 33

Présentatrice, un métier passionnant! S. 53, Nr. 7B

1. Et pour rester réveillée, je bois des litres de thé et de coca light …
2. Tout ce que je dis à la radio est écrit, j'ai toujours un texte sous les yeux, même quand je dis des choses drôles pour mettre les gens de bonne humeur!
3. Ensuite, je travaille avec Nicolas, le réalisateur, et je choisis avec lui la musique qui va annoncer le début de l'émission.
4. Je jongle entre hommes politiques, acteurs, auteurs, ou les gens qui me téléphonent, pourtant je reste très concentrée.
5. C'est un peu dur, mais je suis très heureuse que les gens m'écoutent le matin à la radio quand ils se lèvent!

CD 1, 35 34 **Ecouter** S. 55, Nr. 2A

Abdel: Maman, papa, on pourrait aller au zoo dimanche prochain, non?
Sana: Je ne sais pas, Abdel. Ça dépend.
Idris: Ça dépend de quoi, chérie? C'est une bonne idée!
Karima: Oh oui! On pourrait pique-niquer!
Mehdi: Ne me dis pas que tu travailles encore dimanche prochain, m'man!
Sana: Non, je ne travaille pas dimanche. Mais je travaille samedi matin. Alors je ne vais pas pouvoir faire ce que j'ai à faire à la maison. Et je dois aussi faire des courses!
Idris: Les courses, d'habitude, c'est moi qui les fais!

Sana: Je sais, mais il faut aussi aller chercher les nouvelles chaussures de sport de Karima au magasin, et passer à la pharmacie pour les médicaments d'Abdel. Sinon, avec ses allergies, il va aller très très mal!
Idris: Et bien, Medhi peut passer à la pharmacie samedi matin!
Sana: Tu sais où c'est, Mehdi?
Mehdi: Ben, bien sûr maman! J'suis pas bête!
Karima: Moi, je peux aller chercher mes chaussures, m'man.
Idris: Bonne idée, ma fille! Et nous, les garçons, on range la cuisine ensemble. Comme ça, on peut tous aller au zoo dimanche!
Sana: Génial! Alors moi, je fais seulement le repas pour samedi soir, c'est ça?
Idris: Non! Samedi soir, tout le monde va au resto! Comme ça, on n'aura pas de travail à la maison, et on prendra une grosse glace au dessert! Ça vous va comme ça?
Tous: D'accord!

CD 1, 36 35 **Ecouter** S. 55, Nr. 2B

1. Ne me dis pas que tu travailles encore dimanche prochain, m'man!
2. Alors je ne vais pas pouvoir faire ce que j'ai à faire à la maison. Et je dois aussi faire des courses!
3. Je sais, mais il faut aussi aller chercher les nouvelles chaussures de sport de Karima au magasin, et passer à la pharmacie pour les médicaments d'Abdel.
4. Sinon, avec ses allergies, il va aller très très mal!
5. Tu sais où c'est, Mehdi?

CD 1, 37 36
Chez les Azemour, un vendredi soir S. 129, Nr. 2A
Chez les Azemour, après le repas du soir.
Idris: Mehdi, tu fais encore tes devoirs pour lundi?
Mehdi: Non. Maintenant, j'ai terminé. Pourquoi?
Idris: Alors viens si tu veux. On va jouer à UNO avec maman et Abdel.
Mehdi: Je suis occupé. Et Karima, elle ne peut pas jouer avec vous?
Karima: Ben là, je suis au téléphone avec Chloé …
Mehdi: Ouh là, Chloé au téléphone! Alors commencez sans Karima!

CD 1, 38 37
Chez les Azemour, un vendredi soir. S. 129, Nr. 2B
Un peu plus tard.
Mehdi: Ça y est, j'ai fini mon jeu vidéo. Et vous, vous jouez encore?
Abdel: Non, on a terminé.
Mehdi: Papa, tu as lu l'article sur les avions que je vous ai passé à maman et toi?
Idris: Non, je n'ai pas eu le temps. Mais je lis ça dans cinq minutes.
Sana: Karima, tu viens un peu avec nous?
Karima: Je finis de vider le lave-vaisselle et j'arrive.

Unité 4

CD 2, 1 44 **Pages Découvertes** S. 59, Nr. 2

Julie: Mathieu, il est quelle heure?
Mathieu: Il est six heures moins vingt! Ils vont bientôt arriver!
Julie: J'en ai marre d'attendre. Je veux voir Hannah!
Charlotte: Fais voir la photo de Hannah! Tu l'as sur ton portable?
Julie: Bien sûr. Tiens, la voilà!
Charlotte: Ah oui, elle a l'air sympa!
Julie: Mathieu, comment est-ce qu'il s'appelle déjà, ton corres?
Mathieu: Il s'appelle Niels! Il aime le sport, il fait du vélo et du foot!Hé, les filles, vous avez déjà oublié sa photo? Hé, hé … Pourtant, il vous a bien plu!
Charlotte: Ah bon … Je ne me souviens pas! Et toi, Julie?
Julie: Euh …. c'est vrai qu'il n'est pas mal. Qu'est-ce que vous allez faire avec vos corres ce week-end? Nous, on va faire du vélo.
Mathieu: Moi, je ne sais pas encore. Mes parents préparent une surprise, je pense que ça va être sportif!
Charlotte: Nous, on va faire du bateau sur la Loire. J'espère que ma corres va être d'accord.
Mathieu: Et pour la fête de jeudi, les filles, vous avez déjà un plan?
Julie: Un plan?!
Mathieu: Ben oui, Julie! Un plan pour aller danser avec le beau Niels!

Julie: N'importe quoi, Mathieu, je … Mais … Regardez, voilà le car!
Ils arrivent !

CD 2, 2 45 **Un tours à Tours** S. 59, Nr. 2
Parmi les personnages connus qui ont passé une bonne partie de leur vie à Tours, il y a par exemple Honoré de Balzac, qui a écrit de nombreux romans. Il y a aussi Saint Martin de Tours, un militaire romain. Un jour de l'an 338, Martin a rencontré un homme pauvre qui avait très froid. Il a coupé son manteau
en deux et lui a donné la moitié de son manteau. Il y a aussi la chanteuse Zaz ou encore Charlemagne, que les Allemands appellent Karl der Große.

CD 2, 3 46 **Des spécialités de Tours** S. 60
La liste des spécialités gastronomiques de Tours est longue. Il y a par exemple des rillettes, des andouillettes, le fromage de chèvre, les poissons de la Loire. Sans oublier bien sûr le célèbre nougat de Tours, un très bon dessert.

CD 2, 24 47 **Le Cadre Noir** S. 61
Les professeurs de l'Ecole nationale d'équitation forment ensemble le Cadre Noir de Saumur. Fondée en 1825, c'était au départ une école militaire. Mais aujourd'hui, c'est une école d'équitation de haut niveau. Dans cette école, on prépare des spectacles et des compétitions.

CD 2, 5 48 **Le château de Villandry** S. 61
Il y a 400 petits et grands châteaux de la Loire parmi lesquels vingt châteaux sont très connus. Les touristes viennent du monde entier pour les visiter. C'est dans ces châteaux que vivaient les nobles de la cour.

CD 2, 11 54
France Bleu Touraine: Les sorties du week-end
S. 66, Nr. 10A
Bonjour à tous! Il est 8h10 et vous êtes sur France Bleu Touraine. Nous commençons l'agenda par la météo et le temps qu'il fera ce week-end. Avec des températures de 10 à 17 degrés, ce sera un week-end chaud et beau sous un ciel bleu et sans nuage. Dimanche soir, quelques nuages arriveront de l'ouest et il pleuvra pendant la nuit, alors profitez-en!

CD 2, 12 55
France Bleu Touraine: Les sorties du week-end
S. 66, Nr. 10B
Beaucoup d'activités ce week-end dans la région. A Tours pour commencer, au musée d'histoire naturelle, une belle exposition sur les animaux du monde vous accueillera samedi de 10h30 à 18 heures. Ce week-end aussi, le festival Tours sur Loire vous propose des animations différentes sur les bords de la Loire. Théâtre de rue, concerts, chansons et danse, il y en aura pour tout le monde. Si vous aimez l'histoire, vous pourrez voyager dans le temps au château de Villandry. Des acteurs en costumes vous feront revivre l'époque de la Renaissance. Vous mangerez et danserez comme à la cour du roi. Enfin, ne manquez pas à Saumur dimanche, une journée portes-ouvertes du Cadre Noir. Un programme unique avec des chevaux exceptionnels! Voilà quelques idées pour ce beau week-end. Je vous souhaite une bonne journée à l'écoute de France Bleu Touraine et je vous laisse en compagnie de Jérémy pour les infos.

CD 2, 18 61 **Toujours plus!** S. 70, Nr. 7A
1. Un plus un, ça fait deux.
2. La plus belle, c'est elle.
3. Il l'aime toujours plus!
4. Elle ne sera plus jamais seule!

CD 2, 19 62 **Bienvenue chez nous!** S. 71, Nr. 1A
Pour l'école, c'est vrai que nos journées sont plus longues. Mais on commence moins tôt que vous. Et puis on a une grande pause à midi. A la cantine de notre collège, on mange assez bien, tu verras. Je rentre chez moivers 17h30 et je mange un petit quelque chose, un fruit ou du chocolat. Après, je fais mes devoirs. De temps en temps, je dois faire une ou deux courses pour mes parents quand ils n'ont pas eu le temps de les faire. Le soir, ma mère rentre vers 19 heures et on prépare le repas. On mange tous ensemble vers 20 heures. C'est le moment où on se retrouve, et tout le monde a des trucs à raconter. Mes parents sont assez cool, mais stricts pour certaines *choses:* par exemple, je n'ai pas le droit de sortir le soir pendant la semaine. Je vois mes copains le week-end quand on ne fait rien en famille. Toi, tu vas à l'école à vélo. Chez nous, le vélo en ville, c'est chaud. Nous, on prend le bus. Le mercredi après-

midi, je fais du sport avec l'école, on a une super équipe de handball. Quand tu seras chez nous, tu viendras voir, si ça te dit.

CD 2, 20 63 **Ecouter et parler** S. 73, Nr. 3A
Bonjour sur France Bleu Touraine. Il est 6h55, le temps pour *demain:* Et on commence par *Tours:* beau temps, un peu de vent et 15 degrés. St Pierre-des-*Corps:* pluie toute la journée, pas de vent et 10 degrés. *Saumur:* temps variable avec soleil le matin et quelques nuages l'après-midi. Il fera 5 degrés et le vent soufflera à 95 km/h dans la matinée.

CD 2, 21 64
France Bleu Touraine: Les sorties du week-end
S. 132, Nr. 3
A Bonjour à tous! Il est 8h10 et vous êtes sur France Bleu Touraine. Nous commençons l'agenda par la météo et le temps qu'il fera ce week-end. Avec des températures de 10 à 17 degrés, ce sera un week-end chaud et beau sous un ciel bleu et sans nuage. Dimanche soir, quelques nuages arriveront de l'ouest et il pleuvra pendant la nuit, alors profitez-en!

CD 2, 22 65
B Beaucoup d'activités ce week-end dans la région. A Tours pour commencer, au musée d'histoire naturelle, une belle exposition sur les animaux du monde vous accueillera samedi de 10h30 à 18 heures. Ce week-end aussi, le festival Tours sur Loire vous propose des animations différentes sur les bords de la Loire. Théâtre de rue, concerts, chansons et danse, il y en aura pour tout le monde. Si vous aimez l'histoire, vous pourrez voyager dans le temps au château de Villandry. Des acteurs en costumes vous feront revivre l'époque de la Renaissance. Vous mangerez et danserez comme à la cour du roi. Enfin, ne manquez pas à Saumur dimanche, une journée portes-ouvertes du Cadre Noir. Un programme unique avec des chevaux exceptionnels! Voilà quelques idées pour ce beau week-end. Je vous souhaite une bonne journée à l'écoute de France Bleu Touraine et je vous laisse en compagnie de Jérémy pour les infos.

CD 2, 23 66
Un coup de téléphone à Saumur S. 132, Nr. 4
Dame de l'office du *tourisme:* ... Il faut savoir que le Cadre Noir est fermé pendant l'hiver. Les chevaux n'aiment pas le froid! Cette année, le Cadre Noir ouvre ses portes très bientôt, le 18 février. On peut le visiter du lundi après-midi au samedi midi. *Donc:* les samedis après-midis, dimanches, lundis matins et jours fériés, c'est fermé. Mais *attention:* parfois, c'est ouvert, quand il y a quelque chose de spécial. Par exemple, ce sera ouvert les samedis 6, 13 et 27 avril. Et le 27 avril, il y aura un spectacle à ne pas manquer. Un grand spectacle ouvert à tous. Cette année, on fête le dixième anniversaire de ce spectacle. Alors, le Cadre Noir a invité Alexis Gruss pour une rencontre avec le monde du cirque le 27 avril. Mais il faut réserver les places très vite!

Plateau 2

CD 2, 28 70 **Compréhension de l'oral** S. 79, Nr. 1
Emma: Bonjour Jacques!
Jacques: Bonjour Emma!
Emma: Jacques, pouvez-vous nous parler un peu de France Bleu, la radio pour laquelle vous travaillez? En quoi est-elle différente des autres radios?
Jacques: France Bleu, c'est la radio qui est à côté des gens.
Nous avons 43 radios en province. En France, les radios et télés sont souvent à Paris. Et elles parlent des choses qui ont lieu à Paris.
Emma: Et pas vous?
Jacques: Non, nous, on parle des choses qui intéressent les gens parce que ça se passe chez eux.
Emma: Vous avez des exemples?
Jacques: Oui, bien sûr. Votre fils joue au tennis dans l'équipe de votre ville? Il a gagné un championnat? Alors France Bleu va parler de lui!
Un autre exemple?
Emma: Oui, je veux bien!
Jacques: Eh bien, comme vous le savez, il y a souvent des problèmes avec les trains ou les bus. Sur les autres radios, on parle des problèmes de train ou de bus à Paris. Nous, on vous dit comment ça se passe chez vous, dans votre région.

Emma: Comment savez-vous si les gens vous écoutent?
Jacques: C'est *simple:* ils nous parlent!
Emma: Je ne comprends pas.
Jacques: Les gens qui écoutent notre radio nous appellent. Ils nous racontent leur journée, nous disent ce qu'ils font, nous parlent de films
ou de spectacles qu'il y a chez eux...
Emma: Et le programme préféré des gens sur France Bleu, c'est quoi?
Jacques: Notre jeu! On peut gagner des prix, et les gens adorent jouer avec nous!
Emma: Jacques, merci pour vos réponses!

Module 1

CD3, 1 95 **Page Découvertes** S. 97, Nr. C

Lucie: Salut, c'est Lucie. Avant, j'habitais à Paris. Mais maintenant, j'habite dans une grande ville du Sud. Bien sûr, je pourrais vous montrer le soleil, la plage, la vieille ville ... Mais moi, je préfère présenter ce que peu de gens connaissent pour le *moment:* un musée qui vient d'ouvrir et où j'aime beaucoup aller.
Solenn: Bonjour, moi c'est Solenn. J'habite près d'un endroit que des millions de touristes viennent visiter chaque année. Moi, j'aime surtout le voir le matin, très tôt, quand le soleil se *lève:* c'est comme dans un rêve ...
Fouad: Salut, c'est Fouad. Quand je sors de la ville, je suis en cinq minutes dans la nature. Dans ma région, tout est vert, ou presque ...! Sur ma photo, j'ai voulu vous montrer un de mes paysages préférés.

Module 2

CD3, 35 108 **Quand je ne connais pas le mot ...**
S. 115, Nr. 3

1. Pour le même travail, un homme et une femme ne gagnent pas la même chose. Ce n'est pas normal. Il ne doit pas y avoir de différence. Il faut l'égalité entre les hommes et les femmes.
2. Autour de nous, il y a beaucoup de gens qui n'ont rien à manger ou qui n'ont pas d'appartement. Dans un pays riche, ce n'est pas normal. Alors les gens sont en colère, c'est inévitable.
3. Les concerts des Enfoirés ne sont pas gratuits, l'entrée est payante, mais les artistes ne gagnent rien.
4. Le succès des Enfoirés permet aux Restos du Cœur d'offrir des repas complets aux gens pauvres.

CD3, 36 109 **Les jeunes SPA** S. 115, Nr. 4

Journaliste: Bonjour Isabelle, que fais-tu ici, aujourd'hui, à la SPA?
Isabelle: Ben, aujourd'hui, je m'occupe surtout de Danny, le labrador. Il est nouveau.
Journaliste: Et qu'est-ce que tu vas faire avec lui?
Isabelle: Je le promène dans le parc. Les animaux à la SPA manquent de contacts, ils ont besoin de sortir, de voir des gens. S'ils ne sortent pas dans la rue, une adoption devient difficile. Ici, au club jeunesse, on apprend à les comprendre, à leur parler quand ils sont stressés et à leur donner à manger quand ils ont faim. On apprend aussi à les soigner quand ils sont malades.
Journaliste: Et les autres jeunes qui viennent, quel âge ont-ils?
Isabelle: Entre 11 ans et 17 ans, je crois. Après 17 ans, on peut rester, mais on forme les autres jeunes. Ils doivent savoir beaucoup de choses avant de travailler ici.
Journaliste : C'est sûr. Tu viens régulièrement ici?
Isabelle: Je viens ici tous les mercredis, chaque semaine. Je suis au club jeunesse SPA depuis deux ans.
Journaliste: Et que voudras-tu faire plus tard?
Isabelle: Je veux être vétérinaire. J'aime beaucoup les animaux et je voudrais travailler avec des animaux plus tard.
Journaliste: Merci, Isabelle!

CD3, 37 110 **Ecouter** S. 118, Nr. 4

a) Notre quartier n'est pas très sympa, il est dans la banlieue, et les jeunes s'ennuient. Il leur faut des activités, des jeux, du sport, de la musique. Alors, avec des copains, nous essayons de faire une maison des jeunes pour notre quartier. Quand on met ses idées ensemble, on peut faire plein de choses, c'est dingue!

CD3, 38 111

b) Moi, j'aide des enfants de mon quartier en difficulté à l'école. Pour moi, c'est normal de les aider. Ils viennent me voir et on fait leurs devoirs ensemble. C'est un échange. Ils sont contents et moi, j'apprends aussi beaucoup de choses avec eux. Et en plus, je ne suis plus toute seule.

CD3, 39 112

c) En ce moment, je vais deux fois par semaine faire les courses pour deux personnes âgées. Je leur porte ce qui est lourd, l'eau en bouteille, par exemple. Je trouve que c'est normal. Je passe un moment chez eux et ils me racontent des histoires incroyables! J'adore les écouter.

CD3, 41 113

Comprendre des mots nouveaux S. 140, Nr. 3

Lola nous parle de ses idées pour une vie meilleure.
Lola:

a) Pour moi, c'est important de ne pas être dépendante de l'industrie ou de la mode. Alors je n'achète pas toujours toutes les nouveautés.
b) Parfois, je vais dans les ressourceries. Vous connaissez? Quand j'ai besoin de quelque chose pour m'habiller ou si je cherche par exemple une lampe ou des chaises, alors je vais y faire un tour. On y trouve toutes sortes d'objets de la vie de tous les jours. A la ressourcerie, on les répare et ensuite, on les revend. Il y a presque toujours des gens qui cherchent des vieux trucs pas chers et qui les achètent. Souvent, moi aussi, je fais des découvertes, d'ailleurs!
c) Ce n'est pas cher pour moi et en plus, les associations écologiques et les associations qui s'occupent de personnes pauvres en profitent aussi. Pas mal, non?

Plateau 3

CD3, 42 114 **Compréhension de l'oral** S. 122, Nr. 1

Le *guide:* Bonjour à tous! Bienvenue à bord du bus «Découvertes du Québec». Je m'appelle Mathéo. Je serai votre guide pour la journée et je suis très heureux de vous accompagner. Nous allons bientôt partir. Notre trajet jusqu'à la Chute de la Chaudière durera environ 30 minutes, s'il n'y a pas trop de circulation dans la ville de Québec. Nous visiterons cette célèbre chute d'eau pendant une heure et demie. Après, nous prendrons la route transcanadienne et vers midi, nous nous arrêterons en route pour déjeuner dans un restaurant. Essayez les spécialités typiquement québecoises comme la tourtière ou le canard au sirop d'érable! Ensuite, nous partirons pour les Trois Rivières où nous visiterons la vieille ville et où vous pourrez faire des courses, si vous le souhaitez. Notre retour est prévu pour 19h30. Ah oui, une petite information importante pour *terminer:* pour retourner à Québec, notre bus prendra la route nationale le long du fleuve Saint-Laurent. Regardez bien! On est au mois d'août; c'est la saison où les baleines remontent le fleuve ... peut-être que vous aurez la chance d'en voir au moins une! La semaine dernière, j'ai même vu une maman baleine avec son bébé!
Je vous remercie et je suis bien sûr à votre disposition toute la journée.
Bon voyage!

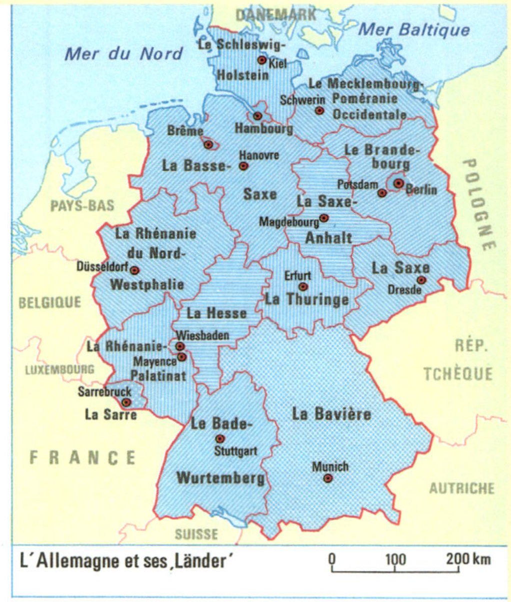

Les départements

01 l'Ain
02 l'Aisne
03 l'Allier
04 les Alpes-de-Haute-Provence
05 les Hautes-Alpes
06 les Alpes-Maritimes
07 l'Ardèche
08 les Ardennes
09 l'Ariège
10 l'Aube
11 l'Aude
12 l'Aveyron
13 les Bouches-du-Rhône
14 le Calvados
15 le Cantal
16 la Charente
17 la Charente-Maritime
18 le Cher
19 la Corrèze
2 A la Corse-du-Sud
2 B la Haute-Corse
21 la Côte-d'Or
22 les Côtes-d'Armor
23 la Creuse
24 la Dordogne
25 le Doubs
26 la Drôme
27 l'Eure
28 l'Eure-et-Loir
29 le Finistère
30 le Gard
31 la Haute-Garonne
32 le Gers
33 la Gironde
34 l'Hérault
35 l'Ille-et-Vilaine
36 l'Indre
37 l'Indre-et-Loire
38 l'Isère
39 le Jura
40 les Landes
41 le Loir-et-Cher
42 la Loire
43 la Haute-Loire
44 la Loire-Atlantique
45 le Loiret
46 le Lot
47 le Lot-et-Garonne
48 la Lozère
49 le Maine-et-Loire
50 la Manche
51 la Marne
52 la Haute-Marne
53 la Mayenne
54 la Meurthe-et-Moselle
55 la Meuse
56 le Morbihan
57 la Moselle
58 la Nièvre
59 le Nord
60 l'Oise
61 l'Orne
62 le Pas-de-Calais
63 le Puy-de-Dôme
64 les Pyrénées-Atlantiques
65 les Hautes-Pyrénées
66 les Pyrénées-Orientales
67 le Bas-Rhin
68 le Haut-Rhin
69 le Rhône
70 la Haute-Saône
71 la Saône-et-Loire
72 la Sarthe
73 la Savoie
74 la Haute-Savoie
75 Paris
76 la Seine-Maritime
77 la Seine-et-Marne
78 les Yvelines
79 les Deux-Sèvres
80 la Somme
81 le Tarn
82 le Tarn-et-Garonne
83 le Var
84 le Vaucluse
85 la Vendée
86 la Vienne
87 la Haute-Vienne
88 les Vosges
89 l'Yonne
90 le Territoire-de-Belfort
91 l'Essonne
92 les Hauts-de-Seine
93 la Seine-Saint-Denis
94 le Val-de-Marne
95 le Val-d'Oise

La francophonie